DROIT SOCIAL DES GENS DE MER

Logiques Juridiques

Fondée par Gérard Marcou

Dirigée par Jean-Claude Némery et Thomas Perroud

Le droit n'est pas seulement un savoir, il est d'abord un ensemble de rapports et pratiques que l'on rencontre dans presque toutes les formes de sociétés. C'est pourquoi il a toujours donné lieu à la fois à une littérature de juristes professionnels, produisant le savoir juridique, et à une littérature sur le droit, produite par des philosophes, des sociologues ou des économistes notamment.

Parce que le domaine du droit s'étend sans cesse et rend de plus en plus souvent nécessaire le recours au savoir juridique spécialisé, même dans des matières où il n'avait jadis qu'une importance secondaire, les ouvrages juridiques à caractère professionnel ou pédagogique dominent l'édition, et ils tendent à réduire la recherche en droit à sa seule dimension positive. À l'inverse de cette tendance, la collection « Logiques juridiques » des éditions L'Harmattan est ouverte à toutes les approches du droit. Tout en publiant aussi des ouvrages à vocation professionnelle ou pédagogique, elle se fixe avant tout pour but de contribuer à la publication et à la diffusion des recherches en droit, ainsi qu'au dialogue scientifique sur le droit. Comme son nom l'indique, elle se veut plurielle.

Dernières parutions

Hind ADIL, *Le droit des assurances sous l'égide des lois marocaines pour débutants, Les contrats terrestres et de transports maritimes et aériens*, 2025

Esteban RENAUD, *La normativité des conclusions. Le pouvoir jurisprudentiel des rapporteurs publics près le Conseil d'État*, 2025.

Aziz EN NEFKHAOUI, *Procédure pénale marocaine*, 2024.

Jérémy BOUSQUET, *Le précédent judiciaire dans les conclusions des rapporteurs publics. Étude à partir du droit des contrats administratifs*, 2024.

Bernard MARTIN et Patrick CHAUMETTE

DROIT SOCIAL DES GENS DE MER

L'Harmattan

Du même auteur :

Patrick CHAUMETTE, *Le Contrat d'Engagement Maritime - Droit Social des gens de mer* - CNRS Editions, Paris, 1993.

Patrick CHAUMETTE, *Droits Maritimes,* ouvrage collectif, avec Philippe-Jean HESSE, Yves TASSEL, Jean-Pierre BEURIER, T. I, *Mer, navire et marins* Editions Juris Service, Lyon, 1995.

Patrick CHAUMETTE (dir.), *Seafarers: an international labour market in perspective - Gens de mer : un marché international du travail*, Gomylex Editorial, Bilbao, 2016, 436p., ISBN : 978-84-15176-67-1, (halshs-01469625)

Patrick CHAUMETTE (dir.), *Maritime areas: control and prevention of illegal traffics at sea - Espaces marins : Surveillance et prévention des trafics illicites en mer*, Gomylex Editorial, Bilbao, 2016, 316p., ISBN : 978-84-15176-72-5, (hal-01525298)

Patrick CHAUMETTE (dir.), *Economic challenge and new maritime risks management: What blue growth? - Challenge économique et maîtrise des nouveaux risques maritimes : Quelle croissance bleue ?*, Gomylex Editorial, Bilbao, 2017, 479p., ISBN : 8-84-15176-86-2. (hal-01793050)

Patrick CHAUMETTE (dir.), *Wealth and miseries of the oceans: Conservation, Resources and Borders - Richesses et misères des océans: Conservation, Ressources et Frontières, Gomylex* Ed., Bilbao, 2018, 426p., ISBN: 978-84-17279-02-8 (hal-01984841)

Patrick CHAUMETTE & Olga FOTINOPOULOU-BASURKO (dir.), *Estudio Técnico-Jurídico del Convenio 188 sobre el Trabajo de la Pesca (2007) de la Organización Internacional del Trabajo, coord. Xosé Manuel CARRIL VASQUEZ,* Editorial Aranzadi, 2018, ISBN: 978-84-9177-590-4

Patrick CHAUMETTE (dir.), *Transforming the ocean law by requirement of the marine environment conservation - Le Droit de l'Océan transformé par l'exigence de conservation de l'environnement marin,* Marcial Pons, Madrid, 2019, 546p., ISBN : 978-84-9123-635-1 (halshs-02395852)

Patrick CHAUMETTE (dir.), *Droits Maritimes*, Dalloz Action, Paris, 4ème éd., 2021, 1910p.

5-7, rue de l'École polytechnique, 75005 Paris

www.editions-harmattan.fr

ISBN : 978-2-336-51241-9
EAN : 9782336512419

Aux gens de mer et marins
et à l'ensemble des acteurs du monde maritime, solidaires face aux évènements maritimes, comme nous le sommes face aux conséquences dramatiques du cyclone Chido, qui a durement frappé Mayotte et tous ceux qui y vivent :
« la solidarité sera toujours la plus forte »

Avant-propos

Le droit social maritime a connu d'importantes évolutions ces dernières années, illustrées par l'adoption et la mise en œuvre en droit national de la Convention du travail maritime (MLC, 2006) et de la Convention sur le travail dans le secteur la pêche (C188, 2007). Ces avancées témoignent de l'engagement résolu de la France, tant au niveau international que national, en faveur de conditions de travail dignes et équitables pour les gens de mer.
Cette mobilisation en faveur des marins exige par ailleurs un cadre normatif adapté aux spécificités du travail à bord d'un navire. Sur le plan national, notre engagement se traduit non seulement par le renforcement du dispositif de l'État d'accueil mais également par l'instauration d'un dispositif spécifique pour le transmanche, par la loi n° 2023-659 du 26 juillet 2023 visant à combattre le dumping social sur les liaisons entre la France et le Royaume-Uni et à améliorer la sécurité du transport maritime. Ces mesures jouent un rôle déterminant dans la lutte contre le dumping social. Co-construit avec nos homologues britanniques, le nouveau dispositif transmanche, entré en vigueur en 2024 et applicable aux navires transportant des passagers entre un port français, le Royaume-Uni ou les îles Anglo-normandes, marque une avancée décisive. Il réaffirme notre volonté partagée de protection des travailleurs et des passagers sur une zone maritime réputée pour sa dangerosité, en garantissant des conditions de travail sécurisées et dignes.
Cet ouvrage témoigne de ces évolutions, offrant un panorama des normes actuelles et de leur application. Un hommage particulier est rendu à l'effort de recherche et de documentation qui a permis sa réalisation.

Eric BANEL, Direction générale des affaires maritimes, de la pêche et de l'aquaculture (DGAMPA), ministère chargé de la Mer et de la Pêche.

Les enjeux maritimes occupent une place stratégique pour la France. Grâce à ses outre-mer qui représentent 97 % de la zone économique exclusive (ZEE) française, la France dispose de la seconde surface maritime mondiale après les Etats-Unis. Cet espace au-delà sa riche biodiversité marine, constitue également un lieu de vie et de travail pour des milliers de femmes et d'hommes. Les gens de mer sont assujettis à des normes de droit social parfois singulières. Cet ouvrage permet de répondre à un besoin de structuration et de lisibilité des règles relatives à ce milieu en perpétuelle évolution. Les technologies innovantes font naître de nouveaux métiers qui nécessitent un encadrement adapté.

Centré sur le contrat d'engagement maritime, cet ouvrage illustre les spécificités des relations de travail en mer. Des conditions d'accès à la profession jusqu'à la rupture du contrat, il compile l'ensemble des sources du droit, qu'elles soient nationales, européennes ou internationales. Le droit social, qui constitue un socle juridique majeur garantissant des conditions de travail justes, des droits sociaux fondamentaux et une protection sociale adéquate, doit permettre de protéger les gens de mer en tenant compte des spécificités du secteur. Cet ouvrage met ainsi en lumière l'ensemble du travail mené au cours des dernières années pour faire évoluer les conditions de travail à bord.

Olivier JACOB, Direction générale des Outre-mer (DGOM),
ministère chargé des Outre-mer.

SOMMAIRE

INTRODUCTION

Le droit social maritime constitue sans doute la branche la plus ancienne du droit social. Le navire constitue pour l'équipage un lieu de travail dont la fonction est de se déplacer et d'affronter les périls de la mer. Il est immatriculé dans un État dont il bat le pavillon ; le navire a donc une sorte de nationalité. Dès la renaissance du commerce au Moyen Âge, la *lex mercatoria* prévoit des obligations pesant sur le capitaine de navire : le rapatriement du marin, la prise en charge du marin malade ou blessé au service du navire. Les ordonnances royales de 1668 et 1673 créent une administration des classes, qui deviendra l'inscription maritime, un établissement des invalides de la marine, chargé de verser une demi-solde aux marins blessés. L'ordonnance royale de 1681 réglemente l'engagement et les loyers des marins, les obligations armatoriales. La tutelle de l'État, de l'administration des affaires maritimes, encadre le jeu de la négociation individuelle par l'immatriculation des marins, l'enregistrement des périodes d'embarquement, le contrôle de la légalité des contrats d'engagement lors du visa du rôle d'équipage, titre de navigation qui comprend la liste de l'équipage, établie lors de la revue d'armement, puis la répartition des parts de pêche. Compte-tenu des enjeux pour la Marine Royale, puis Nationale, cette profession privée des marins du commerce et de la pêche est administrée par l'Etat. L'historien Jean-Louis LENHOF recourt à une formule expressive et excessive : « La Marine Royale prêtait des marins au commerce et à la pêche, quand elle n'en avait pas besoin, en temps de paix »[1]. Ces règles ont été conservées par le code de commerce de 1807, puis adaptées en 1926 dans le code du travail maritime et le décret-loi du 17 juin 1938, qui régit le régime de sécurité sociale des marins, l'Établissement national des invalides de la marine (ENIM).

---

[1] J.L. LENHOF, *Les hommes en mer – De Trafalgar au Vendée Globe*, Armand Colin, 2005.

Le maintien du code disciplinaire et pénal de la marine marchande, né en 1852, jusqu'à nos jours, ne saurait cacher ses retouches et transformations, intervenues en 1898, 1912, 1926, 1960, 1993 et 2012[2], ni dissimuler la totale séparation des activités maritimes civiles et militaires. L'inscription maritime a disparu en 1965 ; les obligations militaires spécifiques des marins ont été remplacées par le service national commun, jusqu'en 2001. Les femmes, agents du service général (ADSG), principalement sur les paquebots, peuvent devenir marins. Pour autant, les marins relèvent d'une profession réglementée, encadrée par l'État. Depuis 1945, le code du travail maritime ne peut plus être lu seul, sans l'aide du code du travail ; il en est de même du code des transports né en 2010. En principe, le code du travail s'applique à bord des navires battant pavillon français, mais avec des mesures d'adaptation éventuellement ou avec des dérogations (C. transp., art. L. 5541-1).

Le droit social maritime s'est transformé. La modernisation du droit du travail maritime a notamment été entreprise par la loi n° 2013-431 du 28 mai 2013[3], dont le titre II, chapitre III, transpose en droit français les deux conventions maritimes de l'Organisation Internationale du Travail (OIT). Il s'agit de la convention du travail maritime de 2006 qui concerne la marine marchande, et de la convention 188 de 2007 qui concerne le travail à la pêche. Cette loi poursuit également la modernisation du droit français du travail maritime. Le mouvement n'est pas seulement celui d'une banalisation, par laquelle le droit commun du travail s'étend sur les activités maritimes, il s'agit aussi de conserver, d'adapter des spécificités maritimes indispensables aux

---

[2] Ordonnance n° 2012-1218 du 2 novembre 2012 portant réforme pénale en matière maritime et modifiant la loi du 17 décembre 1926 portant code disciplinaire et pénal de la marine marchande – P. CHAUMETTE, « Modernisation du droit pénal professionnel maritime - Ordonnance n° 2012-1218 du 2 novembre 2012 portant réforme pénale en matière maritime », *Dr. soc.*, 2013, n° 1, pp. 33-36 – C. Transp., art. L. 5524-1, L. 5524-4 et L. 5531-4 - Décret n° 2018-747 du 24 août 2018 relatif au régime disciplinaire des marins et des pilotes, à la discipline à bord des navires et au régime disciplinaire applicable aux militaires embarqués - P. CHAUMETTE, « Le droit disciplinaire des marins à l'aune des droits fondamentaux », in N. GUILLET (coord.), *Mer et droits fondamentaux de la personne humaine*, Institut francophone pour la Justice et la Démocratie, 2022, pp. 17-39.

[3] Loi n° 2013-431 du 28 mai 2013 portant diverses dispositions en matière d'infrastructures et de services de transports, par la loi n° 2013-619 du 16 juillet 2013 portant diverses dispositions d'adaptation au droit de l'Union européenne dans le domaine du développement durable.

conditions d'emploi et de travail en mer. Les deux conventions maritimes de l'OIT de 2006 et 2007 ont régénéré les particularités maritimes, telle la certification sociale des navires ou la durée du travail.
Le cadre national s'est transformé aussi en raison de la construction du marché commun européen, de l'affirmation de la liberté de circulation des travailleurs et de son corollaire le principe d'égalité de traitement des ressortissants communautaires. L'égalité de traitement entre ressortissants de l'Union européenne met en cause le privilège de nationalité des marins, dès 1974[4] et 2008[5]. Le marché intérieur a également organisé la coordination des régimes nationaux de sécurité sociale et la reconnaissance mutuelle des diplômes et donc des brevets maritimes[6]. En matière de protection de la sécurité et de la santé au travail, la directive-cadre 89/391 du 12 juin 1989 définit les obligations de prévention de l'employeur et du salarié. Elle concerne les travailleurs des secteurs privés et publics, mais aussi les travailleurs maritimes, les gens de mer. Plusieurs directives techniques générales concernent les navires de commerce comme de pêche : directive 89/655 du 30 novembre 1989 relative à l'utilisation d'équipements de travail, directive 92/58 du 24 juin 1992 concernant les prescriptions minimales sur la signalisation de sécurité et de santé au travail, directive 2002/44 du 25 juin 2002 concernant les vibrations, directive 2003/10 du 6 février 2003 concernant les prescriptions minimales de sécurité et de santé relatives à l'exposition des travailleurs aux risques dus à des agents physiques et notamment au bruit. La directive 2015/1794 du 6 octobre 2015 concerne les gens de mer, mais surtout les entreprises d'armement maritime auxquelles plusieurs directives générales sont étendues[7]. Le droit européen de la sécurité maritime participe à la mise

---

[4] CJCE 4 avril 1974, Commission c/ France, aff. nº 167/73), puis du capitaine de navire en 2003 (CJCE 30 septembre 2003, Colegio de Oficiales de la Marina Mercante Española c/ Administración del Estado, aff. nº C-405/1. – CJCE 30 septembre 2003, Anker et al., aff. nº C-47/02

[5] CJCE 11 mars 2008, Commission c/ France, aff. nº C-89/07, RFDA 2008. 1195, note E. Van Brustem ; DMF 2008. 509, note A. Cudennec

[6] P. CHAUMETTE, « L'impact du droit européen sur le droit social des gens de mer », Neptunus e.revue, université de Nantes, vol. 21, 2015/1 : www.cdmo.univ-nantes.fr – O. FOTINOPOULOU-BASURKO, *La gente de mar en el Derecho de la Union Europea*, Aranzadi, Cizur Menor, Navarra, 2023.

[7] Directive 2015/1794 du 6 oct. 2015, du Parlement européen et du Conseil, modifiant les Directives 2008/94, 2009/38, 2002/14, 98/59 et 2001/23 en ce qui concerne les gens de mer.

en œuvre des conventions internationales de l'Organisation maritime Internationale (OMI) et des conventions maritimes de l'Organisation Internationale du Travail (OIT), sous les contrôles de l'Agence européenne de la sécurité maritime[8]. Le droit européen international privé ne comporte aucune particularité concernant le contrat d'engagement maritime et la Cour de Justice de l'Union Européenne (CJUE) développe une jurisprudence empreinte du principe de réalité, qui ne prend guère en compte les immatriculations administratives souples des navires, dans la recherche du lieu habituel de travail du travailleur mobile et du port d'exploitation du navire[9]. Ce contrat d'engagement maritime, ou contrat de travail d'un marin, toujours écrit, constitue le lien juridique avec son employeur, l'armateur ou l'exploitant du navire ou la société de manning[10], qui fournit et gère l'équipage. Il prend souvent fin par le débarquement du marin et la prise à terre de ses congés. Il est le centre de la réglementation internationale et nationale.

Mondialisation de la marine marchande.

Dans la seconde moitié du XXe siècle, l'extension de la libre immatriculation des navires, fruit inattendu de la fin du colonialisme, a engendré les pavillons de complaisance, une concurrence internationale sans fin portant essentiellement sur le coût des équipages. Les cadres sociaux des pays européens n'y ont pas résisté ; le dépavillonnement massif a engendré une nouvelle division internationale du travail, une expatriation d'officiers européens de la marine marchande sous pavillons étrangers. Cette concurrence internationale a conduit ces États européens à la création de registres internationaux ou d'outre-mer, afin de permettre l'embarquement de marins non communautaires à des conditions internationales. Il ne s'agit plus seulement pour l'État de régir

---

[8] P. LANGLAIS, *Sécurité maritime et intégration européenne*, 2018, Bruylant – P. LANGLAIS et P. CHAUMETTE, « La politique européenne de sécurité maritime », in L. SIGUOIRT (coord.), *Transport et sécurité*, Lexis Nexis, 2019, pp. 19-33.

[9] CJUE 15 décembre 2011, Voogsgeerd, aff. n° C-384/10, *Rev. crit. DIP* 2012. 648, note E. PATAUT ; D. 2012. 1228, obs. H. GAUDEMET-TALLON et J. Fault-Seseke ; DMF 2012. 219, note P. CHAUMETTE - CA Aix-en-Provence, 10 décembre 2021, n° 20/11511, navire Motor Yacht Revenge, *DMF* 2022, n° 845, pp. 318-332, « Yachting méditerranéen : un cas d'école ? ».

[10] En matière maritime, une société de manning est l'équivalent d'une entreprise de travail temporaire, qui, à terre, recrute des salariés intérimaires et les met à disposition d'une entreprise utilisatrice. Il en résulte une dissociation des fonctions d'employeur et de chef d'entreprise.

le cadre social des marins français sous pavillon français, mais de créer un cadre adapté à la concurrence internationale et d'assurer un minimum de contrôle quand des navires sous pavillon étranger font escale dans les ports français (*port state control*) ou travaillent dans la mer territoriale.

À partir de 1986 ont fleuri dans les États membres des registres *bis* ou internationaux permettant d'employer des marins étrangers à des conditions « internationales ». Le Danemark, l'Allemagne, l'Italie, la Norvège ont créé, par la voie législative, un second registre international d'immatriculation des navires, permettant de rattacher le statut des marins ressortissants d'États tiers à la loi de leur lieu de résidence, et non plus à la loi du pavillon. Le registre international allemand ne constitue pas une aide d'État, au sens de l'article 92 du Traité, mais une règle de conflits de lois de droit international privé[11]. La loi n° 2005-412 du 3 mai 2005 crée le registre international français (RIF) ; elle a été validée par le Conseil constitutionnel le 28 avril 2005[12]. Les arguments d'incompétence négative ont été rejetés, comme l'atteinte au principe d'égalité, dans la mesure où les conditions de travail sont régies de manière identique, et où les divers lieux de résidence constituent des différences objectives qui justifient un traitement différent en matière de conditions d'emploi, de rémunération et de protection sociale. À travail égal, la rémunération peut être inégale et définie localement. Il en irait différemment si ces marins travaillaient en France, sur le territoire terrestre, mais les navires civils ne sont pas des éléments du territoire national ; ils ont seulement une nationalité et un pavillon. Pour des raisons de compétitivité, ce qui fait la valeur du travail maritime est le pays où le marin est recruté ou celui où son salaire est dépensé. Dans ce raisonnement se trouve le cœur du registre international. Les finalités du législateur sont légitimes : la promotion du pavillon français, son attractivité, le développement de l'emploi maritime, le renforcement de la sécurité et de la sûreté maritime.

---

[11] CJCE 17 mars 1993, aff. 72/91 et 73/91, Firma Sloman Neptun, RTD Européen 1994, p. 101 et s., chr. H. GAUDEMET-TALLON, *DMF* 1993, p. 421 et s. – P. CHAUMETTE, *Droits Maritimes*, 4ème éd., 2021, Dalloz Action, n° 412.33 « Registres internationaux ».

[12] Loi n° 2005-412 du 3 mai 2005 relative à la création du registre international français ; Cons. const. 28 avr. 2005, n° 2005-514 DC, JORF 4 mai, DMF 2005, p. 514 et s., obs. P. BONASSIES – P. CHAUMETTE, « Le marin entre le navire et sa résidence – Le registre international français des navires (RIF », *Rev. Crit. Dr. Internat. Privé* 2006, p. 275 et s.

Les marins résidant en France, dans l'Union européenne ou l'Espace économique européen, relèvent du droit français et en principe de la sécurité sociale maritime française. Les marins résidant hors d'Europe disposent de droits fondamentaux définis par la loi du pavillon : la liberté syndicale, le droit de grève, le droit à la négociation collective, la protection de la santé et de la sécurité. Leur protection sociale, leur rémunération, leur contrat d'engagement doivent correspondre à des minimums légaux, liés aux conventions internationales ratifiées par la France et au droit communautaire, mais sont aussi déterminés par la loi applicable au contrat d'engagement. La rémunération de base du matelot qualifié, pour deux cent huit heures de travail par mois, est fixée à un montant de 620,05 USD, auquel s'ajoute la rémunération des trois jours de congé par mois d'embarquement ; l'arrêté comporte en annexe une grille de coefficient[13]. Les lignes régulières internationales de transport maritime de passagers prohibées aux navires RIF sont les lignes entre un pays membre de l'Union européenne et l'Algérie, le Maroc ou la Tunisie[14].
D'autres États membres atteignent le même résultat par l'immatriculation des navires dans un territoire d'outre-mer, doté d'une autonomie juridique, tel Wallis-et-Futuna, pour des paquebots, battant pavillon français. Le second registre espagnol, créé par la loi du 24 novembre 1992[15], est rattaché juridiquement et administrativement aux Canaries, à Las Palmas de Gran Canaria ou à Santa Cruz de Tenerife (Rebeca, *Registro especial de buques y empresas de Canarias*). L'armement doit avoir un centre effectif de gestion des navires aux Canaries ou au moins un établissement de représentation[16].

Construction de l'Union européenne.
A partir du Traité de Rome de 1957, la construction du marché européen s'est effectuée par l'affirmation de la liberté d'établissement

[13] Arrêté ministériel 21 décembre 2005.
[14] Décret n° 2006-462 du 21 avril 2006 – Deux décrets n° 2024-297 et 2024-298 du 29 mars 2024 permettent l'application de la loi n° 2023-659 du 26 juillet 2023 qui vise à lutter contre le dumping social sur le transmanche et à renforcer la sécurité du transport maritime – v. P. CHAUMETTE, « Concurrence sur le Transmanche et lois de police », *DMF* 2023 n° 861, pp. 771-780. « Dumping dans le transmanche : quelles réponses française, européenne et internationale ? », *DMF* 2024, n° 867, pp 291-326.
[15] Ley [Esp.] 27/1992 du 24 novembre 1992 ; Ley [Esp.] 48/2003 du 26 novembre 2003.
[16] O. FOTINOPOLOU BASURKO, *El contrato de trabajo de la gente de mar*, Comares, Granada, 2008, p. 58.

des entreprises, qui concerne l'immatriculation des navires, et de la liberté de circulation des travailleurs, puis des personnes, qui concerne aussi les employeurs : ces libertés économiques s'exercent dans le respect des principes d'égalité de traitement et de non-discrimination des ressortissants européens. La politique commune des pêches a transféré aux institutions communautaires les compétences nationales en matière de pêche maritime[17]. La loi nº 96-151 du 26 février 1996 a modifié les conditions de francisation des navires en les soumettant au respect de l'égalité de traitement des ressortissants communautaires. La liberté d'établissement des entreprises nécessite la liberté d'immatriculation des navires au sein de la Communauté, sous réserve de l'exigence d'un lien substantiel entre le navire et l'État du pavillon. Il convient de concilier le respect des libertés économiques communautaires avec la protection des quotas nationaux de pêche : « Un navire de pêche battant pavillon français n'est autorisé à pêcher sur les quotas nationaux ou n'est autorisé sur les quotas nationaux que lorsqu'il a un lien économique réel avec le territoire de la République française et qu'il est dirigé et contrôlé à partir d'un établissement stable situé sur le territoire français »[18].

C'est à propos du privilège français de nationalité des marins, prévu par l'article 3 du code du travail maritime, que la Cour de justice des Communautés européennes a affirmé l'applicabilité directe de la libre circulation des travailleurs[19]. La Cour de Justice a considéré que l'exercice de prérogatives de puissance publique n'est pas suffisamment effectif par les capitaines de navires pour justifier l'exigence de nationalité[20]. La liberté d'établissement entraîne la liberté d'immatriculation des navires au sein de la Communauté, sous réserve de l'exigence d'un lien substantiel entre le navire et l'État du pavillon. Le règlement nº 613/1991 du Conseil du 4 mars 1991 organisait les modalités de changement de registre des navires à l'intérieur de la

---

[17] CJCE 14 décembre 1989, Ministry of Agriculture, Fisheries and Food, aff. 38/7 et 216/87, Rec. CJCE, p. 4493 et 4534 ; CJCE 19 juin 1990, Factortame Ltd, aff. 213/89, Rec. CJCE, p. 2466.

[18] C. rural et de la pêche maritime, art. L. 921-3 et R. 921-4.

[19] CJCE 4 avril 1974, Commission c/ République française, Rec. CJCE, p. 359, D. 1974. p. 717 et s.

[20] CJCE 30 septembre 2003, Colegio de Oficiales de la Marina Mercante Espanola c/ Administracion del Estato, aff. C-405-1 ; CJCE 30 septembre 2003, Anker, Ras et Snoeck c/ Bundesrepublik Deutschland, aff. C-47/02, *DMF* 2003, p. 1035 et s. ; *Il Diritto Marittimo* 2004. p. 65 et s. – CJE 11 mars 2008, aff. C-89/07, Commission c/ France – P. CHAUMETTE, *Droits Maritimes*, préc. n° 213.13.

Communauté ; il a été révisé par le règlement nº 789/2004 du Parlement européen et du Conseil du 21 avril 2004. La reconnaissance mutuelle des diplômes, et pour les marins des brevets maritimes, est nécessaire à la libre circulation des travailleurs au sein du marché européen, et comme le marché du travail maritime est international, elle doit aussi porter sur la reconnaissance des brevets maritimes délivrés par les Etats tiers, à condition qu'ils soient conformes à la Convention *Standards and Training on Certification and Watchkeeping* (STCW) de l'OMI[21]. Enfin, la libre circulation des personnes au sein du marché européen nécessite une coordination des régimes nationaux de sécurité sociale, dont les limites sont l'internationalisation du travail maritime[22].
La liberté d'immatriculation des navires affaiblit la portée de la loi de l'État du pavillon, au fur et à mesure que le lien entre le navire, la compagnie et l'État du pavillon se distend, au fur et à mesure que l'État du pavillon a des pratiques complaisantes, éloignées de ses obligations internationales. Le contrôle des navires par l'État du port est venu compenser le vide laissé par les États complaisants, d'autant que le navire a pour fonction de naviguer en haute mer ou dans diverses eaux territoriales. Il s'agit de concilier la sphère de la loi du pavillon, celle de la loi de l'État côtier, celle de la loi de l'État du port, en matière de sécurité maritime, de prévention de la pollution, de protection des personnes, dont l'équipage[23]. L'internationalisation du travail maritime

---

[21] Directive (UE) 2019/1159 du Parlement européen et du Conseil du 20 juin 2019 modifiant la directive 2008/106/CE concernant le niveau minimal de formation des gens de mer et abrogeant la directive 2005/45/CE concernant la reconnaissance mutuelle des brevets des gens de mer délivrés par les États membres.

[22] Règlement 883/2004 du Parlement européen et du Conseil du 29 avril 2004 sur la coordination des systèmes de sécurité sociale – Règlement 987/2009 du Parlement européen et du Conseil du 16 septembre 2009 fixant les modalités d'application du Règlement 883/2004 sur la coordination des systèmes de sécurité sociale.

[23] Directive nº 2013/38 du Parlement européen et du Conseil du 12 août 2013 portant modification de la Directive 2009/16 relative au contrôle par l'Etat du port - Directive 2009/21/CE du Parlement Européen et du Conseil du 23 avril 2009 concernant le respect des obligations des États du pavillon.

ouvre la voie tant aux conflits de juridictions[24], qu'aux conflits de lois[25]. La jurisprudence de la Cour de Justice de l'Union européenne (CJUE), comme des juridictions nationales, relie la juridiction compétente et la loi applicable au lieu habituel de travail, même pour les travailleurs mobiles, c'est-à-dire pour les marins au port d'exploitation du navire, s'il peut être déterminé.

Armateur et Gens de mer.
Les spécificités des règles du travail maritime nécessitent la détermination de leur champ d'application[26]. Le contrat d'engagement maritime « est conclu entre un armateur, ou un autre employeur, et un marin, ayant pour objet un service à accomplir à bord d'un navire » (C. transp., art. L. 5542-1). Est considérée comme armateur toute personne pour le compte de laquelle un navire est armé. Est également considéré comme armateur le propriétaire du navire ou tout autre opérateur auquel le propriétaire a confié la responsabilité de l'exploitation du navire, indépendamment du fait que d'autres employeurs ou entités s'acquittent en son nom de certaines tâches (C. transp., art. L. 5511-1-1°). Est entreprise d'armement maritime, tout employeur de salariés exerçant la profession de marin (C. transp., art. L. 511-1-2°). Les administrations publiques et les collectivités territoriales peuvent armer des navires nécessaires à leurs activités ; elles deviennent armateurs ; leurs agents publics, participant à

---

[24] Règlement 1215/2012, du Parlement européen et du Conseil, du 12 déc. 2012. – CJUE 15 déc. 2011, Voogsgeerd, aff. n° C-384/10, D. 2012. 155 ; D. 2012. 1228, obs. H. GAUDEMET-TALLON- et F. JAULT-SESEKE ; Dr. soc. 2012. 315, obs. P. CHAUMETTE – CA Aix-en-Provence, 17e ch., 26 juin 2014, M. Pondart c/ Sté That's It & Keke Rosberg, navire *Grayzone*, n° 13/22838, « Le yachting international et ses rattachements », *DMF* 2014. 869. – Cass. soc. 28 mars 2018, navire *Queen Aïda*, n° 16-20.746, obs. P. CHAUMETTE, « Travail maritime international, compétence du Conseil de Prud'hommes confirmée », DMF 2018, p. 514 et s.

[25] Règl. n° 593/2008, du Parlement et du Conseil, du 17 juin 2008, sur la loi applicable aux obligations contractuelles [Rome I]. – CJUE 15 déc. 2011, Voogsgeerd, aff. n° C-384/10, préc. – Cass. soc. 1er févr. 2017, navire *King K*, n° 15-23.723, Fl. THOMAS, « Contrat d'engagement maritime international : comparaison obligatoire des lois d'autonomie et du lieu habituel de travail », *DMF* 2017. 211 ; Cass. soc. 20 février 2019, SAS Vendôme Promotion, nos 17-20.532 et 17-20.536, K. D. AGVABON, « Contrat de travail maritime international : les rattachements du conflit de lois ne valent pas pour la protection sociale », Neptunus e.revue, univ. de Nantes, vol. 25, 2019/2, www.cdmo.univ-nantes.fr

[26] C. DUFRAISSE-CHARMILLON, La réécriture du droit social maritime au sein du code des transports, PUAM, Aix-en-Provence, 2018.

l'exploitation à bord du navire, sont des marins, non des fonctionnaires, des contractuels de droit privé, mais maritimes. Il en résulte l'incompétence du juge administratif pour statuer sur les différends opposant ces marins à leur armateur, même employeur public, même participant à un service public[27]. Sont fonctionnaires les marins de la Marine Nationale et les marins des administrations dotées de moyens nautiques, Douanes, Gendarmerie maritime, Affaires maritimes.

L'armateur est responsable de l'entreprise de travail maritime avec laquelle il a contracté une mise à disposition de personnel ; même s'il doit justifier d'une garantie financière en matière de rapatriement et de paiement des salaires et charges sociales, même s'il est responsable des conditions de vie et de travail à bord, il n'est plus l'employeur direct des marins, seulement leur utilisateur. Les entreprises de travail maritime établies en France font l'objet d'un agrément par l'autorité administrative. Par dérogation aux dispositions de l'article L. 5321-1 du code du travail, elles ne sont autorisées à mettre à disposition des gens de mer qu'à bord des navires immatriculés au registre international français (RIF), à bord des navires de plaisance, ou de navires de pêche dans des conditions strictement déterminées, ou à bord de navires battant pavillon autre que français (C. transp., art. L. 5546-1-6 ; décret n° 2017-1119 du 29 juin 2017, modifié par décret n° 2021-1477 du 10 novembre 2021). À bord des navires immatriculés au registre international français (RIF), l'armateur est responsable, à l'égard de l'ensemble des gens de mer travaillant à bord, du respect des règles définies au présent livre, indépendamment de la responsabilité de chacun de leurs employeurs. Toute clause prévue dans les contrats conclus entre un armateur et le ou les employeurs de gens de mer à bord d'un navire exploité par cet armateur, qui a pour effet de faire échec aux dispositions d'ordre public du présent article, est nulle. (C. transp., art. L. 5612-6, L. 5621-1, L. 5621-3, L. 5621-4, L. 5621-5 et L. 5621-17). Le contrat de mise à disposition de personnel ne peut être conclu qu'avec une entreprise de travail maritime agréé par les autorités de l'État où elle est établie. Lorsqu'il n'existe pas de procédure d'agrément, ou lorsque l'entreprise de travail maritime est établie dans un État où ni la convention n° 179 sur le recrutement et le placement des gens de mer,

---

[27] TA Bordeaux, 29 septembre 1988, Rocher – TA Nantes, 26 juillet 1990, Le Douarin. – Cass. soc. 28 octobre 1997, Rouxel et le Douarin, 2 arrêts, n°s 95-41.647 et 94-10.197, *Dr. soc.* 1998, p. 181.

ni la convention du travail maritime, 2006, de l'Organisation internationale du travail, ne s'appliquent ; l'armateur s'assure que l'entreprise de travail maritime en respecte les exigences (C. transp., art. L. 5621-3 et L. 5621-8).
Sont gens de mer, toutes personnes salariées ou non salariées exerçant à bord d'un navire une activité professionnelle à quelque titre que ce soit (C. transp., art. L. 5511-1-4°). Les gens de mer sont identifiés par l'autorité maritime et reçoivent un numéro national d'identification, dans des conditions fixées par le décret n° 2015-1191 du 28 septembre 2015 (C. transp., art. L. 5521-2-1).
Sont marins les gens de mer salariés ou non salariés exerçant une activité directement liée à l'exploitation du navire (C. transp., art. L. 5511-1-3°). L'exploitation à bord comporte les activités professionnelles relatives à la marche, à la conduite ou à l'entretien, ainsi que celles qui sont nécessaires pour assurer l'ensemble des fonctionnalités du navire[28]. S'appliquent aux « Gens de mer autres que marins » les titres Ier, III et VI du livre V de la partie V du code des transports et l'article L. 5521-4 (conditions de moralité). Ils ne peuvent travailler à bord d'un navire que s'ils remplissent des conditions d'aptitude médicale. L'aptitude médicale requise pour la navigation est contrôlée par le service de santé des gens de mer (C. transp., art. L. 5521-1-1 et L. 5521-1-2). La Cour de cassation avait retenu du marin une conception large, concernant un éducateur spécialisé, recruté pour encadrer des enfants à bord d'un navire, ou un ouvrier ostréicole embarqué[29]. Le décret n° 2015-454 du 21 avril 2015 identifie les « personnels autres que gens de mer » par deux critères, l'un fonctionnel, l'autre lié à la durée des embarquements, qui doivent rester occasionnels. Leur activité professionnelle à bord ne doit pas excéder quarante-cinq jours d'embarquement continus ou non sur toute période de six mois consécutifs, à l'exception des activités privées de protection des navires (C. transp., art. R. 5511-7) ; sinon, ces « personnels autres que gens de mer » deviennent « gens de mer non marins ». Le décret n° 2020-600 du 19 mai 2020 a créé la catégorie des navires de services et

---

[28] C. transp., art. R. 5511-1 ; Décret n° 2015-454 du 21 avril 2015 relatif à la qualification de gens de mer et de marins – P. CHAUMETTE, « Gens de mer marins, gens de mer non marins et autres », *DMF* 2016, n° 781, pp. 483-494 – CA Aix-en-Provence, Ch. 4-6, 21 juin 2024, n° 20/08749, navire Sir Evan, « En charge de l'entretien et de la maintenance du yacht, la salariée avait un emploi de marin ».
[29] Cass. soc. 28 nov. 2002, voilier Le Gloazen, DMF 2003. 847 ; Soc. 3 nov. 2005, Sté Thaeron fils c/ M. Le Thouze, Dr. soc. 2006. 218.

d'activités côtières (NSAC), qui sont des navires de charges de moins de 12 mètres. L'Ordonnance du 29 juillet 2020 a créé deux nouvelles catégories de marins, les marins accessoires, dont l'activité est l'accessoire d'une activité à terre, et les marins aux voyages à proximité du littoral, qui relèvent essentiellement du Code du travail et ne sont pas affiliés à l'ENIM[30].

Le contrat d'engagement maritime.
Le contrat d'engagement maritime s'inscrit dans un cadre statutaire, défini par le législateur. Le marin participe à une profession réglementée, nationalement, et internationalement aujourd'hui. Il existe des conditions d'accès à la profession. L'inscription maritime a disparu en 1965, puis la revue d'armement auprès du chef de quartier des affaires maritimes, puis le visa administratif du contrat d'engagement maritime[31], puis le rôle d'équipage, remplacé par le permis d'armement par la loi n° 2016-816 du 20 juin 2016 pour l'économie bleue[32]. Ce contrat d'engagement maritime est devenu un contrat de travail particulier liant le marin à l'entreprise d'armement maritime, beaucoup plus qu'au navire ou à l'expédition maritime[33]. La loi n'impose plus de transmettre ce contrat d'engagement à l'autorité maritime, ou à l'inspection du travail. L'Ordonnance n° 2009-717 du 18 juin 2009, relative à l'adaptation aux personnes exerçant la profession de marin de

---

[30] Ordonnance n° 2020-933 du 29 juillet 2020 relative aux conditions d'exercice d'activités maritimes accessoires et à l'adaptation des conditions d'exercice de certaines activités maritimes aux voyages à proximité du littoral – P. CHAUMETTE, « Activités maritimes accessoires et activités maritimes aux voyages à proximité du littoral – Deux catégories nouvelles : les marins du littoral et les marins accessoires », *DMF* 2021, n° 835, pp. 387-397.

[31] Art. 13 Code du travail maritime, abrogé par la loi n° 2006-10 du 5 janvier 2006 – v. P. CHAUMETTE, *Le contrat d'engagement maritime*, Ed. CNRS, Paris, 1993, p. 125 et s.

[32] Le terme d'économie bleue a deux sens. L'économie maritime, comprenant les activités qui interviennent en mer et sur le littoral, la plus importante étant le tourisme littoral ; pêche, marine marchande et ports sont les activités traditionnelles. Gunter PAULI oppose l'économie rouge, industrielle, polluante, l'économie verte, caractérisée par le développement durable et l'économie bleue, qui vise à ne plus produire de déchets et de polluants, en s'inspirant de ce que fait la nature ; le recyclage est essentiel. Ce second sens n'a aucun lien avec l'océan.

[33] K.D. AGVABON, « Le contrat d'engagement maritime français : du code du travail maritime (1926) au code des transports (depuis 2010) », in C. BORDE et E. ROULET, *L'engagement maritime en France XVIè-XXIè siècle*, coll. Les sources de l'histoire maritime, 2022, n° 4, Shaker Verlag, pp. 219-235.

la loi n° 2008-596 du 25 juin 2008, banalise le contrat d'engagement maritime, contrat de travail concernant un marin, supprime d'anciennes particularités, clarifie et simplifie les modes de rupture de ce contrat de travail de moins en moins particulier[34]. Le décret n° 2018-747 du 24 août 2018 est relatif au régime disciplinaire des marins et des pilotes, à la discipline à bord des navires et au régime disciplinaire applicable aux militaires embarqués. Le statut légal, ainsi que le statut social, l'affiliation à l'ENIM, assuraient l'unité du milieu maritime, par-delà les distinctions entre patron embarqué-capitaine de navire et de marin salarié. La jurisprudence s'interroge sur l'indépendance ou la subordination des skippers convoyeurs de navires[35]. La distinction française des gens de mer marins et des gens de mer non marins fragmente le statut professionnel et rend complexe la lisibilité des règles applicables.

---

[34] C. DUFRAISSE-CHARMILLON, La réécriture du droit social maritime au sein du code des transports, PUAM, Aix-en-Provence, 2018 - P. CHAUMETTE, « De la modernisation du marché du travail à la simplification du licenciement maritime », AFCAN Informations, Partie I, n° 85, février 2010, pp. 9-13, Partie II, n° 86, mai 2010, pp. 8-13 - https://www.obs-droits-marins.fr/_bibli/articlesPage/428/docs/modernisation_contrat_ordonnance_pc.pdf

[35] Cass. soc., 7 décembre 2016, n° 15-15669, Sté Beco Global Ltd c/ X, *DMF* 2017, n° 793, pp. 579-585, obs. P. CHAUMETTE, « Contrat de convoyage et/ou contrat d'engagement maritime ? », sur renvoi, CA Angers, 3ème ch., 24 mai 2018, n° 16/02550, *DMF* 2018, n° 806, pp. 855-862, n. J.Fr. DILLEAU, « Le contrat de livraison d'un navire de plaisance par un skipper n'est pas un contrat de travail » - CA Poitiers 11 mars 2021, n° 18-02906, DMF 2021 n° 837, pp. 579-589, obs. A. BUGADA, « Contrat au voyage de droit français pour du convoyage international », et 8 juin 2023, n° 21/0354, P. CHAUMETTE, « La souplesse des contrats de convoyage, même salariés », Observatoire des Droits des Marins, 15 juin 2023, https://www.obs-droits-marins.fr/actualites.html?idArticle=628

Partie I – La conclusion du contrat d'engagement maritime

Le contrat d'engagement maritime constitue une forme particulière de contrat de travail ; il ne concerne que le personnel navigant d'une entreprise d'armement maritime, participant à l'exploitation du navire (C. transp., art. R. 5511-1)[36]. Le contrat peut être conclu pour une durée indéterminée, pour une durée déterminée ou pour un voyage (C. transp., art. L. 5542-1). Traditionnellement, le marin est soumis à un statut professionnel qui concerne notamment les conditions d'accès à la profession. Le contrat d'engagement constate l'entrée du marin au sein de l'équipage, son recrutement, sous le contrôle de l'administration des affaires maritimes, tutelle des relations de travail maritime. En principe, les personnels intervenant sur ou dans un navire à quai ou dans un chantier naval ne sont pas des marins, même si ensuite ils participent à des essais en mer à l'appui de l'équipage ; ils ne sont pas destinés à la poursuite de la navigation. Les locaux des navires à passagers, destinés aux passagers, notamment les cabines, sont parfois nettoyés pendant les traversées ou en escale par des personnes faisant partie de l'équipage, donc marins ; ils sont aussi nettoyés parfois en escale, au port, par des salariées de sociétés de nettoyage sous-traitantes, qui ne sont ni marins, ni gens de mer, mais des travailleuses terrestres, à temps partiel[37].

Section 1 – Domaine du droit du travail maritime

Le champ d'application du droit maritime du travail est déterminé par les concepts de navire, d'armateur et de marin. La Convention du travail maritime de l'OIT de 2006 assimile gens de mer et marins ; les

---

[36] Décret n° 2015-454 du 21 avr. 2015 relatif à la qualification de gens de mer et de marins, modifié par Décret n° 2021-933 du 12 juillet 2021 relatif aux conditions de travail des travailleurs de moins de dix-huit ans à bord des navires et à l'embarquement de personnes autres que gens de mer à des fins d'observation ou de mise en situation en milieu professionnel.

[37] Fl. AUBENAS, *Le quai de Ouistreham*, Ed. de l'Olivier, 2010 – *Ouistreham*, film d'Emmanuel Carrère, 2022.

personnes embarquées occasionnellement peuvent être exclues de cette catégorie. La notion de gens de mer est introduite, en droit français, en 2010 par le Code des transports, et celle des personnels occasionnels à bord, ni gens de mer, ni marins (C. transp., art. L. 5511-1) par la loi du 16 juillet 2013[38]. La notion d'armateur est élargie afin de prendre en compte la mise à disposition de marins. Est considérée comme « armateur » : toute personne pour le compte de laquelle un navire est armé. Est également considéré comme armateur, pour l'application du présent titre et des titres II à IV du présent livre, le propriétaire du navire ou tout autre opérateur auquel le propriétaire a confié la responsabilité de l'exploitation du navire, indépendamment du fait que d'autres employeurs ou entités s'acquittent en son nom de certaines tâches ; est « entreprise d'armement maritime » : tout employeur de salariés exerçant la profession de marin (C. transp., art. L. 5511-1, 1° et 2°).

Armateur, shipmanagement et société de manning.
Traditionnellement, l'employeur du marin était l'armateur, c'est-à-dire l'exploitant commercial du navire, qu'il en soit ou non propriétaire. La fonction d'armateur s'est diversifiée et a parfois éclaté. Le *shipmanager* gère et exploite le navire pour le compte de son propriétaire ; le *shipmanager* peut être armateur pour le compte d'autrui ; de même, la société de *manning* peut fournir à l'armateur un équipage en tant qu'intermédiaire (opération de placement) et même gérer l'équipage pour le compte de l'armateur, rémunérer les marins, organiser leur rapatriement (opération de recrutement)[39]. L'employeur des marins reste parfois l'armateur et devient parfois la société de manning, avec un contrat de mise à disposition des marins à l'exploitant commercial du navire[40]. Le contrat de *shipmanagement* tient du mandat et du contrat

---

[38] Loi n° 2013-619, 16 juillet 2013 portant diverses dispositions d'adaptation au droit de l'Union européenne dans le domaine du développement durable.

[39] I. CORBIER, *La notion juridique d'armateur,* « Les grandes thèses du droit français », PUF, Paris, 1999, p. 277 – E. MONZANI, « Crew managers et manning agencies », *Il Diritto Marittimo,* 2004/2, p. 669 – O. FOTINOPOULOU-BASURKO, « The role of manning agencies or the seafarer's recruitment in the maritime employment market », *in* P. CHAUMETTE (coord.), *Seafarers: an international Labour market in perspective - Gens de mer : un marché international du travail,* Gomylex Éd., Bilbao, 2016, pp. 239-257.

[40] S. MERCOLI, « Les fournisseurs de main-d'œuvre maritime et le droit de l'Union européenne », *in* P. CHAUMETTE (coord.), *Seafarers: an international Labour*

d'entreprise[41]. Une responsabilité solidaire du *shipmanager* et de l'armateur peut être exceptionnellement envisagée. Il est possible de se demander si elle n'est pas le principe premier dans le domaine social, compte tenu de l'évolution des textes.

L'article L. 5542-1 du Code des transports prévoit, depuis 2010, que le contrat d'engagement maritime est conclu entre le marin et l'armateur ou tout autre employeur. Le recours à une entreprise de travail maritime, qui est l'employeur des marins et qui les met à la disposition de l'armateur, fut autorisé par la loi du 3 mai 2005[42]. Cette figure correspond au contrat type du BIMCO, dénommé *crew management agreement, Crewman B-Lump Sum*[43]. Même si l'armateur est responsable de l'entreprise de travail maritime avec laquelle il a contracté une mise à disposition de personnel, même s'il doit justifier d'une garantie financière en matière de rapatriement et de paiement des salaires et des charges sociales, même s'il est responsable des conditions de vie et de travail à bord, il n'est plus l'employeur direct des marins, seulement leur utilisateur[44]. Il en est ainsi dans le cadre du travail temporaire terrestre, qui dissocie les fonctions d'employeur et de chef d'entreprise : l'intérimaire est salarié de l'agence travail temporaire, mais mis à disposition du chef d'entreprise utilisatrice. Le contrat de mise à disposition de personnel de gens de mer ne peut être conclu qu'avec une entreprise de travail maritime (*société de nanning*) agréé par les autorités de l'État où elle est établie, conformément à la convention n° 179 de l'OIT sur le recrutement et le placement des gens de mer ; sinon l'armateur s'assure que l'entreprise de travail maritime en respecte les exigences[45].

Dans le cadre du registre international français (RIF), les marins résidant en France relèvent du livre V de la partie V du Code des

---

market in perspective - Gens de mer : un marché international du travail, Gomylex Éd., Bilbao, 2016, pp. 377-392.

[41] M. NDENDE, « Évolution des structures armatoriales et difficultés d'identification du transporteur maritime » *DMF* 2006, p. 195 et s. – C. DEVAUX, « Mutations et questions contemporaines des entreprises d'armement maritime », in *Droits Maritimes*, P. CHAUMETTE (coord.), Dalloz Action, 4ème éd., 2021, n° 331.31.

[42] L. n° 2005-412, 3 mai 2005 relative à la création du registre international français.

[43] *Baltic and International Maritime Council, BIMCO Bulletin* n° 4, 1999, http://www.bimco.org

[44] C. transp., art. L. 5612-6, L. 5621-1, L. 5621-3, L. 5621-4, L. 5621-5, L. 5621-17.

[45] C. transp., art. L. 5621-8.

transports et du Code du travail[46], c'est-à-dire qu'ils ne pouvaient être mis à disposition de l'armateur par une entreprise de travail maritime ; ils relevaient d'un embauchage direct par l'armateur, même si un mandataire pouvait participer au recrutement ou à la gestion du personnel, pour le compte de l'armateur. En raison des principes d'égalité de traitement et de non-discrimination des ressortissants de l'Union européenne, il en est de même des marins résidant dans le territoire de l'Union européenne ou dans l'Espace économique européen. Selon le Conseil constitutionnel, cette loi spéciale n'a pas pour objet ni pour effet, vis-à-vis de ces marins de déroger à l'application du Code du travail maritime[47]. Dès lors, seul l'armateur pouvait être l'employeur de ces marins.
La directive 2008/104 du 19 novembre 2008, relative au travail intérimaire, ne permet plus que des exceptions strictes à la prohibition du recours au travail temporaire. Elle s'inscrit dans le cadre de la « flexisécurité » et son considérant 11 précise que « le travail intérimaire répond non seulement aux besoins de flexibilité des entreprises mais aussi à la nécessité de concilier la vie privée et la vie professionnelle des salariés. Il contribue ainsi à la création d'emplois ainsi qu'à la participation et à l'insertion sur le marché du travail »[48]. Son article 4, intitulé « Réexamen des interdictions ou restrictions », prévoit que celles-ci ne peuvent être justifiées que par des raisons d'intérêt général tenant, notamment, à la protection des travailleurs intérimaires, aux exigences de santé et de sécurité au travail ou à la nécessité d'assurer le bon fonctionnement du marché du travail et d'empêcher les abus. Ces restrictions ne portent pas sur les exigences nationales en matière d'enregistrement, d'agrément, de certification, de garantie financière ou de contrôle des entreprises de travail intérimaire. Les conditions d'application aux marins du livre III et du titre Ier du livre IV de la partie V du Code du travail sont fixées par décret en Conseil d'État, compte tenu des adaptations nécessaires[49]. « L'activité de placement consiste à fournir, à titre habituel, des services visant à rapprocher les offres et les demandes d'emploi, sans que la personne assurant cette activité ne devienne partie aux relations de travail

---

[46] C. transp., art. L. 5612-1, 1°.
[47] Cons. const. 28 avril 2005, n° 2005-514 *DC*, consid. 4 ; *AJDA* 2005. 975 ; *RTD civ.* 2005. 556, obs. R. ENCINAS DE MUNAGORRI ; *DMF* 2005. 514, note P. BONNASSIES.
[48] Directive 2008/104, Parlement et Conseil, 19 novembre 2008, consid. 11.
[49] C. transp., art. L. 5546-1.

susceptibles d'en découler. La fourniture de services de placement peut être exercée à titre lucratif. Les entreprises de travail temporaire peuvent fournir des services de placement »[50]. « Aucune rétribution, directe ou indirecte, ne peut être exigée des personnes à la recherche d'un emploi en contrepartie de la fourniture de services de placement »[51].

Le recrutement de gens de mer pour le compte d'armateurs ou d'employeurs ou leur placement auprès d'eux sont soumis aux dispositions applicables à l'activité de service de recrutement et de placement privé de gens de mer. Il est créé un registre national sur lequel tout service de recrutement et de placement privé de gens de mer établi en France s'inscri. Il est destiné à informer les gens de mer et les armateurs, ainsi qu'à faciliter la coopération entre États du pavillon et État du port. Les services de recrutement et de placement privés de gens de mer adressent à l'autorité administrative compétente un bilan annuel de leur activité. Les services de recrutement et de placement privés des gens de mer tiennent à disposition, aux fins d'inspection par l'autorité compétente, un registre à jour de tous les gens de mer recrutés ou placés par leur intermédiaire[52]. Les services de recrutement et de placement privés de gens de mer, quel que soit le lieu de leur établissement, ne peuvent avoir recours à des agissements qui auraient pour objet ou pour effet d'empêcher ou de dissuader les gens de mer d'obtenir un emploi pour lequel ils possèdent les conditions requises[53].

Les services de recrutement et de placement privés de gens de mer, quel que soit le lieu de leur établissement, s'assurent, à l'égard des gens de mer recrutés ou placés par leur intermédiaire : de leurs qualifications, de la validité de leur aptitude médicale et de leurs documents professionnels obligatoires ; de leur information préalable avant de signer le contrat d'engagement maritime ; de la conformité des contrats d'engagement maritime proposés aux règles applicables ; du respect par l'armateur de ses obligations de garantie en matière de rapatriement[54].

Les services de recrutement et de placement privés de gens de mer, quel que soit le lieu de leur établissement, examinent et répondent à toute réclamation concernant leurs activités et avisent l'autorité administrative compétente de celles pour lesquelles aucune solution n'a

---

[50] C. trav., art. L. 5321-1.
[51] C. trav., art. L. 5321-2.
[52] C. transp., art. L. 5546-1-1.
[53] C. transp., art. L. 5546-1-2.
[54] C. transp., art. L. 5546-1-3.

été trouvée[55]. Les services de recrutement et de placement privés de gens de mer établis en France justifient, au moyen d'une garantie financière, d'une assurance ou de tout autre dispositif équivalent, être en mesure d'indemniser les gens de mer des préjudices subis en cas d'inexécution de leurs obligations à leur égard. L'armateur, l'employeur ou les gens de mer intéressés peuvent exiger d'un service de recrutement et de placement privé de gens de mer établi hors de France qu'il justifie d'un mécanisme de garantie équivalent à celui à l'alinéa précédent[56].

Est entreprise de travail maritime, toute personne, hors les entreprises de travail temporaire mentionnées à l'article L. 1251-2 du Code du travail, dont l'activité est de mettre à disposition d'un armateur des gens de mer qu'elle embauche et rémunère à cet effet. Les entreprises de travail maritime établies en France sont soumises à la présente sous-section et font l'objet d'un agrément par l'autorité administrative. Par dérogation aux dispositions de l'article L. 5321-1 du Code du travail, elles ne sont autorisées à mettre à disposition des gens de mer qu'à bord des navires immatriculés au registre international français (RIF), navires de plaisance, navires de pêche dans des conditions strictement déterminée, ou à bord de navires battant pavillon autre que français[57]. Les entreprises mentionnées à l'article L. 5546-1-6 du Code des transports exerçant cette activité à la date de la publication de la présente loi bénéficient d'une présomption d'agrément. À cet effet, elles doivent se déclarer dans un délai de deux mois en vue d'être inscrites sur le registre national prévu à l'article L. 5546-1-1 du Code des transports[58].
Le décret n° 2017-1119 du 29 juin 2017, relatif aux services privés de recrutement et de placement des gens de mer, modifié par le décret n° 2021-1477 du 10 novembre 2021, fixe les modalités d'application de la sous-section 1 de la section 2 du chapitre VI du titre IV du livre V de la cinquième partie du Code des transports, relatives aux services privés de recrutement et de placement des gens de mer. Il définit les dispositions réglementaires applicables à Mayotte, à Wallis-et-Futuna et aux Terres australes et antarctiques françaises. Il précise les conditions et les modalités d'inscription des services privés de

[55] C. transp., art. L. 5546-1-4.
[56] C. transp., art. L. 5546-1-5.
[57] C. transp., art. L. 5546-1-6.
[58] Loi n° 2013-619, 16 juillet 2013, art. 25, II.

recrutement et de placement des gens de mer au registre national prévu à l'article L. 5546-1-1 du Code des transports. Il détermine les modalités de tenue de ce registre par l'autorité compétente, ainsi que les sanctions administratives et pénales applicables en cas de non-respect des dispositions légales[59].

La cour d'appel de Saint Denis de la Réunion, le 27 mai 2022, a rendu un arrêt qui considère que l'armateur à la pêche n'est pas l'employeur du marin, mis à sa disposition par la société de manning ; mais elle ne questionne pas la responsabilité de l'armateur à la pêche vis-à-vis des pratiques de sa société de manning. Elle constate que « le contrat de location d'équipage est parfaitement conforme aux dispositions de l'article L. 5621-4 du code des transports relatif aux contrats de mise à disposition de gens de mer »[60]. La convention 188 de 2007 de l'OIT relative au travail à la pêche, que la France a ratifié[61], précise que l'armateur à la pêche est responsable si l'agence d'emploi privée manque aux obligations qui lui incombent à l'égard du pêcheur (art. 22 § 5). Il existe bien une responsabilité globale de l'entreprise utilisatrice, concernant le respect par la société de manning de ses obligations vis-à-vis du gens de mer. La Convention du travail maritime de 2006, qui concerne la marine marchande, insiste sur le lien existant entre le marin et « l'armateur », même quand il n'est pas l'employeur du marin, mis à sa disposition : le contrat d'engagement maritime doit être signé par une personne, habilitée à représenter l'armateur, quand bien même il s'agit de la société de manning, de l'entreprise de travail maritime, employeur du marin, mis à disposition[62]. Conformément aux conventions de l'OIT,

---

[59] C. transp., art. L. 5546-1-7 – Décret n° 2017-1119, 29 juin 2017 relatif aux services privés de recrutement et de placement des gens de mer, modifié par Décret n° 2021-1477 du 10 novembre 2021.

[60] P. CHAUMETTE, « L'armateur à la pêche, responsable de sa société de manning ? », CA Saint-Denis de la Réunion, 27 mai 2022, navire Albius, n° 20/02067, S c/ SA SAPMER, *DMF* 2022, n° 851, pp. 894-903. Pour un navire de pêche immatriculé aux Terres Australes et Antarctiques Françaises (TAAF), la référence à l'article L. 5621-4 qui concerne le registre international français (RIF) nous semble tout à fait inadaptée. L'article L. 5795-1 du code des Transports seul convenait.

[61] Loi n° 2015-470 du 27 avril 2015 autorisant la ratification de la convention 188 de l'Organisation Internationale du Travail relative au travail dans la pêche.

[62] Résolution de la Commission tripartite spéciale de l'OIT, 13 mai 2022, sur les voies de recours contractuelles pour les gens de mer – https://www.ilo.org/global/standards/maritime-labour-convention/special-tripartite-committee/WCMS_845220/lang--fr/index.htm - M. MC CONNELL, D DEVLIN & Cl. DOUMBIA-HENRY, *The Maritime Labour Convention, 2006: A legal primer to an emerging international regime*, Martinus Nijhoff Publishers, Leiden Boston, 2011, p.

l'armateur prime et s'engage contractuellement : l'employeur peut être mentionné dans le contrat d'engagement et le signer en sus, ce que ne précise pas notre code des Transports.

Gens de mer et marins.

Sont « marins » les gens de mer salariés ou non salariés exerçant une activité directement liée à l'exploitation du navire. La loi n° 2016-816 du 20 juin 2016, pour l'économie bleue, a introduit une distinction entre marins au commerce et marins à la pêche, en raison des deux conventions de l'OIT de 2006 et de 2007. Le skipper professionnel, chargé du convoyage d'un navire, est un marin, capitaine de navire ; il semble pouvoir être salarié ou travailleur indépendant[63].

Sont « gens de mer » toutes les personnes salariées ou non salariées exerçant à bord d'un navire une activité professionnelle à quelque titre que ce soit. Un décret en Conseil d'État, pris après avis des organisations les plus représentatives d'armateurs et de gens de mer intéressées, détermine les catégories de personnels ne relevant pas, selon le cas, du 3° ou du 4°, en fonction du caractère occasionnel de leur activité à bord, de la nature ou de la durée de leur embarquement[64]. Les gens de mer sont identifiés par l'autorité maritime et reçoivent un numéro national d'identification, dans des conditions fixées par décret

189 - S. LIELBARDE, "The concept of "shipowner" under new maritime labor law (MLC, 2006): does the shipowner own the ship? (Comparative analysis of national law of Denmark, Finland, Germany, Norway, and the United Kingdom)", *WMU J Marit Affairs*, vol. 17, pp. 229–247 (2018). https://doi.org/10.1007/s13437-018-0141-8

[63] Cass. soc. 7 décembre 2016, n° 15-15669, *DMF* 2017, n° 793, pp. 579-585, P. CHAUMETTE, « Contrat de convoyage et/ou contrat d'engagement maritime ? », sur renvoi, CA Angers, 3ème ch., 24 mai 2018, n° 16/02550, *DMF* 2018, n° 806, pp. 855-862, n. J.Fr. DILLEAU, « Le contrat de livraison d'un navire de plaisance par un skipper n'est pas un contrat de travail » - CA Poitiers 11 mars 2021, n° 18-02906, *DMF* 2021 n° 837, pp. 579-589, obs. A. BUGADA, « Contrat au voyage de droit français pour du convoyage international », et 8 juin 2023, n° 21/03543.

[64] C. transp., art. L. 5511-1, 3° et 4° – Décret n° 2015-454, 21 avr. 2015 relatif à la qualification de gens de mer et de marins, modifié par Décret n° 2021-933 du 12 juillet 2021 relatif aux conditions de travail des travailleurs de moins de dix-huit ans à bord des navires et à l'embarquement de personnes autres que gens de mer à des fins d'observation ou de mise en situation en milieu professionnel – P. CHAUMETTE, « Gens de mer marins, gens de mer non marins et autres – Décret n° 2015-454 du 21 avril 2015 », *DMF* 2016, n° 781, pp. 483-494.

en Conseil d'État[65]. L'identification des gens de mer consiste en l'attribution d'un numéro national d'identification. Le dispositif existant pour les marins est étendu à l'ensemble des gens de mer embarqués sur un navire battant pavillon français immatriculé en métropole, en Guadeloupe, en Martinique, en Guyane, à La Réunion, à Mayotte, à Saint-Barthélemy, à Saint-Martin et à Saint-Pierre-et-Miquelon à l'exception des gens de mer ne résidant pas en France embarqués sur les navires battant pavillon français immatriculés au registre international français. L'administration maritime leur délivre également un livret professionnel maritime[66].

Les conventions maritimes de l'OIT assimilent gens de mer et marin, développant une approche englobante des personnes travaillant à bord d'un navire[67], afin de limiter les pratiques de segmentation des statuts, liée à la pratique d'ouvriers embarqués pour l'entretien du navire, travailleurs terrestres à bord. Il existe des exceptions pour les personnes embarquées occasionnellement, qui ne sont pas gens de mer. En France, des situations hybrides avaient été prises en compte, concernant des travailleurs à statut terrestre, travaillant en mer : les personnels n'exerçant pas la profession de marin, embarqués à bord de navires câbliers, ont un temps de travail régi par les règles maritimes spécifiques[68]. Le législateur français a repris l'approche englobante de l'OIT, mais distingue les gens de mer marins et les gens de mer non marins. La différence essentielle est que seuls les gens de mer marins sont affiliés à l'Établissement National des Invalides de la Marine (ENIM), régime de sécurité sociale spécial des marins, embarqués sous pavillon français. Dans le cadre de la Convention du travail maritime de 2006 de l'OIT, l'affiliation à l'ENIM a été étendu aux marins

[65] C. transp., art. L. 5521-2-1 – Décret nº 2015-1191, 28 sept. 2015 relatif à l'identification des gens de mer.

[66] Arr. 2 juill. 2014 modifiant l'arrêté du 24 janvier 2007 relatif au livret professionnel maritime.

[67] *Définitions et champ d'application, Convention du travail maritime,* OIT, 2006, art. II, f.

[68] Décret nº 2006-1064, 25 août 2006 relatif à l'organisation du travail des personnels n'exerçant pas la profession de marin embarqués à bord des navires de recherche océanographique ou halieutique - Décret nº 2006-1065, 25 août 2006 relatif à l'organisation du travail des personnels n'exerçant pas la profession de marin embarqués à bord des navires câbliers.

résidant en France, alors même qu'ils sont embarqués sous pavillon étranger, en l'absence de protection sociale[69].
Les gens de mer non marins travaillant à bord d'un navire, relèvent du droit du travail maritime, ce mélange de règles du code du travail et du code des transports ; ils sont affiliés en général au régime général de sécurité sociale des travailleurs salariés (RGTSS), n'étant pas marins.
Il existe aussi des personnes embarquées occasionnellement, qui sont « autres » que gens de mer, ce que détaille le décret n° 2015-454 du 28 septembre 2015 (C. transp. art. R. 5511-5)[70].

Gens de mer marins.
Afin de définir les marins, l'article R. 5511-1 du Code des transports précise que l'exploitation à bord comporte les activités professionnelles relatives à la marche, à la conduite ou à l'entretien, ainsi que celles qui sont nécessaires pour assurer l'ensemble des fonctionnalités du navire.
Sont réputées figurer au nombre des marins les personnes exerçant l'une des activités ou fonctions :

1°) à bord de l'ensemble des navires, préparation ou service des repas pour les gens de mer, hydrographe, pilotage maritime, lamanage, médecin ou infirmier, lorsque l'embarquement est exigé par la réglementation maritime ;

2°) à bord des navires à passagers et des navires de plaisance à utilisation commerciale, propreté, hôtellerie, restauration, vente, accueil des passagers, écrivain de bord[71] ;

---

[69] Art 31, loi n° 2015-1702 du 21 décembre 2015 de financement de la sécurité sociale pour 2016 et art. 26, loi n° 2017-1836 du 30 décembre 2017 de financement de la sécurité sociale pour 2018 - Décret n° 2017-307 du 9 mars 2017 relatif à l'affiliation des gens de mer marins, résidant en France et embarqués sur un navire battant pavillon d'un Etat étranger - P. CHAUMETTE, « Protection sociale et résidence du marin - Décret n° 2017-307 du 9 mars 2017 », Observatoire des Droits des Marins, 14 mars 2017, http://www.obs-droits-marins.fr/archives/publications.html?idArticle=548 ; « Quelle protection sociale pour les marins résidant en France, embarqués sous pavillon étranger ? Saison 2 », Observatoire des Droits des Marins, 27 février 2018, https://www.obs-droits-marins.fr/actualites.html?idArticle=557 ; « Étendre la protection sociale des gens de mer », *DMF, Droit Maritime Français,* 2022, n° 847, pp. 515-520.

[70] P. CHAUMETTE, « Gens de mer marins, gens de mer non marins et autres », *DMF* 2016, n° 781, p. 483-494.

[71] CA Aix-en-Provence, ch. 4-6, 21 juin 2014, n° 20/08749, navire Sir Evan ; la salariée, recrutée dans le cadre des services à la personne, en recourant au chèque-emploi service universel (CESU), était en charge de l'entretien et de la maintenance

3°) à bord des navires affectés à l'exploitation de parcelles concédées sur le domaine public maritime nécessitant une navigation totale de trois milles ou plus, les personnels armant ces navires (art. C. transp., R. 5511-2).

La Polynésie française connaît des dockers itinérants, embarqués au sein de la flottille de l'administration du Territoire, non-inscrits maritimes, effectuant des missions de manutention à quai et à bord des navires, dans les cales. La question de leur qualification s'est posée, concernant notamment leur affiliation au régime spécial de sécurité sociale des marins, l'ENIM, et non à la caisse de Prévoyance Sociale de la Polynésie française (CPS). « Un docker itinérant est considéré comme marin, s'il est effectivement enrôlé sur un navire »[72]. Il faut noter que la Polynésie française a conservé le rôle d'équipage et n'a pas mis en place le permis d'armement et la liste d'équipage instaurés par la loi n° 2016-816 du 20 juin 2016[73].

Gens de mer non marins.

Sont « gens de mer autres que marins », à bord des navires d'exploration et d'exploitation, les personnels qui préparent ou servent les repas aux personnels employés dans l'une des activités suivantes : installations et constructions d'unités de productions sous-marines ; forage de puits, champs pétroliers ou gaziers ; plates-formes, îles artificielles, ouvrages ou installations en mer[74]. Il en est de même des agents employés par les entreprises privées de protection des navires et titulaires d'une carte professionnelle délivrée par le Conseil national des activités privées de sécurité[75].

Les titres Ier, III et VI du livre V de la partie V du Code des transports et l'article L. 5521-4 (conditions de moralité) s'appliquent aux « gens

du yacht elle était marin puisque ceux-ci exercent une activité directement liée à l'exploitation du navire.

[72] CA Papeete, ch. soc., 14 septembre 2023, n° 21/00027, *DMF* 2024, n° 864, pp. 37-43, obs. A. CHARBONNEAU, « Le docker itinérant : un marin ? ».

[73] Les marins pêcheurs relèvent de la caisse de prévoyance sociale de la Polynésie française (CPS), non de l'ENIM.

[74] C. transp., art. R. 5511-3.

[75] C. transp., art. R. 5511-4 – Arrêté du 1er décembre 2023 portant cahier des charges applicable à la formation initiale aux activités privées de protection des navires.

de mer autres que marins »[76]. Ils ne peuvent travailler à bord d'un navire que s'ils remplissent des conditions d'aptitude médicale. L'aptitude médicale requise pour la navigation est contrôlée par le service de santé des gens de mer ou des médecins agréés[77]. Les normes d'aptitude médicale, selon les fonctions à bord ou les types de navigation, les cas de dispense, la durée de validité du certificat d'aptitude médicale délivré à l'issue du contrôle d'aptitude médicale, sa forme, ainsi que les voies et délais de recours en cas de refus de délivrance du certificat sont précisés par décret en Conseil d'État[78].

Les gens de mer autres que marins doivent, pour l'exercice de leurs fonctions à bord d'un navire, avoir suivi une formation minimale dont le contenu est fixé par voie réglementaire[79].

Il existe des textes fort indigestes, qui rappellent les jeux de piste, permettant de rechercher les textes manquants : « Le titre IV du livre V de la partie V du Code des transports s'applique également aux gens de mer autres que marins, à l'exception des article L. 5542-7 et L. 5542-8, L. 5542-15, L. 5542-17, L. 5542-21 à l. 5542-28, L. 5542-34 à l. 5542-38, L. 5542-40 à L. 5542-44, L. 55448, L. 5542-52, L. 5544-12, L. 5544-21, L. 5544-34 à L. 5544-41, L. 5544-43 à L. 5544-54, L. 554456, L. 5544-57 et L. 5546-2, ainsi que les articles L. 5542-11 à L. 5542-14 en tant qu'ils concernent le contrat au voyage »[80].

Les règles particulières relatives à la durée du travail et au repos hebdomadaire des gens de mer autres que marins, et embarqués temporairement à bord d'un navire, sont fixées par décret en Conseil d'État. Lorsque ces règles particulières concernent les personnels de droit privé non marins des établissements publics de recherche à caractère industriel et commercial ou des groupements dans lesquels les établissements de recherche détiennent des participations majoritaires, embarqués à bord d'un navire de recherche océanographique ou halieutique, ce décret est pris après consultation des établissements et

---

[76] L'expression « gens de mer autres que marins » peut être source de confusion avec la notion de « salariés autres que gens de mer », car embarqués occasionnellement. Nous préférons l'expression « Gens de mer non marins ».

[77] C. transp., art. L. 5521-1-1 et L. 5521-1-2 ; créés par Ord. n° 2016-1686, 8 déc. 2016 relative à l'aptitude médicale à la navigation des gens de mer et à la lutte contre l'alcoolisme en mer.

[78] Décret nº 2015-1574, 3 décembre 2015 relatif au service de santé des gens de mer.

[79] C. transp., art. L. 5549-1, mod. par Ord. nº 2016-1686, 8 décembre 2016, art. 1.

[80] C. transp., art. L. 5549-2, mod. par Loi n° 2019-1446 du 24 décembre 2019, art. 18.

groupements ainsi que des organisations les plus représentatives de ces personnels[81].

Lorsque les gens de mer autres que marins sont blessés ou malades pendant le cours de l'embarquement ou après que le navire a quitté le port où ils ont été embarqués, l'armateur s'assure qu'ils ont accès à des soins médicaux rapides et adéquats. L'employeur prend en charge les dépenses liées à ces soins, y compris les frais de transport éventuels, de telle sorte qu'ils soient intégralement assurés pour l'intéressé jusqu'à son hospitalisation ou son retour à domicile ou, si le navire est à l'étranger, son rapatriement, sans qu'il ait à en avancer les frais, sauf lorsque la maladie n'a pas été contractée pendant l'embarquement. Les dispositions du présent alinéa n'ont pas pour effet de se substituer aux dispositions du Code de la sécurité sociale relatives à la prise en charge et au remboursement des prestations en nature par le régime de sécurité sociale dont relève l'intéressé. En cas de décès, les frais funéraires, y compris le rapatriement du corps et des effets personnels, sont à la charge de l'employeur. En cas de blessure, les gens de mer autres que marins sont tenus, sauf cas de force majeure, d'en faire la déclaration au capitaine au plus tard lorsqu'ils quittent le service au cours duquel ils ont été blessés. Les modalités d'application du présent article sont précisées par voie réglementaire, notamment les conditions et limites dans lesquelles l'employeur se fait rembourser par l'intéressé pour lequel il a fait l'avance des frais, dans la limite des droits de celui-ci aux prestations qui lui sont dues[82].

Les gens de mer non marins ont droit gratuitement à la nourriture ou à une indemnité pendant toute la durée de son inscription sur la liste d'équipage[83]. La Direction Départementale des Territoires et de la Mer (DDTM) peut refuser une demande de tentative de conciliation concernant une gens de mer non marin ; elle peut exercer un recours administratif, ou saisir le conseil de Prud'hommes compétent, et non le tribunal judiciaire[84].

---

[81] C. transp., art. L. 5549-3.

[82] C. transp., art. L. 5549-4.

[83] C. transp., art. L. 5542-18 et L. 5549-5.

[84] Cass. soc. 7 février 2024, n° 22-18245, *DMF* 2024, n° 871, pp. 711-720, n. A. BUGADA, « Pas de conciliation administrative obligatoire pour les gens de mer autres que marins » - P. CHAUMETTE, « Gens de mer marins et gens de mer non marins ? Illustration », *Observatoire des Droits des Marins*, 1er mars 2024, https://www.obs-droits-marins.fr/actualites.html?idArticle=638

La qualité de gens de mer (marin ou non marin) est attestée par la détention d'un livret professionnel maritime (LPM) sur lequel est porté le numéro d'identification du gens de mer. Ce numéro permet la gestion administrative des gens de mer qui embarquent à bord d'un navire battant pavillon français. Les conditions à remplir pour être identifié comme gens de mer et les documents à fournir sont encadrés par la règlementation. Compte tenu de la ratification de la convention 185 de 2003 de l'OIT sur les pièces d'identité des gens de mer, devant faciliter les transits terrestres des équipages, avec les données biométriques intégrées[85], le livret professionnel maritime a été singularisé et modernisé[86].

Autres que gens de mer.

L'approche fonctionne par élimination. Ne relèvent pas du 4° de l'article L. 5551-1, c'est-à-dire ne sont pas gens de mer, les personnels exerçant une activité professionnelle à bord d'un navire dans l'un des cas suivants (C. transp., art. R 5511-5).

Le décret n° 2015-454 du 21 avril 2015 identifie les « personnels autres que gens de mer » par deux critères, l'un fonctionnel, l'autre lié à la durée des embarquements, qui doivent rester occasionnels. Leur activité professionnelle à bord ne doit pas excéder quarante-cinq jours d'embarquement, continus ou non, sur toute période de six mois consécutifs (C. transp., art. R. 5511-7) ; sinon ces « personnels autres que gens de mer » deviennent « gens de mer non marins ». Comme l'exprime le ministère : « Les « gens de mer non marins » le sont parce qu'ils sont exclus à la fois de la catégorie « marins » et de la catégorie « non gens de mer » et qu'ils effectuent plus de 45 jours d'embarquement continu ou non sur une période de six mois consécutifs[87]. »

---

[85] P. CHAUMETTE, « La révision de la Convention n° 185 de l'OIT de 2003 relative à la Pièce d'identité des gens de mer (PIGM) », Carnet de recherche du programme européen Human Sea, 26 juin 2017, https://humansea.hypotheses.org/817 - M.L. Mc CONNELL, « The ILO's Seafarers' Identify Documents Convention (revised), 2003 n° 185 after more than a decade: Ahead of its time or case of good intentions gone wrong", in *Seafarers: an international labour market in perspective – Gens de mer : un marché international du travail*, P. CHAUMETTE (coord.), Gomylex Ed., Bilbao, 2016, pp. 285-334, ⟨hal-01470439⟩.

[86] Arrêté 24 janvier 2007 relatif au livret professionnel maritime, modifié par Arrêté 2 juillet 2014 – P. CHAUMETTE, *Droits Maritimes*, préc. n° 421.37 et 421.38.

[87] « Gens de mer », https://formations.mer.gouv.fr/gens-de-mer-43

Quant aux fonctions, il s'agit des personnes travaillant exclusivement à bord d'un navire à quai ou au mouillage, des observateurs des pêches ou de la faune et de la flore marine, des représentants de l'armateur ou des clients, tel le subrégargue, chargé de surveiller des marchandises spécifiques à bord[88], des interprètes, des photographes, des journalistes, des chercheurs, des artistes, mannequins ou autres professionnels de la culture, des majordomes, des chefs gastronomiques, des ministres du culte, des activités relatives au bien-être ou au sport, des employés des passagers, des personnels autres que chercheurs et des hydrographes lorsqu'ils participent aux missions de recherche à bord des navires affectés à des activités de recherche océanographique ou halieutique, dont la liste est fixée par un arrêté du ministre chargé de la Mer et du ministre chargé de la Recherche, des personnels ouvriers, techniciens ou ingénieurs à bord des navires affectés à des activités d'exploration ou d'exploitation mentionnés à l'article R. 5511-3, des personnels dispensant des formations n'ayant pas un caractère maritime, des personnes exerçant une activité de cultures marines nécessitant une navigation totale inférieure à trois milles, les personnes formant à la consuite des navires et bateaux de plaisance à moteur en mer et dans les eaux intérieures, les personnes effectuant une préiode de mise en situation en milieu professionnel (C. transp., art. R. 5511-5, modifié par décret n° 2021-933 du 12 juillet 2021). Il en est de même des agents publics embarqués à bord d'un navire (C. transp., art. R. 5511-6).

Le développement des énergies marines renouvelables, à commencer par les champs d'éoliennes, nécessite des travaux d'installation, puis de maintenance en mer et ultérieurement de déconstruction, avec des compétences nautiques et des interventions techniques de personnes non essentiellement navigantes, comme il en est ainsi sur les navires cabliers ou les navires océanographiques. Le cadre juridique de ces interventions doit donc être précisé. La loi n° 2023-175 du 10 mars 2023 relative à l'accélération de la production d'énergies renouvelables a ainsi modifié les dispositions de l'artilce L. 5541-1-1 du code des transport.

---

88 Le subrécargue *est une personne choisie par l'armateur ou l'affréteur et embarquée sur un navire* pour assurer la surveillance d'une cargaison complexe ou fragile : il s'agit le plus souvent d'un officier de la marine marchande, doté d'une bonne connaissance des risques de la navigation et donc des mesures de prévention nécessaires.

Les salariés autres que gens de mer, effectuant des travaux ou exerçant certaines activités définies par voie réglementaire dans les limites des eaux territoriales et intérieures françaises, en deçà des limites extérieures de la zone économique exclusive ou dans d'autres eaux en qualité de salariés d'entreprises françaises relèvent, pour les périodes d'exercice de leurs activités en mer ou pour la totalité des périodes durant lesquelles ces salariés travaillent alternativement en mer et à terre s'ils effectuent en mer au moins la moitié de leur temps de travail, des articles L. 5544-2 à L. 5544-5, L. 5544-8, L. 5544-11, L. 5544-13, L. 5544-15 à L. 5544-20 et L. 5544-23-1, relatifs à la durée du travail, aux repos, et aux congé, sous réserve des alinéas suivants : 1° Pour tenir compte de la continuité des activités exercées en mer, des contraintes portuaires ou de la sauvegarde du navire ou des installations et équipements en mer ou de l'alternance de travail en mer et à terre, un accord d'entreprise ou d'établissement peut organiser la répartition de la durée du travail sur une période de deux semaines au plus de travail consécutives suivies d'une période de repos consécutive d'une durée égale à celle de la période de travail, sans préjudice de l'application de l'article L. 5544-15. L'accord prévoit les mesures mentionnées au 4° du III de l'article L. 5544-4, assurant le respect en toutes circonstances de l'obligation de veille, ainsi que l'octroi de périodes de repos consécutives pour prévenir toute fatigue, des mesures de contrôle de la durée effective du travail à bord et de prévention de la fatigue ; 2° Pour l'application de l'article L. 5544-13, sont également pris en compte les installations et équipements.
L'employeur des salariés mentionnés, ou son représentant, exerce les responsabilités confiées au capitaine par les articles L. 5544-2, L. 5544-13 et L. 5544-20. Les salariés exerçant les activités mentionnées, amenés à travailler à l'étranger bénéficient du droit au rapatriement et peuvent solliciter la délivrance de la pièce d'identité des gens de mer, lorsqu'ils remplissent les conditions de nationalité ou de résidence exigées pour l'obtention de ce document.

Le décret n° 2016-754 du 7 juin 2016 définissait les travaux et activités exercés dans les limites des eaux territoriales et intérieures françaises, en qualité de salariés d'entreprises françaises. Il s'agit des travaux de construction et de ceux nécessaires à l'exploitation et à l'utilisation d'îles artificielles, d'installations et d'ouvrages et de toute activité exercée sur ou à partir de ces structures y compris aux fins d'exploration, d'exploitation, de conservation et de gestion des ressources naturelles, biologiques ou non biologiques, des eaux surjacentes aux fonds marins, des fonds marins et de leur sous-sol ainsi que de toute autre activité tendant à l'exploration et à l'exploitation à des fins économiques, telle que la production d'énergie à partir de l'eau, des courants et des vents. Sont aussi concernés les travaux et activités réalisés à bord ou à partir d'un navire battant pavillon français, sauf au mouillage ou à quai, ou les employés des passagers ou les personnels dispensant une formation n'ayant pas un caractère maritime, ou effectués à bord ou à partir de navires immatriculés au registre international français (RIF). Ce décret ne s'applique pas à Mayotte.

Collectivités d'outre-mer.
L'article 72-3 de la Constitution de la Vème République de 1958, issu de la révision constitutionnelle du 28 mars 2003, précise : « La République reconnaît, au sein du peuple français, les populations d'outre-mer, dans un idéal commun de liberté, d'égalité et de fraternité ». Les collectivités d'outre-mer françaises sont régies par un droit particulier : Saint-Barthélemy, Saint-Martin, Saint-Pierre-et-Miquelon, les îles Wallis-et-Futuna et la Polynésie française (celle-ci est qualifiée de « pays d'outre-mer » et dispose d'une plus grande autonomie administrative, depuis février 2004). Depuis l'accord de Nouméa de 1998, la Nouvelle Calédonie bénéficie d'un début d'autonomie politique (Titre XIII de la Constitution) ; la loi organique n° 99-209 du 19 mars 1999 reconnaît la spécificité de ce territoire d'outre-mer et met en place des mécanismes spécifiques pour les populations insulaires ; il s'agit d'une collectivité d'outre-mer à statut particulier. Les Terres Australes et Antarctiques Française (TAAF) ne constituent pas une collectivité territoriale, faute d'habitants permanents.
Guadeloupe, Guyane, Martinique, Réunion sont des départements français : les lois et règlements nationaux y sont applicables de plein droit. Mayotte est devenu un collectivité territoriale unique, à la fois département et région, depuis le 31 mars 2011 ; en 2014, elle devient une région ultrapériphérique de l'Union européenne.
Les collectivités d'outre-mer de Nouvelle-Calédonie, de Polynésie française, et Saint Pierre et Miquelon (navires de commerce), de Saint Barthélémy et de Saint Martin ont une compétence d'immatriculation des navires. Cependant, l'Etat reste compétent pour leur francisation, même si dans les départements, depuis le 1er janvier 2022, les Douanes se sont retirées de la francisation de sorte que les procédures de francisation et d'immatriculation relèvent dorénavant de la compétence des affaires maritimes, pour le premier registre.

Dans les collectivités d'outre-mer, les conditions d'accès à la profession de marin sont déterminées par le décret n° 61-369 du 11 avril 1961 (JO 15 avr.), modifié par le décret n° 2015-598 du 2 juin 2015 : posséder la nationalité française ; justifier, s'il s'agit d'un mineur, du consentement donné par la personne ou l'autorité investie du droit de garde à son égard ; satisfaire aux conditions d'aptitude physique et d'âge fixées par arrêté conjoint du ministre chargé des territoires d'outre-mer et du ministre chargé de la marine marchande ; justifier d'une promesse d'embarquement sur un navire dont la jauge brute minimum[89] est fixée par arrêté du délégué du Gouvernement de la République.
Le législateur français a délégué au Conseil général de la collectivité territoriale de Saint-Pierre-et-Miquelon les responsabilités et les compétences de l'État en matière d'immatriculation des navires armés au commerce, par l'article 55 de la loi n° 93-1 du 4 janvier 1993 (L. n° 93-1 du 4 janv. 1993, JO 5 janv.). La Nouvelle-Calédonie est aujourd'hui compétente en matière de droit du travail et d'immatriculation des navires assurant la desserte d'intérêt territorial, mais non la navigation internationale (L. org. n° 99-209 du 19 mars 1999, art. 21-6° et 22-2°). En Polynésie française, l'assemblée territoriale est compétente en matière de droit du travail (L. org. n° 2004-192, du 27 févr. 2004, portant statut d'autonomie, art. 13 et 14-9°. – Cons. const. 27 juill. 2018, n° 2018-12-LOM, dispositions relevant de la police de la sécurité de la circulation maritime, donc de la compétence de l'État). Saint-Barthélemy et Saint-Martin sont détachées du département de la Guadeloupe, par la loi organique du 21 février 2007 (L. org. n° 2007-223 du 21 févr. 2007 – Cons. const. 15 févr. 2007, n° 2007-547 DC)[90], pour en faire des collectivités d'outre-mer. La partie française de Saint-Martin est restée une région ultrapériphérique (RUP), mentionnée à l'article 349 du traité sur le fonctionnement de l'Union européenne (TFUE), afin de pouvoir

[89] La jauge brute est fonction du volume hors membres de tous les espaces fermés du navire. Cette mesure s'exprime en tonneaux de jauge brute ou tonneaux. La jauge brute constitue le fondement des règles relatives aux effectifs, des règles de sécurité et des droits d'immatriculation. La jauge brute et la jauge nette servent toutes deux à calculer les droits de port. La jauge nette ne doit pas être inférieure à 30 % de la jauge brute. La jauge nette sert de barème à l'évaluation des taxes portuaires et de pilotage (Convention de l'OMI de 1969 sur le jaugeage des navires).

[90] S. BRONDEL, « Les réserves du Conseil constitutionnel à l'égard de la loi organique sur l'outre-mer », AJDA 2007. 398.

bénéficier des crédits européens. En revanche, la partie néerlandaise de Saint-Martin, qui s'est détachée de la fédération des Antilles néerlandaises pour devenir un État autonome au sein du Royaume des Pays-Bas depuis le 10 octobre 2010, a opté pour le statut européen de pays et territoires d'outre-mer (PTOM) et ne fait donc pas partie du territoire de l'Union. De même, Saint-Barthélemy (ou Saint-Barts) ne fait pas partie du territoire de l'UE, depuis le 1er janvier 2012 ; elle est seulement associée comme les autres pays et territoires d'outre-mer (PTOM).

La Nouvelle-Calédonie est aujourd'hui compétente en matière de droit du travail et d'immatriculation des navires assurant la desserte d'intérêt territorial, mais non la navigation internationale (L. org. n° 99-209 du 19 mars 1999, art. 21-6° et 22-2°). La loi du pays n° 2016-5 du 11 février 2016 porte statut des gens de mer : l'article Lp. 613-1 distingue le marin, le gens de mer, marin ou non et les autres embarqués occasionnellement. **En Polynésie française**, l'assemblée territoriale est compétente en matière de droit du travail, depuis la loi organique du 27 février 2004[91]. La Loi du Pays n° 2013-2 du 14 janvier 2013 porte des dispositions diverses applicables au marin pêcheur en Polynésie. **A Wallis et Futuna**, du fait de l'inexistence d'un service des affaires maritimes à Mata-Utu, les navires immatriculés dans ce port doivent être armés administrativement à Nouméa par le service des affaires maritimes de Nouméa qui contrôle les mesures de sécurité et l'établissement du rôle d'équipage. La loi n° 66-508 du 12 juillet 1966 a étendu aux Territoires d'Outre-Mer de Polynésie Française, de Nouvelle-Calédonie et des îles Wallis et Futuna les dispositions d'ordre législatif de la loi du 13 décembre 1926 modifiée portant code du travail maritime, mais le Territoire des îles Wallis et Futuna n'a jamais pris les mesures pour rendre applicable ce texte[92]. Depuis l'Ordonnance n° 2021-1330 du 13 octobre 2021, les articles L. 5780-1 à L. 5785-7 du code des transports s'appliquent à Wallis et Futuna, en particulier le chapitre V qui porte sur les gens de mer (art. L. 5785-1 à L. 5785-7).

---

[91] L. org. n° 2004-192, du 27 février 2004, portant statut d'autonomie, art. 13 et 14-9° art. 13, modifié par L. org. n° 2007-1719 du 7 décembre 2007 - art. 11 – Cons. const. 27 juillet 2018, n° 2018-12-LOM.

[92] Conseil d'Etat, référé., 9 février 2001 requête n° 230136, Fauvet, navire *Paul Gauguin*, *DMF* 2001, pp. 399 et suiv. ; Cass, soc. 14 juin 2006, n°05-13888, Sté Services et Transports c/ Fauvet, *Recueil Dalloz* 2006, p. 2813 obs. P. MORVAN, « Problèmes de sources dans un paradis social maritime », *DMF* 2007, p. 136 note P. CHAUMETTE.

Les particularités des régimes des contrats d'engagement maritime dans les collectivités d'outre-mer sont précisées en Annexe 1.

Travailleurs des Energies Marines Renouvelables.

Compte tenu de la fragmentation des statuts professionnels, entre gens de mer marins, gens de mer non marins, et autres, et du développement de l'éolien offshore, qui conduit à des travaux en mer hors de navires, la Direction des Affaires Maritimes du Ministère de la Mer avait publié en septembre 2021 une fiche "Conditions sociales applicables aux travailleurs exerçant une activité liée aux énergies marines renouvelables (EMR) à bord d'un navire ou d'une installation offshore" ; elle a été mise à jour le 23 mars 2023, puis le 5 juillet 2024[93]. Ces installations (éoliennes, hydroliennes) se situaient dans les eaux territoriales et intérieures françaises. Les champs futurs d'éoliennes se situeront au-delà de la mer territoriale, notamment l'éolien flottant en phase expérimentale. L'article 64 de la loi n° 2023-175 du 10 mars 2023, relative à l'accélération de la production d'énergies renouvelables, a étendu les dispositions des « Conditions sociales de l'Etat d'accueil » aux navires utilisés pour toute activité de prestation de service exercée sur le plateau continental ou dans la zone économique exclusive, en vue de la construction, de l'installation, de la maintenance et de l'exploitation d'installations relatives à la production d'énergie marine renouvelable en mer[94].

Elle a pour objet de décrire les différentes règles de nature sociale qui s'appliquent à l'équipage (conditions de nationalité, d'effectifs etc.) et aux travailleurs (conditions de travail, salaire, protection sociale etc.) présents à bord des navires utilisés pour des activités liées à la pose, l'entretien ou la surveillance des installations d'énergies marines renouvelables (parcs éoliens, hydroliennes) dans les eaux territoriales et intérieures françaises, sur le plateau continental ou dans la zone économique exclusive, ainsi qu'aux travailleurs présents sur les installations offshore elles-mêmes.

L'objectif est de faire en sorte que les prestataires exploitant les navires soient en situation de concurrence équitable sur les marchés liés

---

[93] Direction Générale des Affaires Maritimes, de la Pêche et de l'Aquaculture (DGAMPA), « Conditions sociales applicables aux travailleurs à bord des navires entrant dans le champ du dispositif de l'Etat d'accueil », 5 juillet 2024.

[94] « Le droit face à l'éolien flottant : recherche d'un cadre juridique », DMF 2024, n° 869, pp. 522-567.

notamment aux EMR qui sont en fort développement et sont sources d'emplois. Ces règles participent à la lutte contre le dumping social en mer.
Elle distingue les personnels travaillant à bord d'un navire battant pavillon français, gens de mer marins, gens de mer non marins, non gens de mer, comme nous l'avons vu, puis les personnes travaillant à bord de navires battant pavillon étranger, dont la qualification juridique dépend de la loi de l'Etat du pavillon du navire. Les salariés travaillant sur les installations de production d'énergie marine renouvelable, techniciens le plus souvent, ne sont pas des gens de mer[95].
Les navires battant pavillon français autre que premier registre (dont le RIF) ou pavillon étranger opérant dans le domaine des EMR en métropole française dans les eaux territoriales ou intérieures ou sur le plateau continental ou dans la zone économique exclusive (ZEE), sont soumis au dispositif de « l'Etat d'accueil ». Dans ce cadre, certaines normes sociales relatives à l'équipage pour les navires battant pavillon français premier registre leurs sont applicables : ces dispositions sont relatives à la nationalité de l'équipage et aux effectifs à bord que les navires battant pavillon français immatriculés au premier registre. Sur la nationalité de l'équipage, le capitaine et l'officier chargé de sa suppléance doivent être ressortissants d'un Etat membre de l'UE, d'un Etat partie à l'accord sur l'EEE ou de la confédération suisse ou d'un autre Etat partie à tout accord international ayant la même portée en matière de droit au séjour et au travail. Pour l'équipage, aucune proportion minimale de ressortissants d'un Etat membre de l'UE, d'un Etat partie à l'accord sur l'EEE ou de la confédération suisse ou d'un autre Etat partie à tout accord international ayant la même portée en matière de droit au séjour et au travail n'est à ce jour requise, puisque l'arrêté ministériel prévu par l'article L 5522-1 du code des transports fixant la proportion minimale de ressortissants « européens », concernant les navires immatriculés au premier registre n'a pas été publié depuis juillet 2013.
Sur les effectifs à bord, l'équipage doit être constitué d'un effectif de marins suffisant en nombre et en niveau de qualification professionnelle pour garantir la sécurité et la sûreté du navire et des personnes à bord ainsi que le respect des obligations de veille, de durée de travail et de repos. Cette obligation est remplie par la présentation d'une fiche

---

[95] P. CHAUMETTE, « Le personnel affecté à la gestion des éoliennes en mer », *DMF* 2024, n° 869, pp. 564-567.

d'effectif minimal ou « safe manning certificate » délivrée par l'Etat du pavillon qui atteste ainsi que l'effectif du navire satisfait aux exigences des normes internationales en matière d'effectifs. Le respect de la condition de qualification professionnelle s'apprécie au regard des exigences de la convention internationale sur les normes de formation des gens de mer, de délivrance des brevets et de veille, de 1978, révisées en 1995, amendées en 2010 (*Convention on Standards of Training, Certification and Watchkeeping for Seafarers, STCW*). A cet égard, tous les titres détenus par les gens de mer employés à bord des navires soumis au dispositif de l'Etat d'accueil doivent être conformes aux exigences de cette convention internationale en termes de brevets, de certificats et d'attestations de formation. Les navires ne pouvant pas présenter ce certificat doivent se soumettre à la procédure prévue à l'article R. 5561-3 du code des transports.
Tout armateur français ou étranger, ou son représentant, ayant un navire entrant dans le champ d'application du dispositif de l'Etat d'accueil doit effectuer une déclaration préalable d'activité[96]. Cette déclaration se fait en langue française, par voie de transmission électronique via le site de téléprocédures démarches simplifiées, 72h au moins avant le début de l'activité via le lien suivant :
https://www.demarches-simplifiees.fr/commencer/declaration-etat-d-accueil-navires-pavil-etranger
La fiche détaille finalement les normes sociales applicables aux salariés travaillant sur une plateforme EMR offshore, qui n'est pas qualifiée de navire. Les salariés non gens de mer exerçant des travaux liés à la construction, l'exploitation et l'utilisation d'îles artificielles, d'installations ou d'ouvrages sur ou à partir de ces structures sont soumis aux dispositions du code du travail, ainsi qu'aux dispositions du code des transports qui leur ont été rendues applicables par l'article L. 5541-1-1 et le 2° de l'article 1er du décret n° 2016-754 du 7 juin 2016 : la définition du travail effectif (article L. 5544-2 et L. 5544-3 du code des transports) ; La durée du travail (L.5544-4 et L. 5544-5) ; les heures supplémentaires (L. 5544-8) ; les temps de pause (L. 5544-11) ; la suspension de l'organisation des horaires de travail et de repos en cas de danger pour la sécurité du navire ou des personnes (L. 5544-13) ; le repos quotidien (L. 5544-15) ; le repos hebdomadaire (L. 5544-17 à L. 5544-20) ; le regroupement des congés légaux et conventionnels (L.

[96] Arrêté du 4 septembre 2014 relatif à la déclaration d'activité prévue à l'article R. 5561-2 C. transp.

5544-23-1). Il faut noter que le dispositif de l'Etat d'accueil vise les navires (nationalité de l'équipage, effectifs) et les salariés travaillant à bord des navires (conditions sociales). Les salariés travaillant en mer hors d'un navire ne sont pas concernés par ce dispositif. Si ces salariés sont étrangers, ils peuvent en revanche être concernés par le dispositif du détachement mis en œuvre par le ministère du travail : quoiqu'intervenant en mer, ils relèvent des mécanismes juridiques terrestres[97].

Conditions sociales de l'Etat d'accueil. Prestation de service maritime dans les eaux territoriales.
Compte tenu de la liberté internationale d'immatriculation des navires, découlant d'abord de la Convention de Genève sur la haute mer du 29 avril 1958, puis de la Convention des Nations Unies sur le droit de la mer de 1982, signée à Montego Bay (Jamaïque), mais aussi de la liberté d'établissement des entreprises, prévue par les règles du marché unique de l'Union européenne, des navires battant pavillon étranger, avec des personnels relevant de droits sociaux proches des seuls minima internationaux, peuvent intervenir en mer, dans des espaces marins sous juridiction (ZEE) ou sous souveraineté des Etats côtiers (mer territoriale et eaux intérieures). Il en résulte un risque important de dumping social. Au sein de la Communauté européenne, le marché unique devait être totalement réalisé pour le 1er janvier 1993, comportant notamment la liberté de prestations de service. Ce principe devait libéraliser le cabotage national, effectué entre deux ports d'un même Etat et traditionnellement réservé aux navires battant son pavillon, ainsi que le cabotage intracommunautaire. Le Règlement 3577/92 du Conseil du 7 décembre 1992, concernant l'application du principe de la libre circulation des services aux transports maritimes à l'intérieur des États membres (cabotage maritime), mit en œuvre un calendrier de libéralisation s'achevant au 1er janvier 2004 pour la desserte des iles grecques[98]. Si les conditions d'emploi et de travail de l'équipage, à bord des navires, restent traditionnellement liées à l'Etat du pavillon (art. 3-1), pour les navires pratiquant le cabotage avec les îles, toutes les

---

[97] Directive (UE) 2018/957 du Parlement européen et du Conseil du 28 juin 2018 modifiant la directive 96/71/CE concernant le détachement de travailleurs effectué dans le cadre d'une prestation de services – Art. L. 1262-1 à L. 1265-1 Code du Travail, art. L. 114-15-1 Code de la Sécurité Sociale.
[98] P. CHAUMETTE, « Liberté de prestation des services », in *Droits Maritimes*, préc. n° 222.31 à 222.49.

questions relatives à l'équipage relèvent de la responsabilité de l'État, dans lequel le navire effectue un service de transport maritime (État d'accueil). Ainsi naissent les « Conditions sociales de l'Etat d'accueil », s'efforçant de reconstituer un lien substantiel entre les conditions sociales d'exploitation du navire et l'Etat côtier concerné, alors qu'il n'existe pas de lien substantiel entre l'exploitation du navire et l'Etat de son immatriculation, dont il bat le pavillon. Leur champ d'application va progressivement se déployer en droit français[99].
Le Gouvernement français a pris une décision, notifiée à la Commission européenne, le 18 mai 1998 d'appliquer les conditions de l'Etat d'accueil conformément aux dispositions de l'article 3, § 1, du règlement n° 3577/92 du 7 décembre 1992. Le décret n° 2014-881 du 1er août 2014 est relatif à l'application des dispositions du titre VI du livre V de la cinquième partie du code des transports et relatif aux conditions sociales du pays d'accueil. Ces dispositions de nature impérative concernent le droit du travail, les effectifs, la rémunération, la protection sociale et la langue de travail à bord.
Les conditions de l'Etat d'accueil relatives à l'équipage concernent les services de cabotage continental et de croisière assurés par des navires jaugeant moins de 650 tonnes brutes et services de cabotage avec les îles, à l'exception des navires de transport de marchandises d'une jauge supérieure à 650 tonnes brutes lorsque le voyage concerné suit ou précède un voyage à destination d'un autre Etat membre, ou à partir d'un autre Etat et des navires de croisière jaugeant plus de 650 tonnes brutes) sont celles de l'annexe du présent décret. L'article 3 § 1 et 2 du Règlement a été recopié. L'armateur ou son représentant informe l'autorité maritime (direction départementale des affaires maritimes) du

[99] La jurisprudence européenne est assez restreinte : CJCE 6 avril 2006, n° C-456/04, Agip Petroli SpA c/ Capitaneria di porto di Siracusa, Rec. CJCE, I-3395 – M. CASANOVA, « Cabotaggio insulare occasionale e viaggi in zavorra : una postilla alla luce della sentenza della Corte di giustizia della Comunità Europee », *Il Diritto Marittimo* 2006, pp. 798-914 - CJUE, 3è ch., 27 mars 2014, aff. C-17/13, Alpina River Cruises Gmbh, *DMF* 2014, n° 759, pp. 499-507, n. C. DE CET-BERTIN. Communication de la Commission relative à l'interprétation du règlement (CE) n° 3577/92 du Conseil concernant l'application du principe de la libre circulation des services aux transports maritimes à l'intérieur des États membres (cabotage maritime) COM(2014) 232 final. - S. DRAPIER, « Normes sociales à bord des navires sous pavillons Bis européens : Vers le retour des Etats côtiers ? », in P. CHAUMETTE (coord.), *Seafarers : an international Labour market in perspective - Gens de mer : un marché international du travail en perspectives*, Editorial Gomylex Ed., Bilbao, 2016, pp. 335-352, hal-01470448

premier port français touché par le navire dans un délai préalable d'au moins soixante-douze heures.
L'article 43 de la loi n° 2006-10 du 5 janvier 2006[100], relative à la sécurité et au développement des transports a prévu que les personnels employés à bord des navires utilisés pour fournir de manière habituelle, dans les eaux territoriales ou intérieures françaises, des prestations de service de remorquage portuaire ou de lamanage sont soumis aux dispositions législatives, réglementaires et conventionnelles du lieu de prestation, applicables en matière de législation du travail aux salariés des entreprises de la même branche, établies en France ; ces exigences concernent les libertés individuelles et collectives dans les relations de travail, l'exercice du droit de grève, la durée du travail, les congés payés annuels, congés de maternité et de paternité, salaire minimum et paiement du salaire, y compris les majorations d'heures supplémentaire, la législation du travail temporaire, les règles relatives à la sécurité, la santé, l'hygiène au travail et la surveillance médicale, la discrimination et l'égalité professionnelle des femmes et des hommes, la protection de la maternité, l'âge d'admission au travail, l'emploi des enfants, la durée du travail et le travail de nuit des jeunes travailleurs, le travail illégal. Il s'agissait d'ouvrir les activités de remorquage portuaire et de lamanage à la liberté de prestations de services dans le cadre européen, mais aussi d'éviter des concurrences déloyales.
La loi n° 2013-431 du 28 mai 2013 a confirmé les conditions sociales du pays d'accueil aux salariés des navires pratiquant le cabotage maritime, y compris lorsque le navire remplit des obligations de service public ou relève d'une délégation de service public,et l'a étendu à bord des navires utilisés pour fournir une prestation de service réalisée à titre principal dans les eaux territoriales ou intérieures françaises[101].
L'article 64 de la loi n° 2023-175 du 10 mars 2023, relative à l'accélération de la production d'énergies renouvelables, a étendu ces exigences aux navires utilisés pour toute activité de prestation de service exercée sur le plateau continental ou dans la zone économique exclusive (ZEE) en vue de la construction, de l'installation, de la

[100] Ancien art. 5-1 Code du travail maritime ;
[101] C. transp., art. L. 5561-1, L. n° 2013-431, 28 mai 2013 portant diverses dispositions en matière d'infrastructures et de services de transport ; Décret d'application du 1er août 2014, articles R. 5561-1 à R. 5566-7 C. transp. – P. CHAUMETTE, « Extension du droit social français dans les eaux territoriales, *Dr. Soc.* 2013, n° 10, pp. 850-855.

maintenance et de l'exploitation d'installations relatives à la production d'énergie renouvelable en mer.

Dorénavant les textes maritimes spécifiques du code des transports concerneront non seulement le remorquage portuaire, le pilotage maritime, le lamanage, le dragage, mais aussi la desserte des installations produisant des Energies Marines Renouvelables (EMR), même si ces activités sont réalisées à bord de navires immatriculés dans un autre Etat membre de l'Union européenne, alors que les travailleurs à bord relèvent de contrat de travail soumis à une loi étrangère.

Les dispositions des articles L. 5522-1 du Code des transports, relatives à la nationalité des équipages, et L. 5522-2, relatives aux effectifs à bord, ainsi que les règlements pris pour leur mise en œuvre leur sont applicables[102]. Les articles L. 5562-1 et suivants détaillent les dispositions applicables : les effectifs à bord, les libertés individuelles et collectives dans la relation de travail, la prohibition des discriminations, le principe d'égalité professionnelle entre les femmes et les hommes ; la protection de la maternité, les congés de maternité, de paternité et d'accueil de l'enfant, les congés pour événements familiaux, les conditions de mise à disposition et garanties dues aux salariés par les entreprises exerçant une activité de travail temporaire, l'exercice du droit de grève, les dispositions relatives à la durée du travail, aux repos compensateurs, aux jours fériés, aux congés annuels payés, à la durée du travail et au travail de nuit des jeunes travailleurs, au salaire minimum et paiement du salaire, y compris les majorations pour les heures supplémentaires, les règles relatives à la santé et à la sécurité au travail, à l'âge d'admission au travail, à l'emploi des enfants, au travail illégal. Les dispositions conventionnelles étendues par arrêté ministériel s'imposent à la relation de travail. Les gens de mer employés à bord d'un navire mentionné à l'article L. 5561-1 du Code des transports bénéficient du régime de protection sociale de l'un des États membres de l'Union européenne ou d'un État partie à l'accord sur l'Espace économique européen. Le régime de protection sociale comprend nécessairement : le risque santé, qui prend en charge la maladie, l'invalidité, l'accident du travail et la maladie professionnelle, le risque maternité-famille, le risque emploi, qui prend en charge le chômage, le risque vieillesse[103]. L'armateur ou l'un de ses préposés déclare tout accident survenu à bord et dont le capitaine a eu

[102] C. transp., art. L. 5561-2.

[103] C. transp., art. L. 5563-1.

connaissance au Directeur départemental des territoires et de la mer du premier port français touché par le navire après sa survenue. La déclaration peut être faite par la victime ou ses représentants jusqu'à l'expiration de la deuxième année qui suit l'accident[104].

La liste des documents qui sont tenus à la disposition des membres de l'équipage et affichés dans les locaux réservés à l'équipage est fixée par décret. Ce décret fixe notamment les documents obligatoires qui sont disponibles en français et dans la langue de travail du navire[105]. La liste des documents qui sont tenus à la disposition des agents mentionnés aux articles L. 5548-1 et L. 5548-3 et dont ils peuvent prendre copie, quel que soit le support, est fixée par décret : tableau de service, adresse, numéro de téléphone et coordonnées de messagerie électronique des services d'inspection du travail compétents pour les ports français touchés par le navire, conventions et accords collectifs applicables aux marins et aux gens de mer non marins, employés à bord (art. D. 5565-1 à D. 5565-3)[106].

Est puni d'une amende de 3 750 euros le fait pour l'armateur de recruter des gens de mer, marins ou non : sans avoir établi un contrat de travail écrit ; en ayant conclu un contrat de travail ne comportant pas les mentions prévues à l'article L. 5562-1 ou comportant ces mentions de manière volontairement inexacte. La récidive est punie d'un emprisonnement de six mois et d'une amende de 7 500 euros[107]. Est puni d'une amende de 3 750 euros le fait pour l'armateur de méconnaître les dispositions de l'article L. 5563-1 du Code des transports relatives à l'obligation de faire bénéficier les gens de mer d'un régime de protection sociale de l'un des États membres de l'Union européenne ou d'un État partie à l'Espace économique européen couvrant obligatoirement les risques santé, maternité-famille, emploi et vieillesse. Les infractions donnent lieu à autant d'amendes qu'il y a de gens de mer indûment employés[108].

Le dispositif de l'Etat d'accueil ne s'applique qu'en France métropolitaine. Ne sont pas concernés les navires assurant un service de cabotage maritime continental ou avec les îles entre ports situés en outre-mer ou les navires réalisant une prestation de service dans les eaux territoriales ultra-marines.

---

104 C. transp., art. L. 5563-2.
105 C. transp., art. L. 5565-1.
106 C. transp., art. L. 5565-2.
107 C. transp., art. L. 5566-1.
108 C. transp., art. L. 5566-2.

Lignes régulières internationales touchant un port français : loi de police afin de lutter contre le dumping social.

La loi nº 2023-659 du 26 juillet 2023 vise à lutter contre le dumping social sur le transmanche et à renforcer la sécurité du transport maritime[109]. Au cours de l'été 2005, la compagnie irlandaise Irish Ferries a obtenu la démission volontaire de ses marins irlandais, grâce à des primes importantes au départ, huit semaines de salaires par année d'ancienneté ; ainsi peut-elle écrire qu'elle ne les a pas licenciés. Fin novembre 2005, Irish a fait passer quatre ferries sous pavillon chypriote, a recruté des marins polonais, lettons et lituaniens, payés 3,60 euros de l'heure. Un accord collectif a été conclu le 14 décembre, appliquant à tous les navigants le salaire minimum irlandais, 7,65 euros de l'heure, quel que soit le pavillon du ferry. Irish Ferries recrute l'essentiel des équipages par l'intermédiaire de sociétés de manning et a imposé des rythmes de travail plus longs, en temps de travail et durées d'embarquement, six semaines, sans jour de repos. A l'issue de l'embarquement, trois semaines de repos interviennent[110]. En mars 2021, Irish Ferries intervient sur la ligne Calais-Douvres avec un ferry sous pavillon chypriote, sans aucun marin européen à bord. Ce modèle *low cost* pèse rapidement sur les concurrents, créant une surcapacité, compte tenu du transport aérien et du tunnel sous la Manche. Le 17 mars 2022, 786 marins de la compagnie P &O Ferries ont été licenciés, sans préavis, sans procédures, pour être remplacés par des marins philippins. La plupart des marins britanniques ont signé un accord de confidentialité en échange de leur prime de licenciement, d'un montant triple au minimum légal britannique, une semaine de salaire par année d'ancienneté. Le nouveau système prévoit des embarquements de 17 semaines pour les marins d'exécution (PEX) et de 4 semaines pour les officiers ; comme les congés sont nettement plus courts que les embarquements, le besoin de main d'œuvre est réduit. Selon le directeur général de P &O, « Notre ancien modèle d'exploitation nous obligeait à avoir quatre équipages pour chaque navire sur Douvres-Calais. Le

---

[109] P. CHAUMETTE, « Concurrence sur le Transmanche et lois de police », *DMF* 2023, nº 861, pp. 771-780.

[110] P. CHAUMETTE, « Du portuaire et de la nouvelle bataille du Transmanche », *DMF* 2006, pp. 99-110 – « Transmanche et concurrence sociale : rattachements d'artifice et retour à la réalité ? », *Annuaire de Droit Maritime et Océanique, ADMO,* Université de Nantes, t. XLI, 2023, pp. 139-180 ⟨hal-04173249⟩.

nouveau modèle opérationnel exige que nous ayons deux équipages, et que nous payions les gens (uniquement) lorsqu'ils travaillent. »
D'autres liaisons maritimes courtes, Short Sea Shipping, recourent en mer du Nord ou en mer Baltique à l'immatriculation du registre international danois, qui permet une internationalisation des équipages. Ces liaisons intra-européennes sont traitées comme des liaisons internationales ; il ne faut pas oublier qu'avec le Brexit, le Royaume-Uni a quitté l'Union européenne. Il s'agit d'immatriculations légales, mais d'artifice, sans lien substantiel avec l'Etat du pavillon ; Chypre est loin du transmanche ; il convient d'échapper aux rattachements avec l'Etat d'exploitation du ferry, qui constitue pourtant le lieu habituel de travail de l'équipage en droit européen international privé[111]. C'est par le rattachement au lieu habituel de travail que les navigants aériens des compagnies low cost ont vu leurs contrats de travail rattachés aux bases d'affectation et non plus aux sièges sociaux des compagnies, choisis dans les Etats membres les moins exigeants[112].

Il existe deux modèles sociaux sur le Transmanche. Avant les licenciements, le temps d'embarquement de la P&O Ferries était de sept jours à bord, suivis de sept jours de repos. Certains armements sont organisés sur un rythme de 14 jours en mer et 14 jours de repos à terre, d'autres sur la base de 6 ou 13 semaines d'embarquement, suivies de 3 semaines de congés. « Si Brittany Ferries devait opérer aux conditions sociales d'Irish Ferries, sa masse salariale passerait de 80 millions à 30 millions d'euros par an »[113]. Les coûts d'exploitation d'un navire

---

[111] CJUE, 4e ch., 15 décembre 2011, aff. nº C-384/10, Jan Voogsgeerd c/ Navimer SA , point 37, *D.* 2012. 155 ; *ibid.* 1228, obs. H. GAUDEMET-TALLON et F. JAULT-SESEKE ; *ibid.* 1439, obs. H. KENFACK ; *Dr. soc.* 2012. 315, obs. P. CHAUMETTE ; *RDT* 2012. 115, obs. F. JAULT-SESEKE. ; *RCDIP* 2012. 648, note E. PATAUT ; *DMF* 2012. 219, note P. CHAUMETTE, « De l'établissement d'exploitation du navire et du lieu habituel de travail d'un marin ».
[112] Cass. Crim., 11 mars 2014, n° 11-88420, EasyJet Airlines, Bull. crim. 2014, n° 74 ; Cass. Crim., 4 janvier 2022, n° 20-84029, City Jet Ltd ; CA Paris 13 mai 2022, n° 18/08977, RyanAir Ltd - CJUE 2ème ch., 14 septembre 2017, aff. C-168/16 et C-169/16, S. Nogueira et al. c/ Crewlink LTD, et aff. C-169/16, M.J. Moreno Osacar c/ RyanAir – CJUE Gr. Ch., 2 avril 2020, aff. C-370/17 et C-37/18, Caisse de retraite du personnel navigant professionnel de l'aéronautique civile (CRPNPAC) c/ Vueling Airlines, C-370/17, et Vueling Airlines c/ Poignant, C-37/18 - O. FOTINOPOLOU-BASURKO, *Habitualidad vs temporalidad en los contratos de trabajo ligados al transporte internacional*, Atelier Libros Juridicos, Barcelona, 2019, sp. pp. 154-172
[113] J.M. ROUÉ, président du Conseil de surveillance de Brittany Ferries, « La casse sociale sur le transmanche, cela suffit ! », Le Marin, 7 octobre 2022.

varient de 37 000 euros par jour sous pavillon français premier registre à 17 000 euros par jour pour un équipage employé par une société de manning sous pavillon chypriote, ce qui représente le tiers des coûts, quand les coûts en capital ou en carburant sont les mêmes. Le marché de véhicules passagers a progressé de 18,5 % en 2023, effaçant la pandémie de Covid 19 ; seuls les deux opérateurs low cost ont profité de cette croissance ; il en est de même des véhicules industriels en baisse depuis le Brexit. Les armements qui embarquent des marins européens, bénéficiant de conventions collectives et de régimes de protection sociale, sont en danger.

La loi n° 2023-659 du 26 juillet 2023 complète le livre V de la cinquième partie du code des transports par un titre IX « Conditions sociales applicables à certaines dessertes internationales », qui concerne les navires transporteurs de passagers assurant des lignes régulières internationales touchant un port français, déterminées selon des critères d'exploitation, notamment la fréquence de touchée d'un port français par un navire (C. transp., art. L. 5591-1). Le décret n° 2024-297 du 29 mars 2024 précise qu'il s'agit des navires transporteurs de passagers reliant un port du Royaume-Uni ou des îles anglo-normandes, lorsqu'ils ont effectué cent-vingt touchées ou plus, comptabilisées sur l'ensemble des ports français au cours d'une période d'un an (C. transp., art. R. 5591-1). Le décret n° 2024-298 du 29 mars 2024 est relatif aux documents obligatoires à bord, mentionnés aux articles L. 5593-12 et L. 5593-2 du code des transports. Les équipages ont droit au salaire minimum horaire applicable aux salariés employés par les entreprises de la même branche d'activité établies en France (art. L. 5592-1). Il s'agit donc du Smic légal, ainsi éventuellement que du salaire minimum conventionnel de branche. Cette exigence d'égalité salariale ne s'applique que pour les périodes au cours desquelles les navires sont exploités sur les lignes régulières mentionnées. La loi française va au-delà de la loi britannique, limitée actuellement au salaire minimum britannique, dans l'attente de nouvelles mesures de la part du nouveau gouvernement travailliste. Elle prévoit que l'organisation du travail applicable aux équipages est fondée sur une durée de repos à terre au moins équivalente à la durée de leur embarquement (art. L. 5592-2). Le décret fixe la durée d'embarquement à 14 jours consécutifs ; les périodes de repos quotidien pris à terre n'en sont pas retranchées et ne l'interrompent pas (art. R. 5592-1). Cette durée maximale d'embarquement est portée à 21 jours consécutifs pour les salariés employés à bord et qui sont titulaires d'un contrat

d'apprentissage ou d'un contrat de professionnalisation ou qui sont affectés auprès d'un autre salarié à des fins de formation (art. R. 5592-2). L'organisation du travail comprend une période d'embarquement immédiatement suivie d'une période de repos d'une durée au moins égale (art. R. 5592-3). Il s'agit d'aller au-delà des normes minimales de la Convention du travail maritime de 2006 de l'OIT, dont le modèle n'est nullement le *Short Sea Shipping*, caractérisé par l'intensité des dessertes maritimes, de sorte que le *port state control* du Mémorandum de Paris[114] ne peut encadrer cette concurrence farouche[115].
La loi a prévu la double compétence des agents de contrôle de l'administration du travail et des affaires maritimes, afin d'assurer l'application du dispositif, assortie de sanctions pénales, administratives et financières, définies légalement (art. L. 5595-1 et R. 5596-1). Le décret précise l'autorité administrative compétente pour prononcer une sanction administrative à l'encontre de l'employeur ou de l'armateur en cas de manquement à ses obligations sociales ; cette précision concerne à la fois les navires transporteurs de passagers assurant les lignes régulières internationales touchant un port français et le dispositif de « l'Etat d'accueil » ou de celui applicable aux navires transporteurs de passagers assurant des lignes régulières internationales

---

[114] Créé en 1982 par 14 Etats européens, le Mémorandum d'entente de Paris (Memorandum of Understanding ou Paris MoU) est le premier accord régional inter-administratif mettant en œuvre un contrôle coordonné des navires battant pavillon étranger, faisant escale dans les ports européens. Les déficiences constatées sont transmises à une base commune de données, Equasis. Il s'agit de vérifier le respect des normes prévues par les conventions internationales de l'OMI (SOLAS, MARPOL et STCW) et de l'OIT (MLC de 2006), de les rendre ainsi quasi-universelles. Il existe 9 Mémorandums régionaux : Tokyo MoU, Acuerdo de Viña del Mar, MoU des Caraïbes, Mémorandum d'Abuja ; MoU de la Mer Noire, MoU de la Méditerranée, MoU de l''Océan Indien, MoU de Riyad. Les US Coast Guards constituent le dixième régime de contrôle par l'État du port. OMI, *Procédures de contrôle par l'État du port, 2023*, Londres, juillet 2024 ; OIT, *Directives pour les agents chargés du contrôle par l'État du port effectuant des inspections en application de la convention du travail maritime, 2006, telle qu'amendée*, Genève, 2ème éd., 2022.

[115] P. CHAUMETTE, « La ratification et la transposition de la Convention OIT du travail maritime (MLC 2006). Loi n° 2013-619 du 16 juillet 2013 portant diverses dispositions d'adaptation au droit de l'Union européenne dans le domaine du développement durable, Titre II Chap. III », *Dr. soc.* 2013, pp. 915-924 - A. CHARBONNEAU et P. CHAUMETTE, « Premiers amendements à la convention du travail maritime de l'OIT de 2006. Garanties financières en matière d'abandon des gens de mer et de responsabilité des armateurs en cas de décès ou de lésions corporelles », *Dr. soc.* 2014, n° 10, pp. 802-810.

touchant un port français. Il s'agit du directeur régional de l'économie, de l'emploi, du travail et des solidarités (DREETS) pour les sanctions administratives mentionnées à l'article L. 5568-1, sur le rapport des agents de l'inspection du travail, en l'absence de poursuites pénales avertissement ou amende, dans les conditions définies aux articles R. 8115-1 et R. 8115-3 du code du travail (art. R. 5568-1), et du préfet de département pour les sanctions administratives mentionnées à l'article L. 5568-2, ou sur le rapport des agents des affaires maritimes en l'absence de poursuites pénales avertissement ou amende (art. R. 5568-2). Une coordination des deux administrations est indispensable. Celle-ci est envisagée dans le cadre de la note DAM/DGT du 28 juillet 2021 portant sur la coopération des services de contrôle des affaires maritimes et du système d'inspection du travail. Il existe à ce jour deux protocoles de coopération finalisés : un en Bretagne et Pays de la Loire et un à Mayotte.

Le Sénat s'est fortement interrogé sur la solidité juridique de la notion de loi de police, sur la légitimité d'imposer des telles exigences sociales, à des navires battant pavillon étranger, dont le lien territorial avec le droit français est constitué par des touchées régulières[116]. La notion de loi de police est aujourd'hui définie par le Règlement européen 593/2008 du Parlement européen et du Conseil du 17 juin 2008 sur la loi applicable aux obligations contractuelles, dit Rome 1 : il rénove partiellement son régime en droit international privé européen. « Une loi de police est une disposition impérative dont le respect est jugé crucial par un pays pour la sauvegarde de ses intérêts publics, tels que son organisation politique, sociale ou économique, au point d'en exiger l'application à toute situation entrant dans son champ d'application, quelle que soit par ailleurs la loi applicable au contrat d'après le présent règlement » (art. 9). Les « intérêts publics de l'Etat » constituent une notion souple, comportant une forte marge d'appréciation. Jusqu'où peuvent aller les lois de police, dans le respect du droit du marché européen[117] ? Les mesures de contrôle, afin d'en assurer le respect sont justifiées, dès lors que les dispositions

---

[116] S. LAVAL, « Les réponses nationales – Les lois française et britannique », *DMF* 2024, n° 867, pp. 296-299 – S. ROBIN-OLIVIER, « Les lois français et britannique face au droit européen », *DMF* 2024, n° 867, pp. 300-305 – F. JAULT-SESEKE, « La loi transmanche, au prisme des règles européennes de droit international privé », *DMF* 2024, n° 867, pp. 306-310.

[117] P. RODIÈRE, *Traité de droit social de l'Union européenne*, LGDJ, Paris, 3ème éd., 2022, n° 566, pp. 771-775.

matérielles sont elles-mêmes justifiées, propres à garantir la réalisation de l'objectif qu'elles poursuivent et sans aller au-delà de ce qui est nécessaire pour qu'il soit atteint. La finalité est essentielle, la représentation des travailleurs, la sécurité des personnes, mais aussi la loyauté de la concurrence sociale en matière de détachement des salariés[118]. La référence à une concurrence loyale soulève la question d'un ordre public de direction, de dimension internationale, puisqu'une loi de police va au-delà de la protection d'intérêts privés[119].

Fragmentation du statut professionnel.
Alors que les politiques publiques ont réduit le nombre de fonctionnaires, alors que les services ministériels n'ont plus le temps de produire des circulaires, notamment en ce qui concerne les affaires maritimes, secteur très particulier et réduit, le développement des énergies marines renouvelables, dans le chantier de la transition énergétique et de la décarbonation des activités, avec une perspective de 50 parcs éoliens en métropole à l'horizon 2050, nécessite depuis presque quinze années des évolutions juridiques importantes. La fiche de la Direction des Affaires Maritimes du Ministère de la Mer "Conditions sociales applicables aux travailleurs exerçant une activité liée aux énergies marines renouvelables (EMR) à bord d'un navire ou d'une installation offshore" de septembre 2021, mise à jour en mars 2023 et le 5 juillet 2024, illustre les problématiques en cours et la complexité des solutions retenues au moins en France.
Il faut distinguer les bâtiments de mer, les plates-formes flottantes, les éoliennes flottantes, des navires, mais encore plus les gens de mer et les autres travaillant à bord des navires, les gens de mer marins et ceux non marins. Ainsi des travailleurs « terrestres » ou plutôt de statut terrestre, sont conduit à travailler en mer. Pour le professeur Alexis BUGADA, « en matière maritime, l'acquisition d'un GPS traceur de carte judiciaire est recommandée »[120] ; elle dépend des qualifications professionnelles retenues. Ainsi les statuts hybrides sont nombreux, autres que gens de mer, mais intervenant à bord d'un navire. La

---

[118] P. RODIÈRE, *Traité de droit social de l'Union européenne*, préc., n° 573, pp. 787-788.
[119] J.B. RACINE, « Droit économique et lois de police », Rev. Internationale de Droit Économique, t. XXIV, 2010/1, pp. 61-79.
[120] A. BUGADA, « Pas de conciliation administrative obligatoire pour les gens de mer autres que marins », note sous. Cass. soc. 7 février 2024, n° 22-18245, DMF 2024, n° 871, pp. 711-720.

simplicité de l'approche espagnole nous semble préférable : elle assimile gens de mer et marins, ouvre les interventions de l'Institudo Social de la Marina à tout intervenant professionnel en mer, renforçant l'unité du statut professionnel[121], là où la France développe la fragmentation. Les spécificités de l'ENIM (salaires forfaitaires, catégories de navigation, retraite à 55 ans, exonérations de cotisations patronales) ne sont pas ouvertes à tous, donc la notion de marins est restrictive. Il y a ensuite ceux qui interviennent en mer et ceux qui y travaillent régulièrement. Mais l'ensemble est-il tout à fait lisible ?

Inspection du travail et centres de sécurité des navires. – L'inspection du travail est un service de contrôle chargé de veiller à la bonne application du droit du travail portant essentiellement sur les entreprises privées. L'inspection du travail est assurée par des agents de contrôle, connus sous le terme générique « d'inspecteurs du travail » dans le cadre du système d'inspection du travail[122]. Elle est rattachée à la Direction générale du Travail du Ministère chargé du travail. Ses agents de contrôle se situent dans les directions régionales de l'économie, de l'emploi, du travail, des solidarités (DREETS), ainsi le service spécialisé que sont les Unités Régionales d'Appui et de Contrôle dans la lutte contre le Travail Illégal (URACTI) et principalement dans les directions départementales de l'économie, de l'emploi, du travail, des solidarités (DDEETS), dans le cadre d'unité de contrôle, sous l'autorité d'un responsable de l'unité de contrôle.
L'inspection du travail, dotée d'un corps de fonctionnaires de l'État, est créée, depuis 1892, avec une compétence « généraliste », qui porte tant sur les conditions matérielles de travail, la santé et la sécurité, que sur

---

[121] FOTINOPOULOU-BASURKO O. (2017), "La noción híbrida de gente de mar en el CTM 2006 de la OIT y su plasmación en el ordenamiento español y francés: visión comparada con especial referencia a los alumnos en practicas embarcados", *Revista de derecho del transporte: Terrestre, marítimo, aéreo y multimodal*, n° 19, 2017, pp. 125-141 – S. LIELBARDE, "Concept of Seafarer before and after the Maritime Labour Convention 2016 : Comparative analysis of the legal effects of defining legal concepts in the shape of legal terminology", Riga Graduate Scholl Law, RGLS Research Paper, 2017, n° 17, http://www.rgsl.edu.lv/wp-content/uploads/2017/03/Lielbarde_final.pdf et *Annuaire de Droit Maritime et Océanique (ADMO),* université de Nantes, 2018, t. XXXVI, pp. 211-238.

[122] Décret n° 2014-359 du 20 mars 2014 relatif à l'organisation du système d'inspection du travail.

les relations de travail[123]. Les agents de contrôle de l'inspection du travail sont chargés de veiller à l'application des dispositions du code du travail et des autres dispositions légales relatives au régime du travail, ainsi qu'aux stipulations des conventions et accords collectifs de travail. Ils sont chargés, concurremment avec les officiers et agents de police judiciaire, de constater les infractions à ces dispositions et stipulations. Ils disposent d'une garantie d'indépendance dans l'exercice de leurs missions au sens des conventions internationales concernant l'inspection du travail[124]. En 2009, l'inspection du travail agricole, celle des transports et les inspecteurs du travail maritime, qui étaient des inspections du travail spécialisées et dont certaines existent encore selon les départements, rejoignent le corps interministériel de l'inspection du travail de la DGT du Ministère chargé du travail[125].
L'institution d'une inspection du travail maritime (ITM) participait de l'un des principaux objectifs de la loi n° 96-151 du 26 février 1996 relative aux transports, celui de renforcer la sécurité maritime, car la qualité de l'organisation du travail à bord des navires concourt significativement à réduite le risque principal attaché au facteur humain. L'identification d'un contrôle du régime de travail et de la vie des marins à bord complétait significativement le renforcement du contrôle technique des navires que la même loi confiait aux inspecteurs des affaires maritimes dont le corps avait été créé quatre années plus tôt. Dès le décret du 26 mars 1909, un corps spécifique d'« inspecteur du travail et de la navigation maritimes » avait été créé et avait exercé des fonctions générales de contrôle jusqu'à sa fusion, en 1992, dans le corps des « inspecteurs des affaires maritimes ». Depuis l'inscription maritime, qui imposait des sujétions militaires aux marins civils et leur assurait, en contrepartie, le bénéfice du premier régime national de

---

123 V. VIET, *Les Voltigeurs de la République. L'Inspection du travail en France jusqu'en 1914*, CNRS Éd., 1994 – W. GROSSIN, *La création de l'inspection du travail : La condition ouvrière d'après les débats parlementaires de 1881 à 1892*, L'Harmattan, 1990.

124 C. trav. art. L. 8212-1 – X. HAUBRY, *Le contrôle de l'inspection du travail et ses suites*, L'Harmattan, coll. Pour comprendre, 2010 - P. RAMAKERS et L. VILBOEUF, L'inspection du travail, PUF, Que sais-je ?, 1997 – V. TIANO, *Les inspecteurs du travail à l'épreuve de l'évaluation des risques, une profession sous tension*, thèse Sociologie, Aix-Marseille II, 2003.

125 Fl. THOMAS, « La fusion des services de l'inspection du travail. Quelle place pour l'inspection du travail en milieu maritime ? Un enjeu national et international », *e-revue Neptunus*, université de Nantes, 2011, vol. 17, n° 2, ⟨halshs-01102327⟩, https://cdmo.univ-nantes.fr/fr/publications/neptunus-e-revue

protection sociale, l'administration maritime, puis des affaires maritimes, intervenait dans les relations professionnelles[126]. Progressivement, la tutelle administrative fut allégée ou supprimée, de même que les contrôles a priori, par exemple sur le contenu des contrats d'engagement maritime. Les inspecteurs du travail maritime ont parfois été consultés dans le cadre des procédures de conciliation des litiges entre marins et employeurs, traitées par l'administrateur des affaires maritimes, ce qui pouvait être une source de confusion. La fusion des services de l'inspection maritime avec les autres corps de contrôle de l'inspection du travail est donc une source de clarification, mais aussi de complexité, les organisations variants selon les territoires et la réglementation spécifique.

L'articulation du code des transports et du code du travail est organisée par l'article L. 5541-1 du code des transports : « Le code du travail est applicable aux marins salariés des entreprises d'armement maritime et des entreprises de cultures marine, ainsi qu'à leurs employeurs, sous réserve des dispositions particulières et des dispositions d'adaptation ou d'exclusion prévues par le présent titre ».

L'administration maritime dispose de ses propres services de contrôle, ce qui ouvre une dualité avec l'inspection du travail et en particulier les Inspecteurs de la sécurité des navires et de la prévention des risques professionnels ((ISNPRPM). Les Centres de Sécurité des navires (CSN) sont des services spécialisés des directions interrégionales de la mer (DIRM) en métropole et des directions de la mer (DM) en outre-mer. Chaque centre de sécurité est un service régional de la prévention des risques professionnels maritimes. Il a pour tâche principale la visite de navires professionnels français qui doivent être titulaires d'un permis de navigation (titres de sécurité). Il veille également au respect des conventions internationales ou des règlements nationaux en matière de sécurité, de prévention de la pollution et, le cas échéant de sûreté et de

---

[126] J.L. LENHOF, *Les hommes en mer – De Trafalgar au Vendée Globe*, Armand Colin, 2005 – M.L. GOEBBELS, *Histoire du droit social français des gens de mer - Origines et fondement de la protection sociale à travers celle du marin et de sa famille*, Presses Académiques Francophones, 2014 – P. CHAUMETTE, « De l'évolution du droit social des gens de mer - Les marins ne sont pas des salariés comme les autres. Spécificités, banalisation et imbrication des sources », E-revue *Neptunus*, université de Nantes, n° sp. 20 ans, 2015, (*hal*-03784050), www.cdmo.univ-nantes.fr ; *Droits Maritimes*, Dalloz Action, 4ème éd., 2021, n° 411.11 à 411.14.

certification sociale (Convention MLC de 2006 et 188 sur le travail à la pêche).
En application des articles L. 5241-3 et L. 5241-4 du code des transports, un navire français ne peut prendre la mer sans être titulaire des titres de sécurité ou des certificats de prévention de la pollution prévus. Sous l'autorité du chef de centre de sécurité des navires, les inspecteurs de la sécurité des navires et de la prévention des risques professionnels maritimes sont chargés notamment de la surveillance générale de la construction, des conditions de sécurité des navires, de la sécurité du travail maritime, de la prévention de la pollution par les navires. Ils sont chargés de constater les infractions aux dispositions du code du travail en tant qu'elles sont applicables aux gens de mer, ainsi qu'aux dispositions du titre IV « le droit du travail » du code des transports[127]. Conjointement avec les médecins des gens de mer, ils assurent le contrôle de l'habitabilité à bord des navires et peuvent se faire assister par toute personne ou organisme qu'ils jugent utiles, particulièrement en matière de radiocommunication et d'appareils de navigation relevant de la technique des télécommunications. Ces inspecteurs de sécurité des navires peuvent être habilités, dans le cadre du Mémorandum de Paris et de la directive 2009/16 du Parlement européen et du Conseil du 23 avril 2009 relative au contrôle de l'Etat du port, aux fins de veiller au respect des conventions internationales à bord des navires battant pavillon étranger, en escale dans les ports européens[128]. Les inspecteurs du travail ne remplissent pas les conditions imposées par l'annexe XI de la Directive 2009/16, mais disposent de compétences vis-à-vis des navires battant pavillon étranger[129].
La prévention des risques professionnels maritimes relève donc à la fois de la compétence des inspecteurs de sécurité des navires ((ISNPRPM) et des agents de l'inspection du travail[130]. Une coopération est

[127] C. transp., art. L. 5548-3.
[128] C. transp., art. L. 5548-3-1.
[129] C. transp., art. L. 5548-1 et L. 5548-2.
[130] Concernant l'outre-mer, l'article L. 5548-4 du code des transports précise que « Les agents de contrôle de l'inspection du travail, officiers et fonctionnaires mentionnés au premier alinéa de l'article L. 5548-3 sont habilités à constater les infractions aux dispositions de la législation du travail applicable aux personnels embarqués à bord des navires immatriculés en Nouvelle-Calédonie, en Polynésie française, à Wallis-et-Futuna et dans les Terres australes et antarctiques françaises, qui font escale dans un port d'un département français ou à Saint-Barthélemy, Saint-Martin ou Saint-Pierre-et-Miquelon ».

nécessaire et prévue[131] ; il est nécessaire de l'entretenir compte-tenu des mutations intervenant dans ces corps administratifs[132]. Plusieurs notes conjointes existent. La note conjointe du 19 novembre 2019 DAM/DGT porte sur la coopération entre ces deux services concernant le traitement des plaintes ou des réclamations des gens de mer travaillant à bord des navires battant pavillon français. La note conjointe DAM/DGT du 28 juillet 2021, organise cette coopération afin d'améliorer l'efficacité de l'action des services et du droit maritime et, à travers la complémentarité de chacun des deux services, contribuer aux objectifs fixés par le plan santé au travail des gens de mer et à la lutte contre le travail illégal. Plus récemment la stratégie interministérielle de contrôle des navires battant pavillon étranger sur l'application du droit du travail est organisée dans le cadre d'une convention DGAMPA-DGT, du 1er octobre 2024, relative à la coordination renforcée des actions en vue d'une mobilisation des services sur le contrôle de l'application du droit du travail français aux salariés des navires battant pavillon étranger. Enfin, la lutte contre le dumping social concoure également à renforcer, dans la mesure du possible, à l'échelle d'un département, l'élaboration conjointe par les services de contrôle (inspection du travail et services des affaires maritimes) d'une programmation des contrôles pouvant intégrer le contrôle des conditions sociales de l'État d'accueil (Note du 18 novembre 2024).

Section 2 - Conditions d'accès à la profession

Les conditions d'accès à la profession de marin, en France, sont fixées par les articles L. 5521-1 à L. 5522-4 du code des transports : aptitude physique, moralité, formation professionnelle, nationalité. Le décret n° 2005-146 du 16 février 2005 est relatif aux conditions d'application du contrat de professionnalisation aux personnels navigants des

[131] C. transp. art. L. 5548-5 : « Les officiers et les fonctionnaires affectés dans les services exerçant des missions de contrôle dans le domaine des affaires maritimes sous l'autorité ou à la disposition du ministre chargé de la mer et les inspecteurs et les contrôleurs du travail se communiquent réciproquement tous renseignements et tous documents utiles à l'accomplissement des missions de contrôle définies au présent chapitre. Pour l'exercice de ces missions, ils s'informent réciproquement de la programmation des contrôles et des suites qui leur sont données ».

[132] Au sein de l'inspection du travail, les agents changent de poste en moyenne tous les 6 ans et le secteur maritime est autant réduit que spécifique.

entreprises d'armement maritime[133]. Le décret du 20 mars 2006 est relatif aux modalités d'application du contrat d'apprentissage aux entreprises d'armement maritime[134]. Le décret n° 2017-1473 du 13 octobre 2017, actualisé, est relatif à la protection des jeunes travailleurs âgés de moins de dix-huit ans embarqués à bord des navires[135].

Dans les collectivités d'outre-mer (COM), ces conditions sont déterminées par le décret n° 61-369 du 11 avril 1961, modifié par le décret n° 2015-598 du 2 juin 2015 : posséder la nationalité française ; justifier, s'il s'agit d'un mineur, du consentement donné par la personne ou l'autorité investie du droit de garde à son égard ; satisfaire aux conditions d'aptitude physique et d'âge fixées par arrêté conjoint du ministre chargé des territoires d'outre-mer et du ministre chargé de la marine marchande ; justifier d'une promesse d'embarquement sur un navire dont la jauge minimum est fixée par arrêté du délégué du Gouvernement de la République.

Embarquement sur un navire français. – Traditionnellement, la loi du pavillon détermine les règles applicables au travail à bord d'un navire, régit l'équipage. L'article 5 du code du travail maritime prévoyait que les dispositions de ce code ne soient applicables qu'aux seuls services à accomplir à bord d'un navire français, à l'exception des engagements pour servir sur un navire étranger, même effectués en France. On en déduisait qu'un marin français embarqué sur un navire

---

133 Décret n° 2005-146 du 16 février 2005 relatif aux conditions d'application du contrat de professionnalisation aux personnels navigants des entreprises d'armement maritime, modifié par Décret n° 2010-130, du 11 février 2010

134 Décret n° 2006-355 du 20 mars 2006, relatif aux modalités d'application du contrat d'apprentissage aux entreprises d'armement maritime, modifié par Décret n°s 2006-583 du 23 mai 2006 et 2010-130 du 11 février 2010.

135 Décret n° 2017-1473 du 13 octobre 2017, relatif à la protection des jeunes travailleurs âgés de moins de dix-huit ans embarqués à bord des navires. L'Ordonnance n° 2020-1162 du 23 septembre 2020, organise la simplification des modalités de mise en œuvre de la convention de stage pour les élèves des lycées professionnels maritimes et des organismes de formation agréés, en supprimant le visa de l'autorité administrative compétente (DDTM/DML) sur ces conventions ; elle prévoit une augmentation de la durée du travail journalier, l'instauration d'une dérogation de droit, sans accord préalable de l'inspection du travail, à la durée du travail journalier et hebdomadaire, la définition du travail de nuit, auparavant imprécise dans le code des transports, une convention de stage pour des jeunes de plus de 15 ans et de moins de 16 ans en période de formation en milieu professionnel (Ordonnance n° 2020-1162 du 23 septembre 2020).

étranger ne pouvait bénéficier de la protection du droit du travail français. Conformément aux solutions des conflits de lois en droit international privé, la Cour de cassation a permis aux contractants de soumettre leurs rapports réciproques à la loi de leur choix ; la loi d'autonomie peut être distincte de la loi du pavillon, lorsqu'elle est plus favorable au marin ([136]).
La loi nº 2005-412 du 3 mai 2005 a créé le registre international français RIF. Le navire, immatriculé au RIF, est soumis à l'ensemble du droit français. Si la loi soumet les marins résidant en France, dans l'Union européenne et dans l'Espace économique européen à l'ensemble du droit français (C. transp., art. L. 5612-1, I, 1°), elle permet que la rémunération et la protection sociale des marins résidant hors d'Europe relèvent de la loi d'autonomie choisie par les contractants (C. transp., art. L. 5621-7). La loi du pavillon fixe des exigences minimales, nées du droit européen et des conventions internationales ratifiées par la France, ainsi que des principes fondamentaux relatifs à la protection de la santé et de la sécurité du travail, à la liberté syndicale, au droit de grève, au droit de la négociation collective (C. transp., art. L. 5612-1, I, 2°). La différence de traitement s'explique par les nécessités d'adaptation à la concurrence internationale et par la nature juridique du navire, qui n'est pas un territoire (Cons. const. 28 avril 2005, nº 2005-514 DC). La rémunération de base du matelot qualifié résidant hors d'Europe est fixée, pour deux cent huit heures de travail par mois, à un montant de 620,05 USD, auquel s'ajoute la rémunération des trois jours de congé par mois d'embarquement ; l'arrêté comporte en annexe une grille de coefficient (Arr. min. 21 décembre 2005)[137].

Nationalité. – Le privilège de nationalité des marins était l'une des contreparties de leurs charges militaires dans le cadre de l'inscription maritime : à bord des navires battant pavillon français, seulement des ressortissants nationaux étaient enrôlés. Ce privilège a survécu en 1965 à la disparition de l'inscription maritime, mais a été déclaré

---

[136] Cass. soc. 16 novembre 1993, *DMF* 1994, p. 472, concernant des marins français, embarqués sous pavillon algérien.

[137] Depuis le 18 mai 2022, la Commission paritaire maritime de l'OIT recommande, pour un matelot qualifié, un salaire minimum de 666 US dollars à partir du 1er janvier 2024 et de 673 US dollars à partir du 1er janvier 2025. V. P. CHAUMETTE ; « un salaire minimum européen, mais sans les marins ? », Observatoire des Droits des Marins, 14 avril 2021, https://www.obs-droits-marins.fr/actualites.html?idArticle=598

incompatible avec les principes d'égalité de traitement et de non-discrimination des ressortissants communautaires, conséquences de la libre circulation des travailleurs, prévus par l'article 48 du Traité de Rome, devenu art. 45 TFUE[138]. La loi nº 96-151 du 26 février 1996 a mis l'article 3 du code du travail maritime en conformité avec le droit communautaire, à l'exception du capitaine et de l'officier suppléant. L'article 48, devenu 39, alinéa 4, du Traité de Rome autorise une dérogation à l'égalité d'accès à l'emploi, concernant les emplois dans l'administration publique. Pour la Cour de justice des Communautés européennes, il s'agit des emplois relevant de l'exercice habituel de prérogatives de puissance publique. Le commandant de bord, capitaine de navire, est chargé de prérogatives de puissance publique : il peut recevoir un testament comme un officier ministériel, il fait fonction d'officier d'état civil, ainsi que d'officier de police judiciaire en cas d'infraction commise à bord. Aussi, le capitaine de navire et son suppléant semblaient pouvoir relever de l'exception permettant aux États membres de réserver ces emplois aux ressortissants nationaux. La Cour de Justice a condamné le privilège de nationalité du capitaine de navire, dans la mesure où l'exercice de ses prérogatives de puissance publique n'est que potentiel, et non effectif et habituel sur des navires espagnols assurant les liaisons entre les Canaries et le continent ; l'arrêt *Anker*, concernant des navires de pêche côtière allemands, renvoie au juge national l'appréciation de cette effectivité des prérogatives de puissance publique (CJCE 30 septembre 2003). La chambre criminelle de la Cour de cassation a condamné, sans renvoi, le privilège de nationalité concernant un navire de pêche français, doté d'un équipage entièrement espagnol[139]. La loi nº 2005-412 du 3 mai 2005 portant création du registre international français impose que le capitaine et l'officier suppléant soient de nationalité française, puisqu'ils sont garants de la sécurité du navire, de son équipage, de la protection de l'environnement et de la sûreté (C. transp., art. L. 5612-3). Sur recours en manquement de la Commission, la France a été condamnée par la Cour de Justice : l'exigence de nationalité n'est pas justifiée quand l'exercice des prérogatives de puissance publique n'est pas habituel, mais seulement réduit (CJCE 11 mars 2008, Commission c/ France). La loi nº 2008-324 du 7 avril 2008 relative à la nationalité des

---

[138] CJCE 4 avril 1974, *D.* 1974, p. 717, note B. PACTEAU ; *DMF* 1975, p. 234, note E. THUILLIER ; CJCE 7 mars 1996, Commission c/ France, aff. C 334/94, *DMF* 1996 ; p. 752, note P. CHAUMETTE.

[139] Cass. Crim. 23 juin 2004, navire *Père Yvon*, *DMF* 2004, p. 834 et s.

équipages de navires met fin au privilège de nationalité du capitaine et de l'officier suppléant (C. transp., art. L. 5522-1)[140].

L'officier suppléant désigne l'officier au pont dont le rang vient immédiatement après celui du capitaine et qui est chargé de sa suppléance ; la présence à bord d'un officier suppléant est exigée pour tout navire, dont la fiche d'effectif minimal, ou la décision d'effectif, comporte au moins deux officiers au pont[141]. Compte tenu des prérogatives de puissance publique dont ils disposent, la question de la nationalité du capitaine et de l'officier suppléant s'est transformée en exigences de compétences juridiques et linguistiques[142]. Le décret n° 2015-598-du 2 juin 2015 précise les connaissances en langue française et des matières juridiques. Leur possession peut être établie par la production d'un titre français de formation professionnelle maritime autorisant l'accès aux fonctions de capitaine soit : pour la langue française un diplôme de l'enseignement secondaire ou supérieur français ou un certificat de moins d'un an attestant d'un niveau de maîtrise B2, tel que défini dans le cadre européen commun de référence pour les langues, et pour les matières juridiques, soit de tout diplôme de l'enseignement supérieur français sanctionnant une formation ou un enseignement spécifique relatif aux pouvoirs et prérogatives de puissance publique conférés au capitaine d'un navire battant pavillon français, fixé par un arrêté du ministre chargé de la Mer, soit d'une attestation de suivi d'une telle formation agréée dans les conditions d'agrément des prestataires délivrant une formation professionnelle maritime et de réussite aux épreuves la sanctionnant. À défaut de diplôme, titre ou attestation, l'officier souhaitant accéder aux fonctions de capitaine ou être en charge de sa suppléance à bord d'un navire français produit une attestation de connaissance délivrée par un jury

[140] L. n° 2008-324 du 7 avr. 2008, relative à la nationalité des équipages de navire ; Décret n° 2008-1143 du 6 nov. 2008 ; Décret n° 2009-1089 du 3 septembre 2009, relatif à la libre prestation de services et à la reconnaissance des qualifications professionnelles et des connaissances linguistiques pour l'exercice de fonctions à bord des navires de commerce et de pêche ainsi que des navires de plaisance armés avec un rôle d'équipage - CJCE 11 mars 2008, Commission c/ France.

[141] Décret n° 2015-598 du 2 juin 2015 pris pour l'application de certaines dispositions du code des transports relatives aux gens de mer, art. 1er et 2.

[142] C. transp., art.L. 5521-3, modifié par Loi n° 2019-1428 du 24 décembre 2019, art. 13, à bord d'un navire battant pavillon français (premier registre) - Pour les navires immatriculés au Registre International Français, (RIF), C. transp., art. L. 5612-3, modifié par Loi n° 2019-1428 du 24 décembre 2019, art. 133.

national d'évaluation[143]. Les connaissances sont appréciées par une épreuve écrite et à l'occasion d'un entretien avec les membres du jury national d'évaluation[144].
La loi n° 2019-1428 du 24 décembre 2019 d'orientation sur les mobilités prend en compte le Brexit, la sortie du Royaume-Uni de l'Union européenne, intervenue le 31 janvier 2020 et les changements de pavillon qu'elle engendre ; les conditions de connaissances juridiques et linguistiques peuvent être satisfaites par le chef mécanicien pendant une période de deux ans, suivant la francisation du navire (C. transp., art. L. 5521-3-I, al. 3 et L. 5621-3). L'arrêté ministériel prévu par l'article L 5522-1 du code des transports fixant la proportion minimale de ressortissants « européens », concernant les navires immatriculés au premier registre n'a pas été publié, à notre connaissance, ce qui pourrait imposer une proportion de 100 %, à moins que l'administration privilégie l'absence de toute exigence. A bord des navires immatriculés au registre international français (RIF), les marins membres de l'équipage sont, dans une proportion d'au moins 35 % calculée sur la fiche d'effectif minimal mentionnée à l'article L. 5522-2, des ressortissants d'un État membre de l'Union européenne, d'un État partie à l'accord sur l'Espace économique européen ou de la Confédération suisse ou d'un État partie à tout accord international ayant la même portée en matière de droit au séjour et au travail. Le pourcentage visé au premier alinéa est fixé à 25 % pour les navires ne bénéficiant pas ou plus du dispositif d'aide fiscale attribuée au titre de leur acquisition. Le respect de cette obligation est vérifié chaque année (C. transp., art. L. 5612-3, mod. par L. n° 2016-816 du 20 juin 2016, relative à l'économie bleue, art. 50).

Aptitude physique. – En exigeant du marin des conditions d'aptitude physique et de moralité, l'État assume ses fonctions de prévention des troubles à l'ordre public et à la sécurité publique. Il protège la collectivité du bord – et le marin lui-même – vis-à-vis des risques dus à la faiblesse ou à la contagion de l'un de ses membres. L'aptitude médicale requise pour exercer à bord d'un navire est contrôlée à titre gratuit par le service de santé des gens de mer (C. transp., art. L. 5521, II et IV, modifié par L. n° 2016-816 du 20 juin 2016, art. 33,

---

143 Décret n° 2015-598, 2 juin 2015, art. 3 ; mod. par Décret n° 2017-723, 24 juin 2015, art. 44 ; Arr. Min. 18 oct. 2019 précisant les conditions de fonctionnement du jury national.
144 Décret n° 2015-598, 2 juin 2015, art. 4, 5, 6.

art. L. 5521-1-1 et L. 5521-1-2, créés par Ord. nº 2016-1686 du 8 déc. 2016, relative à l'aptitude médicale à la navigation des gens de mer et à la lutte contre l'alcoolisme en mer ; Décret nº 2015-1574 du 3 déc. 2015, relatif au service de santé des gens de mer). Le décret nº 2015-1574 du 3 décembre 2015 est relatif au service de santé des gens de mer, chargé de vérifier l'aptitude médicale à la navigation des gens de mer, conformément aux exigences des conventions de l'Organisation maritime internationale (OMI) et de l'Organisation internationale du travail (OIT). Il s'assure également de la préservation de la santé au travail des marins.

Le décret nº 2015-1575 du 3 décembre 2015, modifié par le décret nº 2017-1575 du 30 mars 2017, est relatif à la santé et à l'inaptitude médicale à la navigation ; il précise les normes d'aptitude médicale applicables, selon les fonctions à bord ou les types de navigation. Il détermine les conditions de délivrance et de validité du certificat d'aptitude médicale et encadre les recours portés devant le collège médical maritime. Une visite d'aptitude médicale à la navigation est requise avant l'accès à la profession de marin, avant le premier embarquement, et avant toute entrée en formation maritime, avant l'expiration du certificat d'aptitude médicale (art. 7). Tout gens de mer est responsable du renouvellement de son certificat médical d'aptitude à la navigation. Il informe son employeur dans les meilleurs délais du résultat de la visite médicale d'aptitude à la navigation. Le gens de mer peut solliciter auprès du service de santé des gens de mer une visite médicale. La demande du gens de mer salarié ne peut motiver aucune sanction à son encontre de la part de son employeur (art. 10). Aucun marin ne peut travailler à bord d'un navire s'il ne produit pas un certificat d'aptitude médicale en cours de validité attestant qu'il est médicalement apte à exercer ses fonctions. Le capitaine vérifie que le marin est en possession du certificat mentionné au I au plus tard avant son embarquement (C. transp., art. L. 5545-3-1).

Toute décision, préconisation ou avis du médecin du travail des gens de mer peut faire l'objet d'un recours par le gens de mer ou son employeur devant le collège médical maritime dans un délai de deux mois[145]. L'inaptitude définitive à la navigation est soumise à l'examen du collège médical maritime. Au vu de son avis, le directeur interrégional de la

[145] Décret nº 2015-1574 du 3 décembre 2015, relatif au service de santé des gens de mer, art. 18 ; Décret nº 2015-1575 du 3 décembre 2015 relatif à la santé et à l'aptitude médicale à la navigation, art. 21.

mer prend une décision sur l'aptitude médicale à la navigation de l'intéressé, l'avis ou la préconisation contesté. Cette décision peut faire l'objet par le gens de mer ou par l'employeur d'une demande de réexamen dans un délai de deux mois. En ce cas, un autre collège médical maritime est désigné par le médecin chef du service de santé des gens de mer pour se prononcer. La décision faisant suite à ce nouvel examen est définitive. Les décisions sont transmises au gens de mer et à son employeur par tout moyen permettant de conférer date certaine à cette transmission[146].
L'inaptitude à la navigation conduit nécessairement à une reconversion professionnelle et à la rupture du contrat d'engagement maritime par l'employeur. Ce n'est ni le médecin des gens de mer constatant l'inaptitude à la navigation, ni le collège médical, ni la décision administrative du directeur interrégional de la mer, constatant et prononçant l'inaptitude à la navigation, qui mettent fin à la relation de travail. C'est à l'employeur d'engager la procédure de licenciement sur ce fondement, en cas d'impossibilité de reclassement. Pendant le délai de recours, soit deux mois, à partir de la décision de la DIRM dont il est informé, il est possible que le marin soit en arrêt-maladie de manière à bénéficier des indemnités journalières de l'ENIM. Si tel n'est pas le cas, son salaire est dû par l'employeur quand son inaptitude est dû à un accident du travail ou une maladie professionnelle. Tel n'est pas le cas, si l'inaptitude à la navigation est sans lien avec l'activité professionnelle (aucune décision de reconnaissance de l'accident du travail ou de la maladie professionnelle). Enfin, un marin, accidenté du travail, subissant une incapacité permanente d'au moins 10 % et titulaire d'une rente, est indemnisé, en cas de licenciement d'un préavis doublé, avec un maximum de trois mois, sauf disposition conventionnelle plus favorable (C. trav., art. L. 5213-9)[147].

Moralité et casier judiciaire. – Traditionnellement, l'accès et l'exercice de la profession de marin exigeaient des conditions de moralité et le décret du 7 août 1967 interdisait de porter sur le rôle d'équipage d'un navire les personnes ayant subi une condamnation criminelle ou certaines catégories de peines correctionnelles.

146 Décret n° 2015-1575, préc., art. 22. – Une Instruction de l'ENIM du 20 décembre 2021 est relative aux conséquences du prononcé de l'inaptitude du marin et au versement de la pension de retraite anticipée.

147 Cass soc. 28 mars 2000, M. Ridel, n°s 98-40.216 et al., *Dr. soc.* 2000, p. 656, obs. P. CHAUMETTE ; *DMF* 2000, p. 704.

Cependant, le ministre chargé de la marine marchande peut accorder, à titre individuel, des dérogations, après avis du juge d'application des peines. Les dispositions légales ont été modernisées et délimitées par la loi n° 2013-609 du 16 juillet 2013 : elles ne concernent plus que les capitaines, officiers chargés de sa suppléance, chef mécanicien (sauf les navires de pêche) et agents de sûreté du navire (C. transp., art. L. 5521-4). Nul ne peut exercer les fonctions de capitaine, d'officier chargé de sa suppléance, de chef mécanicien ou d'agent chargé de la sûreté du navire s'il ne satisfait à des conditions de moralité et si les mentions portées au bulletin n° 2 de son casier judiciaire sont incompatibles avec l'exercice de ces fonctions. Le premier alinéa ne s'applique pas aux fonctions de chef mécanicien exercées sur un navire armé à la pêche (C. transp., art. L. 5521-4, mod. par L. n° 2016-816 du 20 juin 2016, art. 34).
Le décret n° 2015-598 du 2 juin 2015, pris pour l'application de certaines dispositions du code des transports relatives aux gens de mer, précise ces exigences de moralité qui ne sont pas remplies si le bulletin n° 2 du casier judiciaire mentionne, selon les fonctions envisagées, plusieurs peines[148]. L'article 9 concerne les marins, ressortissants étrangers. Nul ne peut être porté sur la liste d'équipage (C. transp., art. L. 5522-3), s'il ne satisfait aux conditions de moralité mentionnées à l'article L. 5521-4. Sur demande de l'armateur, les services du ministre chargé de la mer vérifient le respect des conditions de moralité fixées par le présent décret. Est puni de l'amende prévue pour les contraventions de la cinquième classe le fait pour l'armateur d'admettre à bord ou de porter sur la liste d'équipage un capitaine, un officier chargé de sa suppléance, un chef mécanicien ou un agent chargé de la sûreté du navire ne remplissant pas les conditions de moralité fixées par le décret[149].

Âge minimum. – A bord de tout navire, il est interdit d'employer des jeunes âgés de moins de seize ans. Toutefois, dans les conditions fixées à l'article L. 4153-1 du code du travail, des jeunes ayant au moins quinze ans peuvent être employés à bord des navires de pêche et des navires ne naviguant que dans les eaux intérieures, dans les conditions précisées par décret (C. transp., art. L. 5545-5). Sont considérés comme

---

[148] Décret n° 2015-598 du 2 juin 2015, art. 8 à 10, pris pour l'application de certaines dispositions du code des transports relatives aux gens de mer, mod. par Décret n° 2017-158 du 9 févr. 2017, art. 1er.
[149] Décret n° 2015-598 du 2 juin 2015, art. 11.

jeune travailleur, le marin de moins de dix-huit ans, le jeune âgé de moins de dix-huit ans, qui accomplit des stages d'initiation ou d'application en milieu professionnel dans le cadre d'un enseignement alterné ou d'un enseignement professionnel (C. transp., art. L. 5541-2). Les jeunes âgés de seize à dix-huit ans non titulaires d'un contrat de travail ne peuvent être admis ou employés sur un navire qu'après la conclusion d'une convention de stage établie dans le respect d'une convention-type déterminée par arrêté du ministre chargé de la mer[150]. Aucune convention ne peut être conclue avec un armement si les services de contrôle estiment que les conditions de travail présentent un risque de nature à porter atteinte à la sécurité ou à la santé du stagiaire (C. transp., art. L 5545-6, mod. par Ord. n° 2020-1162 du 23 septembre 2020, art. 2). Le capitaine ou le patron veille à ce que les jeunes travailleurs ne soient employés qu'aux travaux et services en rapport avec leurs aptitudes médicales et se rattachant à l'exercice de leur profession. Il leur enseigne ou leur fait enseigner progressivement la pratique du métier (C. transp., art. L. 5545-7). Aucun marin de moins de dix-huit ans ne doit travailler comme cuisinier de navire (C. transp. art. L.5544-28).

Le décret n° 2017-1473 du 13 octobre 2017 est relatif à la protection des jeunes travailleurs âgés de moins de dix-huit ans embarqués à bord des navires ; il vise la directive n° 94/33/CE du Conseil du 22 juin 1994 relative à la protection des jeunes au travail, les articles L. 5544-32, L. 5545-5 et L. 5545-8 du code des transports relatifs à la durée du travail, aux repos, congés et salaires des jeunes travailleurs ; il a été actualisé par le décret n° 2022-1727 du 28 décembre 2022 modifiant diverses dispositions en matière en formation professionnelle maritime (Titre II).

Son article 1er définit les jeunes travailleurs : 1° Tout gens de mer âgé de moins de dix-huit ans, titulaire d'un contrat d'engagement maritime, d'un contrat d'apprentissage maritime ou d'un contrat de professionnalisation ; 2° Tout jeune âgé de moins de dix-huit ans qui accomplit une période de formation en milieu professionnel dans le cadre d'un enseignement professionnel ou un stage de formation professionnelle maritime. Lorsqu'ils sont appelés à effectuer des travaux à terre, ces jeunes travailleurs sont soumis aux dispositions du code du travail relatives à la protection des jeunes travailleurs, sauf

---

[150] Arrêté du 14 septembre 2021 fixant un modèle de convention de stage pour les élèves des lycées professionnels maritimes et des organismes de formation agréés.

lorsque ces travaux sont liés à l'embarquement. Sur demande de l'agent de contrôle de l'inspection du travail et des agents de des affaires maritimes, l'armateur ou le capitaine justifie que le jeune travailleur satisfait aux conditions d'âge relatives à son emploi embarqué à bord du navire, relève des dérogations prévues par le décret, s'il y a lieu. Ce décret fixe la liste des travaux dangereux auxquels les jeunes gens âgés de moins de dix-huit ans ne peuvent, en aucun cas, être affectés, ainsi que la liste des travaux dangereux pour lesquels une dérogation peut être accordée par l'inspecteur du travail, ainsi que les conditions de cette dérogation, qui nécessite une déclaration de dérogation de l'armateur, à la suite d'une évaluation des risques, une information du jeune travailleur, un encadrement et un avis médical compatible (C. transp., art. L. 5545-8 ; Décret n° 2017-1473 du 13 oct. 2017, art. 12 à 18)[151]. Le mineur marin est doté de la capacité juridique à l'accomplissement des actes se rattachant à ses engagements, notamment la perception des salaires, du fait même de l'autorisation parentale ou judiciaire donnée à son premier embarquement. « L'autorisation donnée au premier embarquement d'un mineur par les titulaires de l'exercice de l'autorité parentale, le tuteur ou, à défaut, par le juge des tutelles, confère à ce mineur la capacité pour accomplir tous les actes se rattachant au contrat de travail, notamment pour percevoir ses salaires. Le retrait de l'autorisation ne peut être opposé aux tiers, s'il n'a pas été porté à leur connaissance avant la formation du contrat » (C. transp., art. L. 5542-2).

Jeunes travailleurs : durée du travail. – Les jeunes travailleurs ne peuvent accomplir un travail effectif d'une durée excédant huit heures par jour, ni une durée de travail par semaine embarquée supérieure trente-cinq heures. À titre exceptionnel, lorsque l'organisation du travail le justifie, l'armateur peut déroger à la durée maximale hebdomadaire de travail de trente-cinq heures dans la limite de cinq heures par semaine, à la durée quotidienne de travail effectif de huit heures, dans la limite de deux heures par jour, pour les jeunes

[151] Un modèle de déclaration de dérogation pour les travaux règlementés est disponible sur la page dédiée aux « jeunes travailleurs » sur le site internet du secrétariat d'Etat chargé de la mer (https://mer.gouv.fr/jeunes-travailleurs-bord-des-navires#scroll-nav__3) – L'Institut Maritime de Prévention a développé une aide à l'évaluation des risques à la pêche,
https://www.institutmaritimedeprevention.fr/moyens-de-prevention/par-risques/jeune-travailleur

travailleurs âgés d'au moins seize ans (C. transp., art. L. 5544-26, mod. par Ord. n° 2020-1162, 23 septembre 2020, art. 1).
La demande de dérogation est adressée par l'armateur à la pêche à l'agent de contrôle de l'inspection du travail compétent au plus tard quinze jours avant la première date d'embarquement prévue au cours de l'année de formation ; elle est accordée pour une durée maximale d'une année de formation, renouvelable, pour les besoins de la formation professionnelle de l'intéressé. L'inspecteur du travail apprécie les caractéristiques particulières de l'activité justifiant cette dérogation (Décret n° 2017-1473, 13 octobre 2017, art. 4, modifié par Décret n° 2022-1727, 28 décembre 2022, art. 3). Lorsqu'il est fait application de ces dépassements des périodes de repos d'une durée au moins équivalente au nombre d'heures accomplies au-delà de la durée quotidienne de huit heures sont attribuées ; les heures supplémentaires éventuelles, ainsi que leurs majorations, donnent lieu à un repos compensateur équivalent. La durée du travail des jeunes travailleurs ne peut en aucun cas être supérieure à la durée quotidienne ou hebdomadaire, légale ou conventionnelle, du travail des adultes embarqués à bord du même navire (C. transp., art. L. 5544-26, mod. par Ord. n° 2020-1162, 23 septembre 2020, art. 1).
Le travail de nuit est interdit aux jeunes travailleurs. Est considéré comme travail de nuit : 1° Pour les jeunes travailleurs âgés d'au moins seize ans et de moins de dix-huit ans, tout travail entre 21 heures et 6 heures ; 2° Pour les jeunes travailleurs âgés d'au moins quinze ans et de moins de seize ans, tout travail entre 20 heures et 6 heures. Lorsque la formation le justifie, une dérogation peut être accordée par l'inspecteur du travail, dans des conditions fixées par décret en Conseil d'Etat (C. transp., art. L. 5544-27, mod. par loi n° 2021-1308, 8 oct. 2021, art. 22 ; Décret n° 2017-1473, 13 octobre 2017, art. 4, modifié par Décret n° 2022-1727, 28 décembre 2022, art. 3).
Le modèle de tableau de service des navires de pêche pour les jeunes travailleurs de moins de 18 ans est fixé par l'arrêté du 29 novembre 2018, modifié par l'arrêté du 16 juillet 2021. Il concerne les demandes de dérogation à l'interdiction du travail de nuit pour les jeunes travailleurs en formation.
La durée minimale du repos quotidien des jeunes travailleurs ne peut être inférieure à douze heures consécutives. Ce repos comprend obligatoirement la période qui se situe entre 24 heures et 4 heures du matin. Dans le cas où le travail de nuit des jeunes travailleurs est autorisé par l'inspecteur du travail en application des dispositions du

dernier alinéa de l'article L. 5544-27, la durée du repos quotidien ne peut être inférieure à quatorze heures consécutives (C. transp., art. L. 5544-29, mod. par loi n° 2021-1308, 8 oct. 2021, art. 22). La durée minimale du repos quotidien des jeunes gens âgés de moins de quinze ans embarqués dans les conditions prévues au 3° de l'article L. 4153-1 du code du travail ne peut être inférieure à quatorze heures par période de vingt-quatre heures (C. transp., art. L. 5544-30). Les jeunes travailleurs bénéficient d'un repos hebdomadaire, tant à la mer qu'au port, d'une durée minimale de quarante-huit heures consécutives, comprenant si possible le dimanche. Lorsque des raisons techniques ou d'organisation le justifient, cette période de repos peut être réduite, sans pouvoir être inférieure à trente-six heures consécutives. Dans ce cas, le capitaine ou l'employeur en informe l'inspecteur du travail, au plus tard dès le retour du navire et justifie des mesures compensatoires prises ou envisagées (C. transp., art. L. 5544-31). Lorsque le temps de travail journalier dépasse quatre heures et demie, les jeunes travailleurs bénéficient d'un temps de pause d'une durée minimale de trente minutes, si possible consécutives (C. transp., art. L. 5544-31-1, créé par loi n° 2021-1308, 8 oct. 2021, art. 22).

Formation professionnelle. – L'exigence d'une formation professionnelle maritime est ancienne, au moins pour les officiers. L'Organisation internationale du travail s'est efforcée de fixer des normes minimales, pour les officiers dans la Convention n° 53, pour les cuisiniers dans la Convention n° 69, pour les matelots qualifiés dans la Convention n° 74. C'est surtout l'Organisation maritime internationale qui a élaboré en 1978 la convention STCW sur les normes de formation des gens de mer, de délivrance des brevets et de veille, révisée en 1995 et en 2010 à Manille (*Convention on Standards of Training, Certification and Watchkeeping for Seafarers*). La résolution MSC.416(97) du Comité de la sécurité maritime de l'OMI modifie les formations pour l'exercice de fonctions à bord des navires à passagers à compter du 1er juillet 2018. La convention STCW-Fish de 1995, concernant les brevets à la pêche, est entrée en vigueur le 29 septembre 2012 ; la loi n° 2019-284 du 8 avril 2019 autorise sa ratification. Nul ne peut exercer la profession de marin s'il n'est pourvu de titres de formation professionnelle maritime et de qualifications correspondant aux capacités qu'il doit avoir et aux fonctions qu'il est appelé à exercer à bord du navire. Un décret en Conseil d'État, pris après avis des organisations les plus représentatives d'armateurs et de gens de mer

intéressées, précise les conditions d'application du présent article, notamment les conditions de délivrance et de validité des titres de formation professionnelle maritime, de dérogation, les modalités de suspension et de retrait des prérogatives attachées aux titres de formation professionnelle maritime, les conditions de reconnaissance, le cas échéant, après des épreuves ou des vérifications complémentaires, des titres, diplômes et qualifications professionnelles obtenus ou acquis dans un État étranger (C. transp., art. L. 5521-2).
Le décret n° 2015-723 du 24 juin 2015 est relatif à la délivrance des titres de formation professionnelle maritime et aux conditions d'exercice de fonctions à bord des navires armés au commerce, à la plaisance, à la pêche et aux cultures marines. Il prend en compte les amendements apportés à Manille le 24 juin 2010 à la STCW. Il transpose la directive 2012/35/UE du Parlement européen et du Conseil du 21 novembre 2012, qui a modifié la directive 2008/106/CE du Parlement européen et du Conseil du 19 novembre 2008 concernant le niveau minimal de formation des gens de mer, reprenant les dispositions de la Convention STCW amendée. Il prend en compte les dispositions de la Convention internationale de 1995 sur les normes de formation des personnels des navires de pêche, de délivrance des brevets et de veille (STCW-Fish), tout en tenant compte, pour ce qui concerne le dispositif de reconnaissance des qualifications professionnelles, des dispositions de la directive 2005/36/CE modifiée. Il crée en outre un article relatif à la définition de certaines notions (brevet d'aptitude, certificat d'aptitude et attestation)[152]. La formation professionnelle maritime dépend du ministre chargé de la mer ; elle est délivrée dans les établissements scolaires maritimes, notamment les lycées professionnels maritimes et l'École Nationale Supérieure Maritime (ENSM). Les titres de formation professionnelle maritime comprennent les brevets et les certificats. Le diplôme délivré à l'issue d'une formation permet de naviguer comme élève officier durant une période donnée au terme de laquelle celui-ci se transforme en brevet. Le brevet résulte donc du cumul d'un diplôme et d'un temps de navigation et donne les prérogatives permettant d'exercer une fonction principale d'officier. Une réforme de la formation professionnelle maritime est intervenue en 2015-2016, afin d'adapter la formation maritime aux nouvelles exigences technologiques et de sécurité, de se

[152] Décret n° 2015-723 du 24 juin 2015. – Arr. 24 juill. 2013. – Arr. min. 10 août 2015. – Arr. min. 11 août 2015.

conformer aux dernières évolutions des réglementations internationales et communautaires, de simplifier les cursus de formation, de favoriser les passerelles entre les secteurs d'activité pour une meilleure adaptation au marché du travail, de moderniser les outils de gestion.

Les professions et les administrations nationales s'étaient efforcées de reconstituer des barrières d'emploi par l'intermédiaire de la réglementation relative aux brevets et diplômes professionnels. La directive n° 89/48 du 21 décembre 1988 prévoit la reconnaissance mutuelle des diplômes d'enseignement supérieur sanctionnant une formation professionnelle d'une durée minimale de trois ans, bac plus 3 selon le langage courant. La directive n° 92/51 du 18 juin 1992 relative à un deuxième système général de reconnaissance des formations professionnelles, entrée en vigueur le 18 juin 1994, a complété la directive n° 89/48, ouvrant des procédures de reconnaissance des formations professionnelles courtes, notamment vis-à-vis des professions de santé. La directive n° 95/43 de la Commission du 20 juillet 1995 modifie les annexes C et D de la directive n° 92/51 relative à un deuxième système général de reconnaissance des formations professionnelles, qui concernent notamment les activités maritimes. La directive 2013/55 du Parlement européen et du Conseil du 20 novembre 2013 modifie la directive 2005/36 du Parlement européen et du Conseil du 7 septembre 2005 relative à la reconnaissance des qualifications professionnelles et le règlement n° 1024/2012 concernant la coopération administrative par l'intermédiaire du système d'information du marché intérieur.

La directive 2019/1159 du 20 juin 2019 modifie la directive 2008/106 concernant le niveau minimal de formation des gens de mer et abroge la directive 2005/45/CE concernant la reconnaissance mutuelle des brevets des gens de mer délivrés par les États membres[153]. L'objectif général de la révision est d'accroître la clarté juridique en ce qui concerne la reconnaissance mutuelle des brevets des gens de mer délivrés par les États membres et de simplifier et de rationaliser le cadre réglementaire de l'UE relatif à la formation des gens de mer et à la délivrance des brevets, afin de maintenir l'alignement des règles de l'UE sur le cadre international.

---

[153] Directive 2019/1159, Parlement et Conseil, 20 juin 2019 modifiant la directive 2008/106/CE concernant le niveau minimal de formation des gens de mer et abrogeant la directive 2005/45/CE concernant la reconnaissance mutuelle des brevets des gens de mer délivrés par les États membres.

Section 3 – Formalités de recrutement

Non-discrimination. - En raison de l'imbrication du code du travail et du code des transports, les armateurs ou tout autre employeur de gens de mer sont soumis aux règles communes de non-discrimination précisées par le code du travail et le code pénal : constitue une discrimination toute distinction opérée entre les personnes physiques à raison de leur origine, de leur sexe, de leur situation de famille, de leur état de santé, de leur handicap, de leurs mœurs, de leurs opinions politiques, de leurs activités syndicales, de leur appartenance, vraie ou supposée, à une ethnie, une nation, une race ou une religion déterminée[154]. Constitue une infraction pénalement répréhensible la discrimination consistant à refuser d'embaucher, à sanctionner ou à licencier une personne, à subordonner une offre d'emploi à une condition fondée sur l'un des éléments énumérés[155]. Ne sont pas répréhensibles les discriminations fondées sur l'état de santé ou le handicap, lorsqu'elles consistent en un refus d'embauche ou un licenciement fondé sur l'inaptitude médicalement constatée[156].
L'article 9 du Code civil affirme que chacun a droit au respect de sa vie privée. Cette protection a été renforcée par les dispositions de la loi du 31 décembre 1992[157] qui s'efforce d'encadrer les pratiques de sélection du personnel[158] et affirme un principe général : « Nul ne peut apporter aux droits des personnes et aux libertés individuelles et collectives de restrictions qui ne seraient pas justifiées par la nature de la tâche à accomplir ni proportionnées au but recherché »[159]. Il s'agit sans aucun doute d'un principe général du droit du travail qui s'applique aux entreprises d'armement maritime et aux entreprises de travail maritime, ou sociétés de manning.

Le Code du travail interdit de mentionner ou de faire mentionner, dans une offre d'emploi ou dans une autre forme de publicité, le sexe ou la situation de famille du candidat recherché, de refuser d'embaucher en

---

[154] C. pén., art. 225-1 et C. Trav. art. L. 1132-1 et s.

[155] C. pén., art. 225-2.

[156] C. pén., art. 225-3, 2°.

[157] L. n° 92-1446, 31 décembre 1992 relative à l'emploi, au développement du travail à temps partiel et à l'assurance chômage.

[158] C. trav., art. L. 1221-6 à L. 1221-9 et L. 1222-2 à L. 1222-4.

[159] C. trav., art. L. 1121-1.

considération de ces motifs[160]. De même, le refus d'embauchage ne peut être justifié par l'état de grossesse d'une femme[161]. La discrimination syndicale à l'embauche est interdite, ainsi que toute prise en compte de l'appartenance à un syndicat ou l'exercice d'une activité syndicale[162]. La Cour de cassation a déclaré nul, car discriminatoire, le licenciement d'un capitaine de navire ne remplissant pas les conditions d'une mise à la retraite licite ; la nullité du licenciement est la conséquence de l'application de l'article L. 122-45[163] du Code du travail, prise en compte illicite de l'âge du salarié, texte qui a ainsi été clairement étendu aux entreprises d'armement maritime[164].

Recrutement et placement. - Traditionnellement, les marins étaient embauchés par les capitaines de navire, puis par les armements ou par les patrons pêcheurs directement[165]. La loi du 3 mai 2005, créant le registre international français, a admis le recours à des entreprises de travail maritime et la mise à disposition de marins ne résidant pas en France, donc pour des motifs d'égalité de traitement, en Europe. Même si l'armateur est responsable de l'entreprise de travail maritime avec laquelle il a contracté une mise à disposition de personnel, même s'il doit justifier d'une garantie financière en matière de rapatriement et de paiement des salaires et charges sociales, même s'il est responsable des conditions de vie et de travail à bord, il n'est plus l'employeur direct des marins, seulement leur utilisateur[166]. La loi n° 2013-619 du 16 juillet 2013 a modifié l'article L. 5542-1 du Code des transports : « Tout contrat de travail, conclu entre un marin et un armateur ou tout autre employeur, ayant pour objet un service à accomplir à bord d'un navire est un contrat d'engagement maritime. » L'armateur n'est plus

---

[160] C. trav., art. L. 1142-1 et R. 1142-1.

[161] C. trav., art. L. 1225-1 à L. 1225-3.

[162] C. trav., art. L. 2141-5 à L. 2141-8.

[163] C. trav., art. L. 1132-1.

[164] Cass. soc. 21 décembre 2006, n° 05-12.816, *Sté BAI c/ M. Lechevretel*, *D.* 2007, p. 217, obs. J. CORTOT ; *Dr. soc.* 2007, p. 243, obs. P. CHAUMETTE ; *RDT* 2007. 238, obs. I. DESBARATS.

[165] Un guide d'accueil d'un nouveau membre d'équipage a été rédigé, en 2021, à l'intention des armateurs d'entreprise de pêche, souhaitant fidéliser leur équipage par les DREETS de Bretagne et des Pays de la Loire, la DIRMNAMO, les deux comités régionaux des pêches de Bretagne et des Pays de la Loire.

[166] Loi n° 2005-412 du 3 mai 2005 – C. transp., art. L. 5612-6, L. 5621-1, L. 5621-3, L. 5621-4, L. 5621-5, L. 5621-17.

nécessairement l'employeur du marin. Il s'agit de prendre en compte la directive 2008/104[167] du 19 novembre 2008, qui n'admet que des exceptions très limitées au recours au travail temporaire. Selon l'article 4 de la directive 2008/14, les interdictions ou restrictions ne peuvent être justifiées que par des motifs d'intérêt général tenant aux exigences de santé et de sécurité au travail, des postes particulièrement dangereux, ou la nécessité d'empêcher des abus[168].
Les conditions d'application aux marins du livre III de la cinquième partie du code du travail, relatif au service public de l'emploi et placement, et du titre Ier du livre IV cette même partie, relatif aux droits et obligations du demandeur d'emploi, sont fixées par décret en Conseil d'Etat, compte tenu des adaptations nécessaires (C. Transp,, art. L. 5546-1). Le décret n° 2017-1119 du 29 juin 2017, relatif aux services privés de recrutement et de placement des gens de mer, a été modifié par le décret n° 2021-1477 du 10 novembre 2021. Les services privés de recrutement et de placement de gens de mer exercent une ou plusieurs des activités suivantes : 1° Mise à disposition à but lucratif, par les entreprises de travail maritime, de gens de mer qu'elle embauche et rémunère à cet effet dans les cas régis par l'article L. 5546-1-6 ; 2° Mise à disposition de gens de mer par les entreprises de travail temporaire régies par l'article L. 1251-2 du code du travail ; 3° Placement des gens de mer régi par l'article L. 5321-1 du code du travail[169]. Tout service privé de recrutement et de placement de gens de mer établi en France s'inscrit au registre national des services privés de recrutement et de placement de gens de mer. Ce registre est destiné à informer les gens de mer et les armateurs intéressés, ainsi qu'à faciliter la coopération entre Etats du pavillon et Etats du port. Tout service privé de recrutement et de placement de gens de mer inscrit en France tient à disposition des autorités de contrôle compétentes un registre à jour des gens de mer mis à disposition ou placés par son intermédiaire[170]. Tout armateur ayant recours à un service privé de recrutement et de placement de gens de mer établi hors de France en fait la déclaration à l'autorité compétente. Un arrêté du ministre chargé

[167] Directive 2008/104 du Parlement européen et du Conseil du 19 novembre 2008 relative au travail intérimaire.
[168] P. CHAUMETTE, *Droits Maritimes*, préc. n° 412.12 et 412.13.
[169] C. transp., art. L 5546-1-1-I, modif. par Ord. n° 2021-77, 27 janvier 2021, art. 4.
[170] C. transp., art. L 5546-1-1-II, modif. par Ord. n° 2021-77, 27 janvier 2021, art. 4.

de la mer établit les mentions de la déclaration précitée et sa périodicité[171].
Aucun service privé de recrutement et de placement de gens de mer ne peut imputer aux gens de mer de frais directement ou indirectement occasionnés au titre de leur mise à disposition ou de leur placement[172].
Les services de recrutement et de placement privés de gens de mer, quel que soit le lieu de leur établissement, s'assurent, à l'égard des gens de mer recrutés ou placés par leur intermédiaire : de leurs qualifications, de la validité de leur aptitude médicale et de leurs documents professionnels obligatoires ; de leur information préalable avant de signer le contrat d'engagement maritime ; de la conformité des contrats d'engagement maritime proposés aux règles applicables ; du respect par l'armateur de ses obligations de garantie en matière de rapatriement[173].
Tout service privé de recrutement et de placement de gens de mer examine et répond à toute réclamation d'un gens de mer ou de son représentant dûment mandaté concernant ses activités et avise l'autorité compétente de toute réclamation demeurée sans solution[174].
Tout service privé de recrutement et de placement de gens de mer établi en France souscrit une assurance couvrant les pertes pécuniaires d'un gens de mer consécutives au non-respect : 1° Par le service exerçant l'activité de placement de ses obligations de contrôle de la validité de ses qualifications professionnelles et de son aptitude médicale, de communication d'un contrat d'engagement maritime conforme, du respect par l'armateur de son obligation de garantie en matière d'abandon des gens de mer ; 2° Par le service mettant à disposition des gens de mer de ses obligations en qualité d'employeur de gens de mer.
Les services de recrutement et de placement privés de gens de mer établis en France justifient, au moyen d'une garantie financière, d'une assurance ou de tout autre dispositif équivalent, être en mesure d'indemniser les gens de mer des préjudices subis en cas d'inexécution de leurs obligations à leur égard. L'assurance peut prévoir de couvrir les préjudices dans la limite d'un plafond défini par arrêté du ministre chargé de la mer et du ministre chargé de l'économie et des finances. Toute demande d'indemnisation peut être formée directement auprès de l'assureur ou de toute personne dont émane la garantie financière, sans préjudice d'une action en réparation s'il y a lieu. Lorsque l'armateur d'un

[171] C. transp., art. L 5546-1-1-III, modif. par Ord. n° 2021-77, 27 janvier 2021, art. 4.
[172] C. transp., art. L. 5546-1-2, modif. par Ord. n° 2021-77, 27 janvier 2021, art. 4.
[173] C. transp., art. L. 5546-1-3, modif. par Ord. n° 2021-77, 27 janvier 2021, art. 4.
[174] C. transp., art. L. 5546-1-4, modif. par Ord. n° 2021-77, 27 janvier 2021, art. 4.

navire autre que de pêche recourt à un service privé de recrutement et de placement de gens de mer établi hors de France, il vérifie que ce service a souscrit une assurance ou détient une garantie financière équivalente[175]. Des sanctions pénales sont prévues en cas d'infractions (C. transp., art. L 5546-1-8).
Comment distinguer les entreprises de travail temporaires « terrestres » et les entreprises de travail maritime ? Et pourquoi les distinguer ? Est en jeu l'intervention de l'administration maritime d'une part, et d'autre part le champ d'intervention autorisée de cette activité de recrutement.

Entreprises de travail maritime. - Est entreprise de travail maritime toute personne, hors les entreprises de travail temporaire mentionnées à l'article L. 1251-2 du Code du travail, dont l'activité est de mettre à disposition des gens de mer salariés auprès d'un armateur ou d'un particulier propriétaire ou locataire d'un navire, dans les cas suivants : 1° à bord de navires immatriculés au registre international français (RIF), 2° à bord de navires de plaisance ; 3° à bord de navires de pêche opérant dans des zones de pêche soumises à un accord ou à une autorisation relevant de la politique commune de la pêche comportant des stipulations de nature sociale, notamment des obligations ou priorités d'embarquement de gens de mer originaires de l'Etat côtier contractant, déterminées par décret. Un arrêté du ministre chargé de la mer fixe la liste des accords et autorisations concernés ; 4° à bord de navires battant pavillon autre que français[176].
La mise à disposition de gens de mer par une entreprise de travail maritime fait l'objet des contrats suivants : 1° Un ou plusieurs contrats de mise à disposition conclus entre l'entreprise de travail maritime et l'entreprise utilisatrice dont les mentions obligatoires sont définies par arrêté du ministre chargé de la mer ; 2° Un contrat d'engagement maritime conclu entre le gens de mer et l'entreprise de travail maritime[177].
Le décret n° 2017-1119 du 29 juin 2017, relatif aux services privés de recrutement et de placement des gens de mer, a été modifié par le décret n° 2021-1477 du 10 novembre 2021. Il précise les modalités d'inscription au registre national des services privés de recrutement et de placement des gens de mer (SPRPGM), l'autorité compétente pour

[175] C. transp., art. L. 5546-1-5, modif. par Ord. n° 2021-77, 27 janvier 2021, art. 4.
[176] C. transp., art. L. 5546-1-6-I, modif. par Ord. n° 2021-77, 27 janvier 2021, art. 4.
[177] C. transp., art. L. 5546-1-6-II, modif. par Ord. n° 2021-77, 27 janvier 2021, art. 4.

la tenue de ce registre. Il détermine également l'autorité compétente auprès de laquelle la déclaration préalable en cas de recours à un SPRPGM établi hors de France doit être faite ainsi que les modalités de cette déclaration. L'autorité compétente est le préfet du lieu où est situé le siège social du service privé de recrutement et de placement des gens de mer ; lorsque le siège social du service privé de recrutement et de placement des gens de mer est situé dans un département non littoral, l'autorité compétente est le ministre chargé de la mer (art. 2). Le décret prévoit en outre des sanctions pénales en cas de non-respect des dispositions légales.

L'armateur est responsable de sa société de manning ; il doit s'assurer, par exemple, que les retenues sur les salaires, effectuées par l'entreprise de travail maritime, étaient légales et conformes aux dispositions de la loi malgache, alors qu'il était informé des irrégularités. L'entreprise de travail maritime a converti une part de la rémunération prévue en euros, sans y être habilitée[178]. La cour d'appel de Versailles, le 27 janvier 2022, a infirmé le jugement de première instance du tribunal judiciaire de Nanterre : « L'armateur justifie avoir interrogé sa société de manning, qui a confirmé que la retenue dénoncée correspondait au paiement de l'impôt sur le revenu. Au-delà, les marins ne démontrent pas que l'armateur ne s'assurait pas que la rémunération prévue par les contrats était conforme à la réglementation internationale et aux minima ITF[179] ; les marins ne démontrent pas des prélèvements illégaux »[180]. Saisi par deux marins, le tribunal de travail d'Antanarivo a rendu une décision le 20 octobre 2017, condamnant la société de manning, pour

---

178 Trib. Judiciaire Nanterre, pôle social, 11 février 2020, n° 16-10634, Fédération Nationale des syndicats de marins CGT c/ FT Marine, *DMF* 2020, n° 822, p. 212-218, obs. P. CHAUMETTE « L'armateur, responsable de sa société de manning ».

179 La Fédération Internationale des Ouvriers des Transports (*International Transport Federation, ITF*), créée en 1896, à Londres, mène campagne contre les pavillons de complaisance (*Flags of Convenience ou FOCs*) depuis 1948, Le réseau des inspecteurs syndicaux ITF s'efforce d'imposer des accords salariaux dits TCC (*Standard Agreement, Total Crew Cost Agreement*) aux navires sous « pavillon de complaisance ». ITF a conclu avec des organisations d'armateurs une convention collective internationale *International Bargaining Forum Agreement* (IBF), en 2003 - A. CHARBONNEAU, « Bilan et devenir d'une négociation collective internationale : L'action d'ITF dans le transport maritime », in *Seafarers : an international labour market in perspective - Gens de mer: un marché international du travail en perspectives*, Editorial Gomylex, Bilbao, 2016, pp. 259-284, hal-01470422.

180 CA Versailles, 6ème ch., 27 janvier 2022, n° 20/00818, *DMF* 2022, n° 844, pp. 237-248, obs. P. CHAUMETTE, « Quand des marins n'ont pas confiance dans leur société de manning ».

avoir elle-même fixé les taux de change sur les salaires payés en euros, dans un sens défavorable aux marins, jugement dont elle a fait appel.

Formalités de conclusion du contrat d'engagement maritime. - À la différence du droit commun du contrat de travail à durée indéterminée, le contrat d'engagement maritime doit obligatoirement être conclu par écrit, quelle que soit sa durée. Il n'est plus enregistré par l'administration maritime : la tutelle administrative est passée d'un contrôle préalable de légalité à un contrôle *a posteriori*, notamment de l'inspection du travail, sauf dans le cas particulier des dispositions de l'Etat d'accueil qui nécessite une déclaration préalable d'activité (C. transp., art. R. 5561-2). Précédemment, l'employeur adressait aussi une copie du contrat à l'autorité administrative compétente, l'inspecteur du travail compétent. Cette transmission le dispensait de la déclaration unique d'embauche faite à l'Urssaf, formalité prévue aux articles L. 1221-10 à L. 1221-12 du code du travail.

Le marin dispose d'un délai suffisant pour lui permettre de prendre connaissance du contrat et de demander conseil avant de le signer. Il signe le contrat et en reçoit un exemplaire avant l'embarquement (C. transp., art. L. 5542-5, mod. par Loi n° 2019-1446, 24 déc. 2019, art. 18). Ce délai n'est pas précisément défini : il doit être raisonnable ; il sera plus bref lorsque le marin connaît l'entreprise et sa fonction. L'employeur remet au salarié un ou plusieurs documents écrits contenant les informations principales relatives à la relation de travail. Un salarié qui n'a pas reçu les informations mentionnées ne peut saisir le juge compétent afin de les obtenir, qu'après avoir mis en demeure son employeur de lui communiquer les documents requis ou, le cas échéant, de compléter les documents remis (C. trav., art. L. 1221-5-1, créé par Loi n° 2019-171, 9 mars 2019, art. 19-V). Ces dispositions transposent en droit français la directive 2019/1152 du Parlement européen et du Conseil du 20 juin 2019 relative à des conditions de travail transparentes et prévisibles dans l'Union européenne. Le décret n° 2023-1004 du 30 octobre 2023, en particulier l'article 6 pour les gens de mer, porte transposition de la directive relative à des conditions de travail transparentes et prévisibles dans l'UE. Six nouveaux articles portent donc des obligations particulières en matière d'information des gens de mer. Il s'agit des articles R. 5542-1 à R.5542-6 du code des transports.

De manière générale, le décret précise notamment les principales informations relatives à la relation de travail que doit délivrer l'employeur au salarié, tant celles dues à tout salarié que celles dues aux salariés appelés à travailler à l'étranger, ainsi que les modalités d'établissement et de délivrance de celles-ci. Il définit également les modalités d'information sur les postes à pourvoir au sein de l'entreprise en contrat à durée indéterminée au salarié titulaire d'un contrat de travail à durée déterminée justifiant d'une ancienneté continue d'au moins six mois dans l'entreprise et au salarié temporaire justifiant d'une ancienneté continue d'au moins six mois dans l'entreprise utilisatrice qui en font la demande. Il modifie en cohérence la liste des informations devant être mentionnées par la déclaration unique simplifiée, permettant ainsi à cette déclaration de continuer à valoir contrat de travail pour les intermittents du spectacle, ainsi que celles remises par l'employeur aux gens de mer, en les adaptant et en précisant les modalités de leur délivrance (C. trav., art. R.1221-34 à R. 1221-41).

Information du gens de mer. - Les modalités d'application au marin de ces exigences sont déterminées par le même décret afin de tenir compte des adaptations nécessaires (C. transp., art. L. 5542-3-1, créé par Loi n° 2019-171, 9 mars 2019, art. 20). Les documents prévus à l'article L. 1221-5-1 du code du travail remis par l'employeur aux gens de mer comportent au moins les informations suivantes : 1° La date d'embauche ; 2° Le cas échéant, la durée et les conditions de la période d'essai ; 3° Le droit à la formation assuré par l'employeur, conformément à l'article L. 6321-1 du code du travail ; 4° La procédure à observer par l'employeur et le gens de mer en cas de cessation de leur relation de travail ; 5° La périodicité et la méthode de versement du salaire et de ses accessoires ; 6° Pour les gens de mer travaillant à bord des navires autres que de pêche, le nom et le numéro d'immatriculation du ou des navires à bord desquels le gens de mer s'engage à travailler ; 7° Hormis lorsque à bord des navires de pêche, la durée du travail est fixée en nombre de jours de mer (C. transp., art. L. 5544-6), la durée de travail quotidienne, hebdomadaire ou mensuelle, ou ses modalités d'aménagement sur une autre période de référence, les conditions dans lesquelles le gens de mer peut être conduit à effectuer des heures supplémentaires ou complémentaires, ainsi que, le cas échéant, toute modalité concernant les changements d'équipe en cas d'organisation du travail en équipes successives alternantes (C. transp., art. R. 5542-1). La communication des informations peut prendre la forme d'un renvoi aux dispositions législatives et réglementaires ou aux stipulations conventionnelles applicables. Les informations mentionnées sont communiquées individuellement au gens de mer au plus tard le septième jour calendaire à compter de la date d'embauche. Les autres informations sont communiquées au plus tard un mois à compter de la même date (C. transp., art. R. 5542-2). Lorsqu'une ou plusieurs des informations mentionnées doivent être modifiées, l'employeur remet au gens de mer un document indiquant ces modifications dans les plus brefs délais, et au plus tard à la date de prise d'effet de cette modification ; ces dispositions ne sont pas applicables lorsque la modification résulte exclusivement d'un changement des dispositions législatives et réglementaires ou des stipulations conventionnelles en vigueur (C. transp., art. R. 5542-3). Un arrêté ministériel fixe des modèles de document (C. transp., art. R. 5542-4). L'employeur adresse les informations mentionnées sous format papier, par tout moyen conférant date certaine. Il peut également les adresser sous format électronique, sous réserve que le salarié dispose d'un moyen d'accéder à une information sous format électronique et que les informations puissent être enregistrées et imprimées. L'employeur conserve un justificatif de la transmission ou de la réception de ces informations (C. transp. art. R. 5542-5).

Les gens de mer qui n'ont pas reçu les informations mentionnées dans les délais prévus ne peuvent saisir du litige le tribunal judiciaire ou, concernant les gens de mer autres que marins, la juridiction prud'homale, qu'à la condition d'avoir mis leur employeur en demeure de les leur communiquer ou de les compléter, et en l'absence de transmission des informations en cause par l'employeur dans un délai de sept jours calendaires à compter de la réception de la mise en demeure (C. transp., art. R. 5542-6). Le marin signe le contrat et en reçoit un exemplaire avant l'embarquement (C. transp., art. L. 5542-5, mod. par Loi n° 2019-1446 du 24 décembre 2019, art. 18).

A bord du navire, le capitaine conserve à la disposition des gens de mer et des autorités compétentes une copie de leur contrat d'engagement maritime, ainsi que les textes légaux, accords et conventions collectives qui régissent le contrat d'engagement maritime. Ces documents peuvent être tenus à disposition sous forme numérique. Le capitaine communique, également, sur demande, aux autorités administratives compétentes de l'État du pavillon ou de l'État du port tout contrat d'engagement maritime, ainsi que toutes dispositions légales et conventionnelles qui régissent ce contrat (C. transp., art. L. 5542-5-1, modifié par Loi n° 2019-1428 du 24 décembre 2019, art. 135-V). À bord des navires effectuant des voyages internationaux, le capitaine détient un exemplaire d'un contrat type, ainsi que les éléments des conventions et accords collectifs qui portent sur les matières contrôlées au titre des inspections par l'État du port, dans une ou plusieurs versions en langue étrangère, dont au moins une en anglais. A bord des navires effectuant une navigation maritime commerciale, soumis à la convention du travail maritime, 2006, de l'Organisation Internationale du Travail (OIT), le capitaine tient, le cas échéant par voie électronique, à la disposition des gens de mer, un exemplaire de l'accord conclu le 19 mai 2008 par les associations des armateurs de la Communauté européenne et la Fédération européenne des travailleurs des transports concernant cette convention (C. transp., art. L. 5542-6-1, modifié par Loi n° 2015-990 du 6 août 2015, art. 286).

Le contrat écrit doit indiquer, outre les clauses obligatoires définies par le code du travail[181], les nom et prénoms du marin, sa date et son lieu de naissance, son numéro d'identification ; le lieu et la date de la conclusion du contrat ; les nom et prénoms ou raison sociale et l'adresse de l'armateur et, le cas échéant, de l'employeur ; les fonctions qu'il exerce ; le montant des salaires et accessoires ; les droits à congés payés ou la formule utilisée pour les calculer ; les prestations en matière de protection de la santé et de sécurité sociale qui doivent être assurées au marin par l'armateur ; le droit du marin à un rapatriement ; la référence aux conventions et accords collectifs applicables ; le terme du contrat si celui-ci est conclu pour une durée déterminée (C. transp., art. L. 5542-3, mod. par Ord. n° 2020-599, 20 mai 2020, art. 1). Lorsque la rémunération consiste en tout ou partie en une part sur le produit des ventes ou sur d'autres éléments spécifiés du chiffre d'affaires, le contrat précise en outre la répartition du produit des ventes ou des éléments du chiffre d'affaires considérés entre l'armement et les marins, ainsi que la part revenant au marin, les modalités selon lesquelles le marin est informé, au moins une fois par semestre, des éléments comptables justifiant la rémunération perçue (C. transp., art. L. 5542-3-III). Ce mode de rémunération à la part de pêche concerne la pêche dite « artisanale ». Le contrat d'engagement conclu

[181] Dans le cadre du code du travail, le CDD doit obligatoirement être conclu par écrit (art. L. 1242-12). Le CDI n'est pas nécessairement écrit ; s'il est, il doit être rédigé en français (art. L. 1221-3). Sont obligatoirement rédigés par écrit avec des mentions obligatoires ; le CDI à temps partiel (art. L. 3123-6), le travail intermittent (art. L. 3123-33 à L. 3123-37), le contrat d'apprentissage (art. R. 6222-2 à R. 6222-5), le contrat de professionnalisation (art. D. 6325-1 à D. 6325-5), le contrat de travail temporaire (art. L.1251-16 et L. 1251-17).

pour accomplir un service à bord d'un navire de pêche comporte en outre le nom et le numéro d'immatriculation du ou des navires à bord duquel ou desquels le gens de mer s'engage à travailler et la date et le lieu d'embarquement, s'ils peuvent être déterminés à l'avance (C. transp., art. L. 5542-3-IV, créé par Ord. n° 2020-599, 20 mai 2020, art. 1).
Le contrat précise le délai de préavis à observer en cas de rupture par l'une des parties. Sous réserve des dispositions de l'article L. 5542-43 du code du travail, ce délai est le même pour les deux parties et ne peut être inférieur à sept jours, sauf circonstances invoquées par le marin, pour motifs d'urgence ou humanitaires, qui sont de droit (C. transp., art. L. 5542-4).
Selon la Cour de cassation, il est indifférent pour la compétence juridictionnelle que le contrat n'ait pas été établi par écrit ; il s'agit donc d'un contrat verbal, qui reste maritime et le litige relève de la compétence du tribunal d'instance, après tentative de conciliation devant l'administrateur des affaires maritimes[182] ; il s'agit maintenant du Tribunal Judiciaire. Il peut en être déduit que le contrat reste soumis aux règles du travail maritime ; la nullité du contrat disparaît comme la requalification en contrat terrestre. La Cour de cassation a admis l'accident du travail maritime mortel d'un marin embarqué irrégulièrement, ainsi que la faute inexcusable de son employeur, en retenant que lors de l'accident, le marin se trouvait placé sous la direction et le contrôle du capitaine que l'armateur s'était substitué[183].
La réalité du travail à bord prime dans l'opération de qualification juridique ; la compétence juridictionnelle, l'encadrement administratif de la relation de travail maritime, l'affiliation à l'ENIM sont des conséquences de la reconnaissance du travail à bord d'un marin, et non plus des conditions.
Est puni des peines sanctionnant le délit prévu par l'article L. 1254-2 du code du travail le fait pour l'employeur de recruter tous gens de mer sans avoir établi ou sans leur avoir transmis dans le délai prévu à l'article L. 5542-5 du code des transports un contrat de travail écrit, de recruter des gens de mer en ayant conclu un contrat de travail ne

---

182 Cass. soc. 3 nov. 2005, S^té^ Thaeron fils c/ M/Le Touze, n° 04-41.345, *Bull. civ.* V, n° 311 ; *Dr. soc.* 2006, p. 218, obs. P. CHAUMETTE.

183 Cass. civ. 2e, 15 juin 2017, navire de pêche *Vent Divin*, n° 15-24.510, *DMF* 2017, pp. 809-815, n° 795 ; *Dr. soc.* 2017, pp. 1089-1092, n° 12, obs. P. CHAUMETTE : « La faute inexcusable de l'employeur vis-à-vis d'un marin embarqué irrégulièrement ».

comportant pas les mentions prévues aux articles L. 5542-3 et L. 5542-4 du code des transports ou comportant ces mentions volontairement inexactes, de recruter des gens de mer en ayant conclu un contrat au voyage ne comportant pas, outre les mentions prévues aux articles L. 5542-3 et L. 5542-4, celles figurant à l'article L. 5542-9 du code des transports (C. transp., art. L. 5542-51).

Permis d'armement. - Tout navire battant pavillon français ainsi que les engins flottants mentionnés au présent titre doivent être titulaires de l'un des titres de navigation maritime mentionnés à l'article L. 5231-2 (C. transp., art. L. 5231-1). Les titres de navigation maritime mentionnés sont le permis d'armement et la carte de circulation. Le permis d'armement a remplacé le rôle d'équipage ; il est exigé sur tout navire utilisé pour un usage professionnel, à l'exclusion des navires de plaisance de formation. Le permis d'armement est l'acte authentique de constitution de l'armement administratif du navire. Il atteste de la conformité de l'armement du navire en matière de composition de l'équipage et de conditions d'emploi aux exigences légales. Son contenu est fixé par voie réglementaire. (C. transp., art. L. 5232-1, mod. par Ord. n° 2020-234 du 11 mars 2020, art. 1). Le contenu du permis d'armement, les différents genres de navigation ainsi que les catégories de permis d'armement correspondantes sont définis par voie réglementaire (C. transp., art. L. 5232-4). Les navires utilisés pour un usage personnel, ainsi que les navires de plaisance de formation et les engins de sport nautique définis par voie réglementaire sont munis d'une carte de circulation (C. transp., art. L. 5234-1, mod. par Ord. n° 2020-234 du 11 mars 2020, art. 1). Lorsqu'un navire de commerce effectuant des services réguliers de transport accomplit accessoirement une partie de son parcours au-delà des limites de la navigation maritime, navires dits fluviaux-maritimes, la totalité de son parcours est considérée comme maritime pour l'application des dispositions relatives au permis d'armement (C. transp. art. L. 5132-3). Tel est notamment le cas de navires participant à des travaux publics maritimes.
Le contenu du permis d'armement est fixé par le décret n° 2017-942 du 10 mai 2017, modifié par les décrets n° 2020-1004 du 6 août 2020 et n° 2023-921 du 5 octobre 2023, ainsi que les conditions de délivrance, de suspension et de retrait (C. transp., art. R. 5232-1 à R. 5232-25 ; pour les navires immatriculés au registre international français (RIF), art. R. 5611-1 à R. 5611-2). L'armement administratif d'un navire ou

autre engin flottant comprend notamment la fiche d'effectif minimal, qui est le document par lequel l'autorité maritime atteste que l'effectif du navire satisfait aux exigences des conventions internationales pertinentes selon le type de navire et des mesures nationales prises pour leur application (C. transp., art. L. 5522-2 et R. 5232-1). Le permis d'armement est délivré par le préfet (C. transp., art. R. 5232-5), après instruction par le directeur départemental des territoires et de la mer du département du port principal d'exploitation ou du port d'immatriculation du navire, dès lors que l'armement administratif du navire est complet, et que, au vu des éléments fournis par le demandeur, la composition de l'équipage et les conditions d'emploi des gens de mer ne méconnaissent pas les dispositions du livre V, notamment celles relatives à la sécurité de la navigation, à la durée du travail et aux repos. (C. transp., art. R. 5232-4, mod. par Décr. n° 2020-1004 du 6 août 2020, art. 2). Le refus, la suspension ou le retrait du permis d'armement entraîne l'interdiction d'appareiller. Tout recours contentieux contre les décisions accordant ou refusant, suspendant ou retirant un permis d'armement, doit être précédé d'un recours administratif préalable devant le préfet de région, qui statue dans le délai d'un mois à compter de la réception de la demande. Ce recours doit être présenté dans un délai de quatre mois à compter de la décision contestée (C. transp., art. R. 5232-2).

Décision d'effectifs et permis d'armement. – La demande de permis d'armement est accompagnée d'une proposition d'effectif effectuée par la personne qui souhaite armer un navire. Tout navire doit avoir à bord un effectif de marins suffisant en nombre et en niveau de qualification professionnelle pour garantir la sécurité du navire et de son personnel ainsi que le respect des dispositions relatives à la durée du travail et aux repos. Cet effectif est fixé par l'armateur s'il n'a pas été déterminé au préalable par voie d'accord entre les parties intéressées ou leurs représentants (C. transp., art. L. 5522-2, modifié par Loi n° 2019-1428, 24 décembre 2019, art. 135-V et R. 5232-4, modifié par Décret n° 2020-1004, 6 août 2020 ; pour les navires immatriculés au registre international français (RIF), art. R 5561-3). L'armement administratif d'un navire ou engin flottant comprend la fiche d'effectif minimal (C. transp., art. R. 5232-1). Le dossier est instruit par le directeur départemental des territoires et de la mer du département du port principal d'exploitation ou du port d'immatriculation du navire. Le permis d'armement est délivré par le préfet (C. transp., art. R. 5232-4 et

R. 5232-5). Pour l'immatriculation des navires au registre international français (RIF), le guichet unique, créé par le décret n° 2006-142 du 10 février 2006, qui se situe à Marseille, délivre le permis d'armement et la fiche d'effectif (C. transp., art. R. 5611-1, créé par Décret n° 2017-942 du 10 mai 2017, relatif au permis d'armement). Le recours au juge des référés administratifs est possible en vue de la suspension d'une décision douteuse de l'administration (CJA, art. L. 521-1), par exemple[184]. Il est possible à l'administration des affaires maritimes de délivrer un permis d'armement provisoire (C. transp., art. R. 5232-7, modifié par Décret n° 2023-921 du 5 octobre 2023, art. 3).
L'attestation administrative de l'effectif à bord ne dispense pas l'armateur du respect de ses obligations en matière de temps de travail et de repos et ne le protège pas du contrôle de l'inspecteur du travail (C. trav., art. R. 8111-1), ou des recours en justice du capitaine ou des marins lorsqu'ils effectuent des heures supplémentaires excessives[185]. L'inspecteur du travail participe aux réunions du comité social et économique (CSE), qui a remplacé le comité d'hygiène, de sécurité et des conditions de travail (CHSCT), et qui est consulté avant la mise en service des navires neufs et est compétent en matière d'organisation et de temps de travail. Si les conditions réelles d'exploitation du navire ne permettent pas d'assurer, au regard de la fiche d'effectif minimal, le respect des règles relatives à la sécurité de la navigation et à la durée du travail et au repos, mettent en lumière des faits de travail illégal, ou d'autres manquements graves, le préfet peut suspendre ou retirer le permis d'armement (C. transp., art. R. 5232-13 à R. 5232-16). Le préfet du département peut prononcer une amende administrative ; le directeur départemental des territoires et de la mer informe le procureur de la République (C. transp., art. 5232-17 à R. 5232-24).

Liste d'équipage. – Une liste d'équipage identifiant les gens de mer à bord de chaque navire est tenue à la disposition de toutes autorités

---

[184] TA Rouen, réf., 29 sept. 2006, SNRH, *DMF* 2006, p. 919 et s.

[185] CA Rennes, 2e ch. com., 20 févr. 2002, P. Laumaillé et CFDT, navire *Pointe du Cormoran*, *DMF* 2002, p. 433 et s. – Cass. soc., 2 esp., 30 juin 2004, Sté Navale Française, nos 02-14.361 et 02-14.591 – CA Caen, ch. réun., 17 mars 2006, DMF 2007, p. 151 et s. – Cass soc. 17 déc. 2008, navire *Capo Rosso*, Sté Someca Transport, n° 06-21.533, DMF 2009, p. 513 et s., « Une nouvelle fois un officier manquant ». – TGI Paris, 1re ch., 4 mai 2010, n° 08/10698, *DMF* 2010, n° 718, p. 833 et s., obs. P. CHAUMETTE, « Remorquage portuaire : conventions collectives étendues, repos quotidien ».

compétentes de l'État du pavillon et de l'État du port qui en font la demande. Cette liste d'équipage remplace le registre unique du personnel du code du travail (C. trav., art. L. 1221-13 à L. 1221-15). Le décret n° 20015-406 du 10 avril 2015 fixe les caractéristiques de la liste d'équipage et les modalités de tenue par le capitaine du navire, en fonction du type de navire (C. transp., art. L. 5522-3 ; Décret n° 2015-406 du 10 avril 2015, relatif aux caractéristiques et aux modalités de tenue de la liste d'équipage)[186].

Livret professionnel. – Compte tenu de la Convention 185 de l'OIT, adoptée à Genève, le 19 juin 2003, ratifiée par la France en 2004, qui s'efforce de moderniser les pièces d'identité des gens de mer, comportant des données biométriques, il est apparu nécessaire de distinguer avec soin la pièce d'identité du marin et son livret professionnel maritime, qui constate ses engagements professionnels[187]. Le livret professionnel maritime constitue le document professionnel permettant aux gens de mer de justifier de cette qualité. Il est délivré gratuitement à tout gens de mer qui en fait la demande auprès de la direction départementale des territoires et de la mer ayant procédé à son identification. En cas de perte ou de vol, l'intéressé pourra formuler une nouvelle demande de délivrance du livret auprès de la direction départementale des territoires et de la mer de son choix sur présentation d'un justificatif de perte ou de vol[188]. Le livret ne peut contenir aucune appréciation de la qualité du travail du marin, des services rendus, ni aucune indication sur ses salaires ; le marin peut faire mentionner la date du début de son contrat d'engagement (art. 2). Le livret professionnel maritime mentionne l'identité de son bénéficiaire, son numéro le cas échéant, son service d'identification, ses titres de formation professionnelle ainsi que les dates des visites d'aptitude médicale effectuées. Le livret ne dispense cependant pas son bénéficiaire de détenir et de pouvoir présenter les originaux de ses titres et de son certificat d'aptitude médicale. Le livret comporte des feuillets supplémentaires permettant à son bénéficiaire de

---

186 Le formulaire Cerfa n° 15393*01 propose un modèle de liste d'équipage d'un navire professionnel.

187 P. CHAUMETTE, « Pièce d'identité des gens de mer », vol. 14, 2008/1, Rev. Électronique Neptunus, http://www.cdmo.univ-nantes.fr/

188 Arrêté 24 janvier 2007, modifié par Arrêté 2 juillet 2014 relatif au livret professionnel maritime.

faire inscrire ses embarquements sur des navires battant pavillon étranger.

Pièce d'identité des gens de mer. – Compte tenu des implications en matière de politique commune de visas, le Conseil de l'Union européenne a autorisé, le 14 avril 2005, les États membres à ratifier la Convention OIT n° 185 sur les papiers d'identité des gens de mer (Décis. n° 2005/367, Conseil, 14 avr. 2005, JOCE n° L 136, 30 mai 2005, p. 1). Le Royaume-Uni et l'Irlande ne font pas partie de cette politique commune des visas ; le Danemark, en dépit des réserves émises quant aux règlements communautaires de droit international privé, est destinataire de cette décision. Cette Convention 185 a été amendée en 2016, afin de faciliter sa mise en œuvre, en reprenant les normes de l'Organisation de l'Aviation Civile Internationale (OACI) ; ces amendements sont entrés en vigueur le 8 juin 2017[189]. Pour obtenir cette pièce d'identité des gens de mer, les intéressés s'identifient auprès de l'autorité administrative compétente et sont enregistrés dans un traitement automatisé de données (C. transp., art. L. 5512-1). La durée de validité de la pièce d'identité des gens de mer est fixée à cinq ans, renouvelable une fois. L'armateur ne peut détenir de pièce d'identité des gens de mer employés ou travaillant à bord. Le capitaine ne peut détenir d'autre pièce d'identité des gens de mer employés ou travaillant à bord que la sienne. Par dérogation, les gens de mer, qui le sollicitent par voie écrite, peuvent confier au capitaine leur pièce d'identité des gens de mer, ainsi que tout autre document. Le capitaine restitue sans délai, en cas de rapatriement ou à la demande des gens de mer, tout document d'identité des gens de mer, confié au capitaine (C. transp., art. L. 5512-2). Un décret en Conseil d'État détermine les conditions d'application du présent chapitre, notamment les données biométriques du titulaire, un numéro d'identification personnel, les délais de délivrance de la pièce d'identité des gens de mer, les frais à acquitter pour son obtention, les voies et délais de recours en cas de refus, suspension ou retrait, le modèle du document et les informations y figurant, le droit d'accès des

---

189 P. CHAUMETTE, « La révision de la Convention n° 185 de l'OIT de 2003 relative à la Pièce d'identité des gens de mer (PIGM) », Billet mis en ligne le 26 juin 2017, https://humansea.hypotheses.org/817 – M. L. McCONNELL, "The ILO's Seafarers 'Identify Documents Convention (revised), 2003, n° 185,after more than a decade: Ahead of its time or case of good intentions gone wrong?", in P. CHAUMETTE (dir.), *Seafarers: an international labour market in perspective – Gens de mer : un marché international du travail*, Bilbao, 2016, Gomylex, pp. 285-334

titulaires aux informations à caractère personnel, les conditions de contrôle des titulaires des pièces d'identité des gens de mer, les mesures de conservation et de sécurité du traitement et d'enregistrement automatisé des données[190].

Section 4 – Durée du contrat.

Comme évoqué plus haut, le contrat d'engagement maritime, peut-être conclu au voyage, ce qui était le contrat traditionnel, devenu exceptionnel, sauf pour le convoyage de navires de plaisance, à durée déterminée, ce qui est assez récent (C. transp., art. L 5542-1 al. 2 et 3), ou à durée indéterminée. Au-delà de la durée du contrat, cela détermine les modes de rupture de ces contrats d'engagement maritime, comme des contrats de travail.

L'histoire sociale maritime paraît suivre la lente disparition des contrats d'engagement conclus au voyage, pour la durée d'une expédition maritime. Lorsque la durée du contrat n'était pas précisée par les parties, la durée du rôle d'équipage la déterminait implicitement et automatiquement. Or, le rôle d'équipage était visé et fixé pour chaque voyage, mis à part quelques dérogations. La notion de contrat à durée indéterminée n'apparaît qu'au début du XXe siècle, avec le développement de la navigation de ligne régulière et notamment les paquebots transatlantiques. L'ordonnance n° 82-267 du 25 mars 1982 a introduit, dans le code du travail maritime, le contrat à durée déterminée, adaptant au secteur maritime les mécanismes terrestres. L'Accord national interprofessionnel (ANI) du 11 janvier 2008 a été repris par la loi n° 2008-596 du 25 juin 2008, puis par l'ordonnance maritime d'adaptation n° 2009-717 du 18 juin 2009. Ces dispositions concernent la durée de la période d'essai, mais aussi le CDD à objet défini. L'ordonnance applique au contrat d'engagement maritime le droit général des licenciements et simplifie considérablement les dispositions anciennes ; elle introduit, dans le secteur maritime, la rupture conventionnelle homologuée par l'administration du travail (C. trav., art. L. 1237-11 à L. 1237-16).

---

190 C. transp., art. L. 5512-4, mod. par Ordonnance n° 2018-1125 du 12 décembre 2018, art. 24. – Décret n° 2015-1191 du 28 septembre 2015, relatif à l'identification des gens de mer, modifié par Décret n° 2020-1410 du 17 novembre 2020.

Période d'essai. - La période d'essai s'est développée dans les contrats individuels de travail, afin de tester les qualités professionnelles et relationnelles des salariés ; elle fut fréquemment encadrée par les conventions collectives de travail. Elle était ignorée tant du code du travail maritime que du code du travail, sauf en ce qui concerne les CDD (C. trav., art. L. 1242-10 et L. 1242-11) et le contrat de travail temporaire (C. trav., art. L. 1251-14 et L. 1251-15). L'Accord national interprofessionnel (ANI) du 11 janvier 2008 sur la modernisation du marché du travail et la loi n° 2008-596 du 25 juin 2008 portant modernisation du marché du travail constituent une innovation importante dans la tradition française du droit du travail du fait de l'introduction de la période d'essai dans le cadre législatif. Les partenaires sociaux ont dû prendre en compte la Convention 158 de l'OIT de 1982 sur le licenciement, ratifiée par la France en 1989[191]. Ce dispositif est adapté aux marins par l'ordonnance n° 2009-717 du 18 juin 2009 (C. transp., art. L. 5542-15 et s.)[192]. La période d'essai n'est pas obligatoire ; elle n'existe que si elle est prévue par le contrat individuel de travail ; il en est de même de son éventuel renouvellement[193]. Ne sont décomptées dans la durée de la période d'essai que les périodes de travail à bord du navire, dites d'embarquement effectif du marin. La durée maximale de la période d'essai est de : 1° de quatre mois et, en cas de renouvellement, de huit mois, pour les officiers, au sens des conventions et accords collectifs applicables dans les activités maritimes ou, à défaut de convention ou d'accord applicable, au sens du troisième alinéa de l'article L. 5511-4 du code des transports ; 2° de deux mois et, en cas de renouvellement, de quatre mois pour les autres personnels (C. transp., art. L. 5542-15). La prise en compte des seules périodes d'embarquement n'est pas une nouveauté ; elle se retrouve dans le mode de calcul de la période de préavis en cas de licenciement ; la période d'essai est comptée en mois, non en jours, en heures ou en semaines. Lorsqu'il est mis fin, par

---

[191] J. MOULY, « Une innovation ambiguë : la réglementation de l'essai », *Droit social* 2008, p. 288 et s.

[192] P. CHAUMETTE, « De la modernisation du marché du travail à la simplification du licenciement maritime. Ordonnance n° 2009-717 du 18 juin 2009 relative à l'adaptation aux personnes exerçant la profession de marin de la loi n° 2008-596 du 25 juin 2008 », AFCAN Informations, Partie I, n° 85, févr. 2010, p. 9 ; Partie II, n° 86, mai 2010, p. 8 ; *Droits Maritimes*, préc., n° 421.39.

[193] Cass. soc. 12 déc. 2018, n° 17-25.716 : le renouvellement de la période d'essai n'est pas régulier, dès lors que la mention apposée par la salariée est équivoque.

l'employeur, au contrat de travail en cours ou au terme de la période d'essai, la rupture du contrat ne prend effet qu'à l'arrivée au premier port d'escale. Le délai de prévenance est 24 heures en deçà de huit jours de présence, de 48 heures entre huit jours et un mois de présence, de deux semaines après un mois de présence, d'un mois après trois mois de présence (C. trav., art. L. 1221-25).
La rupture du contrat pendant la période d'essai par l'employeur ne peut intervenir pour un motif discriminatoire. La période d'essai permet à l'employeur d'évaluer les compétences du salarié dans son travail, notamment au regard de son expérience et de ses qualités relationnelles, et au salarié d'apprécier si les fonctions occupées lui conviennent. Cette rupture, peu formalisée, n'est pas obligatoirement motivée ; il appartient au salarié d'établir des circonstances pouvant laisser croire à une mesure discriminatoire, ou abusive, grâce à des écrits ou témoignages[194]. Si l'employeur invoque une faute commise par le salarié, il doit respecter la procédure disciplinaire, notamment l'entretien préalable, et notifié au salarié une décision de rupture (C. trav., art. L. 1131-1 et s.) nécessairement motivée. S'appliquent pendant la période d'essai les dispositions protectrices des salariés victimes d'un accident du travail ou d'une maladie professionnelle (C. transp., art. L. 5542-37-3°. – C. trav., art. L. 1226-6 à L. 1226-22)[195]. De même, le statut protecteur des représentants du personnel s'applique pendant la période d'essai[196].
Lorsqu'il est mis fin, par le salarié, à la période d'essai dans les conditions fixées à l'article L. 1221-26 du code du travail, la fin de la période d'essai prend effet, à l'issue d'un préavis de 24 heures, dans les conditions prévues à l'article L. 5542-38 du code des transports (C. transp., art. L. 5542-17). Lorsqu'il est mis fin, par l'employeur, au contrat de travail en cours ou au terme de la période d'essai, la rupture du contrat ne prend effet qu'à l'arrivée au premier port d'escale. Dans ce cas, l'employeur organise le rapatriement ou la conduite du marin (C. transp., art. L. 5542-16).

---

[194] Cass. soc. 20 nov. 2007, n° 06-42.212 – Cass. soc. 12 sept. 2018, n° 16-26.333 – J. MOULY, « La rupture de l'essai pour un motif non inhérent à la personne du salarié : fraude, abus de droit ou absence de cause réelle et sérieuse ? », *Rec. Dalloz* 2008, p. 196 et s.
[195] Cass. soc. 19 avril 1989, n° 86-44.656, Bull. civ. V, n° 295 ; *JCP* 1990. II. 21499, note J. MOULY. – Cass. soc. 25 février 1997, n° 93-40.185, Bull. civ. V, n° 80 ; *D*. 1997. 75 ; *Dr. soc.* 1997. 409, obs. C. ROY-LOUSTAUNAU.
[196] Cass. soc. 26 octobre 2005, n° 10-17.396, *RJS* 1/06, n° 63

Dans le cas d'un contrat d'engagement maritime international, soumis à la loi britannique, loi du pavillon du navire et loi d'autonomie contractuelle[197], mais exécuté en France, le Règlement 593/2008 du Parlement européen et du Conseil du 17 juin 2008 précise que la « loi d'autonomie » ne peut priver le salarié de la protection des dispositions impératives de la loi de son lieu habituel de travail ou de son dernier lieu habituel de travail (art. 8). S'impose éventuellement une méthode comparative des dispositions de la loi « d'autonomie » et des dispositions de la loi du lieu habituel de travail, ayant le même objet[198]. Si le contrat soumis à la loi britannique prévoit une période d'essai de deux mois, le code du travail français limite lui cette période à un mois pour un CDD (C. trav., art. L. 1242-10)[199].

Contrat à durée déterminée. - Le contrat d'engagement maritime peut être conclu au voyage ; il doit désigner le port, terme du voyage (C. transp., art. L.5542-9). L'ordonnance du 25 mars 1982 n'énumère pas précisément les cas de recours autorisés au contrat à durée déterminée. Le contrat d'engagement maritime à durée déterminée doit mentionner le terme du contrat (C. transp., art. L 5542-3-10°). Le contrat d'engagement peut être conclu au voyage ; il doit désigner le port, terme du voyage (C. transp., art. L. 5542-1, al. 3 et L. 5542-9). Un contrat d'engagement maritime ne peut être à durée déterminée que s'il remplit certaines conditions, certaines formalités ; en l'absence d'écrit, le contrat d'engagement maritime conclu est à durée indéterminée[200]. Les

---

[197] La loi « d'autonomie » est la loi du contrat, choisie par le contractant le plus puissant, acceptée par le contractant le plus faible ; c'est pourquoi la protection des travailleurs subordonnés et des consommateurs, impose d'autres rattachements que la seule loi « d'autonomie » contractuelle.

[198] Cass. soc. 1er février 2017, n° 15-23723, Songey Ltd, navire yacht King K, *DMF* 2017, p. 211, n. Fl. THOMAS - P. CHAUMETTE, *Droits Maritimes*, préc. n° 413.33 et 413.34.

[199] CA Aix-en-Provence, ch. 4-6, 15 mars 2024, n° 21/07186, navire M/Y Keros Island, *DMF* 2024, n° 871, pp. 721-729, n. F. JAULT-SESEKE, « Comparaison d'office des lois applicables à la rupture du contrat d'un capitaine : les dispositions applicables à la période d'essai sont impératives ». La cour d'appel considère que les dispositions du code des transports relative à la période d'essai (art. L. 5542-15) ne concernent que les contrats à durée indéterminée (CDI)

[200] Cass. soc. 16 décembre 2015, navire *Anne-Antoine II*, n° 14-24.455 – CA Montpellier, 20 mai 2015, SNCM, n° 13-07388, *DMF* 2016. n° 782, pp. 598-607, obs. P. CHAUMETTE « La requalification des contrats à durée déterminée abusifs » – CA Caen, 14 juin 2018, RG n° 17/01257, *DMF* 2018, n° 807, pp. 897-901, « Un contrat d'engagement maritime intermittent à la pêche ? » - CA Aix-en-Provence, 10 mai

dispositions des articles L. 1242-1 et L. 1242-2 du code du travail limitant les cas de recours au contrat à durée déterminée ne sont pas applicables aux engagements maritimes (C. transp., art. L. 5542-7)[201]. Cependant, en application de l'accord-cadre européen du 18 mars 1999 sur le travail à durée déterminée, mis en œuvre par la directive 1999/70/CE du 28 juin 1999, les juges doivent vérifier que l'utilisation de contrats successifs est justifiée par des raisons objectives qui s'étendent à l'existence d'éléments concrets établissant le caractère par nature temporaire de l'emploi[202].
Il ne peut être conclu de contrat au voyage pour remplacer un marin dont le contrat est suspendu par suite d'un conflit collectif de travail (C. transp., art. L. 5542-10). Cette prohibition concerne également les contrats à durée déterminée, par référence au code du travail (C. trav., art. L. 1242-6, 1°). « Il peut être recouru au contrat de travail à durée déterminée dont l'échéance est la réalisation d'un objet défini pour le recrutement d'officiers au sens des conventions et accords collectifs applicables dans les activités maritimes ou, à défaut de convention ou d'accord applicable, au sens du 3e alinéa de l'article 2 de la loi du 17 décembre 1926 portant code disciplinaire et pénal de la marine marchande. Ce contrat est régi par les dispositions de l'article 6 de la loi du 25 juin 2008 susvisée et par celles de la loi du 13 décembre 1926 susvisée, dès lors qu'elles ne sont pas contraires à cet article »[203]. Cette innovation n'a pas été codifiée au sein du code des transports ; ce CDD à objet défini est d'une durée minimale de dix-huit mois et maximale de trente-six mois.

2019, SA Réseau Mistral, n° 16-02573, *DMF* 2019, n° 817, pp. 797-804 « Absence de signature d'un contrat d'engagement maritime à durée déterminée avant l'embarquement = CDI » - CA Douai, 27 septembre 2019, Cie calaisienne de remorquage, n° 17-02478 – CA Rouen, 24 octobre 2019, n° 18-02965.

[201] Cass. soc. 4 avril 2012, nº 10-20.007.

[202] À propos du droit italien des CDD des gens de mer, CJUE, 3e ch., 3 juill. 2014, Fiamingo et a., aff. C-362/13, C-363/13 et C-407/13, *DM*F 2014, n° 761, pp. 706-713, obs. P. CHAUMETTE, « Accord collectif européen et CDD des gens de mer » - Concernant des contractuels universitaires, CJUE, 6ème ch., 8 mars 2012, aff. C-251/11, M. H. c/ UBO - Concernant des contractuels territoriaux grecs, CJUE, 7ème ch., 11 février 2021, aff. C-760/18 - F. KÉFER et V. FÉVRIER, « Le travail à durée déterminée dans la jurisprudence de la Cour de justice », *Journal de droit européen* 2020, pp. 50-57.

[203] Ord. nº 2009-717 du 18 juin 2009, relative à l'adaptation aux personnes exerçant la profession de marin de la L. nº 2008-596 du 25 juin 2008 portant modernisation du marché du travail, art. 1er.

Le contrat d'engagement maritime doit préciser sa durée, l'échéance du terme ou le port constituant la fin du voyage[204]. Le contrat conclu pour une durée déterminée peut comporter une clause prévoyant le report du terme qu'il fixe. Dans ce cas, il ne peut être reporté qu'une fois. Sous réserve des dispositions de l'article L. 5542-45 du code des transports, la durée totale du contrat, compte tenu le cas échéant du report du terme, ne peut excéder douze mois d'embarquement effectif (C. transp., art. L. 5542-8).
L'autorisation de recourir à un contrat à durée déterminée de remplacement en cas d'absence temporaire d'un salarié s'entend de son absence aussi bien de l'entreprise que de son poste habituel de travail[205]. Ces situations exceptionnelles doivent être entendues strictement. Ainsi, un marin, qui a obtenu un brevet au cours d'un contrat à durée déterminée, ne correspond pas à la dernière hypothèse citée, dans la mesure où ce contrat n'avait pas été conclu en vue de l'obtention du brevet, en supplément d'effectif[206]. Cette hypothèse ne concerne que les élèves des écoles maritimes. Il ne s'agissait pas plus d'un engagement armatorial en vue d'assurer un complément de formation professionnelle au marin, ce qui pourrait concerner tout marin, embauché à durée déterminée jusqu'à l'obtention d'un nouveau brevet.
De même, ces contrats à durée déterminée échappent à la durée maximale totale de douze mois d'embarquement effectif, ainsi qu'à l'intervalle de temps entre deux contrats, ou à la requalification en CDI, ceux mentionnés à l'article L. 5542-14 du code des transports. Sous les mêmes réserves et exclusions de l'article L. 5542-14 du code des transports, le marin a droit à l'échéance du terme du contrat au voyage ou à durée déterminée à une indemnité de fin de contrat. L'article L. 5542-46 prévoyait une indemnité de fin de contrat calculée en fonction de la rémunération du marin et de la durée du contrat. Le décret n° 83-796 du 6 septembre 1983, relatif au contrat d'engagement maritime à durée déterminée a été abrogé par la loi n° 2013-619 du 16 juillet 2013. L'article L. 5542-12 fait référence à l'indemnité de fin de contrat prévue par le code du travail, destinée à compenser la précarité (art. L. 1243-8) : cette indemnité est égale à 10 % de la rémunération totale brute versée au salarié ; elle est versée à l'issue du contrat en même temps que le dernier salaire et figure sur le bulletin de salaire correspondant.

---

[204] CA Rouen, 20 octobre 1988, *DMF* 1989, p. 717 et s.
[205] Cass. soc. 4 avril 2012, n° 10-20.007.
[206] CA Rouen, 20 octobre 1988, *DMF* 1989, p. 717 et s.

Elle est calculée sur la base du salaire réel. Une faute grave prive le marin du bénéfice de l'indemnité de fin de contrat. Ne constitue pas une faute grave le refus d'accomplir un travail incombant à une autre catégorie de personnel[207]. Le contrat d'engagement à durée déterminée cesse de plein droit à l'échéance du terme (C. transp., art. L. 5542-45). Lorsque le terme du contrat vient à échoir au cours d'un voyage, le contrat du marin prend fin à l'arrivée au premier port où le navire effectue une opération commerciale. Toutefois, si le retour du navire en France est prévu dans un délai d'un mois à compter de l'expiration du contrat de travail, celui-ci est prolongé jusqu'à l'arrivée du navire dans un port français.

Renouvellement du CDD. - Si, au terme d'un contrat à durée déterminée ou d'un contrat au voyage, un nouveau contrat est conclu avant l'expiration des congés et repos acquis par le marin au titre du contrat précédent, ce nouveau contrat est à durée indéterminée. Le marin conserve l'ancienneté qu'il avait acquise au terme du premier contrat, mais ne perçoit pas l'indemnité de fin de contrat prévue par l'article L. 1243-8 du code du travail[208]. Ces dispositions ne sont pas applicables aux contrats conclus dans les cas mentionnés à l'article L. 5542-14 du code des transports : les contrats conclus au titre des dispositions légales destinées à favoriser l'embarquement de certaines catégories de demandeurs d'emploi, ceux conclus pour assurer un complément de formation professionnelle, pour une durée et dans des conditions fixées par voie réglementaire, pour permettre au marin d'accomplir le temps de navigation nécessaire pour poursuivre ses études, passer ses examens ou obtenir son diplôme, pour remplacer un marin provisoirement absent ou dont le contrat est suspendu, pour pourvoir des emplois saisonniers, pour l'exécution de certains marchés internationaux intéressant des activités temporaires (C. transp., art. L. 5542-12).

Requalification du contrat. - Le législateur impose une requalification du contrat, une « stabilisation légale », limitant la précarité en cas de recours régulier aux services d'un marin dans le cadre de contrats à durée déterminée. « Lorsque deux ou plusieurs contrats de travail

---

[207] Cass. soc. 8 décembre 2004, navire *La Grande Hermine*, n° 03-40.025, *DMF* 2005, p. 333 et s.
[208] CA Douai, 27 septembre 2019, n° 17-02478, Cie calaisienne de remorquage.

successifs et discontinus ont lié un marin à un employeur pour au moins dix-huit mois de services, dont neuf mois d'embarquement effectif, au cours d'une période de vingt-sept mois, comptée depuis le premier embarquement, le nouveau contrat conclu entre le marin et l'employeur avant l'expiration de cette période est à durée indéterminée. L'ancienneté cumulée des services ou périodes d'embarquement est alors considérée comme équivalente à une ancienneté continue de même durée, sauf pour le calcul de l'indemnité de licenciement. Les dispositions du présent article ne sont pas applicables en cas de rupture anticipée due au fait du marin ou de non-prorogation, par le marin, d'un contrat à durée déterminée comportant une clause de report du terme » (C. transp., art. L. 5542-13). Toutefois, cette requalification du contrat ainsi que le cumul de l'ancienneté, lorsque le lien de travail devient presque permanent, ne jouent pas dans le cas des contrats énumérés par l'article L. 5542-14 du code des transports, les contrats conclus au titre des dispositions légales destinées à favoriser l'embarquement de certaines catégories de demandeurs d'emploi, ceux ayant pour objet d'assurer un complément de formation professionnelle au marin, ceux conclus pour permettre au marin d'accomplir le temps de navigation nécessaire pour poursuivre ses études, passer ses examens ou obtenir son diplôme, le contrat de remplacement d'un marin temporairement absent ou dont le contrat de travail est suspendu, ceux destinés à pourvoir des emplois à caractère saisonnier, ceux conclus pour l'exécution de marchés internationaux intéressant des activités temporaires déterminées par voie réglementaire. La cour d'appel devait rechercher si, étant engagé par divers contrats à durée déterminée successifs et discontinus sur une période de plus de trente mois, pour le compte du même armateur, le marin, ayant occupé les mêmes fonctions d'officier radio à chaque embarquement, qu'il s'agisse des remplacements ou des emplois saisonniers, n'avait pas en réalité occupé un emploi permanent au sein de la compagnie ; aussi son arrêt est-il cassé[209]. Cette recherche s'impose à la cour d'appel de renvoi. La requalification de contrats à durée déterminée, conclus pour des campagnes de pêche au thon, pêche saisonnière, en contrat à durée indéterminée, s'impose si ce contrat est intervenu pendant toute la durée d'activité de l'entreprise (durée de la campagne de pêche et préparation

[209] Cass. soc. 13 novembre 2008, Colobert c/ SNCM, n° 06-40.060, *DMF* 2009, n° 704, p. 508 et s., « Emplois permanents ou contrats saisonniers ». – V. aussi CA Montpellier, 20 mai 2015, SNCM, n° 13-07388, *DMF* 2016, n° 782, pp. 598-607, « La requalification des contrats à durée déterminée abusifs ».

du bateau) et pour occuper un poste correspondant à l'activité normale et permanente de l'entreprise[210]. La cour d'appel d'Aix-en-Provence s'est référée à la jurisprudence, qui opère une distinction selon le type de mentions manquantes (art. L. 1242-4 C. trav.). L'omission de la mention de la convention collective applicable ne peut entraîner la requalification du contrat à durée déterminée en contrat à durée indéterminée[211]. La solution est identique en cas d'omission de l'indication de la caisse de retraite et de prévoyance dont dépend le salarié (Soc. 28 février 2001, n° 98-45.096) ou encore en l'absence de mention du montant de la rémunération et de ses différentes composantes. Si la date de conclusion du contrat est absente, la date du début de l'engagement est mentionnée, de sorte que la requalification est refusée[212].

Rupture anticipée du CDD. – Par application des dispositions des articles L. 1243-1 et L. 1243-4 du code du travail, un contrat d'engagement maritime à durée déterminée peut être rompu de manière anticipée à l'initiative de l'armateur en cas de faute grave commise par le marin en respectant la procédure disciplinaire prévue aux articles L 1332-1 et suivants, et R 1332-1 et suivants, du même code.
Comme une éventuelle violation par la salariée de ses obligations, n'a pas été démontrée, de manière suffisamment importante pour rendre impossible son maintien au service de l'armateur, y compris pendant la durée du préavis, la cour d'appel considère que le licenciement ne repose pas sur une faute grave[213].

---

[210] Cass. soc. 23 septembre 2015, n° 14-16.518, *DMF* 2016, n° 781, pp. 563-570, obs. P. CHAUMETTE, « CDD saisonniers successifs et rémunération à la part de pêche ».
[211] Cass. soc. 26 octobre 1999, n° 97-42.255, Bull. civ. V, n° 399.
[212] CA Aix-en-Provence, 14 mars 2024, n° 22/13352, SMTDR.
[213] CA Aix-en-Provence, ch. 4-6, 5 février 2021, n° 17/17795, yacht Baccarat, *DMF* 2021, n° 840, pp. 915-922, « La rupture anticipée d'un contrat d'engagement à durée déterminée ».

Partie II - Exécution du contrat d'engagement

La relation de travail subordonnée est caractérisée par les conditions concrètes de travail c'est-à-dire la durée de la prestation, les périodes d'interruption du travail, souvent dénommées périodes de suspension du contrat, quand c'est le travail qui est interrompu, non le contrat, les conditions de travail, la protection de la santé et de la sécurité. Le travail des marins est en lien direct avec le navire et son activité en mer et au port. Le législateur a entendu tenir compte de cette particularité en définissant des règles adaptées concernant la durée et l'organisation du travail, mais aussi les conditions de travail et la prise en compte des conséquences d'atteinte sur leur santé et leur sécurité. En effet, le travail des marins les expose davantage à des risques professionnels que d'autres métiers. Le travail à la pêche est accidentogène[214]. Ces règles ont évolué, notamment à l'aide de la jurisprudence et se rapprochent de celles du régime général de manière à permettre aux employeurs et aux salariés d'être, dans la mesure du possible, traité de manière équivalente. C'est une avancée progressive. Elle s'organise avec une communauté maritime qui pèse les évolutions de manière à trouver la jauge permettant de tenir compte de ses particularismes, les conditions concrètes de travail et les risques particuliers, tout en se conformant à des nécessités d'équité, alors que l'économie qui structure le monde professionnel maritime ne saurait se maintenir sans l'abondement du droit social général. Marin ne peut être un métier à part, ne relevant que de règles particulières : le monde maritime est trop réduit pour produire un droit complet, complexe, entièrement autonome, comme autrefois. Mais travailler en mer sera toujours particulier, en mer, sur un flotteur, nécessitant des règles particulières.

Section I - Travail

En matière maritime, l'isolement du navire, les dangers de la navigation, la vie à bord mêlant travail et repos sur le lieu de travail ont conduit à

---

214 Les accidents du travail à la pêche ont été presque divisés par deux en 20 ans, et continuent de diminuer, mais beaucoup plus lentement.

mettre l'accent sur l'organisation du travail, la composition et la taille de l'équipage. La question des effectifs embarqués est première et détermine la durée du travail, la sécurité du navire. Celle-ci suppose la capacité de travail du marin, donc traditionnellement sa mise à terre en cas de maladie ou de blessure. Les mécanismes de suspension du contrat d'engagement n'ont été admis que tardivement, alors même que la tradition maritime impose des obligations à l'armateur vis-à-vis du marin malade ou blessé au service du navire.

§ 1 - Durée du travail

Le navire est un lieu de travail, mais aussi d'habitation, de repos et parfois de vie. Cependant les loisirs y sont assez limités ; en repos, les gens de mer ne peuvent vaquer à leurs occupations personnelles à bord, au sens terrestre (C. trav. art. L. 3121-1). La question des loisirs est traduite, pour les navigants, dans le cadre de la « division 215 Habitabilité »[215], en application de la Convention du travail maritime de 2006 de l'OIT pour les marins du commerce, sous différentes formes, en fonction du navire : les gens de mer doivent pouvoir avoir accès en dehors de leurs heures de service à un ou plusieurs emplacements sur un pont découvert ; l'employeur devra s'être assuré que les installations et services de loisirs soient adaptés aux besoins des gens de mer, les installations de loisirs doivent au minimum être équipées d'une bibliothèque et des moyens nécessaires pour lire et pour écrire et, si possible, de jeu. Pour les navires d'une jauge supérieure ou égale à 500 tjb, il faut aussi envisager de fournir gratuitement aux gens de mer : un fumoir, la possibilité de regarder la télévision et d'écouter la radio, la possibilité de regarder des films, dont le stock doit être suffisant pour la durée du voyage et, le cas échéant, être renouvelé à des intervalles raisonnables, des articles de sport, y compris du matériel de culture physique, des jeux de table et des jeux de pont ; lorsque cela est approprié, des moyens de pratiquer la natation.
Le « temps de travail » est le fait que le travailleur est contraint d'être physiquement présent au lieu déterminé par l'employeur, à la disposition de l'employeur, dans l'exercice de son activité ou de ses fonctions. Le navire fonctionne 24 heures sur 24 et 7 jours sur 7 en

---

[215] Décret n° 84-810 du 30 août 1984 relatif à la sauvegarde de la vie humaine en mer, à la prévention de la pollution, à la sûreté et à la certification sociale des navires, Annexe Division 215 Habitabilité, art. 215.15 – L'arrêté du 23 janvier 2013 a modifié l'arrêté du 23 novembre 1987 relatif à la sécurité des navires.

navigation, sauf dans les activités portuaires ou côtières. Le travail à bord est donc intensif.
A la pêche, le travail reste très physique, avec les engins de pêche et le traitement du poisson. En route vers les lieux de pêche, il faut préparer les opérations, comme les appâts dans les casiers ; en retour, les cales remplies, le poisson trié et traité, sorti des cales, le repos peut intervenir. Au commerce, il n'y a plus de soutiers chargés de fournir du charbon à la machine dans des conditions de travail humides et chaudes. La mécanisation, l'automation et la digitalisation ont transformé machine et pont, sans oublier la réduction des effectifs. C'est la charge mentale qui a pris de l'importance avec les « reportings » imposés. Il est tentant de faire confiance aux instruments, quand la veille visuelle à la passerelle doit être maintenue la nuit et dans de mauvaises conditions de navigation. Les effectifs se sont réduits et cela va se poursuivre, bien que la Convention du travail maritime de 2006 précise dans sa règle 2.7 que « Tout membre exige que tous les navires battant son pavillon soient dotés d'un nombre suffisant de gens de mer employés à bord pour assurer la sécurité et l'efficience de l'exploitation du navire, l'attention nécessaire étant accordée à la sûreté, quelles que soient les circonstances, compte tenu du souci d'éviter une trop grande fatigue aux gens de mer ainsi que de la nature et des conditions particulières du voyage ». Les durées du travail, comme les durées d'embarquement, paraissent excessives bien souvent pour ne pas avoir des effets sur la vigilance et la fatigue. Les seuils des réglementations internationales existantes font l'objet de vives critiques de la part de l'ensemble des parties prenantes, à l'exception des opinions exprimées par quelques organisations d'armateurs. La résolution A 1047(27) de l'Assemblée de l'OMI du 30 novembre 2011, définit les prescriptions applicables pour la détermination d'un *minimum safe manning document*, document sur l'effectif minimum de sécurité[216] ; il semble qu'elle ne soit pas toujours

[216] Le chapitre V de la Convention SOLAS (*Safety of Life at Sea*) de l'OMI précise que l'équipage doit être suffisant en nombre et en qualité. Cette exigence est reprise à l'article L. 5522-2 du code des transports : « I. - Tout navire est armé avec un effectif de marins suffisant en nombre et en niveau de qualification professionnelle pour garantir la sécurité et la sûreté du navire et des personnes à bord que le respect des obligations de veille, de durée de travail et de repos.
II. - La fiche d'effectif minimal désigne le document par lequel l'autorité maritime atteste que l'effectif du navire satisfait aux exigences des conventions internationales pertinentes selon le type de navire et des mesures nationales prises pour leur application. ».

respectée. Il en résulte nécessairement une sous-déclaration des heures de travail ou l'ajustement des enregistrements des heures de travail / repos, pratique courante dans le secteur du transport maritime. L'Université Maritime Mondiale (WMU) a conduit des recherches exploratoires sur la mise en œuvre du cadre réglementaire et administratif actuel sur les heures de travail et de repos[217]. Les opérations portuaires de chargement et de déchargement, préparées dès l'amont, pèsent fortement sur les équipages, ainsi que la succession de plus en plus rapide des ports d'escale. Les escales doivent être courtes. L'immobilisation du navire est un coût ! La priorité des équipages semble l'enregistrement non de la réalité, mais de la conformité à l'organisation espérée : les écarts entre la réalité et ce qui est déclaré font l'objet d'un ajustement. Les temps de repos sont ainsi sensiblement réduits ; ils constituent une variable d'ajustement fonctionnel.

La Cour d'appel de Poitiers a précisé que la fiche d'effectif minimal n'a jamais dispensé l'armateur du respect de ses obligations en matière de temps de travail et de repos. Elle rappelle que la rémunération forfaitaire constitue uniquement un des modes de rémunération d'un marin qui fixe son salaire pour un voyage, peu important sa durée effective. Elle n'exonère pas l'employeur du respect des dispositions impératives du code du travail en matière de durée du travail et de la mise en jeu de sa responsabilité en cas de violation des dispositions encadrant les temps de repos et les durées quotidienne et hebdomadaire maximales. Il en résulte donc que le marin - même payé au forfait - bénéficie de la durée légale de travail, de ses droits à majoration salariale en cas d'heures supplémentaires et des dispositions protectrices relatives à la durée maximale du travail et des temps de pause et de repos…. La cour d'appel - qui ne procède pas par une évaluation forfaitaire, et qui n'est pas tenue de préciser le détail du calcul appliqué - évalue souverainement l'importance des heures supplémentaires, réalisées par le marin, calculées sur la durée

---

Cette exigence justifie les contrôles administratifs a priori sur l'effectif à bord, les temps de travail et de repos.

[217] R. BAUMLER, Y. DE KLERCK, M. E. MANUEL & L. CARBALLO PINEIRO, “A culture of adjustment: evaluating the implementation of the current maritime regulatory framework on rest and work hours”, World Maritime University, Malmoe, 2020,
https://commons.wmu.se/cgi/viewcontent.cgi?article=1079&context=lib_reports

contractuelle des voyages et fixe en conséquence les créances salariales[218].

Sources diverses. – Compte tenu de la mobilité du navire et de son isolement, pour assurer la sécurité de la navigation, le navire doit être doté d'un équipage suffisant en qualité et en quantité, principe contenu par la convention SOLAS de l'OMI, la Convention du travail maritime de 2006 de l'OIT (C. transp., art. L 5522-2). L'effectif à bord détermine l'organisation du travail, la taille et la composition de l'équipage, la durée du travail et la fatigue. L'effectif du navire est fixé par l'armateur s'il n'a pas été déterminé au préalable par voie d'accord entre les parties intéressées ou leurs représentants. Il est soumis au visa du directeur départemental des territoires et de la mer (DDTM) qui apprécie sa conformité au regard des impératifs de sécurité et de la règlementation en matière de durée du travail, en prenant en compte l'avis du Centre de Sécurité des navires (CSN). L'armateur joint à sa demande toutes précisions de nature à justifier l'effectif soumis au visa (caractéristiques techniques du navire, indication de la navigation et du trafic effectué, qualifications de l'équipage, détail de l'organisation du travail à bord...). Si les conditions réelles d'exploitation du navire ne permettent plus d'assurer le respect des règles relatives à la sécurité de la navigation et à la durée du travail, le visa peut être retiré. Une telle décision peut alors faire l'objet d'un recours administratif devant le directeur inter-régional de la mer (DIRM) territorialement compétent.
L'intervention des congés, notamment des congés payés, détermine pour l'armateur l'effectif global nécessaire à l'exploitation du navire. Le secteur maritime relève des conventions maritimes de l'OIT, la Convention du travail maritime de 2006 (marine marchande) et la Convention 188 de 2007 sur le travail à la pêche et en droit national, mais aussi de l'évolution des dispositions législatives nationales, insérées au sein du code du travail.
Il existe des dispositions particulières pour le travail à bord des navires dans les directives européennes, la directive 2003/88 du 4 novembre 2008 comportant des dispositions spécifiques relatives à la pêche[219], et

[218] CA Poitiers, ch. soc., 8 juin 2023, n° 21/03543, obs. P. CHAUMETTE, « La souplesse des contrats de convoyage, même salariés », *Observatoire des Droits des Marins*, 15 juin 2023,
https://www.obs-droits-marins.fr/actualites.html?idArticle=628
[219] Directive n° 2003/88 du Parlement européen et du Conseil du 4 novembre 2003, concernant certains aspects de l'aménagement du temps de travail.

la directive 2009/13 du 16 février 2009 portant mise en œuvre de l'accord conclu par les Associations des armateurs de la Communauté européenne (ECSA) et la Fédération européenne des travailleurs des transports (ETF) concernant la convention du travail maritime, 2006, et modifiant la directive 1999/63[220]. La directive n° 99/95 du 13 décembre 1999 du Parlement européen et du Conseil concerne l'application des dispositions relatives à la durée du travail des gens de mer à bord des navires faisant escale dans les ports de la Communauté. La directive 2013/38 du 12 août 2013 modifie la directive 2009/16/CE relative au contrôle par l'État du port, afin de prendre en compte l'entrée en vigueur de la Convention du travail maritime de 2006 de l'OIT[221]. Les dispositions nationales réglementaires particulières sont contenues au sein du décret 2005-305 du 31 mars 2005 relatif à la durée du travail des gens de mer[222]. Les définitions du temps de travail effectif et du repos sont particulières à bord d'un navire, fondant en ce domaine la poursuite de l'autonomie partielle du droit du travail maritime, au sein du cadre général du code du travail.

Capitaine. – L'article 104 du code du travail maritime excluait le capitaine de navire de la réglementation de la durée du travail, compte tenu de sa fonction fort ancienne de mandataire commercial de l'armateur ; il ne pouvait donc bénéficier d'heures supplémentaires rémunérées en supplément, ni de repos hebdomadaire[223]. La loi n° 2006-10 du 5 janvier 2006 a étendu au capitaine l'essentiel des règles relatives à la durée du travail : « Les modalités d'application au capitaine des articles L. 5544-4 à L. 5544-10, L. 5544-12 et L. 5544-17 à L. 5544-22 sont déterminées par voie réglementaire » (C. transp., art. L. 5544-33) ; « lorsque, pour les besoins de la sécurité ou de la sûreté de la navigation maritime, le capitaine décide de déroger, en ce qui le concerne et à titre exceptionnel, aux durées maximales de travail ou aux durées minimales de repos fixées par le décret du 31 mars 2005

[220] Directive n° 2009/13 du Conseil du 16 février 2009.
[221] Directive n° 2013/38 du Parlement européen et du Conseil du 12 août 2013.
[222] Décret n° 2005-305 du 31 mars 2005, relatif à la durée du travail des gens de mer.
[223] CA Caen, ch. réunies, 17 mars 2006, Laumaillé, DMF 2007, pp. 151-153. – Cass. soc. 11 juillet 2007, M. Bossart a., n° 06-40.380, Bull. civ. V, n° 122 ; *D.* 2007, p. 2242 ; *Dr. soc.* 2007, p. 1185, obs. P. CHAUMETTE.

susvisé, il mentionne sa décision sur le journal de bord et en précise le motif. Il en informe l'armateur »[224].

Gens de mer non marins. - L'embarquement à bord de navires de personnels terrestres, en principe sédentaires, accompagnant des campagnes de recherche sur des navires océanographiques, ou techniciens de télécommunications sur des navires câbliers, a conduit à s'interroger sur le régime juridique de leur temps de travail à bord, régime terrestre ou maritime. La Cour de cassation a considéré que les dispositions maritimes leur étaient applicables pendant le temps de leur embarquement[225]. Les décrets n° 2006-1064 et n° 2006-1065 du 25 août 2006 concernaient l'organisation du travail des personnels n'exerçant pas la profession de marins embarqués à bord des navires de recherche océanographique ou halieutique et des navires câbliers. Pendant la durée de la mission, de l'embarquement, de sa préparation et de son achèvement, les dispositions réglementaires du travail maritime s'appliquent, notamment la définition des temps, la durée maximale journalière, le fractionnement possible du repos journalier, la possibilité de différer le repos hebdomadaire. Cette démarche, dans le cadre de cette activité, a été généralisée pour les gens de mer non marins ou les autres, non-gens de mer embarqués à bord. « Les règles particulières relatives à la durée du travail et au repos hebdomadaire des personnels n'exerçant pas la profession de marin et embarqués temporairement à bord d'un navire sont fixées par décret en Conseil d'État. Lorsque ces règles particulières concernent les personnels de droit privé non marins des établissements publics de recherche à caractère industriel ou commercial, ou des groupements dans lesquels les établissements publics de recherche détiennent des participations majoritaires, embarqués à bord d'un navire de recherche océanographique ou halieutique, ce décret est pris après consultation des établissements et groupements ainsi que des organisations les plus représentatives de ces

---

[224] Décret n° 2007-1843 du 26 décembre 2007, pris pour l'application des articles 25-2, 28 et 104 du code du travail maritime, art. 5. – Cass. soc. 18 janvier 2011, navire *N.D. de Rumengol*, n° 09-40.094, *Bull. civ.* V, n° 25 ; *D.* 2012, p. 901, obs. P. LOKIEC et J. PORTA ; *Dr. soc.* 2011, pp. 462-465, obs. P. CHAUMETTE ; *DMF* 2011, n° 724, p. 321 et s. – Cass. soc. 23 janvier 2013, n° 10-20.568, *Bull. civ.* V, n° 18 ; *D.* 2013, p. 369 ; *Dr. soc.* 2013, p. 287, n° 3, obs. P. CHAUMETTE ; *DMF* 2013, n° 744, p. 130 et s.

[225] Cass. soc. 18 octobre 2006, GIE Genavir, n° 04-40.493, *Bull. civ.* V, n° 315 ; *Dr. soc.* 2007, p. 109, obs. P. CHAUMETTE ; *DMF* 2007, p. 316 et s.

personnels » (C. transp., art. L. 5549-2, mod. par Loi n° 2019-1146 du 24 décembre 2019, art. 18).

Salariés travaillant sur une plateforme EMR. – Le temps de travail des salariés, non gens de mer, travaillant sur une installation ou plateforme de production d'énergie marine renouvelable (EMR), actuellement principalement des éoliennes, ont vu leur temps de travail et de repos « maritimisé », pour des motifs de cohérence de l'organisation du travail. Les salariés, qui ne sont pas gens de mer, car ne travaillant pas à bord d'un navire, effectuant des travaux ou exerçant certaines activités, dans les limites des eaux territoriales et intérieures françaises, en deçà des limites extérieures de la zone économique exclusive (ZEE) ou dans d'autres eaux en qualité de salariés d'entreprises françaises, relèvent, pour les périodes d'exercice de leurs activités en mer ou pour la totalité des périodes durant lesquelles ces salariés travaillent alternativement en mer et à terre s'ils effectuent en mer au moins la moitié de leur temps de travail, des dispositions du code des transports[226] (C. transp., art. L. 5541-1-1). Le décret n° 2016-754 du 7 juin 2016 définit les travaux et activités concernés : les travaux de construction et ceux nécessaires à l'exploitation et à l'utilisation d'îles artificielles, d'installations et d'ouvrages et de toute activité exercée sur ou à partir de ces structures y compris aux fins d'exploration, d'exploitation, de conservation et de gestion des ressources naturelles, biologiques ou non biologiques, des eaux surjacentes aux fonds marins, des fonds marins et de leur sous-sol ainsi que de toute autre activité tendant à l'exploration et à l'exploitation à des fins économiques telle que la production d'énergie à partir de l'eau, des courants et des vents. Il s'agit aussi des travaux et activités réalisés à bord ou à partir d'un navire battant pavillon français à l'exception de ceux exécutés par des salariés exclusivement à bord d'un navire à quai ou au mouillage.
Un accord d'entreprise ou d'établissement peut organiser la répartition de la durée du travail sur une période de deux semaines au plus de travail, consécutives, suivies d'une période de repos consécutive d'une durée égale à celle de la période de travail. L'accord prévoit les mesures de contrôle de la durée effective du travail à bord et de prévention de la fatigue. L'employeur de ces salariés, ou son représentant, exerce les

---

[226] L'article L. 5541-1-1 prévoit l'application des articles L. 5542-2 à L. 5544-5, L. 5544-8, L. 5544-11, L. 5544-13, L. 5544-15, L. 5544-17 à L. 5544-20 et L. 5544-23-1.

responsabilités confiées au capitaine[227]. Ces salariés, amenés à travailler à l'étranger, bénéficient du droit au rapatriement et peuvent solliciter la délivrance de la pièce d'identité des gens de mer, lorsqu'ils remplissent les conditions de nationalité ou de résidence exigées pour l'obtention de ce document[228].
Les travaux effectués à bord ou à partir de navires immatriculés au registre international français (RIF) ne sont pas concernés par ces dispositions, quoique battant pavillon français et sont traités comme les navires battant pavillon étranger. Les salariés travaillant en mer hors d'un navire ne sont pas concernés par ce dispositif de l'Etat d'accueil, qui ne s'applique qu'aux gens de mer ou autres personne travaillant occasionnellement à bord. Si ces salariés sont étrangers, ils peuvent en revanche être concernés par le dispositif du détachement pour une prestation de services dans l'UE, comme tout travailleur terrestre (C. trav., art. R. 1263-3 pour la déclaration de détachement), quand ce dispositif du détachement ne concerne pas les gens de mer[229].

Tableau de l'organisation du travail et des heures de travail. – Le capitaine dresse le tableau de service réglant l'organisation du travail à bord, lequel est visé par l'inspection du travail maritime, annexé au journal de bord, affiché dans les locaux réservés à l'équipage (Décr. n° 2005-305, 31 mars 2005, relatif à la durée du travail des gens de mer, art. 17 et 20). Un tableau, affiché dans un endroit accessible, précise l'organisation du travail et indique, pour chaque fonction, le programme du service à la mer et au port, selon un modèle normalisé en langues française et anglaise, à bord des navires RIF (C. transp., art. L. 5623-3) ; un registre, tenu à jour à bord du navire, mentionne les heures quotidiennes de travail et de repos des navigants (C. transp., art. L. 5623-4). Ce tableau de service unique est prévu par la Norme A 2.3-10 à 12 de la Convention du travail maritime de 2006 de l'OIT

[227] L'article L. 5541-1-1 renvoie à l'application des articles L. 5544-2, L. 5544-13 et L. 5544-20.
[228] Art. L. 5512-1 C. transp. : « Pour obtenir cette pièce d'identité des gens de mer, les intéressés s'identifient auprès de l'autorité administrative compétente et sont enregistrés dans un traitement automatisé de données. » L'autorité compétente est la Direction Départementale de la Mer et du Littoral (DDML) de leur résidence (Cerfa 15463*02) - P. CHAUMETTE, « Perspectives sur le droit social des gens de mer », DMF 2023, n° 863, n° sp. *Le DMF a 100 ans*, pp. 1001-1004 ; « Le personnel affecté à la gestion des éoliennes en mer », *DMF* 2024, n° 869, pp. 564-567.
[229] Directive 9n° 6/71 du 16 décembre 1996, modifié par Directive 2018/957 du 28 juin 2018 – C. Trav., art. L. 1261-1 à L. 1265-1.

pour les navires de commerce. Le tableau indique pour chaque fonction le programme du service à la mer et au port, le nombre maximal d'heures de travail et le nombre minimal de repos. Les modifications apportées à ce tableau en cours de voyage sont consignées dans le livre de bord ou annexées à celui-ci et affichées dans les locaux de l'équipage. Ce tableau peut être communiqué sur sa demande, par voie de courrier électronique, à l'inspecteur du travail « maritime » (l'agent compétent du système de l'inspection du travail, chargé du contrôle). Il est établi en français, et aussi en anglais, si nécessaire, sur les navires autres que de pêche. Un registre des heures quotidiennes de travail et de repos des marins est tenu par le capitaine de navire. Ce registre est visé initialement par l'inspecteur du travail maritime, puis au moins une fois par an, ou quand il l'estime utile. Il lui est communiqué, sur sa demande, par voie de courrier électronique, sauf impossibilité. Le marin doit recevoir et émarger une copie du registre le concernant pour les navires autres que de pêche ; sur les navires de pêche, il peut obtenir à sa demande une copie du registre le concernant (Décret n° 2005-305, 31 mars 2005, art. 18 et 20-II). Ce registre est tenu à la disposition des représentants du personnel, tel que les délégués de bord. L'arrêté ministériel du 21 décembre 2009 est relatif aux modalités d'inscription des temps de pause et de repos à bord des navires pratiquant le remorquage portuaire.

Litige relatif à la durée du travail. – « En cas de litige relatif à l'existence ou au nombre d'heures de travail effectuées, l'employeur doit fournir au juge les éléments de nature à justifier les horaires effectivement réalisés par le salarié. Au vu de ces éléments et de ceux fournis par le salarié à l'appui de sa demande, le juge forme sa conviction après avoir ordonné, en cas de besoin, toutes les mesures d'instruction qu'il estime utiles. Si le décompte des heures de travail effectuées par chaque salarié est assuré par un système d'enregistrement automatique, celui-ci doit être fiable et infalsifiable (C. trav., art. L. 3171-4). Il s'agit d'une neutralisation de la charge de la preuve, dérogeant au principe général de procédure civile selon lequel il appartient à chaque partie saisissant une juridiction de prouver les faits nécessaires au succès de ses prétentions (C. Proc. Civ., art. 9). Le salarié doit justifier ses allégations en fournissant au juge des éléments fondant ses demandes, plausibles, suffisamment précis. S'il ne le fait pas ses demandes seront rejetées. Le juge ne peut rejeter les demandes en invoquant la nature des fonctions exercées qui exclurait tout contrôle de l'employeur et conférait au salarié une grande autonomie dans l'organisation de son travail, car cela ferait peser sur le salarié la charge de la preuve. L'employeur doit aussi fournir au juge les éléments de nature à justifier les horaires effectivement réalisés par le salarié[230] ; il ne peut se contenter de contester les allégations du salarié. Dans de nombreux arrêts, la Cour de cassation rappelle qu'il incombe à l'employeur d'assurer le contrôle de la durée du travail et de répondre au salarié en produisant ses propres éléments[231]. Ces dispositions ne sont pas applicables au travail maritime, mais la durée effective du travail à bord devant apparaître sur le tableau de l'organisation du travail à bord ou sur le registre des horaires[232]. Le marin est soumis à la charge de la preuve, mais l'employeur doit justifier des heures effectuées[233]. Vis-vis d'un skipper, chargé d'un convoyage de navire, rémunéré au forfait au voyage, la cour d'appel rappelle que la rémunération forfaitaire ne dispense pas l'employeur du respect des dispositions impératives du code du travail en matière de durée du travail qu'à défaut de communication du livre de bord, resté à bord du navire, le skipper présente des éléments suffisamment précis, quand l'armateur ne fournit aucun élément ; dès lors, la cour évalue souverainement l'importance des heures supplémentaires réalisées[234]. Il en est de même à la pêche,

[230] Cass. soc. 10 mai 2001, n° 99-42.580. – Cass. soc. 20 novembre 2001, n° 00-40.578, *DMF* 2002, p. 260 et s. – Cass. Soc. 15 septembre 2021 : n°19-21607 - Cass. soc. 6 juillet 2022, n° 20-17287 : « le salarié présentait des éléments suffisamment précis pour permettre à l'employeur de répondre ; ce dernier ne produisait aucun élément de contrôle de la durée du travail ; la cour d'appel, qui a fait peser la charge de la preuve sur le seul salarié, a violé le texte susvisé » - v. Cour de cassation, Rapport *La preuve du temps de travail accompli : les heures supplémentaires et complémentaires*, février 2014, Portail droit social.

[231] Cass. soc, 28 septembre 2022, n° 21-13496, 21-13485, 20-22885, 21-15470.

[232] CA Rennes, 16 juin 1998, *DMF* 1998, p. 1201 et s. – CA Rennes, 25 février 1999, *DMF* 2000, p. 44 et s. - Cass. soc. 22 novembre 2023, n° 21-20982, Sté Sea Invest, *DMF* 2024, n° 871, pp. 699-703, n. P. CHAUMETTE, « La preuve des heures supplémentaires ».

[233] Cass. soc. 22 janvier 2025, n° 24-17726, SASU Sea Investments.

[234] CA Poitiers, ch. soc., 8 juin 2023, n° 21/03543, X c/ SARL Gulf Stream, obs. P. CHAUMETTE, « La souplesse des contrats de convoyage, même salariés », *Observatoire des Droits des Marins*, 15 juin 2023, https://www.obs-droits-marins.fr/actualites.html?idArticle=628 ; CA Aix-en-Provence, ch. 4-6, 5 avril 2014, n° 19/10944, navire Tahuata, *DMF* 2024, n° 871, pp. 704-710, n. A. CHARBONNEAU, « Décompte des heures supplémentaires : conditions de recours au forfaits en heures et régime probatoire ».

dans le cadre de la rémunération à la part, quand l'employeur ne fournit pas le tableau réglant l'organisation du travail[235].

Notion de travail effectif. – Selon la directive 88/2003 du 4 novembre 2003 constitue du temps de travail : « toute période durant laquelle le travailleur est au travail, à la disposition de l'employeur et dans l'exercice de son activité ou de ses fonctions, conformément aux législations et/ou pratiques nationales »[236]. Selon le code du travail, « La durée du travail effectif est le temps pendant lequel le salarié est à la disposition de l'employeur et se conforme à ses directives sans pouvoir vaquer librement à des occupations personnelles » (C. trav., art. L. 3121-1), ce qui permet de déterminer les temps de repos. A bord du navire, le marin ne saurait vaquer librement à ses occupations personnelles ; pourtant il existe des temps de repos à bord, distincts du travail effectif. Il est donc nécessaire d'adapter les définitions du travail effectif et du repos concernant le travail à bord. « Est considéré comme temps de travail effectif à bord le temps pendant lequel le personnel embarqué est, par suite d'un ordre donné, à la disposition du capitaine, hors des locaux qui lui servent d'habitation à bord » (C. transp., art. L. 5544-2). Par ailleurs, « Le capitaine peut exiger du marin les heures de travail nécessaires à la sécurité immédiate du navire, des personnes présentes à bord ou de la cargaison, ou en vue de porter secours à d'autres navires ou aux personnes en détresse en mer. Dans ces cas, le capitaine peut suspendre l'organisation habituelle des horaires de travail ou de repos et exiger d'un marin qu'il travaille pendant le temps nécessaire pour faire face à ces circonstances. Lorsque celles-ci ont cessé, le capitaine attribue au marin qui a accompli un tel travail, alors qu'il était en période de repos, un repos d'une durée équivalente. Les conditions dans lesquelles ce repos est pris tiennent compte des exigences de la sécurité et des nécessités de la navigation (C. transp., art. L. 5544-13). Le marin est tenu de travailler au

[235] CA Montpellier, ch. soc. 30 novembre 2022, n° 17/05980, *DMF* 2024, n° 865, pp. 139-145, obs. P. CHAUMETTE, « Rémunération à la part de pêche à Sète sous pavillon libyen ».

[236] Directive n° 2003/88 du Parlement européen et du Conseil du 4 novembre 2003, concernant certains aspects de l'aménagement du temps de travail, art. 2.

sauvetage du navire, de ses débris, des effets naufragés et de la cargaison »[237].
Sauf dans les circonstances de force majeure et les cas mentionnés aux articles L. 5542-35 et L. 5544-13, dont le capitaine est seul juge, le marin n'est pas tenu, à moins d'une convention contraire, d'accomplir un travail incombant à une catégorie de personnel autre que celle dans laquelle il est engagé (C. transp., art. L. 5542-34). Le marin est tenu de travailler au sauvetage du navire et à la récupération de ses débris, des effets naufragés et de la cargaison (C. transp., art. L. 5542-35). Le marin est tenu d'accomplir, en dehors des heures de service, le travail de mise en état de propreté de son poste d'équipage, des annexes de ce poste, de ses objets de couchage et des ustensiles de plat, sans que ce travail puisse donner lieu à allocation supplémentaire[238]. Le marin a droit de descendre à terre, en escale ou lors de séjours prolongés au mouillage, sous réserve des exigences de service ou de sécurité déterminées par le capitaine (C. transp., art. L. 5544-14).

Temps de repos. – « Est considéré comme temps de repos toute période qui n'est pas du travail » (Décr. nº 2005-305, 31 mars 2005, art. 2). Sur les lieux de pêche, ce sont les repos minima quotidiens qui sont réglementés. A bord des navires autres que de pêche, le travail est organisé sur la base de huit heures par jour (Décret nº 2005-305, 31 mars 2005, art. 3), mais ce principe n'a pas une grande consistance ; selon l'adage, « A la pêche, le poisson commande » ; une pause n'est pas pensable pendant un trait de chalut[239].

Astreinte. - La disposition relative à la période d'astreinte mentionnée aux articles L. 3121-9 à L. 3121-12, L. 3171-1 et L. 3171-3 du code du travail est applicable aux marins dans des conditions fixées par voie réglementaire (C. transp., art. L. 5544-3, mod. par L. nº 2016-1088,

---

[237] Décret nº 2005-305 du 31 mars 2005, préc., art. 5-I et 12. – Ord. nº 2004-69 du 12 juillet. 2004, portant diverses dispositions d'adaptation au droit communautaire dans le domaine des transports.
[238] C. trav. mar., art. 21 ; texte abrogé par Ord. nº 2010-1307, 28 octobre 2010 ; mais l'abrogation des dispositions mentionnées à l'article 7 de l'ordonnance ne prendra effet qu'à compter de la publication des dispositions réglementaires du code des transports, ce qui concerne l'art. 21 du code du travail maritime.
[239] G. TIRILLY et J. FORET, « Évolution du rythme activité/repos et de la vigilance subjective d'un équipage de marins pêcheurs », Communication Congrès de la Société d'Ergonomie de Langue Française (SELF), 2000, pp. 550-560, https://ergonomie-self.org/wp-content/uploads/2019/12/acte-58-self-2000.pdf

8 août 2016, art. 8-V). Il ne peut y avoir d'astreinte à bord des navires en cours de navigation ; il n'y a que du travail effectif ou du repos. Les astreintes peuvent intervenir en escale, le marin devant rester à bord ou à proximité du navire (Décr. nº 2005-305, 31 mars 2005, art. 15). Constitue une astreinte la période pendant laquelle le salarié, sans être à la disposition permanente et immédiate de l'employeur, a l'obligation de demeurer à son domicile ou à proximité afin d'être en mesure d'intervenir pour effectuer un travail au service de l'entreprise ; la durée de cette intervention est considérée comme un temps de travail effectif. Lorsque l'équipage devait intervenir en priorité, le marin devait être joignable à tout moment et en état d'intervenir pour un remorquage dans les deux heures, et parfois moins, et il disposait d'un téléphone portable pour pouvoir être contacté ; en l'état de ces constatations, la cour d'appel a pu décider que les périodes litigieuses constituaient des périodes d'astreinte[240].

Selon le code du travail, lors des astreintes, le salarié est en dehors de ses lieux de travail et n'est pas à la disposition permanente et immédiate de l'employeur[241]. Selon le décret nº 2005-305 concernant les marins, « Les astreintes peuvent intervenir en escale, le marin devant rester à bord ou à proximité du navire » (Décret nº 2005-305, 31 mars 2005, art. 15). Le décret nº 2016-1526 du 14 novembre 2016 publie les amendements à l'annexe de la Convention internationale STCW de 1978[242]. Cette annexe définit dans sa partie 5 des recommandations concernant le service de garde au port pour les navires amarrés ou au mouillage afin d'assurer la sécurité. La capitaine décide de la composition de l'équipe de garde pont et de la durée du service de garde. Le chef mécanicien, en consultation avec le capitaine s'assure du service garde machine. La partie 5 de l'annexe détaille les conditions des relèves. Quelle est ensuite la nature juridique de ces temps de garde en escale ? Sur un navire en escale, qui n'est pas en opération de chargement et de déchargement, il semble difficile que le service de

---

240 Cass. soc. 31 mai 2017, CCI de Caen, nº 15-23.313, *DMF* 2018, n° 801, pp. 317-322, « Les astreintes à terre au remorquage ».

241 C. trav., art. L. 3121-9, modifié par Loi nº 2016-1088 du 8 août 2016, relative au travail, à la modernisation du dialogue social et à la sécurisation des parcours professionnels.

242 Décret nº 2016-1526 du 14 novembre 2016, portant publication des amendements de Manille à l'annexe de la Convention internationale de 1978 sur les normes de formation des gens de mer, de délivrance des brevets et de veille [Convention STCW] et au code de formation des gens de mer, de délivrance des brevets et de veille [code STCW], adoptés le 25 juin 2010.

garde soit assimilé à une astreinte, dans la mesure où le personnel de garde ne se trouve pas en repos, et en attente, dans les locaux d'habitation. Dès lors, il semble difficile que ces temps de garde ne soient pas intégrés au tableau de service (Décret n° 2005-105, 31 mars 2005, art. 17), et ne fassent pas l'objet d'un enregistrement quotidien (Décret n° 2005-105, 31 mars 2005, art. 18), en tant que temps de travail effectif, et puissent seulement donner lieu à compensation en congé ou à compensation financière. Les astreintes en escale ne peuvent découler que de conventions ou accords collectifs ou d'accords d'entreprise ou d'établissement.

Encadrement législatif. – Au-delà des définitions spécifiques du temps de travail effectif et du repos, le cadre législatif du travail maritime est particulier : « Sauf mention contraire, les dispositions des articles L. 3111-2, L. 3121-1 à L. 3121-39, L. 3121-43, L. 3121-48 à L. 3121-52, L. 3221-63, L. 3121-67 à L. 3121-69, L. 3122-1, L. 3122-2 à L. 3122-24, et L. 3131-1 à L. 3131-3, L. 3162-1 à L. 3162-3, L. 3163-1 à L. 3163-3, L. 3164-1, L. 3171-1, L. 3171-3, L. 3171-4 et L. 4612-16 du code du travail ne sont pas applicables aux marins » (C. transp., art. L. 5544-1, mod. par Ord. n° 2017-1385 du 22 septembre 2017, art. 3). Les limites dans lesquelles des heures de travail peuvent être effectuées à bord d'un *navire autre qu'un navire de pêche* sont fixées à quatorze heures par période de vingt-quatre heures et à soixante-douze heures par période de sept jours. Une convention ou un accord collectif étendu ou une convention ou un accord d'entreprise ou d'établissement peut déterminer, le cas échéant, par type de navigation ou de catégorie de personnel, les modalités selon lesquelles il peut être dérogé aux dispositions relatives à la durée hebdomadaire et quotidienne du travail, en prévoyant notamment un aménagement et une répartition des heures de travail dans la semaine ou dans une période de temps autre que la semaine pour tenir compte de la continuité de l'activité du navire, des contraintes portuaires ou de la sauvegarde du navire en mer. Ces conventions ou accords collectifs prévoient des mesures assurant le respect en toutes circonstances de l'obligation de veille ; l'octroi de périodes de repos consécutives pour prévenir toute fatigue ; l'octroi de congés pour compenser les dérogations aux limites quotidienne et hebdomadaire ; des mesures de contrôle de la durée effective du travail à bord et de prévention de la fatigue (C. transp., art. L. 5544-4, mod. par L. n° 2016-816 du 20 juin 2016, art. 39). La convention du travail maritime de 2006 précise au Principe directeur B4.3.1-2 : « L'autorité compétente devrait veiller à ce que les directives nationales relatives à la gestion de la sécurité et de la santé au travail portent en particulier sur les points suivants : o) les effets physiques et mentaux de la fatigue ». Pour tenir compte des contraintes propres aux diverses activités maritimes, il peut être dérogé par convention ou accord collectif étendu, ou par accord collectif d'entreprise ou d'établissement, à celles des dispositions du décret prévu à l'article L. 5544-4 qui sont relatives à l'aménagement et à la répartition des horaires de travail (C. transp., art. L. 5544-5).

À bord des navires de pêche, la durée du travail peut être fixée en nombre de jours de mer par accord national professionnel ou accord de branche étendu. Cet accord prévoit les modalités de prise en compte des heures de travail effectuées à terre (C. transp., art. L. 5544-6). La durée du travail est alors calculée sur une base annuelle, dans la limite de 225 jours par an, y compris les heures de travail effectuées à terre (C. transp., art. L. 5544-7, al. 1). L'article 24 de la convention collective à la pêche professionnelle, du 17 décembre 2015, retient ainsi que travailler moins de 4 heures à terre équivaut à une demi-journée de travail en mer et au-delà à une journée. La durée du travail mentionnée à l'article L. 5544-6 est calculée sur une base annuelle, dans la limite de 225 jours par an, y compris les heures de travail effectuées à terre (article 24, conv. coll. pêche professionnelle). Il peut être dérogé à cette limite de 225 jours, dans le respect d'un plafond de 250 jours, lorsque les conditions d'exploitation des navires n'ont pas permis que tous les jours de mer donnent lieu à rémunération (C. transp., art. L. 5544-7, al. 2). Il convient d'adresser une demande motivée auprès de l'inspecteur du travail pour pouvoir déroger à la limite des 225 jours. L'employeur doit préciser les conditions d'exploitation et le régime de travail à bord du navire qui la justifient. Cette demande est accompagnée de l'avis, s'ils existent, du comité social et économique. Cette dérogation est accordée par l'inspecteur du travail pour une année civile. En cas d'urgence, l'armateur peut déroger sous sa propre responsabilité à la limite des 225 jours ; s'il n'a pas encore adressé de demande de dérogation, il doit présenter, sans délai à l'inspecteur du travail, une demande de régularisation, accompagnée des justifications et avis exigés et de toutes explications nécessaires sur les causes ayant nécessité ce dépassement sans autorisation préalable[243].

---

[243] Décret n° 2003-928 du 23 septembre 2003 pris pour l'application de l'article 25-1 du code du travail maritime, art. 1 et 2.

Lorsque la durée du travail est fixée en nombre de jours de mer, l'employeur est tenu d'établir des documents justificatifs : un document récapitulatif du nombre de jours travaillés par marin depuis le 1er janvier de l'année en cours, en précisant les heures de travail effectuées à terre, tenu constamment à jour et mis à la disposition des agents de l'inspection du travail maritime. Ce document est conservé pendant une durée d'un an ; il s'agit d'un document nominatif, récapitulant le nombre de jours travaillés depuis le 1er janvier de l'année en cours ; ce document remis mensuellement au marin peut être remplacé par une mention identique portée sur le bulletin de paie[244].
Lorsque la nature de l'activité ne permet pas de calculer la durée du travail sur une année civile, la durée du travail peut être calculée sur la moyenne de deux années consécutives. Ces activités sont définies par voie réglementaire (C. transp., art. L. 5544-7, al. 3). Il s'agit des entreprises qui pratiquent une activité de grande pêche et dont les conditions d'exploitation entraînent des cycles de travail qui ne s'équilibrent pas sur une seule année civile[245]. Lorsque le décompte de la durée du travail des marins est effectué sur deux années consécutives, en application de l'article 2 du présent décret, le document récapitulatif prévu à l'alinéa premier ci-dessus mentionne également le nombre de jours travaillés par marin depuis le 1er janvier de l'année précédente. Ce document est alors conservé pendant une durée de deux ans. Dans ce cas, le document nominatif remis mensuellement au marin mentionne également le nombre de jours travaillés depuis le 1er janvier de l'année précédente[246].

Navires immatriculés au RIF. – Le « registre international français » (RIF), registre d'immatriculation des navires, a pour objet de développer l'emploi maritime et de renforcer la sécurité et la sûreté maritimes par la promotion du pavillon français (C. transp., art. L. 5611-1). Les navires immatriculés au RIF sont soumis à l'ensemble des règles de sécurité et de sûreté maritime, de formation des navigants, de santé et de sécurité au travail et de protection de l'environnement marin, applicables en vertu de la loi française, de la réglementation européenne et des engagements internationaux de la France (C. transp., art. L. 5611-4). Le législateur organise une différenciation de traitement entre les

[244] Décret n° 2003-928 du 23 septembre 2003, art. 4, al. 1.
[245] Décret n° 2003-928 du 23 septembre 2003, art. 3.
[246] Décret n° 2003-928 du 23 septembre 2003, art. 4, al. 2.

navigants résidant en France et hors de France (C. transp. art. L. 5612-1). Elle doit se lire en réalité comme une distinction entre les navigants résidant sur le territoire européen ou dans un État partie à l'Espace économique européen et les autres, compte-tenu du principe européen d'égalité de traitement. Le Conseil constitutionnel a validé cette différenciation de traitement, dans la mesure où, selon lui, le centre de gravité des intérêts du marin se situe à son domicile[247] ; ainsi elle n'est pas discriminatoire, car justifiée. S'ils résident en France, les gens de mer sont soumis aux dispositions du Livre V du code des Transports, de la même manière que les marins sous pavillon français du premier registre (C. transp., art. L. 5612-1-I, 1°). Les dispositions relatives à la durée du travail et aux repos sont exposées ci-dessous[248].
S'ils résident hors de France, c'est-à-dire hors d'Europe, certaines dispositions générales du code des transports leur sont applicables (C. transp., art. L. 5612-1-I, 2°) : notamment à bord des navires de pêche, les durées minimales de repos leur sont applicables (C. transp., art. L. 5544-16). Le travail des gens de mer est organisé sur la base de 8 heures par jour, 48 heures par semaine et 208 heures par mois. Pour des raisons d'exploitation, il peut être organisé, dans la limite de 12 heures, sur une autre base journalière, dans des conditions fixées par conventions ou accords collectifs (C. transp., art. L. 5623-1). Chaque heure de travail effectuée au-delà de 48 heures hebdomadaires est considérée comme une heure supplémentaire. Les parties au contrat d'engagement conviennent que chaque heure supplémentaire fait l'objet soit d'un repos équivalent, soit d'une rémunération majorée d'au moins 25 %. Un mode forfaitaire de rémunération du travail supplémentaire peut être convenu par accord collectif (C. transp., art. L. 5623-2). Un tableau affiché à un endroit accessible précise l'organisation du travail et indique, pour chaque fonction, le programme du service à la mer et

---

[247] Loi n° 2005-412 du 3 mai 2005 ; Cons. Consti. 28 avril 2005, n° 2005-514 DC – P. CHAUMETTE, « Le registre international français des navires (RIF) : le particularisme maritime régénéré ? », *DMF* 2005, p. 467 et s. ; « Registre international français (RIF) », in *Droits Maritimes*, Dalloz Action, 4ème éd., 2021, n° 212.34.

[248] Le Guichet RIF évoque une durée légale de travail de 35 heures par semaine (soit 1607 heures annuelles), sur le fondement de l'article L. 5544-8 C. transp. qui renvoie aux articles L. 3121-27 et L. 3121-36 C. trav., concernant les heures supplémentaires, alors même que l'art. L. 5544-1 C. transp. exclut l'application aux marins des articles L. 3121-1 à L. 3121-39 C. trav., sauf mention contraire ; cette exclusion concerne l'art. L. 3121-27 : « La durée légale de travail effectif des salariés à temps complet est fixée à trente-cinq heures par semaine ».

au port (C. transp., art. L. 5623-3). Un registre, tenu à jour à bord du navire, mentionne les heures quotidiennes de travail et de repos des gens de mer (C. transp., art. L. 5623-4).
Les durées de repos ne peuvent être inférieures à 10 heures par période de 24 heures et 77 heures par période de sept jours ; le repos quotidien peut être fractionné en deux périodes sous réserve qu'une d'entre elles ne soit pas inférieure à 6 heures et que l'intervalle entre deux périodes consécutives n'excède pas 14 heures (C. transp., art. L. 5623-5). Les gens de mer ont droit à une journée de repos hebdomadaire. Lorsque la journée de repos hebdomadaire coïncide avec un jour férié, le repos hebdomadaire est réputé acquis. Lorsque le salarié n'a pas, pour des motifs liés à l'exploitation du navire, bénéficié de son repos hebdomadaire, les parties au contrat d'engagement conviennent que ce repos est reporté à l'issue de l'embarquement ou rémunéré comme des heures supplémentaires (C. transp., art. L. 5623-6). Le nombre de jours fériés auquel ont droit les gens de mer est fixé par convention ou accord collectif, ou à défaut par le contrat d'engagement maritime. Les jours fériés sont choisis parmi les jours de fêtes légales des pays dont les gens de mer sont ressortissants. Les parties au contrat d'engagement conviennent que chaque jour férié travaillé ou coïncidant avec la journée de repos hebdomadaire fait l'objet soit d'un repos équivalent, soit d'une rémunération majorée (C. transp., art. L. 5623-7). La durée des congés payés des gens de mer est de trois jours par mois de travail effectif (C. transp., art. L. 5623-8).

Heures supplémentaires. – L'article L. 3121-27 du code du travail qui fixe la durée légale hebdomadaire de travail : « La durée légale de travail effectif des salariés à temps complet est fixée à trente-cinq heures par semaine », ne s'applique pas aux marins (C. transp., art. L. 5544-1). La durée normale hebdomadaire de travail est donc fixée soit par les contrats d'engagement maritime, soit par les dispositions des conventions collectives de travail, ce qui détermine le début des heures supplémentaires.
Concernant les heures supplémentaires, les dispositions de l'article L. 3121-28, du 1° du I, du 2° du II et du III de l'article L. 3121-33, ainsi que des articles L. 3121-36 et L. 3121-37 du code du travail sont applicables aux marins. Sans préjudice des dispositions des articles L. 3121-63 et L. 3121-64 du même code, une convention ou un accord collectif peut prévoir l'institution de modalités forfaitaires collectives

de rémunération du travail supplémentaire (C. transp., art. L. 5544-8, modifié par L. n° 2016-1088 du 8 août 2016, art. 8-V).

Activités portuaires. - Dans celles des activités portuaires définies par voie réglementaire, dont la nature ne permet pas de fixer avec précision les périodes de travail et la répartition des heures de travail au sein de celles-ci, une convention ou un accord collectif détermine les modalités de l'organisation et de la répartition des heures de travail. La convention ou l'accord précise notamment les conditions dans lesquelles le marin peut refuser les dates et les horaires de travail qui lui sont proposés. À défaut de convention ou d'accord, ces modalités sont définies par décret en Conseil d'État (C. transp., art. L. 5544-12).

Travail à temps partiel et travail intermittent – Les dispositions relatives au travail à temps partiel et au travail intermittent des articles L. 3123-1 à L. 3123-38 du code du travail sont applicables aux marins dans des conditions fixées par décret en Conseil d'État (C. transp., art. L. 5544-10, modifié par L. n° 2016-1088 du 8 août 2016, art. 8-V). Le décret n° 95-912 du 8 août 1995 est relatif aux modalités d'application du travail maritime à temps partiel. En pratique, ces dispositions trouvent rarement à être mises en œuvre, d'autant que les cotisations forfaitaires à la journée de l'ENIM rendent impossible deux emplois sur deux demi-journées. Si le contrat d'engagement maritime prévoit une durée hebdomadaire de travail de 20 heures, sans préciser la répartition de sa durée du travail entre les jours de la semaine ou les semaines du mois, il est requalifié en contrat d'engagement à temps complet[249].

Durée quotidienne de travail. – L'organisation du travail à bord prévoit que le marin bénéficie d'un temps de pause d'une durée minimale de vingt minutes par tranche de six heures de travail effectif (C. transp., art. L. 5544-11). Les dispositions des articles L. 3131-1 et L. 3131-2 du code du travail ne sont pas applicables aux marins. La durée minimale du repos à laquelle a droit le marin est de dix heures par période de vingt-quatre heures. Le repos quotidien ne peut être scindé en plus de deux périodes. L'une de ces périodes est d'au moins six heures consécutives. L'intervalle entre deux périodes consécutives

[249] C. trav. art. L. 3123-6, 1° - CA Aix-en-Provence, ch. 4-6, 21 juin 2024, n° 20/08749, navire M/Y Sir Evan.

de repos ne peut dépasser 14 heures (C. transp., art. L. 5544-15). Une convention collective ou un accord collectif peut déroger aux dispositions du deuxième alinéa de l'article L. 5544-15, pour des activités difficilement planifiables et qui nécessitent un service continu, définies par voie réglementaire. Dans ce cas, ces conventions ou accords prévoient des mesures compensatoires, sous forme de repos ou de congés plus fréquents ou plus longs, ainsi que, le cas échéant, d'une période minimale de repos de nuit, visant à assurer aux marins un repos suffisant. Ils précisent les délais dans lesquels ces compensations interviennent (C. transp., art. L. 5544-16).

Navires autres que de pêche. – Sur les navires autres que de pêche, le décret du 31 mars 2005 a simplifié la réglementation antérieure en prévoyant un maximum de douze heures de travail par jour. Il est possible de prévoir une durée maximale de quatorze heures par jour, dans une activité cyclique de six semaines au plus, en application d'un accord ou d'une convention collective (Décret n° 2005-305 du 31 mars 2005, art. 4 et 13). Le décret prévoit les situations où la durée quotidienne de travail peut aller jusqu'à quatorze heures (Décret n° 2005-305, 31 mars 2005, art. 5 et 6). La durée minimale du repos quotidien est de dix heures par période de vingt-quatre heures. Le repos quotidien ne peut être scindé en plus de deux périodes. L'une de ces périodes doit être d'au moins six heures consécutives. Le décret prévoit des possibilités de dérogation conventionnelles, au remorquage par convention collective étendue par arrêté ministériel ; il en est de même pour les navires à passagers par accord ou convention collective (Décret n° 2005-305, 31 mars 2005, art. 10 à 12).

Navires de pêche. – Sur les lieux de pêche, ce sont les repos minima quotidiens qui sont réglementés. Sur les navires de pêche, la durée quotidienne de travail effectif peut dépasser douze heures, si sont respectées les normes de repos définies sur les lieux de pêche : un repos minimum de dix heures par période de vingt-quatre heures, dont six heures consécutives. Le temps de repos constitue sans doute un élément de sécurité essentiel qui garantit la capacité à assurer la veille et à disposer des capacités de réactions rapides dans ce milieu parfois hostile à l'activité humaine. L'intervalle entre deux périodes consécutives de repos ne peut pas dépasser quatorze heures (C. transp., art. L 5544-16). Par période de sept jours, la durée minimale des repos à bord des navires de pêche ne peut être inférieure à soixante-douze heures (Décret n° 2005-305 du 31 mars 2005, art. 19-II et 20). À la pêche, le poisson commande, jusqu'à seize heures de travail, voire davantage, selon les métiers, les techniques et l'abondance ou la rareté. Le tableau de service et le registre des heures quotidiennes de repos des marins sont établis en français, conformément à un modèle fixé par arrêté du ministre chargé des gens de mer (Décret n° 2005-305 du 31 mars 2005, art. 20-III) ; cet arrêté ministériel n'est pas intervenu, ne permettant pas la vérification formelle et la verbalisation du non-respect notamment de la pause de vingt minutes à la suite de six heures de travail. Ce tableau existe uniquement pour les mineurs lors d'une demande de dérogation (Arrêté du 29 novembre 2018 relatif au modèle de tableau de service des navires de pêche pour les jeunes travailleurs de moins de dix-huit ans). Il est relativement complexe et sert essentiellement aux demandes de dérogation au travail de nuit, auprès de l'inspection du travail.

Durée maximale annuelle et hebdomadaire de travail. – La durée totale du travail effectif du marin ne pouvait excéder 2 240 heures dans l'année sur les navires armés au long cours, au pilotage et à la plaisance et sur les bateaux et engins employés aux travaux maritimes, sur les navires de remorquage portuaire quel que soit le type de navigation, et 2 500 heures sur les navires armés au cabotage et à la navigation côtière. La dure maximale annuelle de travail a disparu en 2005. Les articles L. 3121-35 et L. 3121-36 du code du travail ne sont pas étendus aux entreprises d'armement maritime ; ils prévoient un maximum de 48 heures de travail effectif par semaine, et une moyenne maximale de 44 heures hebdomadaires sur une période de douze semaines. À bord des navires autres que de pêche, la durée maximale de travail ne doit pas dépasser soixante-douze heures par période de sept jours (Décret n° 2005-305 du 31 mars 2005, art. 7). Quand le travail est organisé en cycle, la durée maximale doit être respectée en moyenne sur le cycle ; elle ne peut dépasser quatre-vingt-quatre heures sur une période de sept jours. Dans le transport de personnes, la durée maximale de travail peut atteindre cent quarante-quatre heures par période de quatorze jours. Le décret du 31 mars 2005 ouvre le repos compensateur au-delà de 1 820 ou 2 100 heures de travail effectif par an, selon le type de navigation, sur les navires autres que de pêche (Décret n° 2005-305 du 31 mars 2005, art. 14). Le travail maritime est intensif à bord et usant ; il est parfois compensé par des repos à terre d'une durée globale équivalente ;

mais la concurrence internationale pèse fortement sur les politiques sociales des armements.

Repos hebdomadaire. - Le droit du travail maritime connaît le principe du repos hebdomadaire, lorsque l'engagement maritime est d'une durée supérieure à six jours ; la loi n° 97-1051 du 18 novembre 1997 l'a étendu au secteur de la pêche. Sur le principe, il est interdit de faire travailler un même salarié plus de six jours par semaine (C. trav., art. L. 3132-1). Le repos hebdomadaire a une durée minimale de vingt-quatre heures consécutives auxquelles s'ajoutent les heures consécutives de repos quotidien (C. trav., art. L. 3132-2). Dans l'intérêt des salariés, le repos hebdomadaire est donné le dimanche (C. trav., art. L. 3132-3, mod. par L. n° 2009-974, 10 août 2009, art. 2-V). Il convient de prendre en compte les adaptations maritimes. Une journée de repos hebdomadaire s'entend de vingt-quatre heures de repos consécutives, comptées à partir de l'heure normale où le marin doit prendre son service (C. transp., art. L. 5544-17). Le décret n° 2007-1843 du 26 décembre 2007 précise les limites du report du repos hebdomadaire. Dans les activités maritimes dont la nature ne permet pas de fixer avec précision les périodes de travail et la répartition des heures de travail au sein de celles-ci, une convention ou un accord collectif déterminent les adaptations nécessaires. Ces accords précisent notamment les conditions dans lesquelles le marin peut refuser les dates et les horaires de travail qui lui sont proposés. Ces dispositions concernent le pilotage, le lamanage et le remorquage portuaire (C. transp., art. L. 5544-18 – Décret n° 2007-1843 du 26 décembre 2007, art. 4). Dans le secteur du remorquage portuaire, deux entreprises ont contesté la validité de l'arrêté ministériel d'extension du 6 janvier 2006, des accords de branche du 2 décembre 2005 relatifs à l'aménagement et à la réduction du temps de travail. Le Conseil d'État a sursis à statuer jusqu'à ce que l'autorité judiciaire se soit prononcée sur la conformité réglementaire des accords collectifs conclus ; le tribunal d'instance de Paris a validé ces accords collectifs, et notamment la distinction de l'armement en service continu et en services discontinus, selon les fluctuations de la marée ou la discontinuité du trafic[250].

---

[250] CE 21 mai 2008, SNRH et Sormar, req. n° 291115 ; *AJDA* 2008, p. 1689, étude A. ANTOINE ; *AJDA* 2009. 521, chron. L. RICHER, S. NICINSKI et P. A. JEANNENEY ; *Dr. soc.* 2008, p. 794, concl. A. COURRÈGES – TGI Paris, 1re ch., 4 mai 2010, SNRH et SORMAR, n° 08/10698, *DMF* 2010, n° 718, p. 833 –

Repos compensateur. – Le contingent annuel d'heures de travail effectif au-delà duquel est attribué le repos compensateur prévu au second alinéa de l'article 26-1 du code du travail maritime est fixé par marin, à : a) 1 820 heures sur les navires armés au long cours, au pilotage et à la plaisance et sur les navires et engins employés aux travaux maritimes, ainsi que sur les navires de remorquage portuaire ; b) 2 100 heures sur les navires armés au cabotage et à la navigation côtière. Des accords d'entreprise peuvent modifier ces seuils, sous réserve que leurs dispositions ne conduisent pas à une situation moins favorable pour le marin (Décret n° 2005-305 du 31 mars 2005, art. 14).

Durée du travail à la pêche. – Le mode ancien de rémunération à la part de pêche est déconnecté du temps de travail, puisqu'il est lié au produit de la vente, une fois enlevés les frais communs (C. transp., art. L. 5544-34 et L. 5544-35)[251] ; pour autant, il est nécessaire d'envisager une durée maximale de travail, ainsi qu'une rémunération minimale, afin de rester sur un mode moderne d'intéressement aux résultats de l'entreprise. Les parts ne peuvent être négatives, ni trop faibles, car tout travail mérite salaire et l'attractivité salariale pour conserver les marins reste forte. Les marins salariés ne sont pas des associés intéressés aux bénéfices et aux pertes. Ce n'est qu'en 1992 que la confrontation de la rémunération à la part de pêche, avec le décompte du temps de travail, en vue du respect du Smic, est intervenue. Le juge ne pouvait qu'appliquer strictement les textes en vigueur, qu'il s'agisse du calcul des heures, du Smic ou de la rémunération des heures supplémentaires[252]. Le décompte des heures s'imposait donc, d'autant que le capitaine doit en principe tenir le tableau réglant l'organisation du travail à bord, lequel est visé par l'autorité chargée de l'inspection du

P. CHAUMETTE, « Remorquage, lamanage et pilotage. Les professions portuaires dans la modernité européenne », *Annuaire de Droit Maritime et Océanique,* t. XXI, 2013, université de Nantes, pp. 533-548.

[251] Décret n° 99-522 du 21 juin 1999, pris pour l'application de l'art. 33 du code du travail maritime et relatif aux dépenses et charges non déductibles du produit brut de la rémunération des marins, mod. par Décret n° 2009-340 du 27 mars 2009, art. 10.

[252] Cass. soc. 1er avril 1992, n° 89-20.475, *Bull. civ.* V, n° 230 ; *Dr. soc.* 1992. 665, note C. EOCHE-DUVAL ; *DMF* 1993, p. 31, note P. CHAUMETTE – CA Rennes, 16 juin 1998, *DMF* 1998, p. 1201et s. – CA Rennes, 25 février 1999, *DMF* 2000, p. 44 et s. – P. CHAUMETTE, « De la modernisation de la rémunération à la part de pêche », *Annuaire de Droit Maritime et Océanique*, t. XXXIV, 2016, université de Nantes, pp. 37-57.

travail, annexé au journal de bord, affiché dans les locaux réservés à l'équipage. Si la durée du travail effectif d'un marin n'apparaît pas de façon précise au vu du tableau annexé au journal de bord, elle doit figurer sur un registre permettant de contrôler les droits à rémunération, congés et repos acquis au titre du travail supplémentaire. Le registre est visé par l'autorité chargée de l'inspection du travail maritime, à chaque visite de partance et chaque fois qu'elle le juge utile ; il est tenu à la disposition des représentants du personnel (Décret n° 2005-305 du 31 mars 2005, art. 20).

Cependant, un calcul des heures de travail a semblé inadapté à la profession, tout comme le versement mensuel d'une rémunération garantie ; le lissage des bonnes parts et des mauvaises périodes semblait essentiel. La loi n° 97-1051 du 18 novembre 1997 a ouvert deux chantiers à la négociation collective nationale de la pêche artisanale, celui du Smic horaire et de son annualisation. La profession de la pêche artisanale a pris l'initiative d'une négociation collective nationale et conclu un accord le 6 juillet 2000, complété le 28 mars 2001 (Accord national complété le 28 mars 2001, étendu par Arr. min. 3 juill. 2003)[253]. La loi n° 2002-73 du 17 janvier 2002 de modernisation sociale a levé les derniers obstacles à la validité de cette convention collective nationale, apportant quelques spécificités à ce grand chantier, qui ne permettait des adaptations que par voie de négociation collective. Le temps de travail peut être compté en jours de mer, par le biais d'un accord national professionnel ou un accord de branche étendus, ce qui concerne toutes les activités de pêche maritime et pas seulement la pêche artisanale (C. transp., art. L. 5544-6 et L. 5544-7). Une première limite annuelle est de 225 jours de mer par an, y compris les heures de travail à terre ; selon les modes d'exploitation des navires, une seconde limite est de 250 jours de mer par an, avec l'autorisation de l'inspecteur du travail[254].

L'avenant n° 2 du 27 juin 2007 porte sur la prise des congés payés (Arr. 16 juin 2008, d'extension d'un avenant à l'accord national pêche artisanale du 28 mars 2001 (rémunération minimale garantie, RTT, frais communs) ; l'avenant du 5 février 2011, créant un revenu garanti semestriel, a lui aussi été étendu (Arr. du 27 juin 2011 d'extension d'un

[253] P. CHAUMETTE, « Une grande première à la pêche artisanale. L'accord collectif national du 6 juillet 2000 relatif à la rémunération minimale garantie, aux frais communs et à la réduction du temps de travail », *DMF* 2000, p. 1093 et s.

[254] C. transp., art. L. 5544-6 et L. 5544-7, Décret n° 2003-928 du 23 septembre 2003, pris pour l'application de l'art. 25-1 du code du travail maritime.

avenant à l'accord national pêche artisanale du 28 mars 2001 « rémunération minimale garantie, RTT, frais communs »). La convention collective nationale de la pêche professionnelle maritime de 2015, étendue par arrêté ministériel du 4 septembre 2017, fixe les modalités de calcul de la rémunération à la part, et détermine les périodes de travail retenues pour le calcul de la rémunération minimale garantie.

§ 2 - Suspension du travail.

À l'origine, le contrat d'engagement maritime, le plus souvent au voyage, ne comportait que des périodes nautiques, d'embarquement. Les marins ont bénéficié du droit aux congés payés, comme les autres salariés, à partir de 1936, à l'exclusion de ceux rémunérés à la part. Il fallut attendre l'ordonnance du 25 mars 1982, transposant au secteur maritime la généralisation de la cinquième semaine de congés payés, pour voir l'extension des congés payés aux marins pêcheurs rémunérés à la part. Cette innovation a introduit, au sein du contrat d'engagement, une période pendant laquelle le marin n'est pas à bord, ne travaille pas. L'ordonnance du 25 mars 1982 prévoyait que le contrat à durée déterminée était suspendu dans les mêmes conditions que le contrat à durée indéterminée ; la suspension ne fait pas obstacle à l'échéance du terme. Ce n'est que par la loi du 5 janvier 2006 que le congé de maternité a été introduit explicitement au sein du droit du travail maritime (L. n° 2006-10, 5 janv. 2006, relative à la sécurité et au développement des transports – C. transp., art. L. 5542-37-1, mod. par L. n° 2013- 619 du 16 juillet 2013, art. 25-V). Sont variées les situations de « suspension du contrat » où l'exécution de la prestation de travail est entravée ; pour autant, le contrat de travail n'est pas rompu. La prestation de travail n'étant pas fournie, en principe le versement de la rémunération est suspendu ; mais les congés payés sont l'exemple contraire, où le salarié est rémunéré aux fins de repos. La prolongation de la suspension de l'exécution du travail peut conduire parfois à la rupture du contrat, dans des conditions assez diverses.

Congés payés. – L'absence motivée par les congés, les blessures reçues au service du navire ou les maladies contractées ou survenues au cours de l'embarquement est sans incidence sur la continuité de l'embarquement au service de l'employeur (C. transp., art. L. 5542-40). L'ordonnance du 25 mars 1982 a étendu à tous les marins ce principe et transposé dans le secteur maritime la généralisation de la cinquième semaine de congés payés. Les marins embarqués pour servir à bord d'un navire ont droit à un congé payé à la charge de l'armateur, calculé à raison de trois jours calendaires par mois. Le temps passé dans l'attente du rapatriement et la durée du voyage ne peuvent pas être déduits des congés payés acquis par le marin. Le décompte des jours de congés est calendaire, chaque jour étant pris en compte, qu'il soit ouvrable ou non. La prise de congés ne peut être remplacée par une indemnité compensatrice, sauf si la relation de travail est arrivée à son terme (C. transp., art. L. 5544-23). Une convention ou un accord collectif de branche étendu peut prévoir de regrouper des droits à congés légaux et conventionnels du marin avec d'autres repos compensatoires légaux et conventionnels sur une période de référence qui ne peut être supérieure à une année. La convention ou l'accord collectif établissant ce dispositif dénommé « repos-congés » précise les modalités de sa mise en œuvre (C. transp., art. L. 5544-23-1).

« Pour les marins rémunérés à la part au sens de l'article L. 5544-35 du code des transports, une convention ou un accord de branche étendu peut décider d'imputer la charge qui résulte des congés payés sur les frais communs du navire[255]. L'indemnité de congés payés de ces marins est calculée sur la base d'un montant forfaitaire identique pour l'ensemble des membres de l'équipage. Le contrat de travail en définit les modalités de calcul et de versement » (C. transp., art. L. 5544-24). Cette possibilité d'imputation sur les frais communs était prévue contractuellement par l'ordonnance du 25 mars 1982 ; elle fut supprimée par la loi n° 97-1051 du 18 novembre 1997, puis rétablie par la loi n° 2002-73 du 17 janvier 2002, dite de modernisation sociale, dans le cadre d'une convention ou d'un accord de branche étendu, ce qui est directement lié à la clé de répartition entre l'armement et l'équipage[256]. Le 6 juillet 2000, un accord collectif national a été conclu pour la première fois à la pêche artisanale ; il s'est efforcé de compter le temps de travail en jours de mer, de fixer une rémunération annuelle

---

[255] Les frais communs, ce sont des dépenses professionnelles qui peuvent être soustraites du résultat brut afin d'obtenir la masse partageable entre l'armement et l'équipage (C. transp. art. L. 5544-40).

[256] Si la rémunération consiste totalement ou partiellement en une part sur le produit des ventes ou sur d'autres éléments du chiffre d'affaires, le contrat d'engagement maritime doit indiquer la répartition du produit ou des éléments considérés entre l'armement et les marins, ainsi que la part revenant au marin concerné (C. transp. art. L. 5542-3-II, 1°). Le marin est informé, au moins une fois par semestre, des éléments comptables justifiant la rémunération perçue.

minimale et de régler le sort des congés payés[257]. Cet accord national fut révisé le 28 mars 2001 et a fait l'objet d'un arrêté d'extension le 3 juillet 2003 (Arr. d'extension, 3 juill. 2003). L'avenant n° 2 du 27 juin 2007 porte sur la prise des congés payés, imputés dans les frais communs, qui ne sont plus calculés sur la base des salaires forfaitaires de la quatrième catégorie, mais de la septième catégorie (Arr. 16 juin 2008, d'extension d'un avenant à l'accord national pêche artisanale du 28 mars 2001 (rémunération minimale garantie, RTT, frais communs) – soit 68,25 €, au 1er avr. 2018 ; Arr. 21 mars 2018) ; l'avenant du 5 février 2011, créant un revenu garanti semestriel, a lui aussi été étendu (Arr. 27 juin 2011, d'extension d'un avenant à l'accord national pêche artisanale du 28 mars 2001 « rémunération minimale garantie, RTT, frais communs). La convention collective nationale de la pêche professionnelle maritime du 21 décembre 2015, étendue par arrêté ministériel du 4 septembre 2017, a repris ces dispositions dans ses articles 24 à 29.
Des pratiques abusives se poursuivent. Le patron pêcheur embarqué ne saurait avoir des congés payés supérieurs aux membres de l'équipage, financés sur le produit net de la pêche sans être liés à ses embarquements ; il ne peut que prendre des congés supplémentaires rémunérés sur la part armement. Les congés payés de l'équipage ne peuvent être financés par les seules parts de l'équipage[258]. Le patron pêcheur ne saurait conserver une part équipage, et les congés payés y afférents, quand il est à terre, même pour gérer l'entreprise[259]. De tels abus usuels ruineraient l'avenir de la rémunération à la part de pêche. « L'indemnité de congés payés des marins rémunérés à la part est calculée sur la base d'un montant forfaitaire identique pour l'ensemble des membres de l'équipage. Le contrat d'engagement doit en définir les modalités de calcul et de versement » (C. transp., art. L. 5544-24). Il est difficile d'appliquer la règle du 1/10 de la rémunération brute annuelle dans un système de rémunération aléatoire ; la règle de calcul doit être commune, l'assiette doit être précisément identifiée ; cela ne conduit pas nécessairement à des rémunérations d'un montant uniforme (Circ.

257 P. CHAUMETTE, « De la modernisation de la rémunération à la part de pêche », *Annuaire de Droit Maritime et Océanique*, t. XXXIV, 2016, université de Nantes, pp. 37-57.
258 TI Quimper, 30 décembre 2002.
259 CA Douai, 1re ch., 16 décembre 2002, navire *Le Digor III,* RG n° 01/04217.

min. GM3-32, 7 mars 2005). Le contrat d'engagement peut se référer aux salaires forfaitaires de la septième catégorie de navigation[260].

Maternité et adoption. – Le code du travail maritime ignorait la maternité, comme l'adoption, sans doute en raison de ses origines militaires, donc masculines. Il n'a pas semblé utile au législateur de le compléter, même lorsque les agents du service général furent assimilés aux marins, à la suite de la suppression de l'inscription maritime en 1965. La prohibition du travail des femmes en couches, pendant huit semaines au total avant ou après leur accouchement, et dans les six semaines suivant leur délivrance, ainsi que les pénalités sont insérées au sein du code du travail (C. trav., art. L. 1225-29 et R. 1227-6)[261]. Le congé d'adoption n'était pas explicitement ouvert aux marins. À l'inverse, le congé parental d'éducation est applicable dans les entreprises d'armement maritime, compte tenu des adaptations nécessaires, prises par décret en Conseil d'État (C. transp., art. L. 5542-37, 2°). La loi n° 84-4 du 3 janvier 1984 a organisé le congé sabbatique et le congé de création d'entreprise, applicables expressément aux marins[262].
La loi n° 2006-10 du 5 janvier 2006 a introduit le congé de maternité au sein du droit du travail maritime de manière à la fois implicite et explicite. Le congé de maternité est étendu également aux élèves des écoles de marine marchande (C. éduc., art. L. 421-1 et L. 757-1 ; mod. par la L. n° 2006-10 du 5 janvier 2006, relative à la sécurité et au développement des transports). « Les modalités d'application à la femme marin enceinte du chapitre V du titre II du livre II de la première partie du code du travail, notamment en cas d'impossibilité d'être affectée temporairement dans un emploi à terre, sont déterminées par décret en Conseil d'État, en tenant compte des adaptations nécessaires » (C. transp., art. L. 5542-37-1). Il en résulte que le congé de maternité du code du travail s'applique aux femmes marins enceintes, mais aussi

---

[260] CA Rennes, 5e ch., 6 mars 2007, J. Y. Le Bouil c/ J.-M. Marmignon, navire *Trouz ar Por*, RG n° 06/03886.
[261] Cass. soc. 4 septembre 2024, n° 22-16129, « l'employeur avait manqué à son obligation de faire bénéficier la salariée d'un suivi médical et d'une visite de reprise à la suite de son congé de maternité ; ce seul constat ouvre droit à réparation ».
[262] C. transp., art. L. 5544-25, modifié par Loi n° 2016-1088 du 8 août 2016, art. 9. – C. trav., art. L. 3142-105 à L. 3142-124, mod. par Loi n° 2016-1088 du 8 août 2016 – art. D. 3242-65 à D. 3142-76, créé par Décret n° 2016-1555 du 18 novembre 2016, art. 3.

que la période prénatale de grossesse est spécifique. La femme marin enceinte n'est pas déclarée systématiquement inapte à la navigation par le médecin des gens de mer. Il est tenu compte de la volonté de la femme marin enceinte. L'état de grossesse donne lieu à une évaluation d'aptitude tenant compte notamment des conditions de travail et d'éloignement[263].

Lorsque la femme marin enceinte est déclarée inapte à la navigation, souvent en raison des vibrations et de l'instabilité du navire, il convient donc d'envisager son reclassement provisoire dans un emploi à terre. À défaut, la femme marin enceinte doit bénéficier d'une garantie de rémunération, pendant la suspension du contrat d'engagement maritime, composée d'une allocation à la charge de l'ENIM et d'une indemnité complémentaire à la charge de l'employeur. Une prestation extralégale, pour les femmes marins enceintes déclarées temporairement inaptes à la navigation en raison de leur état de grossesse, avait été mise en place (Circ. ENIM, 12 juin 2008, relative à l'assurance maternité et paternité dans le régime de sécurité sociale des marins) ; depuis le 1er janvier 2016, une garantie de rémunération composée d'une allocation journalière, servie par le régime spécial de sécurité sociale des marins, et d'une indemnité complémentaire à la charge de l'employeur, est prévue[264]. Le décret n° 2024-651 du 1er juillet 2024 est relatif au rachat des périodes d'inaptitude temporaire à la navigation, intervenues avant le 1er janvier 2016, des femmes marins enceintes ; il permet aux assurées sociales de l'ENIM, déclarées temporairement inaptes à la navigation, en raison de leur grossesse, de racheter des cotisations vieillesse, correspondant aux périodes concernées, qui conditionnent la prise en compte, pour la pension de retraite, des périodes d'inaptitude, sans reclassement à terre.

Aujourd'hui, le montant cumulé de l'allocation journalière et de l'indemnité complémentaire est égal à au moins 90 % du salaire forfaitaire du dernier embarquement[265]. L'allocation ENIM, 50 % du

[263] Annexe I point 18 du décret n° 2015-1575 du 3 décembre 2015 relatif à la santé et à l'aptitude médicale à la navigation.

[264] Décret n° 2015-1202 du 29 septembre 2015, relatif à l'indemnisation de la femme enceinte exerçant la profession de marin ne pouvant bénéficier d'un reclassement à terre – Instruction ENIM du 27 juillet 2019 concernant les prestations du régime spécial de sécurité sociale des marins liées à l'accueil de l'enfant.

[265] Dans le cadre de l'ENIM, les salaires forfaitaires servent de base au calcul des contributions des armateurs, des cotisations et des pensions des marins du commerce, de la plaisance, de la pêche et des cultures marines.

salaire forfaitaire, est également versée à la femme marin enceinte non salariée ne pouvant plus poursuivre son activité en raison de l'inaptitude temporaire à la navigation, à condition, pour elle, de n'exercer aucune activité professionnelle rémunérée à terre.

Congé de paternité. - La loi de financement de la sécurité sociale pour 2002 avait institué un congé de paternité de onze ou quatorze jours, au bénéfice du père salarié (L. n° 2001-1246 du 21 déc. 2001, art. 55-I) ; la loi n° 2020 -1576 du 14 décembre 2020, de financement de la sécurité sociale pour 2021, a modifié et allongé ce congé paternité ou d'accueil d'un jeune enfant (art. 73). Après la naissance de l'enfant, le père salarié ainsi que, le cas échéant, le conjoint ou concubin salarié de la mère ou la personne salariée liée à elle par un pacte civil de solidarité bénéficient d'un congé de paternité et d'accueil de l'enfant de vingt-cinq jours calendaires ou de trente-deux jours calendaires en cas de naissances multiples. Le congé de paternité et d'accueil de l'enfant entraîne la suspension du contrat de travail. Ce congé est composé d'une période de quatre jours calendaires consécutifs, faisant immédiatement suite au congé de naissance (C. Trav., art. L. 3142-1-3°) et d'une période de vingt et un jours calendaires, portée à vingt-huit jours calendaires en cas de naissances multiples.

Le délai de prévenance de l'employeur quant à la date prévisionnelle de l'accouchement et aux dates de prise du congé et à la durée de la ou des périodes de congés, le délai dans lequel les jours de congé doivent être pris, ainsi que les modalités de fractionnement de la période de congé de vingt et un jours et de vingt-huit jours, sont fixés par décret. Le délai de prévenance relatif à la date prévisionnelle de l'accouchement et celui relatif aux dates de prise du ou des congés de la seconde période de vingt et un jours ou de vingt-huit jours ainsi qu'à la durée de ces congés doivent être compris entre quinze jours et deux mois. Lorsque l'état de santé de l'enfant nécessite son hospitalisation immédiate après la naissance dans une unité de soins spécialisée définie par arrêté des ministres chargés de la santé et de la sécurité sociale, la période de congé de quatre jours consécutifs mentionnée au troisième alinéa est prolongée de droit, à la demande du salarié, pendant la période d'hospitalisation, dans la limite d'une durée maximale déterminée par décret (C. trav., art. L. 1225-35 – CSS, art. L. 331-8 et D. 331-3). L'article L. 5553-3 du code des transports précise que les périodes de perception d'une indemnité journalière de sécurité sociale pour congé de paternité et d'accueil de l'enfant donnent lieu, de la part des

bénéficiaires, au versement de la cotisation personnelle assise sur le montant de cette indemnité.
Il est interdit d'employer le salarié pendant le congé de naissance et pendant la période de congé de paternité et d'accueil de l'enfant de quatre jours calendaires consécutifs, faisant immédiatement suite au congé de naissance, à l'exception de sa prolongation éventuelle en cas d'hospitalisation immédiate de l'enfant et sans qu'y fasse, le cas échéant, obstacle le non-respect par le salarié du délai de prévenance mentionné. Si la naissance de l'enfant intervient alors que le salarié a pris des congés payés ou un congé pour évènements familiaux, l'interdiction d'emploi débute à l'issue de cette période de congés. L'interdiction d'emploi ne s'applique pas pour le congé de paternité et d'accueil de l'enfant, lorsque le salarié ne peut pas bénéficier des indemnités et allocations versées par les caisses de sécurité sociale (C. trav., art. L. 1225-35-1). A l'issue du congé de paternité et d'accueil de l'enfant, le salarié retrouve son précédent emploi ou un emploi similaire assorti d'une rémunération au moins équivalente (C. trav., art. L. 1235-36).

Congé d'adoption. - Le salarié à qui l'autorité administrative ou tout organisme désigné par voie réglementaire confie un enfant en vue de son adoption a le droit de bénéficier d'un congé d'adoption d'une durée de seize semaines au plus à dater de l'arrivée de l'enfant au foyer. Ce congé peut précéder de sept jours consécutifs, au plus, l'arrivée de l'enfant au foyer. Le congé d'adoption est porté à dix-huit semaines lorsque l'adoption porte à trois ou plus le nombre d'enfants dont le salarié ou le foyer assume la charge et vingt-deux semaines en cas d'adoptions multiples (C. trav., art. L. 1225-37, mod. par Loi n° 2020-1576, 14 déc. 2020, art. 73). Le congé d'adoption suspend le contrat de travail. Pendant la suspension, les parents salariés bénéficient de la protection contre le licenciement prévue aux articles L. 1225-4 et L. 1225-5. L'application de ces articles ne fait pas obstacle à l'échéance du contrat de travail à durée déterminée (C. trav., art. L. 1225-38). Lorsque la durée du congé d'adoption est répartie entre les deux parents, l'adoption d'un enfant par un couple de parents salariés ouvre droit à vingt-cinq jours supplémentaires de congé d'adoption ou à trente-deux jours en cas d'adoptions multiples. La durée du congé ne peut être fractionnée qu'en deux périodes, dont la plus courte est au moins égale à vingt-cinq jours. Ces deux périodes peuvent être simultanées (C. trav., art. L. 1225-40). A l'issue du congé d'adoption, le salarié retrouve son précédent emploi ou un emploi similaire assorti d'une rémunération au moins équivalente (C. trav., art. L. 1225-43).

Maladie et accident. - À l'origine, le contrat d'engagement maritime était au voyage, et prenait fin par le débarquement régulier du marin à terre, nécessité par une maladie ou une blessure, selon l'article 93 du code du travail maritime. La loi du 18 mai 1977, en définissant la notion de licenciement, a étendu la « suspension du contrat » à tous les marins liés par un contrat à durée indéterminée, justifiant d'une ancienneté des services continus d'au moins un an, chez le même armateur, dont six mois d'embarquement effectif et continu. Le principe de protection de la santé, l'interdiction de toute discrimination liée à l'état de santé du salarié, sauf avis d'inaptitude du médecin du travail, semblaient imposer la suspension du contrat, au moins provisoirement (C. trav., art. L. 1132-1 et L. 1133-3 - C. pén., art. 225-1 et 225-3-2). L'évolution jurisprudentielle a étendu aux marins les dispositions relatives aux salariés victimes d'accident du travail et de maladie professionnelle : dans le silence du législateur, la loi nouvelle s'applique aux marins, sauf dispositions spécifiques prévues, notamment par le code du travail maritime, ou adaptations précisées au livre VII du code du travail[266]. La loi n° 97-1051 du 18 novembre 1997 a supprimé la référence à la mise à terre du marin, nécessitée par une blessure ou une maladie, au sein de l'article 93 du code du travail maritime. L'absence motivée par les congés, les blessures reçues au service du navire ou les maladies contractées ou survenues au cours de l'embarquement est sans incidence sur la continuité de l'embarquement au service de l'employeur (C. transp., art. L. 5542-40).

Obligations armatoriales. - Le marin est soigné aux frais de l'employeur, lorsqu'il est blessé au service du navire ou tombe malade pendant le cours de son embarquement, ou lorsqu'il est établi que la maladie a été contractée au service du navire. Ces obligations de l'armateur concernent tant des accidents que des maladies. Le marin blessé doit, sauf cas de force majeure, en faire la déclaration au capitaine au plus tard lorsqu'il quitte le service au cours duquel il a été blessé. En cas de décès du marin, les frais funéraires, y compris le rapatriement du corps et de ses effets personnels, sont à la charge de

---

[266] Cass., ass. plén., 7 mars 1997, *DMF* 1997, p. 377, concl. Y. CHAUVY ; *JCP* 1997. II. 22863 ; *Dr. soc.* 1997, p. 424 et s.

l'employeur (C. transp., art. L. 5542-21). Tout accident du travail, lésion ou maladie professionnelle survenu à bord fait l'objet d'un enregistrement et d'une déclaration du capitaine (C. transp., art. L. 5542-21-1). Tout accident du travail ou maladie en cours de navigation doit donner lieu à une déclaration par l'employeur, le patron ou le capitaine, aux services de l'ENIM, lors du débarquement du marin (Décret-loi du 17 juin 1938, art. 9 et 22, modifié par Décret du 5 mars 2003 et par l'Ordonnance n° 2010-1307 du 28 octobre 2010, art. 2). Un certificat médical est joint à ce rapport. Cette déclaration est le seul document dans le dossier social du marin, portant description des faits par le capitaine, le patron ou l'armateur. Elle ne doit pas être en contradiction avec le journal de bord et/ou le rapport de mer. La déclaration prend la forme d'un rapport de blessure, maladie ou décès appelé « rapport détaillé » et établi sur l'imprimé RPM 102, qui doit être rédigé avec précision (position du navire, occupation du marin au moment de l'événement, témoins). La déclaration est effectuée depuis le site web de l'ENIM. Si l'employeur a des doutes sur le lieu et le temps de survenance de l'événement, sur ses causes, selon lui, étrangères au travail, il exprime ses réserves dans le formulaire RPM 102. En cas d'accident du travail maritime, un questionnaire sur les circonstances de l'accident du travail maritime (QCATM) doit obligatoirement être joint à la déclaration. Ce questionnaire sera l'appui des analyses produites par l'Institut de Prévention (IMP). Le RPM 111 est remis à la victime d'un accident du travail maritime par l'employeur, dès lors qu'il a établi le rapport de blessure, maladie ou décès sur l'imprimé RPM 102 et qu'il n'y a pas porté de réserves. Elle doit être présentée aux prescripteurs de soins médicaux médecin, hôpital, auxiliaires médicaux, pharmacien, biologiste, chaque fois qu'une ordonnance est exécutée. Le marin bénéficiera du tiers payant et de la gratuité des soins, dans la limite des tarifs conventionnels. En cas de disparition en mer, un procès-verbal de disparition doit être joint au rapport détaillé.

Les soins à donner au marin cessent d'être dus par l'employeur lorsque la blessure est consolidée ou lorsque l'état du malade, après la phase aiguë, a pris un caractère chronique. Les frais d'expertise sont supportés par l'employeur si le marin a reconnu avoir encore besoin de soins et par le marin dans le cas contraire (C. transp., art. L. 5542-22). Tout marin blessé ou malade est hospitalisé au premier port touché, si son état le justifie, sur décision médicale, aux frais de l'employeur (C. transp., art. L. 5542-23). L'employeur peut, au cours du traitement,

désigner un médecin chargé de le renseigner sur l'état du marin (C. transp., art. L. 5542-24). Le marin débarqué malade ou blessé hors de la métropole a droit au bénéfice des dispositions de l'article L. 5542-24 si, après son rapatriement et après visite du médecin désigné par l'autorité compétente de l'État, il est reconnu qu'il a encore besoin de soins (C. transp., art. L. 5542-25).
Le salaire du marin lui est maintenu pendant tout le temps où il a droit à la prise en charge de ses soins par l'employeur. La période durant laquelle son salaire lui est maintenu ne peut dépasser quatre mois à compter du jour où il a été laissé à terre (C. transp., art. L. 5542-26). Le décret n° 87-42 du 28 janvier 1987 organise l'intervention de l'ENIM, dès la fin du premier mois de l'arrêt de travail (Décret n° 87-42, 28 janv. 1987, modifiant le décret du 17 juin 1938 relatif à la réorganisation et à l'unification du régime d'assurance des marins, art. 3). Les dispositions des articles L. 5542-21 à L. 5542-27 ne sont pas applicables si la maladie ou la blessure résulte d'une faute intentionnelle du marin. Dans ce cas, le capitaine est tenu de faire soigner le marin. Le marin qui se trouve dans les conditions définies par le premier alinéa perd son droit au maintien de son salaire à partir du jour où il a dû cesser son travail. Il est nourri jusqu'à son débarquement (C. transp., art. L. 5542-28). Le décret n° 98-1046 du 18 novembre 1998 a précisé l'exemption qui concerne le marin propriétaire pour la totalité d'un bateau d'une longueur hors tout inférieure ou égale à 25 mètres, armé à la petite pêche, à la pêche côtière, à la pêche au large, aux cultures marines ou à la navigation côtière. Il est exonéré dès le jour du débarquement de toutes charges autres que le rapatriement à l'égard des marins blessés ou malades appartenant à l'équipage du bateau sur lequel il est lui-même embarqué[267].
La prise en charge par l'armateur (PECA) est une spécificité du régime de l'ENIM, qui estime qu'environ 40% des événements, qui dépendent du contexte d'embarquement du marin victime, donnent lieu à exonération. Elle représente probablement 2 millions d'euros par année, quand les prestations accident du travail – maladie professionnelle coûtent 57 millions à l'ENIM, mais sont financés par le Régime général de sécurité sociale des travailleurs salariés (RGSSTS), et non par la filière maritime. Depuis la loi de financement de la sécurité sociale (LFSS) pour 2018, la contribution d'équilibre versée par le

---

[267] Décret n° 98-1046 du 18 novembre 1998, modifiant le décret-loi du 17 juin 1938 portant réorganisation et unification du régime d'assurance des marins, art. 3-1 et 6.

régime général distingue les dépenses maladie, maternité, invalidité, décès, équilibrées par la CNAMTS dans le cadre de la protection maladie universelle, des dépenses au titre des AT-MP. L'ENIM établit un compte AT-MP depuis l'exercice 2015. Cette mutualisation est critiquée, car peu incitative à une meilleure prévention, mais il semble difficile d'en transférer le coût aux entreprises maritimes par le biais d'une cotisation patronale accident du travail-maladie professionnelle (ATMP) en sus de la prise en charge par l'armateur (PECA). Le rapport du groupe de travail, présidé par M. Philippe LAFFON, remis le 18 novembre 2021, met l'accent sur la faible représentation des partenaires sociaux au sein du conseil d'administration de l'ENIM, sur la faiblesse du financement des actions de prévention dans le cadre du Plan de santé au travail maritime ; il faudrait quintupler l'effort de 500 000 euros à près de 3 millions d'euros, notamment par la création d'un service de prévention des risques professionnels au sein de l'ENIM, par le recrutement de 20 préventeurs, installés en outre-mer et en Méditerranée[268]. Il a été demandé à l'Institut Maritime de Prévention de Lorient[269] de former ces préventeurs recrutés par l'ENIM.

Accident du travail et maladie professionnelle. – Lorsque le marin est blessé au service du navire ou tombe malade pendant le cours de son embarquement ou après que le navire a quitté le port où le marin a embarqué, il est tenu, sauf cas de force majeure, d'en faire la déclaration au capitaine au plus tard lorsqu'il quitte le service au cours duquel il a été blessé (C. transp., art. L. 5542-21). Tout accident du travail, lésion ou maladie professionnelle, survenu à bord fait l'objet d'un enregistrement et d'une déclaration du capitaine (C. transp.,

[268] Groupe de travail, présidé par Ph. LAFFON, IGAS, « Introduction d'une logique de branche dans le régime accidents du travail - maladie professionnelles des marins », 18 novembre 2021, 52p., https://travail-emploi.gouv.fr/actualites/presse/communiques-de-presse/article/remise-du-rapport-sur-l-introduction-d-une-logique-de-branche-dans-le-regime - D. VLOËBERG-LAIR, « La sécurité sociale des marins : faut-il vraiment désarmer l'Établissement national des invalides de la Marine (ENIM) ? », *La Revue Maritime*, IFM, n° 521, novembre 2021, pp. 54-66 - P. CHAUMETTE, « Une branche ATMP en vue à l'ENIM ? *DMF* février 2022, n° 843, pp. 99-108.

[269] Créé en 1992, l'Institut Maritime de Prévention (IMP) est une association, loi de 1901, administrée par un conseil paritaire, composé de représentants d'employeur et de marins. Il assure une mission générale de prévention des risques professionnels ; il est financé par l'ENIM, les régions Bretagne et Normandie notamment. https://www.institutmaritimedeprevention.fr/accueil

art. L. 5542-21-1). Les conditions d'application aux entreprises d'armement maritime des dispositions relatives aux salariés victimes d'un accident du travail ou d'une maladie professionnelle sont fixées, compte tenu des adaptations nécessaires, par décret en Conseil d'État (C. transp., art. L. 5542-37, 3° – C. trav., art. L. 1226-6 à L. 1226-22). Le contrat de travail est suspendu jusqu'à consolidation des blessures et réalisation de la visite médicale de reprise du travail. Une visite médicale avant reprise de la navigation est obligatoire pour les gens de mer après tout arrêt de travail, quelle que soit sa durée, pour accident de travail ou maladie professionnelle. Les gens de mer doivent satisfaire à cette visite au terme de l'arrêt de travail et au plus tard dans les huit jours suivant la reprise effective de la navigation (art. 12, Décret n° 2017-1575, 3 décembre 2015, relatif à la santé et à l'aptitude médicale à la navigation). Outre le certificat d'aptitude médicale à la navigation, le médecin des gens de mer établit une fiche d'aptitude médicale, lorsqu'il formule des propositions d'aménagement ou de transformation de poste ou de restriction de l'aptitude. Il remet la fiche au marin et en transmet un exemplaire à l'employeur (art. 18).
En cas d'inaptitude, l'employeur doit s'efforcer de reclasser le salarié dans un poste de travail compatible avec son état de santé, aussi semblable que possible à l'ancien poste occupé. En cas de licenciement, une indemnité équivalente à l'indemnité compensatrice de préavis est due, ainsi que l'indemnité de licenciement, dont le minimum légal est doublé. En cas d'irrégularité, le salarié a droit à des dommages et intérêts équivalent au minimum à douze mois de salaire. En cas d'impossibilité de reclassement, le licenciement peut intervenir dans un délai d'un mois à compter de l'examen médical de reprise du travail[270]. Ces dispositions sont applicables en cas d'inaptitude du marin constatée par le médecin des gens de mer (art. 20-II, Décret n° 2017-1575 du 3 décembre 2015). Il n'appartient pas à l'employeur de limiter ses propositions de reclassement en fonction de la volonté présumée du

---

[270] Cass. soc. 10 mars 2009, Cobrecaf c/ Capitaine, n° 08-40.033, *Bull. civ.* V, n° 68 ; *DMF* 2009, pp. 593-598, « De l'inaptitude à la navigation sans origine professionnelle » ; *Dr. soc.* 2009. 744, n° 6, obs. P. CHAUMETTE – Cass. soc. 20 mai 2009, SNCM, n° 07-42.425. – Cass. soc. 10 novembre 2009, Sté Thaeron Fils, n° 08-43.498 – CA Aix-en-Provence, 18e ch., 21 juin 2011, n° 10/19122, *DMF* 2012, n° 736, pp. 453-459, « Du reclassement d'un marin partiellement inapte à la navigation ». – P.-Y. VERKINDT, La réparation du risque professionnel par le retour dans l'emploi, Regards 2017/1. 99-109, n° 51, https://www.cairn.info/revue-regards-2017-1-page-99.htm

salarié, sous prétexte d'anticiper un éventuel refus. Le reclassement du salarié, déclaré inapte par le médecin du travail, doit être recherché parmi les emplois disponibles dans l'entreprise. Le reclassement doit être recherché non seulement dans l'établissement, mais aussi au sein de l'entreprise ou dans le groupe[271]. Lorsque l'employeur a proposé un emploi conforme à un salarié déclaré inapte, l'obligation de recherche de reclassement est réputée satisfaite et il appartient au salarié de démontrer que cette proposition n'a pas été faite loyalement[272].

Droit de grève. – La licéité du droit de grève a longtemps été discutée dans le secteur maritime, en raison de son antinomie avec la sécurité de la navigation et la discipline imposée par le code disciplinaire et pénal de la marine marchande. La Cour de cassation avait admis l'illicéité de la grève des marins en 1912[273]. Le droit de grève est un droit constitutionnel, depuis le Préambule de la Constitution de 1946. Il n'est plus possible de le confondre avec une désobéissance individuelle, ni avec une désobéissance collective, pouvant constituer un trouble manifeste à l'ordre public. Le titre II du livre V de l'ancien code du travail relatif aux conflits collectifs de travail, devenu livre V de la partie II (C. trav., art. L. 2511-1 à L. 2511-2), est applicable aux marins, dans des conditions fixées par décret en Conseil d'État (C. transp., art. L. 5543-4). Toutefois, l'exercice normal du droit de grève ne peut mettre en danger la sécurité du navire, des passagers ou de la cargaison. Il convient d'assurer les services de sécurité, la veille à la passerelle, l'entretien des machines, ce qui rend difficile une grève en mer. Le mouillage d'un navire à l'entrée du port de Dunkerque, par une partie de l'équipage en grève contre son désarmement, après occupation de la passerelle et exclusion du commandant de bord, fut qualifié d'occupation illicite des lieux de travail et ainsi couvert par l'amnistie des infractions commises lors d'actions syndicales[274]. Lorsque les armements participent au fonctionnement d'un service public, un préavis syndical, de cinq jours francs, doit précéder le déclenchement

---

[271] C. trav., art. L. 1226-2 et L. 1226-10, mod. par Ord. n° 2017-1387 du 22 septembre 2017 – Cass. soc. 27 septembre 2017, n° 16-19.998 – Cass. soc. 8 février 2023, n° 21-11356.
[272] Cass. soc. 4 septembre 2024, n° 22-24.005, Sté Eiffage énergie systèmes – Clemessy.
[273] Cass. crim. 3 août 1912, DP 1913, p. 498 ; S. 1914. I. 495.
[274] T. corr. Dunkerque, 5 mai 1989, ferry *Saint-Germain*.

de l'arrêt de travail collectif (C. trav., art. L. 2512-2)[275]. Ce préavis doit être déposé par une organisation syndicale représentative, compte tenu de l'ampleur du mouvement envisagé par écrit, motivé ; le délai de préavis est destiné à faciliter des négociations collectives. L'envoi de préavis de grève successifs pour le même motif ne caractérise aucun trouble manifestement illicite en l'absence de dispositions légales l'interdisant et à défaut de manquement à l'obligation de négocier[276].

La grève ne rompt pas le contrat de travail, sauf faute lourde imputable au salarié. Tout licenciement prononcé, en l'absence de faute lourde, en raison de l'exercice licite du droit de grève est nul de plein droit (C. trav., art. L. 2511-1). Il est interdit de recourir à des emplois temporaires, de recruter des marins en contrats à durée déterminée, pour remplacer des navigants grévistes (C. trav., art. L. 1242-6), même si le code des transports ne vise que les contrats au voyage (C. transp., art. L. 5542-10). Ces dispositions se retrouvent dans la loi créant le registre international français, RIF (C. transp., art. L. 5622-4). Le concept de faute lourde est inconnu du code des transports, dans les dispositions relatives à la collectivité du bord (C. transp., art. L. 5531-1 à L. 5531-18) et de l'ordonnance n° 2012-1218 du 2 novembre 2012 portant réforme pénale en matière maritime, qui a remplacé le code pénal et disciplinaire de la marine marchande, qui ne distingue que les fautes disciplinaires légères ou graves, les infractions pénales maritimes[277]. Les entreprises d'armement maritime sont soumises aux dispositions du code du travail régissant les procédures de règlement des conflits collectifs du travail : conciliation, médiation et arbitrage

---

[275] Sur le contrôle judiciaire du préavis syndical : CA Paris, 27 janvier 1988, D. 1998, p. 351, note J.-Cl. JAVILLIER ; Dr. soc. 1988, p. 242, note J.-E. RAY. – Cass. soc. 2 juin 1992, Zaluski c/ Sté Ipem Hom, n° 90-41.368, Bull. civ. V, n° 356 ; *Grands Arrêts du Droit du Travail*, GADT, 4e éd., 2008, Dalloz, n° 193 ; Dr. soc. 1992, p. 696, 1re esp., rapp. Ph WAQUET, note J.-E. RAY. – Cass. soc. 23 octobre 2007, syndicats CGT, UGICT-CGT, SNTU-CFDT, FO, SUD, CFTC, UNSA et SL c/ Régie des Transports Marseillais, n° 06-17.802, D. 2008, p. 662, obs. B. INES, note A. BUGADA – Cass. soc. 20 octobre 2011, n° 10-14.347.

[276] Cass. soc. 25 janvier 2012, Syndicat CGT des Marins de Marseille c/ Sté SNCM, n° 10-26.237, Bull. civ. V, n° 18 ; D. 2012, p. 368 ; Dr. soc. 2012, n° 4, p. 433, obs. P. CHAUMETTE ; DMF 2013n ° 746, p. 326 – Antérieurement : Cass. soc. 12 mars 2008, RATP, n° 08-18.494, AJDI 2009, p. 817 ; JCP S 2008. 1242 – Cass soc. 30 janvier 2008, RATP, n° 06-21.781.

[277] P. CHAUMETTE, « Modernisation du droit pénal professionnel maritime. Ordonnance n° 2012-1218 du 2 novembre 2012 portant réforme pénale en matière maritime », Dr. soc. 2013n n° 1, pp. 33-36.

(C. trav., art. L. 2521-1 à L. 2521-2). Le décret n° 85-1246 du 4 novembre 1985 a prévu des dispositions particulières, notamment l'exercice par le directeur régional des affaires maritimes des attributions dévolues au directeur régional du travail et de l'emploi ; les conflits collectifs de travail concernant les personnels navigants qui n'ont pas été soumis à la procédure conventionnelle de conciliation prévue à l'article L. 523-1, alinéa 2 (art. abrogé en 2007), peuvent être portés devant le chef du quartier des affaires maritimes en vue d'une conciliation. A défaut de solution, ils peuvent être portés devant une commission nationale ou régionale de conciliation (C. trav., anc. art. R. 742-7, non abrogé).

§ 3 - Conditions de travail.

La sécurité, l'amélioration des conditions de travail à bord relèvent d'abord de l'habitabilité du navire et de la sauvegarde de la vie humaine en mer, c'est-à-dire de l'incorporation au droit français des conventions de l'OMI, SOLAS (Safety of Life at Sea), MARPOL, pour la prévention de la pollution par les navires et STCW, concernant les brevets maritimes et la veille. Le droit de l'Union européenne a développé une politique commune de la sécurité maritime à partir de 1993, qui s'est déployée fortement à la suite des naufrages des pétroliers Erika et Prestige en décembre 1999 et en décembre 2002. La sécurité maritime est devenue une compétence externe exclusive de l'Union, en raison d'une compétence interne affirmée par l'article 100, al. 2 du traité sur le fonctionnement de l'Union européenne (TFUE)[278], même si l'UE ne peut l'exercer que par l'intermédiaire des États membres et de leurs administrations, n'étant pas un État membre de l'OMI[279]. « Les mesures d'entretien destinées à assurer la sécurité à bord des navires et la prévention de la pollution par les navires sont fixées par voie réglementaire » (C. transp., art. L. 5241-2). Il s'agit essentiellement du décret d'application n° 84-810 du 30 août 1984, dont les annexes sont régulièrement modifiées. Tout navire est armé avec un effectif de marins suffisant en nombre et en niveau de qualification professionnelle pour garantir la sécurité et la sûreté du navire et des personnes à bord ainsi que le respect des obligations de veille, de durée du travail et de

---

278 Ex-art. 80 Traité instituant la Communauté européenne (TCE). V. aussi art. 218 TFUE, Procédures européennes d'adoption des accords internationaux.

279 P. LANGLAIS, *Sécurité maritime et intégration européenne*, Bruxelles, Bruylant, 2018.

repos (C. transp., art. L. 5522-2-I). Dans le cadre des conventions SOLAS, MARPOL et STCW de l'OMI, ces dispositions définissent les modalités de délivrance, de renouvellement, de validation des titres de sécurité et des certificats de prévention de la pollution, ainsi que les mécanismes de contrôle et de pénalités. Ces dispositions sont applicables dans les collectivités d'outre-mer. L'arrêté du 23 novembre 1987 est relatif à la sécurité des navires ; un règlement lui est annexé contenant la quasi-totalité des règles techniques obligatoires, modifié plus de cent trente fois depuis sa publication (Arr. 23 nov. 1987).

Procédure de plainte à bord et à terre. – Le décret n° 84-810 du 30 août 1984 comporte des procédures relatives aux réclamations de l'équipage d'un navire battant pavillon français, relatives soit aux conditions de navigabilité ou de sécurité, soit à l'habitabilité, l'hygiène ou les approvisionnements ; elles sont adressées par écrit au chef du centre de sécurité des navires. Elles doivent être motivées, signées par un délégué ou par trois membres de l'équipage, ou, à défaut, par un représentant d'une organisation syndicale représentative, et déposées en temps utile de manière à ne pas retarder indûment le navire. Lorsqu'il est saisi d'une telle réclamation, le chef du centre de sécurité des navires ou son délégué procède, ou fait procéder, dans le plus bref délai à une visite du navire. L'inspecteur de la sécurité des navires et de la prévention des risques professionnels maritimes qui effectue la visite peut être assisté d'un ou de plusieurs experts désignés par le chef du centre de sécurité des navires, tels que le médecin des gens de mer ou l'agent de l'inspection du travail. Il examine le bien-fondé de la réclamation et prescrit les mesures nécessaires. À l'étranger, l'autorité consulaire est saisie des réclamations par le capitaine du navire. Elle prend en liaison, avec le chef du centre de sécurité dont relève le navire, et au besoin avec son assistance, les mesures qui éventuellement s'imposent pour remédier à la situation (Décret n° 84-810 du 30 août 1984, art. 29, mod. par Décret n° 2016-1693 du 9 décembre 2016, art. 26). Toute visite fait l'objet d'un rapport signé, identifiant les personnes qui l'ont effectuée, mentionnant sommairement toutes les constatations faites, les observations et prescriptions qui en découlent. Les prescriptions doivent faire référence aux dispositions en vertu desquelles elles sont formulées. Tous les rapports de visite sont conservés à bord des navires français en un registre spécial, présenté à toute réquisition. Ce registre peut être consulté par les délégués de bord, les délégués du personnel ou les membres du comité social et

économique (Décret n° 84-810 du 30 août 1984, art. 30, mod. par Décret n° 2016-1693 du 9 décembre 2016, art. 30).
La Convention du travail maritime de 2006 de l'OIT a innové, au plan international, en créant une procédure de plainte à bord (Règle 5.1.5), ainsi qu'une procédure de plainte à terre (Règle 5.2.2). En droit français, « Tout marin peut, directement ou par l'intermédiaire de ses représentants, à bord ou à terre, formuler des plaintes ou des réclamations relatives à toute question liée au respect des règles relatives à ses conditions d'emploi, de travail et de vie à bord, auprès soit de son supérieur ou du capitaine, soit de l'inspection du travail ou de toute autorité » (C. transp., art. L. 5534-1)[280]. « Aucun marin ne peut être sanctionné, licencié ou faire l'objet d'une mesure discriminatoire pour avoir porté une réclamation ou déposé plainte, directement ou par l'intermédiaire de ses représentants, ou pour avoir assisté un marin dans l'exercice de ce droit. Toute disposition ou tout acte pris à l'encontre d'un marin en méconnaissance du I est nul » (C. transp., art. L. 5534-2). Le décret n° 2014-1428 du 1er décembre 2014, relatif à la certification sociale des navires, a modifié les procédures de plainte à terre, en ce qui concerne les navires battant pavillon étranger, dans les ports ou eaux françaises : « Tout marin embarqué, toute personne ou organisme dépourvu d'intérêt commercial ayant intérêt à la sécurité du navire peut adresser une réclamation motivée au chef du centre de sécurité des navires. Les décisions de rejet sont motivées. Le chef de centre de sécurité des navires veille à garantir la confidentialité des réclamations. Le chef de centre de sécurité des navires informe ou fait informer l'administration de l'État du pavillon des réclamations et des suites qui leur ont été données et, le cas échéant, transmet ou fait transmettre une copie de ces informations au directeur général du Bureau international du travail. Il tient les organisations représentatives au niveau national des armateurs et des gens de mer informées des réclamations » (Art. 41-11, Décret n° 84-810 du 30 août 1984 relatif à la sauvegarde de la vie humaine, à l'habitabilité à bord des navires et à la prévention de la pollution, mod. par Décret n° 204-1428, 1er décembre 2014).
Le Décret n° 2019-417 du 6 mai 2019 est relatif à la procédure de plainte ou de réclamation des gens de mer travaillant à bord des navires battant pavillon français. La procédure est détaillée pour le cas où les

[280] Plainte ou réclamation des gens de mer travaillant à bord des navires français auprès des autorités publiques, CERFA n° 16006*01.

plaintes ou réclamations sont formées auprès des responsables présents à bord du navire (plainte à bord) et pour le cas où elles sont formées auprès des autorités extérieures au navire (plainte à terre). Le décret fixe les modalités de dépôt, de conseil, d'assistance ou de représentation des gens de mer et d'information sur la procédure (C. transp., art. R 5534-1 à R. 5534-4). La plainte peut concerner toute question liée au respect des règles relatives aux conditions d'emploi, de travail, de vie à bord et de navigabilité, par exemple la durée de travail, de repos, la rémunération, le harcèlement, la convention collective, l'accord d'entreprise, les conditions de vie à bord, soit l'eau potable, l'alimentation, le logement, la dotation médicale, ou les conditions de navigabilité, de sécurité et de sûreté à bord du navire.

Les plaintes ou les réclamations des gens de mer sont déposées soit auprès des responsables à bord du navire, soit auprès de l'inspection du travail ou du centre de sécurité des navires (C. transp., art. R. 5534-1). Les plaintes ou les réclamations peuvent être formées directement par les gens de mer ou par l'intermédiaire d'un délégué de bord du navire sur lequel le gens de mer est embarqué, ou toute personne physique ou morale mandatée par le gens de mer pour présenter sa plainte ou réclamation (C. transp., art. R. 5534-2). La plainte ou la réclamation est formée par tout moyen. Elle indique, outre son objet, les nom, prénoms et fonction de son auteur ou ceux de la personne qui la dépose en son nom ; le nom du navire et son numéro d'immatriculation (C. transp., art. R. 5534-3). En cas de représentation, l'identité du gens de mer n'est communiquée qu'avec l'accord de l'intéressé (C. transp., art. R. 5534-4). Le gens de mer peut être conseillé par un représentant du personnel, à bord ou à terre, qui est tenu à une obligation de discrétion professionnelle (C. transp., art. R. 5534-5 à 5534-7). L'armateur remet aux gens de mer travaillant à bord un document contenant le détail de la procédure de plainte, les noms des gens de mer susceptibles de les conseiller sur leur plainte, les coordonnées du service de l'inspection du travail et du centre de sécurité des navires compétents, la reproduction de l'article L. 5534-2. Ce document est rédigé en français et traduit dans la langue de travail à bord (C. transp., art. R. 5534-8-I et II)[281].

Les plaintes ou réclamations à bord sont déposées auprès du supérieur hiérarchique du gens de mer, présent à bord, ou auprès du capitaine du

[281] Plainte ou réclamation des gens de mer travaillant à bord des navires français auprès des autorités publiques, Cerfa n° 16006*01, https://www.mer.gouv.fr/relations-individuelles-du-travail-maritime#summary-target-6

navire (C. transp. art. R. 5534-9). Le capitaine tient à bord de tout navire un registre des plaintes et réclamations, où sont consignées les plaintes et réclamations déposées par les gens de mer auprès des responsables à bord. Ce registre est tenu à la disposition, d'une part, des gens de mer, aux seules fins de leur permettre de s'assurer du suivi de leur plainte ou réclamation, et, d'autre part, de l'agent de contrôle de l'inspection du travail et de l'inspecteur de la sécurité des navires et de la prévention des risques professionnels. Une annexe au livre de bord peut tenir lieu de registre des plaintes et réclamations (C. transp. art. R. 5534-10). Le registre comporte la date du dépôt de la plainte ou de la réclamation. Une copie de la plainte ou de la réclamation mentionnant sa date d'inscription est remise à son auteur (C. transp. art. R. 5534-11). Les gens de mer peuvent se faire assister par un gens de mer de leur choix présent à bord lors de tout entretien se rapportant au motif de leur plainte ou réclamation (C. transp. art. R. 5534-12). La réponse apportée à la plainte ou à la réclamation, ainsi, le cas échéant, que les autres actes accomplis pour donner suite à la plainte ou à la réclamation, sont mentionnés sur le registre des plaintes et réclamations. Une copie de cette réponse mentionnant la date d'inscription au registre est remise à l'auteur de la plainte ou réclamation (C. transp. art. R. 5534-13). L'armateur fixe les modalités de la procédure de plainte ou réclamation auprès des responsables à bord et notamment le délai dans lequel une réponse est apportée au gens de mer. Ce délai ne peut pas excéder quinze jours (C. transp. art. R. 5534-14).

Les plaintes ou réclamations déposées auprès d'autorités publiques, le sont auprès du service de l'inspection du travail compétent, qui en assure le suivi dans les conditions prévues par le code du travail, ou auprès du centre de sécurité des navires compétent[282] (C. transp. art. R. 5534-15). Le service de l'inspection du travail et le centre de sécurité des navires veillent à garantir la confidentialité des plaintes et réclamations des gens de mer. Ils s'informent réciproquement des plaintes ou des réclamations dont ils sont saisis et des suites qui leur sont données (C. transp. art. R. 5534-16).

Le Décret n° 2019-417 du 6 mai 2019 a prévu des sanctions pénales :

---

[282] Le centre de sécurité des navires (CSN) compétent en assure le suivi dans les conditions prévues à l'article 29 du décret n° 84-810 du 30 août 1984 modifié relatif à la sauvegarde de la vie humaine en mer, à la prévention de la pollution, à la sûreté et à la certification sociale des navires, modifié par le Décret n° 2019-416 du 6 mai 2019, art. 1er.

Sont punis de l'amende prévue pour les contraventions de quatrième classe :
1° Le fait pour l'armateur de ne pas désigner un ou plusieurs gens de mer pour conseiller les gens de mer sur leur plainte ou réclamation en méconnaissance de l'article R. 5534-5 ;
2° Le fait pour le délégué de bord, le membre de la délégation du personnel du comité social et économique, le représentant de proximité ou la personne désignée par l'armateur conformément au II de l'article R. 5534-5, de révéler à un tiers des informations recueillies, à titre confidentiel, dans le cadre de leur mission de conseil aux gens de mer, sans autorisation écrite de l'auteur de la plainte ou de la réclamation, en méconnaissance de l'article R. 5534-7 ;
3° Le fait pour l'armateur en méconnaissance de l'article R. 5534-8, de ne pas remettre aux gens de mer travaillant à bord le document informatif sur les plaintes ou réclamations des gens de mer ou de remettre un tel document ne comportant pas les mentions prévues à ce même article ou un tel document non traduit dans la langue de travail à bord ;
4° Le fait pour les personnes mentionnées à l'article R. 5534-9 de s'abstenir, dans le délai maximal de quinze jours, prévu à l'article R. 5534-14, de consigner au registre des plaintes et réclamations la réponse apportée au gens de mer et d'en donner copie à son auteur, en méconnaissance de l'article R. 5534-13 (C. transp. art. R. 5534-17).
Le Décret n° 2019-416 du 6 mai 2019 porte modification du décret n° 84-810 du 30 août 1984 relatif à la sauvegarde de la vie en mer, à la prévention de la pollution, à la sûreté et la certification sociale des navires et détermine la procédure de réclamation des gens de mer formulée auprès des chefs de centre de sécurité des navires et précise les moyens des chefs de centres de sécurité des navires pour les traiter.

Responsabilité armatoriale. - L'armateur est responsable, à l'égard de l'ensemble des gens de mer travaillant à bord, du respect des règles définies par le code des transports, indépendamment de la responsabilité de chacun de leurs employeurs, les sociétés de *manning*. Toute clause prévue dans les contrats conclus entre un armateur et le ou les employeurs de gens de mer à bord d'un navire exploité par cet armateur, qui a pour effet de faire échec aux dispositions d'ordre public, est nulle (C. transp., art. L. 5533-1, I et II). En cas de défaillance du ou des employeurs mentionnés au II, l'armateur assure les conséquences financières : 1° d'une maladie, d'un accident ou du décès d'un marin survenant en relation avec son embarquement ; 2° du paiement des arriérés de salaires et de cotisations sociales liés aux périodes d'embarquement ; 3° du rapatriement du marin (C. transp., art. L. 5533-1-III). Si le Tribunal Judiciaire de Nanterre avait retenu la responsabilité de l'armement du fait du comportement de sa société de manning malgache, dans les opérations de change concernant la rémunération des gens de mer, la cour d'appel de Versailles a infirmé ce jugement, car les marins ne démontrent pas que l'armateur ne s'assurait pas que la rémunération prévue par les contrats était conforme à la réglementation internationale et aux minima ITF[283]. Pendant la mise à disposition des gens de mer, l'armateur est responsable des conditions de travail et de vie à bord (C. transp., art. L. 5533-3-2, créé par Ord. n° 2021-77 du 27 janvier 2021, art. 1). La cour d'appel de Saint-Denis de la Réunion a considéré que, dans le cadre d'un contrat de location d'équipage, le marin accidenté n'avait pas été engagé directement par l'armateur de pêche ; la cour ne s'interroge pas sur la responsabilité de cet armement, utilisateur du travail du marin, dans ses relations avec l'employeur du marin[284].

Obligation générale de prévention. – Conformément à la directive-cadre n° 89/391 du 12 juin 1989, la loi n° 97-1051 du 18 novembre 1997 a étendu aux entreprises d'armement maritime l'application des dispositions du code du travail relatives à l'obligation générale de prévention (C. trav., art. L. 4121-1 à L. 4121-5). L'employeur doit évaluer les risques professionnels, planifier la prévention, assurer l'information et la formation des salariés, prendre en considération les capacités individuelles en matière de prévention. Lorsque des tâches sont confiées à un salarié, les capacités de l'intéressé à mettre en œuvre les précautions nécessaires pour la sécurité et la santé, doivent être envisagées ; dans la mesure du possible, le travail doit être adapté à « l'homme » (C. trav., art. L. 4121-2, 4°). Ces dispositions s'appliquent à bord des navires immatriculés au registre international français (RIF) ; « l'armateur est responsable, à l'égard de l'ensemble des gens de mer travaillant à bord, du respect des règles définies au présent livre, indépendamment de la responsabilité de chacun de leurs employeurs »

---

[283] CA Versailles, 27 janvier 2022, n° 20/00818, SAS Orange Marine, *DMF* 2022, n° 844, pp. 237-248, obs. P. CHAUMETTE, « Quand des marins n'ont pas confiance dans leur société de manning ».

[284] CA Saint-Denis de la Réunion - 27 mai 2022, n° 20/02067. S. c/ SA SAPMER, navire Albius.

(C. transp., art. L. 5612-6). L'obligation patronale de prévention, d'adaptation des mesures, réserve le rôle et les responsabilités du capitaine de navire (C. transp., art. L. 5545-1 – C. trav., art. L. 4121-1)[285].

Cette obligation générale de prévention comporte un volet pénal à travers le délit de mise en danger délibérée de la personne d'autrui : « les manquements constatés constituent la faute caractérisée prévue par l'article 121-3, al. 4, du code pénal, dès lors qu'ils ont eu pour résultat d'exposer autrui à un risque d'une particulière gravité que le prévenu ne pouvait ignorer. La cour d'appel retient que l'insuffisance des moyens proposés par l'employeur, armateur d'un navire de pêche, pour éviter, dans le cadre d'une nouvelle technique de pêche, le risque de se faire entraîner par les engins de pêche et l'absence totale de formation à la sécurité, surexposant les matelots au risque d'accident, ont engendré des conditions de travail, ayant rendu possible la chute et la disparition en mer de l'un d'entre eux, alors que cet armateur avait embarqué auparavant sur le bateau pour observer la mise en place de cette nouvelle technique et avait perçu les difficultés qui y étaient associées[286].

Tout armateur désigne, sur chacun de ses navires, un membre de l'équipage qualifié et chargé, sous l'autorité du capitaine de la prévention des risques professionnels. Sur certains navires dont les effectifs sont réduits, la personne désignée peut être le capitaine. Ce membre d'équipage peut être entendu par les agents de contrôle de l'inspection du travail et par les inspecteurs de la sécurité des navires et de la prévention des risques professionnels maritimes (art. 6, Décret nº 2007-1227 du 21 août 2007, relatif à la prévention des risques professionnels maritimes et au bien-être des gens de mer en mer et dans les ports). Cette désignation a été reprise par la Convention du travail maritime de 2006 de l'OIT (Norme A. 4.3-2-c). La fonction ne constitue pas une délégation de pouvoir, susceptible d'engendrer une responsabilité, et aucune exigence particulière en termes de formation notamment n'est instituée.

---

[285] P. CHAUMETTE, « Du capitaine responsable de la préservation du navire, de sa cargaison et de la sécurité des personnes se trouvant à bord », t. XXVI, 2008, ADMO, université de Nantes, p. 411 et s.

[286] Cass. crim. 8 février 2022, n° 21-83708, navire Isle d'Her, DMF 2023, n° 854, pp, 138-142, obs. P. CHAUMETTE, « Responsabilité pénale pour défaut caractérisé de prévention à la pêche ».

Document unique d'évaluation des risques professionnels. - Un exemplaire du document unique d'évaluation des risques professionnels (DUERP) doit être à bord (C. trav., art. R. 4121-1 ; art. 7, Décret nº 2007-1227 du 21 août 2007). Ce document peut à tout moment être consulté par le membre de l'équipage chargé de la prévention des risques professionnels, par le ou les délégués de bord (Décret nº 2015-1674 du 15 déc. 2015, relatif au délégué de bord sur les navires). La loi n° 2021-1018 du 2 août 2021 pour renforcer la prévention en santé au travail, est venue transposer l'accord national interprofessionnel (ANI) conclu le 10 décembre 2020 par les partenaires sociaux, en vue de réformer la santé au travail. Parmi ses objectifs principaux, renforcer la prévention des risques professionnels au sein des entreprises et décloisonner la santé publique et la santé au travail. Diverses précisions concernent le document unique d'évaluation des risques professionnels (DUERP), qui répertorie l'ensemble des risques professionnels auxquels sont exposés les travailleurs, retranscrit les résultats de l'évaluation des risques pour la santé et la sécurité des travailleurs mise en œuvre par l'employeur. Il doit en outre « assurer la traçabilité collective de ces expositions » tel que le précise désormais l'article L. 4121-3-1 du Code du travail[287]. Pour les entreprises dont l'effectif est supérieur ou égal à 50 salariés, les résultats de l'évaluation des risques doivent déboucher sur un programme annuel de prévention des risques professionnels et d'amélioration des conditions de travail (PAPRIPACT), mentionnant la liste détaillée des mesures devant être prises au cours de l'année à venir, les mesures de prévention des effets de l'exposition aux risques professionnels ainsi que, pour chaque mesure, ses conditions d'exécution, des indicateurs de résultat et l'estimation de son coût ; les ressources de l'entreprise pouvant être mobilisées ; un calendrier de mise en œuvre. Pour les entreprises de moins de 50 salariés, les résultats de l'évaluation doivent déboucher sur la définition d'actions de prévention des risques et de protection des salariés.

Prescriptions minimales de sécurité et de santé. - Le décret nº 2005-748 du 4 juillet 2005 transpose au secteur maritime la directive 2002/44 du 25 juin 2002 concernant les prescriptions minimales de sécurité et de santé relatives à l'exposition des travailleurs aux risques dus aux agents physiques (Décret nº 2005-748 du 4 juillet 2005, relatif aux

[287] Décret n° 2022-395 du 18 mars 2022.

prescriptions de sécurité et de santé applicables en cas d'exposition aux risques dus aux vibrations mécaniques des personnels employés à bord des navires). Le décret n° 2006-1044 du 23 août 2006 transpose au secteur maritime les dispositions de la directive 2003/10 du 6 février 2003 (Décret n° 2006-1044 du 23 août 2006, relatif aux prescriptions de sécurité et de santé applicables en cas d'exposition aux risques dus au bruit des personnels employés à bord des navires - concernant les prescriptions minimales de sécurité et de santé relatives à l'exposition des travailleurs aux risques dus aux agents physiques, bruit). Le décret n° 2017-1442 du 3 octobre 2017 est relatif à la prévention des risques liés à l'amiante à bord des navires et a pour objet d'assurer la protection des personnes embarquées à bord des navires contre les risques sanitaires liés à une exposition à l'amiante. Il impose aux armateurs des navires une obligation de recherche initiale d'amiante et de faire réaliser, si nécessaire, des travaux de mise en sécurité ou un suivi de l'état des matériaux et produits en place (Dir. n° 2003/10 du Parlement européen et du Conseil du 6 février 2003, art. 8 et 13). Le décret 2019-251 du 27 mars 2019 est relatif au repérage de l'amiante avant certaines opérations et à la protection des marins contre les risques liés à l'inhalation des poussières d'amiante. La délégation générale en matière d'hygiène et de sécurité du capitaine de navire ne décharge pas l'armateur de la responsabilité pénale qu'il encourt personnellement pour des actes et abstentions fautifs lui étant imputables et entretenant un lien certain de causalité avec le dommage : l'armateur avait conscience du danger et n'a pris aucune mesure préventive pour assurer la sécurité des marins qui utilisaient deux produits incompatibles entre eux[288].

Formations à la sécurité. - Un passeport de prévention a été créé par la loi n° 2021-1028 du 2 aout 2021, à la suite de l'Accord National Interprofessionnel (ANI) du 10 décembre 2020 pour une prévention renforcée (C. trav., art. L. 4141-5). Ce document doit recenser dans un document les formations suivies en matière de prévention par un salarié : le terme livret de formation santé-sécurité n'a pas été retenu[289]. En fonction des risques constatés, des actions particulières de formation à la sécurité sont conduites dans certains établissements avec le

---

[288] Cass. crim. 25 juin 2013, navires *Sébastien IV* et *Sébastien V*, n° 11-88.037, *D.* 2013. 1686 *; Dr. soc.* 2014, p. 269, étude R. SALOMON.

[289] F. GUIOMARD, « Le passeport de prévention, un objet juridique en mal d'identité, *Dr. Social*, 2021, n° 11, pp. 914-919.

concours, le cas échéant, des organismes professionnels d'hygiène, de sécurité et des conditions de travail prévus à l'article L. 4643-1 et des services de prévention des caisses régionales d'assurance maladie (art. L. 4142-1 C. Trav.). L'employeur organise une formation pratique et appropriée à la sécurité (C. trav., art. L. 4142-2). L'étendue de l'obligation d'information et de formation à la sécurité varie selon la taille de l'établissement, la nature de son activité, le caractère des risques qui y sont constatés et le type d'emploi des travailleurs (C. trav., art. L. 4142-3). Le décret n° 2022-1712 du 29 décembre 2022 assure la mise en œuvre du passeport de prévention et de sa mise à la disposition de l'employeur. La formation dispensée tient compte de la formation, de la qualification, de l'expérience professionnelles et de la langue, parlée ou lue, du travailleur appelé à en bénéficier[290].
Le règlement intérieur de l'entreprise, prévu à l'article L. 4122-1 du code du travail ne concerne pas les gens de mer, qui sont soumis aux règles applicables à bord du navire (C. transp., art. L. 5545-2). Un tel règlement intérieur gens de mer n'est pas interdit, mais il ne semblait pas imposé. Récemment, une référence au règlement intérieur, sans aucun doute réaliste, a été introduite au sein du code des transports. « Lorsque la consommation de boissons alcooliques par l'équipage de porter atteinte par l'équipage est susceptible de porter atteinte …, l'armateur peut mettre en œuvre, soit dans le système de gestion de la sécurité mis en place par la compagnie pour le navire, en application du code ISM[291], soit dans le règlement intérieur ou, à défaut, par note de service, les mesures permettant de protéger la santé et la sécurité de tous … » (C. transp., art. L. 5531-3-3. - Ord. n° 2016-1686 du 8 déc. 2016, relative à l'aptitude médicale à la navigation des gens de mer et à la lutte contre l'alcoolisme en mer). Dans plusieurs armements au commerce, il existe déjà un règlement intérieur d'entreprise comportant une partie « navigants », qui concerne notamment les marins représentants du personnel, à temps plein et à terre, bénéficiant d'une dérogation de position délivrée par l'administration maritime, dans le cadre de leur

---

[290] C. trav. art. L.R. 4141-5.

[291] Le code ISM, pour *International Safety Management*, a pour objet d'établir une norme internationale pour garantir la sécurité de la gestion et de l'exploitation des navires et la prévention de la pollution. Adopté en 1993 par l'OMI, il est intégré à la Convention SOLAS, dans son chapitre IX. Il exige une organisation de la compagnie maritime et de ses navires, via un Système de Management de la Sécurité (SMS), car les capitaines ne sont plus « seuls maîtres à bord », mais dépendent des services des armements.

affiliation à l'ENIM. Pour les gens de mer, le médecin des gens de mer exerce les fonctions de médecin du travail (C. transp., art. L. 5545-3). Aucun marin ne peut travailler à bord d'un navire s'il ne produit pas un certificat d'aptitude médicale en cours de validité attestant qu'il est médicalement apte à exercer ses fonctions. Le capitaine vérifie que le marin est en possession du certificat d'aptitude médicale, au plus tard avant son embarquement (C. transp., art. L. 5545-1).

Travaux réalisés par une entreprise extérieure. - La co-activité crée toujours des risques particuliers, supplémentaires, pour la santé et la sécurité ; une coordination des travaux s'impose[292]. Dès lors qu'une entreprise extérieure intervient dans une entreprise utilisatrice des interférences sont susceptibles d'être des sources de risques pour la santé et la sécurité ; dès lors un plan de prévention des travaux s'impose. En matière maritime, il s'agit le plus souvent de travaux à bord du navire à quai. Le chef de l'entreprise utilisatrice, ou le capitaine du navire, doit prendre l'initiative d'assurer une coordination pour prévenir les risques, avec la ou les entreprises extérieures, préalablement à leurs interventions[293]. « La coordination générale des mesures de prévention a pour objet de prévenir les risques liés à l'interférence entre les activités, les installations et matériels des différentes entreprises présentes sur un même lieu de travail » (C. trav., art. R. 4511-7). La réglementation dispose précisément la répartition des obligations et les modalités de rédaction d'un plan de prévention écrit, au-delà des 400 heures, de manière continue ou discontinue sur 12 mois, dans la majorité des cas, et quel que soit le nombre d'heures pour des travaux dangereux[294]. Chaque chef d'entreprise est responsable de l'application des mesures de prévention nécessaires à la protection des travailleurs qu'il emploie[295]. Les chefs des entreprises utilisatrice et extérieures procèdent en commun à une analyse des risques pouvant résulter de l'interférence entre les activités, installations et matériels. Lorsque ces risques existent, les employeurs arrêtent d'un commun accord, avant le début des travaux, un plan de prévention

[292] C. trav., art. R. 4511-1 et suivants – P. BAILLY, G. PIGNARRE, M. BLATMAN et M. VERICEL, *Conditions de travail*, Dalloz Action, 2021, n° 212.181 et s.
[293] Décret n°92-158 du 20 février 1992.
[294] C. trav., art. R. 4511-7 ; Arrêté du 19 mars 1993 fixant la liste des travaux dangereux (21 situations listées) pour lesquels il est établi un plan de prévention écrit, en associant, s'il y a lieu, le Comité Social et Économique.
[295] C. trav., art. R. 4511-6.

définissant les mesures prises par chaque entreprise en vue de prévenir ces risques. Dès lors qu'un plan de prévention écrit s'impose, l'inspection du travail doit être préalablement informée, par écrit, de l'ouverture des travaux. Si chaque chef d'entreprise est responsable de l'application des mesures de prévention nécessaires à la protection des travailleurs qu'il emploie, l'entreprise utilisatrice doit veiller au respect du plan de prévention et peut voir sa responsabilité engagée. Le chef de l'entreprise extérieure peut déléguer ses attributions à un travailleur doté de l'autorité, de la compétence et des moyens nécessaires, désigné, lorsque c'est possible, parmi les travailleurs intervenant dans l'entreprise utilisatrice[296]. La réglementation adapte ces règles, pour les opérations de chargement et de déchargement notamment à bord des navires[297].

Obligation de sécurité du salarié. - Il incombe à chaque salarié de prendre soin, en fonction de sa formation et selon ses possibilités, de sa sécurité et de sa santé, ainsi que de celles des autres personnes concernées du fait de ses actes ou de ses omissions au travail (C. trav., art. L. 4122-1). Tout chef d'établissement doit assurer une formation pratique et appropriée en matière de sécurité ; une formation renforcée à la sécurité est assurée au bénéfice des salariés en contrat à durée déterminée ou en contrat de travail temporaire, lorsque existent des risques particuliers (C. trav., art. L. 4141-2). En matière maritime, ces formations à la sécurité ont été intégrées à la réglementation des brevets maritimes, sauf pour la partie travail, c'est-à-dire les conditions concrètes du travail. Sont aussi étendues les procédures administratives de mise en demeure et les sanctions pénales : en cas de risque sérieux d'atteinte à l'intégrité physique d'un travailleur résultant de l'inobservation des dispositions de prévention, l'inspecteur du travail peut saisir le juge des référés pour obtenir toutes mesures propres à faire cesser ce risque, y compris l'immobilisation du navire (C. trav., art. L. 4732-1). Le port d'un équipement de protection individuelle, destiné à prévenir les risques de noyade, vêtement à flottabilité intégrée (VFI), est obligatoire en cas d'exposition au risque de chute à la mer et notamment lors des opérations de pêche, en cas de travail de nuit, en l'absence de visibilité ou en cas de circonstances météorologiques défavorables, lors de trajets en annexes ou autres embarcations légères.

---

[296] C. trav., art. R. 4511-9.
[297] C. trav., art. R. 4515-1 à R. 4515-11.

Le port de cet équipement de protection individuelle est également obligatoire en toute circonstance le justifiant, dont le capitaine est le seul juge, compte tenu du niveau de formation de l'intéressé. Cette obligation est applicable aux marins pêcheurs non-salariés et travailleurs indépendants (art. 9, Décret n° 2007-1227 du 21 août 2007).

Droit d'alerte et de retrait. – En 1982, le législateur a introduit une innovation importante en reconnaissant au salarié le droit de se retirer de son poste de travail face à un danger grave et imminent (C. trav., art. L. 4131-1 à L. 4131-4 et L. 4132-1 à L 4132-5, mod. par Ord. n° 2017-1386 du 22 septembre 2017, art. 4). Cette prérogative est applicable aux entreprises d'armement maritime, compte tenu d'adaptations prises par voie réglementaire[298]. Cette extension a été explicitée par la loi n° 97-1051 du 18 novembre 1997 (C. transp., art. L. 5545-4). Aucune sanction, ni retenue de salaire ne peut être prise à l'encontre du salarié ou d'un groupe de salariés ayant valablement exercé leur droit de retrait. Cet exercice doit donner lieu à une inspection immédiate des lieux de travail par un représentant de la direction et un représentant du personnel, membre du Comité social et économique (CSE), qui a remplacé le comité d'hygiène, de sécurité et des conditions de travail (CHSCT), ainsi qu'à une réunion urgente de ce comité, dans les vingt-quatre heures, et à l'information de l'agent de contrôle de l'inspection du travail et du service de prévention de la caisse régionale retraite santé-travail, CARSAT (C. trav., art. L. 4131-3 et L. 4131-4). L'armateur informe également le chef du centre de sécurité des navires (CSN) compétent et, si l'auteur des droits d'alerte et de retrait est un marin, il informe en outre l'ENIM, au lieu et place de l'agent du service de prévention de la CARSAT (art. 1, 4°, Décr. n° 2016-303 du 15 mars 2016 relatif aux modalités d'exercice du droit d'alerte et de retrait des gens de mer à bord des navires).
Toute situation mentionnée de danger grave et imminent est portée immédiatement à la connaissance du capitaine, qui exerce les responsabilités dévolues à l'employeur (C. transp., art. L. 5545-4). Le gens de mer alerte immédiatement le capitaine de toute situation de travail dont il a un motif raisonnable de penser qu'elle présente un danger grave et imminent pour sa vie ou sa santé ainsi que de toute défectuosité qu'il constate dans les systèmes de protection. Le capitaine

[298] L. n° 82-1097 du 23 décembre 1982, art. 9.

ne peut demander au gens de mer qui a fait usage de son droit de retrait de reprendre son activité dans une situation de travail où persiste un danger grave et imminent résultant notamment d'une défectuosité du système de protection. Le capitaine prend les mesures et donne les instructions nécessaires pour permettre aux travailleurs, en cas de danger grave et imminent, d'arrêter leur activité et de se mettre en sécurité en quittant immédiatement le lieu de travail (C. trav., art. L. 4131-1 et L. 4132-5. – art. 1er, Décr. nº 2016-303 du 15 mars 2016). La capitaine informe l'armateur. Pour garantir la sécurité immédiate du navire et des personnes présentes à bord ou pour porter secours à d'autres navires ou à des personnes en détresse, le capitaine peut suspendre l'exercice du droit de retrait le temps qu'il estimera nécessaire à cet effet (art. 3, Décr. nº 2016-303 du 15 mars 2016). L'armateur est responsable du respect des attributions du Comité social et économique (CSE) et des représentants du personnel ou délégués de bord.
L'existence de la faute inexcusable de l'employeur, définie à l'article L. 452-1 du code de la sécurité sociale, est présumée établie pour le salarié victime d'un accident du travail ou d'une maladie professionnelle, alors qu'eux-mêmes ou un membre du comité social et économique (CSE) avaient signalé à l'employeur le risque qui s'est matérialisé (C. trav., art. L. 4131-4). Il en est de même pour les salariés sous contrat à durée déterminée ou sous contrat de travail temporaire, victimes d'accident du travail ou de maladie professionnelle, alors qu'affectés à des postes présentant des risques particuliers, ils n'auraient pas bénéficié de la formation renforcée à la sécurité (C. trav., art. L. 4131-3. Le décret nº 2015-356 du 27 mars 2015 a adapté au régime spécial de sécurité sociale des marins (ENIM) les règles d'indemnisations prévues au régime général, en cas de faute inexcusable de l'employeur.

Surveillance médicale. – Le décret nº 2015-1574 du 3 décembre 2015 est relatif au service de santé des gens de mer, chargé de vérifier l'aptitude médicale à la navigation des gens de mer, conformément aux exigences des conventions de l'Organisation maritime internationale (OMI) et de l'Organisation internationale du travail (OIT). Il s'assure également de la préservation de la santé au travail des marins. Le décret précise ses missions et son organisation : ce service de santé est composé d'un service central, placé auprès de la direction des affaires maritimes, et de services interrégionaux, placés auprès de chacune des

directions interrégionales de la mer. Le décret définit les critères de recrutement, de formation ainsi que les conditions d'exercice des personnels qui le composent, médecins et infirmiers. Il crée un collège médical maritime dans le ressort de chaque direction interrégionale de la mer. Le décret nº 2015-1575 du 3 décembre 2015 est relatif à la santé et à l'inaptitude médicale à la navigation ; il précise les normes d'aptitude médicale applicables, selon les fonctions à bord ou les types de navigation. Il détermine les conditions de délivrance et de validité du certificat d'aptitude médicale et encadre les recours portés devant le collège médical maritime (Décr. nº 2015-1575 du 3 décembre 2015, relatif à la santé et à l'aptitude médicale à la navigation, notamment Annexe I, Normes d'aptitude médicale des gens de mer. – Décr. nº 2017-441 du 30 mars 2017, relatif à l'aptitude médicale à la navigation et au rapatriement des gens de mer). Une visite médicale d'aptitude médicale à la navigation est requise avant l'accès à la profession de marin, avant le premier embarquement, avant toute entrée en formation maritime, avant l'expiration du certificat d'aptitude médicale (art. 7).
Tout gens de mer est responsable du renouvellement de son certificat médical d'aptitude à la navigation.
Il informe son employeur dans les meilleurs délais du résultat de la visite médicale d'aptitude à la navigation. Le gens de mer peut solliciter auprès du service de santé des gens de mer une visite médicale. La demande du gens de mer salarié ne peut motiver aucune sanction à son encontre de la part de son employeur (art. 10). Pour les marins, outre le certificat d'aptitude médicale à la navigation mentionné à l'article 6 du décret, le médecin des gens de mer établit une fiche d'aptitude médicale lorsqu'il formule des propositions d'aménagement ou de transformation de poste ou de restriction de l'aptitude. Il remet la fiche au marin et en transmet un exemplaire à l'employeur (art. 18). Aucun marin ne peut travailler à bord d'un navire s'il ne produit pas un certificat d'aptitude médicale en cours de validité attestant qu'il est médicalement apte à exercer ses fonctions. Le capitaine vérifie que le marin est en possession du certificat mentionné au I au plus tard avant son embarquement (C. transp., art. L. 5545-3-1).
Toute décision, préconisation ou avis du médecin du travail des gens de mer peut faire l'objet d'un recours par le gens de mer ou son employeur devant le collège médical maritime, dans un délai de deux mois (Art. 18, Décr. nº 2015-1574 du 3 déc. 2015, relatif au service de santé des gens de mer, et art. 21, Décr. nº 2015-1575 du 3 déc. 2015, relatif à

la santé et à l'aptitude médicale à la navigation). L'inaptitude définitive à la navigation est soumise à l'examen du collège médical maritime. Le collège peut émettre un avis autorisant l'exercice de l'activité professionnelle de l'intéressé à bord d'un navire dans des conditions particulières qu'il précise, sur le plan médical et professionnel, le cas échéant, pour une durée déterminée. Le président du collège médical maritime indique les motifs de la décision du collège au dossier médical de l'intéressé. Les avis du collège médical maritime sont transmis au gens de mer et à son employeur, par tout moyen permettant de conférer date certaine à cette transmission (art. 21). Au vu de l'avis du collège médical maritime, le directeur interrégional de la mer prend une décision sur l'aptitude médicale à la navigation de l'intéressé, l'avis ou la préconisation contesté. Cette décision peut faire l'objet par le gens de mer ou par l'employeur d'une demande de réexamen dans un délai de deux mois. En ce cas, un autre collège médical maritime est désigné par le médecin-chef du service de santé des gens de mer pour se prononcer. La décision faisant suite à ce nouvel examen est définitive. Les décisions sont transmises au gens de mer et à son employeur, par tout moyen permettant de conférer date certaine à cette transmission (art. 22).
Lorsque, à l'issue d'un délai d'un mois à compter de la date de l'examen médical de reprise du travail, le salarié déclaré inapte n'est pas reclassé dans l'entreprise ou s'il n'est pas licencié, l'employeur lui verse, dès l'expiration de ce délai, le salaire correspondant à l'emploi que celui-ci occupait avant la suspension de son contrat de travail (C. trav., art. L. 1226-4)[299].

Maladie ou blessure au service du navire. – Au cours de sa navigation, le navire s'éloigne des côtes et des ports ; le marin malade ou blessé peut être débarqué à un port d'escale ; mais depuis fort

---

[299] Cass. soc. 10 janvier 2024, n° 21-20229 : « La circonstance que l'employeur est présumé avoir respecté son obligation de reclassement en proposant au salarié déclaré inapte un emploi prenant en compte l'avis et les indications du médecin du travail ne le dispense pas de verser au salarié, qui a refusé cette proposition de reclassement et qui n'a pas été reclassé dans l'entreprise à l'issue du délai d'un mois à compter de la date de l'examen médical de reprise ou qui n'a pas été licencié, le salaire correspondant à l'emploi qu'il occupait avant la suspension du contrat de travail. » - Cass. soc. 7 mai 2024, n° 22-24394 : « Le délai de prescription de l'action en paiement des salaires, dont le versement doit être repris par l'employeur à partir de l'expiration du délai d'un mois suivant la déclaration d'inaptitude, court à compter de la date d'exigibilité de chacune des créances de salaire dues jusqu'à la rupture du contrat de travail ».

longtemps, il ne peut être abandonné, ce qui crée des obligations particulières à l'expédition maritime, c'est-à-dire à l'armateur ou l'employeur. L'Ordonnance Royale de 1681 sur la Marine prévoit déjà, dans son titre IV, que le marin malade ou blessé au service du navire est sera soigné aux frais du bord.

« Lorsque le marin est blessé au service du navire ou tombe malade pendant le cours de son embarquement ou après que le navire a quitté le port où le marin a embarqué, il est soigné aux frais de l'employeur. Le premier alinéa est applicable lorsqu'il est établi que la maladie a été contractée au service du navire. Le marin blessé est tenu, sauf cas de force majeure, d'en faire la déclaration au capitaine au plus tard lorsqu'il quitte le service au cours duquel il a été blessé. En cas de décès du marin, les frais funéraires, y compris le rapatriement du corps et de ses effets personnels, sont à la charge de l'employeur » (C. transp., art. L. 5542-21). Tout accident du travail, lésion ou maladie professionnelle survenu à bord fait l'objet d'un enregistrement et d'une déclaration du capitaine (C. transp., art. L. 5542 21-1).

Les soins à donner au marin cessent d'être dus par l'employeur lorsque la blessure est consolidée ou lorsque l'état du malade, après la phase aiguë, a pris un caractère chronique. Les modalités d'application de ces dispositions sont fixées par décret en Conseil d'État. Les frais d'expertise sont supportés par l'employeur si le marin a reconnu avoir encore besoin de soins et par le marin dans le cas contraire (C. transp., art. L. 5542-22). Tout marin blessé ou malade est hospitalisé au premier port touché, si son état le justifie, sur décision médicale, aux frais de l'employeur (C. transp., art. L. 5542-23). Le salaire du marin lui est maintenu pendant tout le temps où il a droit à la prise en charge de ses soins par l'employeur, au titre de la présente sous-section. Le marin débarqué hors de la métropole et rapatrié guéri, en état de consolidation ou dans un état de maladie ayant pris un caractère chronique, a droit au maintien de son salaire jusqu'au jour de son retour en métropole. La période durant laquelle son salaire lui est maintenu ne peut dépasser quatre mois à compter du jour où il a été laissé à terre (C. transp., art. L. 5542-26).

Les dispositions des articles L. 5542-21 à L. 5542-27 ne sont pas applicables si la maladie ou la blessure résulte d'une faute intentionnelle du marin. Dans ce cas, le capitaine est tenu de faire soigner le marin. Le marin qui se trouve dans les conditions définies par le premier alinéa perd son droit au maintien de son salaire à partir du jour où il a dû cesser son travail. Il est nourri jusqu'à son débarquement (C. transp., art. L. 5542-28). Les armateurs de navires de moins de cinquante tonneaux, ou ne dépassant pas 25 mètres, armés à la pêche ou à la navigation côtière ne supportent que l'obligation de rapatrier le marin[300]. Ces dispositions ne sont pas applicables aux navires de plaisance, même si le propriétaire est lui-même un marin embarqué sur le navire[301].

Accident du travail maritime. – L'accident ou la blessure au service du navire comprend tout accident survenu au lieu et au temps du travail (décret-loi du 17 juin 1938, art. 3), mais aussi tout accident, imprévisible et soudain, survenu à bord, même en dehors du service proprement dit, même les accidents survenus à terre, mais au service du navire. Le marin, ou ses ayants droit, doit démontrer que la lésion est la suite d'un accident survenu à l'occasion du travail. Des troubles du rythme cardiaque, constatés par un médecin dans un temps très proche des faits, alors que le marin avait passé neuf jours auparavant une visite médicale reconnaissant son aptitude, constituent un accident du travail maritime, sans que l'état pathologique préexistant soit de nature à supprimer le caractère d'imprévisibilité[302]. Les dispositions relatives à la procédure de reconnaissance du caractère professionnel de l'accident ou de la maladie prévues aux articles R. 441-10 à R. 441-14 du code de la sécurité sociale sont applicables au régime des marins sous réserve des adaptations suivantes : 1° La référence à la caisse du régime général est remplacée par la référence à l'Établissement national des invalides de la marine ; 2° La référence au comité régional de reconnaissance des maladies professionnelles, mentionnée à l'article R. 441-4 du même code, est remplacée par la référence au conseil de santé de l'Établissement national des invalides de la marine défini à l'article 16 du décret n° 2010-1009 du 30 août 2010 portant organisation administrative et financière de l'ENIM (Décret-loi du 17 juin 1938, art. 9-1, créé par Décret n° 2015-356 du 27 mars 2015, art. 1er).
La présomption d'imputabilité n'est pas applicable au salarié en astreinte à son domicile[303]. Les accidents survenant en cours d'escale

---

300 Décret-loi du 17 juin 1938, art. 3 ; mod. par Décret n° 98-1046 du 18 novembre 1998 – Décret n° 85-1530 du 31 décembre 1985, modifiant le décret du 17 juin 1938 relatif à la réorganisation et à l'unification du régime d'assurance des marins.
301 Cass. civ. 2e, 7 juillet 2011, *DMF* 2011, n° 728, p. 718.
302 Cass. civ. 2e, 16 novembre 2004, ENIM c/ M. Lovisi, n° 03-30.133, *DMF* 2005, p. 143 et s.
303 Cass. soc. 16 novembre 2004, ENIM c/ Mme Piletta, *DMF* 2005, p. 143 et s.

entraînent des obligations pour l'armateur, si la descente à terre est liée au service du navire ; le marin reste sous la dépendance de l'armateur, et son accident impose des charges à celui-ci[304]. Si le marin est descendu à terre pour des motifs personnels, même avec l'autorisation du capitaine, son accident à terre n'intervient pas à l'occasion du travail. N'est pas victime d'un accident professionnel le marin amputé, après avoir été projeté à terre sur un ballast, la nuit[305]. Le rapport 2021 du service de santé des gens de mer fait état de 1 661 accidents du travail maritime, dont 1713 avec arrêt de travail, pour 36 504 marins, avec un indice de fréquence[306] de 39,2 pour 1000 marins, soit 57,5 calculé sur les emplois temps plein (ETP), contre 30 pour l'ensemble des activités terrestres. Le taux de mortalité est de 12,09 à la pêche pour 10 000 marins, et 5,61 pour l'ensemble de l'ENIM, 1,16 pour la marine marchande, et de 0,33 pour 10 000 salariés de toutes activités en France (rapport d'activité 2020-2021, SSGM, novembre 2023)[307].

Accident de trajet. - Les accidents de trajet engendrent des obligations pour l'armateur, selon la jurisprudence, en dépit du silence du code du travail maritime, dans la mesure où la loi du 22 septembre 1948 prévoit les mêmes prestations que pour les accidents de travail[308]. Il est nécessaire que le parcours n'ait pas été interrompu ou détourné pour un motif dicté par l'intérêt personnel ou indépendant de l'exercice de l'emploi (Décr.-loi du 17 juin 1938, art. 9-d). Modifiant sa position antérieure[309], la Cour de cassation a admis comme accident de trajet, l'accident survenu à un marin tombé du balcon de sa chambre d'hôtel la nuit à Manille, alors qu'il se trouvait dans l'attente de son avion, aux fins de rapatriement ; le marin se trouvait dans un lieu fixé par son

---

304 Cass. soc. 22 février 1962, *D.* 1962, p. 382, note J. BORÉ – Cass. soc. 4 mars 1962, *DMF* 1962, p. 524. – Cass. soc. 20 janvier 1982, *Bull. civ.* V, n° 39. – Cass. soc. 5 octobre 1989, *Bull. civ.* V, n° 571.

305 TI Marseille, 13 décembre 1984, *DMF* 1985, p. 174, note P. PESTEL-DEBORD.

306 L'indice de fréquence des accidents du travail est calculé en rapportant le nombre des sinistres à la moyenne des nombres de salariés présents au dernier jour ouvré de chaque trimestre civil de l'année considérée multiplié par 1 000.

307 Sur l'accidentologie maritime, v. Institut Maritime de Prévention, https://www.institutmaritimedeprevention.fr/accidentologie

308 Cass. soc. 1er juin 1965, *DMF* 1965, p. 720. – Cass. soc. 7 avril 1967, *DMF* 1967, p. 655. – Cass. com. 27 avril 1970, n° 68-13.690, Bull. civ. IV, n° 133 ; *D.* 1971. 473, note R. JAMBU-MERLIN – CA Rouen, 8 juin 1971, *DMF* 1972, p. 147 et s.

309 Cass. soc. 16 février 1983, n° 82-10.544, *Bull. civ.* V, n° 95 ; *DMF* 1984, p. 15, note R. ACHARD.

employeur et n'avait pas recouvré sa totale indépendance[310]. Le rapport du SSGM de 2021 note 49 accidents de trajet.

Maladie en cours de navigation. – Imposent des obligations à l'armateur, les maladies constatées ou intervenues au service du navire, c'est-à-dire celles apparues après que le navire a quitté le port, et celles contractées au service du navire. Le droit social maritime ignorait les tableaux des maladies professionnelles jusqu'au décret nº 99-542 du 28 juin 1999. L'armateur doit prendre en charge toute maladie, quelle qu'elle soit, quelle qu'en soit l'origine, apparue entre le départ du port et le débarquement du marin. L'origine professionnelle de la maladie n'importe qu'avant le départ du navire du port et qu'après le débarquement du marin. La jurisprudence semble se référer aux concepts administratifs d'embarquement et de débarquement, c'est-à-dire inscription et radiation du rôle d'équipage[311]. Dès lors que la maladie survient en cours d'embarquement, l'armateur n'est pas admis à faire la preuve que le marin était atteint avant son embarquement, afin de se dégager de ses obligations[312]. La présomption d'imputabilité est donc alors irréfragable, sans preuve contraire possible[313]. En cas de maladie en cours de navigation ou d'accident du travail, l'employeur du marin doit faire une déclaration aux services de l'ENIM, dans les meilleurs délais, dès le débarquement du marin, en remplissant le formulaire RPM 102 ; c'est le point de départ de la procédure de reconnaissance des faits et de leur indemnisation (art. 9 et 22, Décret 17 juin 1938 modifié). Le formulaire RPM 111 est remis au marin, victime d'un accident du travail maritime, par son employeur, dès lors qu'il a établi le rapport de blessure, maladie ou décès sur l'imprimé RPM 102 et qu'il n'y a pas porté de réserves[314].

Maladie professionnelle. – Le décret nº 99-542 du 28 juin 1999 modifie la réglementation relative à la sécurité sociale maritime. Les

---

310 Cass. soc. 5 oct. 1989, nº 85-10.760, *Bull. civ.* V, nº 571.

311 Cass. civ. 24 novembre 1936, *DP* 1938. 1. 51 – Cass. com. 14 février 1956, *DMF* 1956, p. 334 – CA Rouen, 25 octobre 1973, *DMF* 1974, p. 283, note G. CHÉREAU.

312 Cass. soc. 10 avril 1962, *DMF* 1962, p. 461.

313 Sur les diverses présomption, art. 1354 C. Civ. Les présomptions irréfragables sont ainsi des règles de fond, imposant une vérité présumée, interdisant une preuve contraire parfois quasi-impossible, même par expertise.

314 sur le site web de l'ENIM, http://www.enim.eu/employeur/en-cas-daccident-du-travail-ou-maladie-en-cours-de-navigation-rpm-102

marins atteints de maladies professionnelles peuvent prétendre à une indemnisation identique à celle prévue en cas d'accident du travail maritime. Quatre circulaires de l'ENIM sont venues apporter des précisions (Circ. ENIM n° 28/1999 du 18 août 1999, n° 29/1999 du 22 septembre 1999, n°s 31/1999 et 32/1999 du 29 septembre 1999). La conception française de la sécurité sociale donne un assez faible rôle préventif aux Caisses d'Assurance Retraite et de la Santé au Travail (CARSAT), en dépit de leurs services de prévention, à la différence de l'approche allemande. Le décret n° 99-552 du 30 juin 1999 précise que l'Établissement participe à la prévention des risques professionnels maritimes (Décret n° 99-552 du 30 juin 1999, modifiant le décret n° 53-953 du 30 septembre. 1953 relatif à l'organisation administrative et financière de l'ENIM). L'ENIM, en l'absence de service de prévention propre, finance l'Institut Maritime de Prévention de Lorient (IMP)[315] ; les cotisations sociales sur les salaires forfaitaires ne jouent aucun rôle en matière d'incitation à la prévention. Une branche ATMP au sein de l'ENIM est en projet, dotée d'un service de prévention des risques professionnels[316].
Selon l'article 21-4 du décret du 17 juin 1938 modifié est considérée comme maladie professionnelle la maladie ayant son origine dans un risque professionnel, essentiellement et directement causée par l'exercice d'une activité entraînant affiliation au régime de sécurité sociale des marins, et provoquant soit le décès de la victime, soit une incapacité physique permanente. Sont également considérés comme ayant leur origine dans un risque professionnel l'invalidité ou le décès résultant d'une maladie qui n'a pas pu être traitée de façon appropriée à bord, en raison des conditions de navigation. Dans un premier temps, le

---

[315] En septembre 2023, l'IMP, seul à avoir répondu à un appel d'offres de l'ENIM, a été retenu pour une période de 4 années, à la suite d'un appel d'offres pour les années 2018-2022 ; il s'agit de prestations d'études, de formation, de communication, d'actions de prévention des risques professionnels maritimes et d'accompagnement des entreprises maritimes. Créé en 1992, l'IMP, association loi 1901, s'est vu imposer les règles des marchés publics dans sa coopération avec l'ENIM, en vue de la prévention des risques professionnels maritimes l'amélioration des conditions de vie et de travail des gens de mer.

[316] *Rapport du groupe de travail sur l'introduction d'une logique de branche dans le régime ATMP des marins* dit rapport LAFFON, 18 novembre 2021, Observatoire des Droits des Marins, https://www.obs-droits-marins.fr/actualites.html?idArticle=603 - P. CHAUMETTE, « Vers la branche accident du travail – maladie professionnelle de l'ENIM », obs. sous CA Aix-en-Provence, 14ème ch., 22 novembre 2017, RG n° 2017/1672, *DMF* 2018, p. 218.

nouveau dispositif ne fait pas appel aux tableaux classiques des maladies professionnelles, prévues par le code de la sécurité sociale, organisant une présomption d'imputabilité. Il faut et il suffit de démontrer le lien essentiel et direct entre l'activité maritime et le décès ou l'incapacité permanente. La preuve de la causalité doit donc être apportée.

Dans un second temps, il est précisé que les maladies professionnelles mentionnées aux tableaux prévus à l'article L. 461-2 du code de la sécurité sociale sont présumées trouver leur origine dans un risque professionnel, dès lors qu'est établi, après avis du Conseil de santé du régime de sécurité sociale des marins[317], le lien avec l'exercice d'une activité entraînant affiliation au régime de sécurité sociale des marins. Dans ce cas, les durées d'exposition au risque et les délais de prise en charge définis par ces tableaux s'appliquent au régime des marins (Décret-loi, 17 juin 1938, art. 21-4).

Ainsi est mise en place une procédure de reconnaissance des maladies professionnelles maritimes par le Conseil de santé, sur le fondement des indications des tableaux traditionnels ; les spécificités maritimes entrent dans le droit commun de la sécurité sociale. Sont mis en place des examens de dépistage des risques professionnels maritimes, tant au cours de l'activité professionnelle maritime, qu'ensuite (Décret-loi, 17 juin 1938, art. 21-5). Les victimes peuvent obtenir, lorsque leur état est consolidé, une pension d'invalidité pour maladie professionnelle, en cas d'incapacité physique permanente d'au moins 10 %. Antérieurement, le risque professionnel maritime exigeait un taux d'invalidité d'au moins les deux tiers pour obtenir une pension d'invalidité maladie. Cette nouvelle pension réversible est cumulable, en partie, pour les veuves avec leur pension de retraite de réversion. Ces nouvelles prestations sociales sont socialisées, c'est-à-dire qu'elles proviennent du budget de l'ENIM, financé par les cotisations des marins, les contributions des armateurs, et essentiellement le budget de l'État.

---

[317] Le Conseil de santé du régime de sécurité sociale des marins et des gens de mer, placé auprès du service du contrôle médical de l'Etablissement National des Invalides de la Marine (ENIM) a été créé par le décret n° 2012-556 du 23 avril 2012 relatif à l'organisation du contrôle médical des marins et des gens de mer. Il est chargé de donner un avis sur le caractère professionnel des maladies et accidents des marins et des gens de mer et sur toute autre question qui peut lui être soumise. Il peut être saisi des contestations relatives au caractère professionnel de l'accident ou de la maladie par le marin ou par l'ENIM.

Depuis 1999, le nombre de demandes de reconnaissance de maladie professionnelle est passé de quarante-neuf à deux cent quatre-vingt-neuf en 2005. En 2004, deux cent trente-trois demandes ont été acceptées et cinquante-cinq rejetées ; en 2015, ces chiffres s'établissent à deux cent vingt admissions ; cent quarante-quatre en 2021. Les affections liées aux troubles musculosquelettiques (tableau 57) concernent quatre-vingt-quatorze cas ; l'exposition aux poussières d'amiante (tableaux 30 et 30 bis) vingt-sept cas, les surdités (tableau 42) quatre et les atteintes lombaires (tableau 98) seize cas (rapport d'activité 2020-21, SSGM).
Il convient de noter que les accidents du travail et maladies professionnelles reconnues, concernant les gens de mer marins, ne font l'objet d'aucune information des services de l'inspection du travail.

Faute intentionnelle ou inexcusable du marin. – Il incombe à chaque salarié de prendre soin, en fonction de sa formation et selon ses possibilités, de sa sécurité et de sa santé, ainsi que de celles des autres personnes concernées du fait de ses actes ou de ses omissions au travail (C. trav., art. L. 4122-1). L'article L. 453-1 alinéa 2 du code de la sécurité sociale envisage la faute inexcusable ou intentionnelle de la victime d'un accident du travail ou d'une maladie professionnelle ; la faute intentionnelle prive la victime de toute prestation ou indemnité ; la faute inexcusable de la victime conduit à une diminution de la rente. La faute inexcusable du salarié est une faute volontaire, d'une gravité exceptionnelle, exposant sans raison valable son auteur à un danger dont il aurait dû avoir conscience[318]. La cour d'appel de Bordeaux avait considéré qu'il suffisait que la faute inexcusable de la victime soit la cause nécessaire du dommage, même si l'employeur a été pénalement sanctionné pour des défauts graves de prévention[319] ; cet arrêt d'appel est cassé : la faute inexcusable du salarié est une faute volontaire, d'une gravité exceptionnelle, exposant sans raison valable son auteur à un

---

[318] Cass. soc. 19 décembre 2002, Mme H. c/ CPAM d'Angers, n° 01-20.447, *Bull. civ.* V, n° 400 ; D. 2003. 1792, note Y. SAINT-JOURS ; *Dr. soc.* 2003, p. 243, obs. P. CHAUMETTE, « L'articulation de la faute inexcusable de l'employeur et de la faute du salarié ». – Cass. civ. 2e, 27 janvier 2004, n° 02-30.693, *Bull. civ.* II, n° 25 ; *D.* 2004. 2185, obs. L. NOËL ; Dr. soc. 2004, p. 436, obs. X. PRÉTOT ; *RTD civ.* 2004. 296, obs. P. JOURDAIN.
[319] CA Bordeaux, 2 juillet 2015, V. « Accidents mortels du travail, prescription pénale et recours subrogatoire de l'ENIM », sous Cass. crim. 23 juin 2015, Sté Armement Bigouden, n° 13-86.922 - et Crim. 8 septembre 2015, navire *Vent Divin*, n° 13-87.410, *DMF* 2016, n° 786, pp. 1005-1013

danger dont il aurait dû avoir conscience[320]. L'article 3 alinéa 4 du décret-loi du 17 juin 1938 ne prend en considération que la faute intentionnelle du marin, ce que confirme le code des transports. « Les dispositions des articles L. 5542-21 à L. 5542-27 ne sont pas applicables si la maladie ou la blessure résulte d'une faute intentionnelle du marin. Dans ce cas, le capitaine est tenu de faire soigner le marin » (C. transp., art. L. 5542-28). Le tabagisme du marin n'est pas de nature à constituer une faute inexcusable de sa part[321].

Faute intentionnelle ou inexcusable de l'armateur. – La loi du 21 avril 1898 permettait le recours au droit commun de la responsabilité civile, et donc l'indemnisation complémentaire de la victime, en cas de faits intentionnels ou de faute lourde d'un tiers ou de l'armateur. La loi du 29 décembre 1905 limita ce recours à la faute intentionnelle ou inexcusable de l'armateur. Le décret-loi du 17 juin 1938 abrogea la loi de 1905 et supprima toute référence à la faute inexcusable de l'armateur. Après quelques hésitations, la jurisprudence n'admit plus la responsabilité de l'armateur qu'en cas de faute intentionnelle[322]. La Cour de cassation a confirmé cette jurisprudence en 2004, affirmant ainsi l'autonomie du régime de sécurité sociale des gens de mer[323]. Dès lors, les victimes et leurs ayants droit ne disposaient que de la voie pénale en vue de leur indemnisation complémentaire, pour une infraction constituant une faute intentionnelle de l'armateur ou de l'un de ses préposés.

Ainsi, un patron salarié d'un navire de pêche a été condamné pénalement pour non-assistance à personne en danger, alors que son matelot avait subi un anévrisme cérébral en pêche, soigné avec du paracétamol, sans prendre contact pendant trois jours avec le centre régional opérationnel de surveillance et de sauvetage (CROSS), ni avec

---

[320] Cass. civ. 2e, 15 juin 2017, ENIM, navire *Vent Divin*, n° 15-24.510, *Dr. soc.* 2017, pp. 1089-1092, n° 2, obs. P. CHAUMETTE ; *DMF* 2017, n° 795, pp. 809-815, obs. P. CHAUMETTE « La faute inexcusable de l'employeur vis-à-vis d'un marin embarqué irrégulièrement ».

[321] CA Rennes, 29 novembre 2019, X c/ ENIM, SA ESSO et FIVA, n° 17-01686.

[322] Cass. soc. 16 mars 1979, 5 arrêts, *Bull. civ.* V, n° 421 ; *DMF* 1979, p. 652. – Cass. soc. 13 juin 1979, DMF 1981, p. 608. – CA Caen, 21 avril 1981, *DMF* 1981, p. 608.

[323] Cass. civ. 2e, 23 mars 2004, ENIM c/ M. Beusnard A., chalutier *Petit Rémy*, n° 02-14.142, *Dr. soc.* 2004, p. 676, obs. P. CHAUMETTE ; *DMF* 2004, p. 716, obs. P. CHAUMETTE, « Accident du travail maritime : quelle responsabilité, quelle prévention ? ».

l'assistance médicale à distance du CHU Purpan de Toulouse[324] ; la cour d'appel de Rennes confirme que cette infraction constitue une faute intentionnelle et que et que le marin, partie civile, sera, après expertise, indemnisé des préjudices subis, en application de l'article L. 452-5 du code de la sécurité sociale[325]. De même, à la suite d'un transbordement hasardeux ayant causé un accident du travail maritime à un marin, un capitaine fut condamné pénalement pour blessures involontaires et soumis à l'action subrogatoire de l'ENIM en remboursement des prestations et frais médicaux liés à l'incapacité de travail de la victime, soit à 104 000 euros[326]. Il en est de même à la suite d'un accident mortel du travail, après un accostage, le capitaine disposant d'une délégation générale en matière de sécurité pour remédier à la défectuosité du matériel, et notamment d'un dispositif de protection[327].
C'est le compromis issu de la loi du 9 avril 1898, inséré au sein du code de la sécurité sociale qui fut d'abord discuté dans le cadre d'une question prioritaire de constitutionnalité (QPC) en 2010, puis la spécificité du régime social des marins en 2011, née de la loi du 21 avril 1898. « L'institution d'un régime de sécurité sociale qui se substitue partiellement à la responsabilité de l'employeur et ne réserve la possibilité d'agir contre ce dernier qu'en cas de faute inexcusable ou intentionnelle trouve sa justification dans la conciliation entre, d'une part, le principe de responsabilité et, d'autre part, la mise en œuvre des exigences résultant du onzième alinéa du Préambule de 1946 »[328].

---

[324] C'est au SAMU de Toulouse, au CHU Purpan, qu'a été confiée, pour des motifs de télécommunications, l'aide médicale en mer, activité du Centre de consultation médicale maritime (CCMM). Historiquement le centre radio Saint-Lys était situé à 20 km de Toulouse. Le CCMM assure depuis 1983, le service de consultation et d'assistance télé-médicales pour les navires français ; en 2022, le CCMM a répondu à 6.483 appels de consultations, pour 2.817 patients. http://www.ccmmtoulouse.com/

[325] CA Rennes, 3e ch. corr., 25 janvier 2005, M. Lefèvre, chalutier *Vierge de l'Océan*, RG n° 197/05, *DMF* 2006, p. 488, note P. CHAUMETTE.

[326] Cass. crim. 20 septembre 2005, P. Dameuve, navire *Angélique-Émilie*, n° 04-82.847, *DMF* 2006, p. 584, note P. CHAUMETTE.

[327] Cass. crim. 13 mars 2007, chalutier *La Normande*, n° 06-85.422, DMF 2007, p. 881, note P. BONASSIES – P. CHAUMETTE, « Du capitaine responsable de la préservation du navire, de sa cargaison et de la sécurité des personnes se trouvant à bord », t. XXVI, 2008, *ADMO*, université de Nantes, p. 411 s.

[328] Cons. const. 18 juin 2010, n° 2010-8 QPC, *AJDA* 2010, p. 1232 ; *D.* 2010, p. 1634 ; *D.* 2011, p. 35, obs. P. BRUN et O. GOUT ; *D.* 2011, p. 459, chron. S. PORCHY-SIMON ; *D.* 2011, p. 768, chron. P. SARGOS ; D. 2011. 1713, obs. V. BERNAUD et L. GAY ; *D.* 2012. 901, obs. P. LOKIEC et J. PORTA ; *Dr. soc.* 2011, p. 1208,

L'article L. 452-3 du code de la sécurité sociale énumère les différents chefs de préjudice, dont le salarié victime peut demander la réparation à l'employeur en cas de faute inexcusable de ce dernier. Sur ce point, le Conseil a émis une réserve d'interprétation : la liste des préjudices alloués en application de cet article ne saurait priver la victime de la possibilité de demander à l'employeur, devant les juridictions de la sécurité sociale, réparation de l'ensemble des dommages non couverts par le livre IV du code de la sécurité sociale (Considérant 18) [329]. Il appartient aux tribunaux judiciaires spécialement désignés[330], puis aux cours d'appel d'apprécier les préjudices complémentaires concernés, sous le contrôle de la Cour de cassation.
Le Conseil constitutionnel a ouvert aux gens de mer affiliés à l'ENIM, victimes d'un accident du travail maritime ou d'une maladie professionnelle, le même recours en indemnisation complémentaire, en cas de reconnaissance de la faute inexcusable de l'armateur, devant le tribunal des affaires de sécurité sociale : « Le marin victime d'un accident du travail ou d'une maladie professionnelle au cours de l'exécution du contrat d'engagement maritime, ou ses ayants droit, peuvent, en cas de faute inexcusable de l'employeur, demander devant la juridiction de sécurité sociale le bénéfice du livre IV du code de la sécurité sociale, ainsi que l'indemnisation des préjudices complémentaires non expressément couverts par les dispositions de ce livre »[331]. L'article 70 de la loi du 23 décembre 2013 de financement de

---

note X. PRÉTOT ; *RDT* 2011, p. 186, obs. G. PIGNARRE ; *RDSS* 2011, p. 76, note S. BRIMO ; *Constitutions* 2010, p. 413, obs. C. RADÉ ; *Cah. Cons. Const.* 2010, n° 29, obs. M. BADEL, « Accidents du travail, maladies professionnelles : l'indemnisation soumise à la "question" » ; *Dr. ouvrier* 2010, p. 639, n° 279 ; *DMF* 2010, n° 717, p. 688 et s. – Cass. civ. 2e, 30 juin 2011, Lloret c/ Sté d'aménagement touristique de L'Alpe d'Huez, n° 10-19.475, *Bull. civ.* II, n° 148 ; *D.* 2011, p. 1909 ; *D.* 2012, p. 901, obs. P. LOKIEC et J. PORTA.

[329] S. PORCHY-SIMON, « L'indemnisation des préjudices des victimes de faute inexcusable à la suite de la décision du Conseil constitutionnel du 18 juin 2010 : réelle avancée ou espoir déçu ? », *D.* 2011, n° 7, pp. 459-464.

[330] Les tribunaux des affaires de sécurité sociale (TASS) ont été remplacés par les tribunaux judiciaires spécialement désignés, au 1er janvier 2019.

[331] Cons. const. 6 mai 2011, Consorts C., n° 2011-127 QPC, « Du recours en faute inexcusable de l'armateur en cas d'accident du travail maritime », *DMF* 2011, n° 727, p. 623 ; *D.* 2012. 901, obs. P. LOKIEC et J. PORTA ; *Dr. soc.* 2011, n° 7, p. 862, obs. P. CHAUMETTE – Cass. civ. 2e, 22 septembre 2011, n° 09-15.756, Bull. civ. II, n° 171 ; D. 2011, p. 2343 ; *DMF* 2012, p. 35, « L'indemnisation du marin victime de l'amiante ». – Cass. civ. 2e, 15 décembre 2016, n° 15-25.780, *DMF* 2017, n° 789,

la sécurité sociale pour 2014 tend à rendre applicable aux marins affiliés à l'ENIM les dispositions du livre IV du code de la sécurité sociale relative à la faute inexcusable de l'employeur, en modifiant l'article L. 412-8-8° du code de la sécurité sociale. Ces dispositions s'appliquent même vis-à-vis d'un marin embarqué irrégulièrement, sans brevet adéquat et sans contrat écrit[332].
Les expositions aux poussières d'amiante ont conduit la Cour de cassation à modifier la définition même de la faute inexcusable de l'employeur, en se fondant sur une obligation de sécurité. En vertu du contrat de travail le liant à son salarié, l'employeur est tenu envers celui-ci d'une obligation de résultat, notamment en ce qui concerne les accidents du travail ; le manquement à cette obligation a le caractère d'une faute inexcusable au sens de l'article L. 452-1 du code de la sécurité sociale, lorsque l'employeur avait ou aurait dû avoir conscience du danger auquel était exposé le salarié et qu'il n'a pas pris les mesures nécessaires pour l'en préserver[333]. Dans les cas d'expositions aux poussières d'amiante, la jurisprudence s'efforce de distinguer les industriels qui transformaient des produits contenant de l'amiante et qui ne pouvaient en ignorer les dangers, et les utilisateurs de produits comportant de l'amiante qui eux pouvaient ignorer le risque couru par leurs salariés[334]. La Cour de cassation a tenu compte de ce revirement

---

pp. 208-210, « Reconnaissance de la faute inexcusable de l'employeur à la suite d'un accident du travail maritime »).

332 Cass. civ. 2e, 15 juin 2017, ENIM, navire *Vent Divin*, n° 15-24.510, *Dr. soc.* 2017, n° 2, pp. 1089-1092, obs. P. CHAUMETTE ; *DMF* 2017, n° 795, pp. 809-815, obs. P. CHAUMETTE « La faute inexcusable de l'employeur vis-à-vis d'un marin embarqué irrégulièrement ».

333 Cass soc., 7 esp., 28 février 2002, nos 99-17.201, 99-17.221, 99-18.389, 99-21.255, 00-10.051, 00-11.793 et 00-13.172, *Bull. civ.* V, n° 81 ; D. 2002, p. 2696, note X. PRÉTOT ; *Dr. soc.* 2002. 445, point de vue A. LYON-CAEN ; *Dr. soc.* 2002. 828, étude M. BABIN et N. PICHON ; *RDSS* 2002. 357, obs. P. PÉDROT et G. NICOLAS ; *RTD civ.* 2002. 310, obs. P. JOURDAIN ; *Dr. ouvrier* 2002. 166, note F. MEYER – Cass. soc. 11 avril 2002, n° 00-16.535, *Bull. civ.* V, n° 127 ; *D.* 2002, p. 2215, note Y. SAINT-JOURS ; D. 2002, p. 2696, note X. PRÉTOT ; *Dr. soc.* 2002, p. 676, obs. P. CHAUMETTE ; *RDSS* 2002, p. 538, obs. P.-Y. VERKINDT – Cass., ass. plén., 24 juin 2005, Grymonprez c/ Sté Norgraine a., n° 03-30.038, *Bull. ass. plén.*, n° 7 ; *D.* 2005, p. 2375, obs. A. ASTAIX, note Y. SAINT-JOURS ; *Dr. soc.* 2005, p. 1067, obs. X. PRÉTOT ; *RDSS* 2005, p. 875, obs. P.-Y. VERKINDT ; *JCP-S* 2005, n° 1056, note P. MORVAN – Cass. civ. 2e, 25 avril 2013, Union phocéenne d'acconage, n° 11-28.761.

334 Cass. civ. 2e, 28 novembre 2013, Cts X et FIVA c/ ENIM et SNCM, n° 12-27.406. – Cass. soc. 31 oct. 2002, n° 01-20.445, *Bull. civ.* V, n° 335 ; D. 2003, p. 382, obs. F. SIGNORETTO ; *Dr. soc.* 2003, p. 145, note P. CHAUMETTE ; *RDSS* 2003. 69,

pour fermer aux victimes d'accident du travail ou de maladie professionnelle le recours, précédemment ouvert[335], aux Commissions d'indemnisation des victimes d'infraction (CIVI), qui siègent auprès des tribunaux de grande instance, TGI[336] ; toutefois, ce recours reste possible en cas de faute intentionnelle de l'employeur ou de l'un de ses préposés[337]. Cette jurisprudence large, qui concerne les ayants droit de la victime et ses proches, est applicable à tous les accidents du travail et les maladies professionnelles, notamment à ceux subis par un marin.

Indemnisation complémentaire en cas de faute inexcusable de l'employeur. - L'indemnisation complémentaire des salariés victimes d'un accident du travail ou d'une maladie professionnelle, en cas de faute inexcusable de l'employeur a été élargie par l'Assemblée Plénière de la Cour de Cassation (Ass. Plén., 20 janvier 2023, n° 20-23673 et 21-23947). Elle comprend une majoration de rente ou de capital, calculée en fonction de la réduction de la capacité de travail, qui indemnise, d'une part, les pertes de gains professionnels et l'incidence professionnelle de l'incapacité, d'autre part, le déficit fonctionnel

---

obs. P.-Y. VERKINDT – Cass. civ. 2e, 12 juillet 2007, *JCP-S* 2007. 1769, note T. TAURAN – Cass. civ. 2e, 16 décembre 2010, n° 09-69.216 : pathologie allergique non connue de l'employeur – CA Rennes, 29 nov. 2019, X c/ ENIM, SA ESSO et FIVA, n° 17-01686.

[335] Cass. civ. 2e, 18 juin 1997, FGVAT c/ Sorribes, n° 95-11.223, *Bull. civ.* II, n° 191 ; *D.* 1997, p. 169 ; *Dr. soc.* 1998. 652, étude H. GROUTEL – Cass. civ. 2e, 7 mai 2003, FGVAT c/ M. Nicolas X…, n° 01-00.815, *Bull. civ.* II, n° 138 ; *D.* 2003, p. 1476 ; *Dr. soc.* 2003, p. 788, obs. P. CHAUMETTE ; *RDSS* 2003. 647, obs. P.-Y. VERKINDT – Cass. civ. 2e, 23 octobre 2003, Fadili c/ FGAT, n° 02-16.580, *Bull. civ.* II, n° 322 ; *D.* 2004, p. 834, note Y. SAINT-JOURS. – Cass. civ. 2e, 3 mai 2006, Betoux c/ FGAT, n° 04-19.080, *Bull. civ.* II, n° 114 ; *D.* 2006, p. 2226, obs. I. GALLMEISTER, note Y. SAINT-JOURS ; *Dr. soc.* 2006, p. 807, obs. P. COURSIER – Cass. civ. 2e, 21 décembre 2006, Mme Ferrari a. c/ FGAT, n° 05-20.344, *Bull. civ.* II, n° 369 ; *RSC* 2007, p. 827, obs. A. CERF-HOLLENDER – Cass. civ. 2e, 7 février 2008, FGVAT c/ Pereira, n° 07-10.838 ; *D.* 2008, p. 620 ; *D.* 2008. 2373, chron. J.-M. SOMMER et C. NICOLETTIS ; *Dr. soc.* 2008, p. 506, obs. P. CHAUMETTE.

[336] Cass. civ. 2e, 3 mai 2006, Betoux c/ FGVAT, n° 04-19.080, Bull. civ. II, n° 114 ; D. 2006, p. 2226, obs. I. GALLMEISTER, note Y. SAINT-JOURS ; *Dr. soc.* 2006. 807, obs. P. COURSIER ; *JCP-S* 2006, p. 1589, note D. ASQUENAZI-BAILLEUX.

[337] Cass. civ. 2e, 7 mai 2009, FGVAT c/ Mme C. et Assoc. tutélaire du Nord, n° 08-15.738, *Bull. civ.* II, n° 116 ; D. 2009, p. 1487 *; Dr. soc.* 2009, n° 9/10, p. 1001, obs. P. CHAUMETTE ; *RDSS* 2009 ; p. 723, note A. VIGNON-BARRAULT ; *RSC* 2009, p. 847, obs. A. CERF-HOLLENDER – Cass. civ. 2e, 28 mai 2009, FGVAT c/ M. Gerling, n° 08-11.256, *RSC* 2009. 847, obs. A. CERF-HOLLENDER – En sens contraire pour des coups volontaires : Cass. civ. 2e, 19 octobre 2006, n° 05-18.799.

permanent ; elle comprend aussi l'indemnisation des préjudices personnels, causés par les souffrances physiques ou pretium doloris, préjudice esthétique, préjudice d'agrément, préjudice moral, le préjudice résultant de la perte ou de la diminution de ses possibilités de promotion professionnelle (art. L. 452-3 CSS). La victime ne peut obtenir, en sus de la rente, une réparation distincte des souffrances physiques et morales, que si elle démontre qu'elles n'ont pas été indemnisées au titre du déficit fonctionnel permanent (Cass. civ. 2ème, 28 février 2013, n° 11-21015). Il incombe, en application des articles L. 412-8, 8° et L 413-12, 2° CSS et de l'article 20 du décret-loi modifié du 17 juin 1938, à la seule juridiction de sécurité sociale de statuer sur les demandes indemnitaires d'un marin résultant des conséquences financières de la faute inexcusable de l'employeur. Le Tribunal judiciaire est habilité à statuer sur les demandes portant sur les circonstances de la rupture du contrat de travail et ses conséquences indemnitaires. La perte d'identité sociale est une composante de l'incidence professionnelle, incluse dans l'indemnisation accordée par le Tribunal d'instance le 25 septembre 2017[338].

Prescription de la faute inexcusable de l'employeur. - L'action en reconnaissance de la faute inexcusable de l'employeur se prescrit par un délai de deux années (CSS, art. L 431-2). Ce délai court à partir « du jour de l'accident ou de la cessation du paiement de l'indemnité journalière ». Il ne peut commencer à courir qu'à compter de la reconnaissance du caractère professionnel de l'accident ou de la maladie »[339]. Cette prescription est interrompue par l'action pénale éventuelle, liée à l'accident ou à la maladie[340]. Il était possible de penser que ce délai de prescription, pour les marins, ne pouvait courir avant la décision du Conseil constitutionnel du 6 mai 2011, puisqu'antérieurement cette action n'était pas recevable. Il n'en était rien. La Cour de cassation a estimé que ce délai courait à partir du certificat médical constatant l'origine professionnel de la maladie, « qu'une évolution de la jurisprudence ne constitue pas une impossibilité d'agir suspendant l'écoulement du délai de

[338] CA Bordeaux, ch. soc B., 12 janvier 2023, *DMF* 2024, n° 864, pp. 44-56, n° 864, obs. P. CHAUMETTE, « L'indemnisation complémentaire due en raison de la faute inexcusable de l'employeur »

[339] Cass. civ. 2è, 3 avril 2003, n° 01-20.872 – Cass. civ. 2è, 20 septembre 2005, n° 04-30.055 – Cass. civ. 2è, 14 mars 2007, n° 05-21.304.

[340] Cass. civ. 2è, 31 mai 2012, n° 11-13.814.

prescription »[341]. L'ENIM a créé une aide sociale exceptionnelle, afin d'éviter les remboursements des sommes obtenues en appel, devenues indues à la suite des arrêts de cassation sans renvoi[342].

Autorité de la chose jugée au pénal sur le civil. - Lorsque l'employeur a été définitivement condamné par une juridiction pénale pour des infractions à la sécurité du travail, pour blessures ou homicide involontaire, la chose définitivement jugée au pénal s'impose au juge civil. L'employeur doit être considéré comme ayant eu conscience du danger auquel le salarié était exposé et n'avoir pas pris les mesures nécessaires pour l'en préserver[343]. Il en est ainsi lorsqu'un matelot a été victime d'un accident, alors qu'il déposait des casiers sur la lisse du navire, lors d'une pêche aux bulots ; il est tombé à l'eau, le pied pris dans une filière. La zone d'installation des engins de pêche et la zone d'évolution du marin n'étaient pas séparées ; des installations de sécurité ont été posées à la suite de l'accident. Aucun temps n'avait été consacré aux mesures de sécurité, lors de la prise de poste du matelot. L'employeur a été condamné par la cour d'appel de Rennes, le 20 octobre 2011, pour des faits de blessures involontaires, pour manquement à la sécurité dans le cadre du travail, absence de formation pratique et appropriée à la sécurité, ce dont il résulte que la société a eu conscience du danger auquel son salarié était exposé et n'a pas pris les mesures nécessaires pour l'en préserver. Ainsi la faute inexcusable de l'employeur est-elle établie. Il ne peut être opposé au salarié que sa propre faute inexcusable (art L. 453-1 CSS)[344]. Celle-ci qui s'entend comme une faute volontaire d'une exceptionnelle gravité exposant, sans

[341] Cass. civ. 2è, 12 octobre 20017, Sté CMA-CGM, n° 16-17723, *DMF* 2018, n° 798, pp. 34-38, obs. P. CHAUMETTE « De la prescription de la faute inexcusable de l'employeur et du revirement de jurisprudence » - Cass. civ. 2è, 4 avril 2019, n° 17-11489 – CA Rennes, 29 novembre 2019, X. c/ ENIM, SA ESSO et FIVA, n° 17-01686.

[342] ENIM, *Règlement d'action sanitaire et sociale pour 2019*, art. 4.

[343] Cass. civ. 2ème, 11 octobre 2018, n° 17-18712 ; Cass. civ. 2ème, 23 janvier 2020, n° 18-19080 (accidents mortels du travail) -

[344] Cass. civ. 2ème, 17 janvier 2007, n° 05-17701 : la cour d'appel avait considéré que la victime de l'accident du travail n'avait pas pris en considération les risques auxquels il s'était lui-même exposé en parfaite connaissance de cause, par sa présence à proximité immédiate du pont roulant, présence inutile à l'exécution de son travail ; cet arrêt d'appel est cassé, car il ne s'agit pas d'une faute volontaire de la victime, d'une exceptionnelle gravité, exposant sans raison valable son auteur à un danger dont il aurait dû avoir conscience.

raison valable, son auteur à un danger dont il aurait dû avoir conscience, n'a pas d'autre effet que de permettre de réduire la majoration de la rente à laquelle il peut prétendre [345].

Section 2 – Discipline

La discipline maritime paraît d'essence spécifique, du fait des dangers de la mer, et du fait de l'osmose ancienne des marines civiles et militaires. Il en est résulté un code disciplinaire et pénal de la marine marchande, né en 1852, rénové en 1926, qui concerne l'ensemble des activités maritimes. Ce code disciplinaire et pénal de la marine marchande était applicable à toute personne embarquée à bord d'un navire battant pavillon français, immatriculé au premier registre ou immatriculé au registre international français (RIF), ainsi qu'à l'armateur ou à son représentant. Il a été remplacé par les dispositions relatives à la discipline à bord et à la police intérieure du navire prévues par le titre III du livre V de la partie V du code des transports, en 2010 : la collectivité du bord ; police intérieure et discipline à bord (C. transp., art. L. 5524-1 et s., L. 5531-1 et s. et L. 5612-2). Le décret n° 2018-747 du 24 août 2018 est pris pour l'application du chapitre IV du titre II et des chapitres Ier et II du titre III du livre V de la cinquième partie du code des transports, relatifs aux sanctions professionnelles des marins, à la police intérieure et à la discipline à bord des navires et aux dispositions particulières aux personnels militaires (Décret n° 2018-747 du 24 août 2018, relatif au régime disciplinaire des marins et des pilotes, à la discipline à bord des navires et au régime disciplinaire applicable aux militaires embarqués). L'intitulé de la loi du 17 décembre 1926 est remplacé par l'intitulé suivant : « Loi du 17 décembre 1926 relative à la répression en matière maritime ». Dans toutes les dispositions législatives en vigueur, les références au code disciplinaire et pénal de la marine marchande sont remplacées par les références à la loi relative à la répression en matière maritime (art. 17), depuis l'ordonnance n° 2012-1218 du 2 novembre 2012 portant réforme pénale en matière maritime. L'ordonnance définit les délits

[345] CA Rennes, 9ème ch., 5 juillet 2023, n° 21/03420, navire Discovery.

maritimes (art. 2). Il faut donc distinguer le volet de la discipline de la profession de celui du droit pénal maritime[346].

Discipline de la profession. – Le ministre chargé des gens de mer peut, pour manquement à l'honneur professionnel, faute grave dans l'exercice de la profession ou condamnation devenue définitive, pour une infraction figurant sur une liste fixée par décret en Conseil d'État, prononcer contre tout marin le retrait temporaire ou définitif, partiel ou total, des droits d'exercice de la profession attachés au titre professionnel, dont ce dernier est titulaire (C. transp., art. L. 5524-1, mod. par L. n° 2016-816 du 20 août 2016, art. 33). Le retrait des droits d'exercice de la profession intervient après avis d'un conseil de discipline. Les sanctions encourues sont réparties en deux groupes : 1° La réprimande et le blâme 2° : La suspension temporaire de l'exercice des fonctions et l'interdiction définitive de l'exercice des fonctions. Le ministre chargé des gens de mer ne peut prendre une décision plus sévère que celle proposée par le conseil (C. transp., art. L. 5524-2). Lorsque la gravité des manquements et des faits le justifie, pour des raisons de sécurité, l'autorité compétente de l'État peut prononcer la suspension temporaire du droit d'exercer la profession du marin renvoyé devant le conseil de discipline (C. transp., art. L. 5524-3)[347]. Il s'agit d'une discipline de la profession de marin, dotée autrefois d'une dimension pénale. Les fautes maritimes, qu'elles relèvent de sanctions disciplinaires ou pénales, étaient définies par le code disciplinaire et pénal de la marine marchande. Pour autant, les marins salariés ne peuvent échapper au pouvoir disciplinaire du chef d'entreprise, dans le cadre de l'exécution ou de la rupture de leur contrat d'engagement maritime, même s'ils semblent être exclus du règlement intérieur d'entreprise (C. transp., art. L. 5545-2). La discipline de la profession de marin concerne aussi les pilotes maritimes. Les sanctions disciplinaires applicables à un pilote lorsqu'il n'est pas en service à bord d'un navire sont les sanctions professionnelles des 1° et 2° de l'article L. 5524-2du code des transports.
La suspension de plus d'un mois et la révocation interviennent après avis du conseil de discipline (C. transp., art. L. 5524-3-1).

---

[346] P. CHAUMETTE, « Le droit disciplinaire des marins à l'aune des droits fondamentaux », in N. GUILLET (dir.), *Mer et droits fondamentaux de la personne humaine*, Institut Francophone pour la Justice et la Démocratie, 2022, pp. 17-39.
[347] B. BOULOC, « Le nouveau régime disciplinaire des marins et des pilotes », *DMF* 2019, n° 809, pp. 3-15.

Le décret n° 2018-747 du 24 août 2018 définit la procédure disciplinaire susceptible d'être engagée à l'encontre d'un marin ou d'un pilote, en cas de manquement à l'honneur professionnel ou de faute grave dans l'exercice de la profession. Il crée un conseil de discipline pour les marins et les pilotes et définit la procédure devant ce conseil (C. transp., art. R. 5524-18 à R. 5524-42 et art. R. 5524-46 à R. 5544-49 – pour les pilotes, art. R. 5524-52 à R. 5524-58). Après avis du conseil de discipline, le ministre chargé des gens de mer et, le cas échéant, celui chargé des ports maritimes peuvent prononcer une sanction pouvant aller jusqu'au retrait temporaire ou définitif, partiel ou total, des droits d'exercice de la profession. Le décret définit également les manquements professionnels et comportements de nature à perturber la vie collective à bord du navire (C. transp., art. R. 5524-4), les modalités de l'enquête disciplinaire menée à bord par le capitaine (C. transp., art. R. 5524-6 à R. 5524-11) et les conditions dans lesquelles, à l'issue de cette enquête, sur le fondement de l'enquête de bord du capitaine, l'autorité administrative prononce une sanction disciplinaire (C. transp., art. R. 5524-12 à R. 5524-17). Il précise le régime disciplinaire applicable aux personnels militaires embarqués à bord des navires disposant d'un permis d'armement.

Fautes disciplinaires vis-à-vis de la profession. - Les manquements à l'honneur professionnel sont constitués notamment de tout comportement de nature à déconsidérer gravement la réputation de la profession maritime ou du service public. Les fautes graves dans l'exercice de la profession sont constituées notamment de tout comportement de nature à porter gravement atteinte à la sécurité en mer, à la sûreté du navire, à la sauvegarde de la vie humaine, aux règlements portuaires ou à l'environnement, et, s'agissant d'un pilote, de tout autre manquement grave au règlement particulier prévu à l'article L. 5341-10 ou au règlement local prévu à l'article R. 5341-47 de la station de pilotage (C. transp., art. R. 5524-4). À la suite des amendements de 2010 de la Convention STCW de l'OMI, dits amendements de Manille, l'alcool à bord donne lieu à des dispositions spécifiques. « En cas d'exercice des fonctions en état d'ivresse manifeste ou sous l'empire d'un état alcoolique interdit au titre de l'article L. 5531-21 de tout marin ou de tout pilote, ou en cas de refus par l'intéressé de contrôle de l'alcoolémie dans les conditions prévues par la section 5 du chapitre Ier du titre III du livre V de la cinquième partie du présent code, l'autorité compétente de l'État peut prononcer la suspension immédiate temporaire du droit d'exercer la profession du marin ou de pilote susceptible d'être renvoyé devant le conseil de discipline » (C. transp., art. L. 5524-3-2, créé par Ord. n° 2006-1686 du 8 déc. 2016, relative à l'aptitude médicale à la navigation des gens de mer et à la lutte contre l'alcoolisme en mer, art. 2). Les sanctions professionnelles prononcées par le ministre compétent, ainsi que les sanctions prononcées par le directeur interrégional de la mer en application de l'article R. 5531-6, sont inscrites sur un registre (C. transp., art. R. 5524-43) ; le décret n° 2018-747 prévoit un délai de cinq années pour l'effacement des sanctions prononcées (C. transp., art. R. 5524-44 et R. 5524-45).

Discipline à bord. – Le capitaine a sur toutes les personnes, de quelque nationalité qu'elles soient, présentes à bord pour quelque cause que ce soit, l'autorité que justifient le maintien de l'ordre, la sûreté et la sécurité du navire et des personnes embarquées, la sécurité de la cargaison et la bonne exécution de l'expédition entreprise. L'armateur fournit au capitaine les moyens nécessaires à l'exercice de cette autorité et n'entrave pas les décisions qui en relèvent (C. transp., art. L. 5412-2, Loi n° 2019-1428 du 24 décembre 2019).
Dépositaire de l'autorité publique, le capitaine peut employer à ces fins tout moyen de coercition nécessité par les circonstances et proportionné au but poursuivi. Il peut également requérir les personnes embarquées de lui prêter main-forte (C. transp., art. L. 5531-1). Les fautes disciplinaires et les infractions pénales définies par le présent chapitre sont constatées par le capitaine ou, le cas échéant, par les autorités compétentes de l'État. Leur procès-verbal fait foi jusqu'à preuve du contraire (C. transp., art. L. 5531-2). En cas de perte du navire, l'autorité du capitaine continue de s'exercer à l'égard des membres de l'équipage et des marins embarqués en qualité de passagers jusqu'à ce qu'ils aient pu être confiés à l'autorité compétente. Ces dispositions s'appliquent également aux autres personnes embarquées si elles ont demandé à suivre la fortune de l'équipage (C. transp., art. L. 5531-3).
La consommation, régulière ou non, d'alcool ou de produits stupéfiants à bord présente un risque très sérieux pour l'ensemble du navire et de l'équipage. Cela participe des conduites à risques. La législation a beaucoup évolué sur ce point. L'introduction d'alcool est interdite sauf autorisation du capitaine ou pour l'usage des passagers, ou pour l'usage des membres d'équipage, dans des limites précises (C. transp., art. L. 5531-3-1, créé par Ord. n° 2016-1686 du 8 déc. 2016, art. 3). Toute boisson alcoolique introduite à bord sans autorisation est

confisquée par le capitaine pendant la période de l'embarquement et mise en sécurité sous ses directives sans préjudice des sanctions disciplinaires, professionnelles ou pénales auxquelles le ou les personnes responsables de cette introduction s'exposent. Dans ce cas, le capitaine en fait mention au journal de mer (C. transp., art. L. 5531-3-2, créé par Ord. n° 2016-1686, 8 déc. 2016, art. 3). Lorsque la consommation de boissons alcooliques par l'équipage est susceptible de porter atteinte à la sécurité et à la santé physique et mentale des travailleurs, à la sûreté ou à la sécurité de la navigation, l'armateur peut mettre en œuvre, soit dans le système de gestion de la sécurité mis en place par la compagnie pour le navire, en application du Code international de gestion pour la sécurité de l'exploitation des navires et la prévention de la pollution, soit dans le règlement intérieur ou, à défaut, par note de service, les mesures permettant de protéger la santé et la sécurité de tous les gens de mer employés à bord, la sécurité des passagers et de prévenir tout risque d'accident ou d'événement de mer. Ces mesures peuvent notamment prendre la forme d'une limitation pouvant aller jusqu'à l'interdiction de la consommation de boissons alcooliques et doivent être proportionnées au but recherché (C. transp., art. L. 5531-3-3, créé par Ord. n° 2016-1686 du 8 déc. 2016, art. 3). Les marins évoquent alors un bateau « sec ».

Fautes disciplinaires vis-à-vis de la vie du bord. - Un décret définit les manquements professionnels et les comportements de nature à perturber la vie collective à bord, constitutifs, pour les membres de l'équipage, d'une faute contre la discipline, précise les autorités compétentes pour en connaître et fixe les règles de procédure applicables, concernant l'enquête de bord du capitaine (C. transp., art. L. 5531-4 – art. R. 5531-1 à R. 5531-8, Décret n° 2018-747, 24 août 2018). Les sanctions applicables aux membres de l'équipage en cas de faute disciplinaire sont réparties en deux groupes : 1° Les sanctions du premier groupe sont le blâme et la consigne à bord pour quatre jours au plus ; 2° Les sanctions du deuxième groupe sont la consigne à bord pendant huit jours au plus. Les manquements professionnels et les comportements de nature à perturber la vie collective à bord, constitutifs de fautes contre la discipline, sont : 1° La désobéissance à un ordre concernant le service relatif à la sécurité maritime, à la sûreté, à la protection de l'environnement et à la lutte contre les pollutions, aux règlements portuaires, à la conduite, l'exploitation, l'entretien ou la manœuvre du navire ; 2° L'ivresse à bord, le dépassement de l'alcoolémie maximale mentionnée, à l'article L. 5531-21 (C. transp., art. L. 5531-5), l'introduction irrégulière de boissons alcoolisées à bord, l'introduction irrégulière à bord ou l'usage illicite de substances ou de plantes classées comme stupéfiants ; 3° L'absence irrégulière du service ou du bord d'un marin, notamment la descente à terre sans autorisation ou l'emploi non autorisé d'une embarcation ou d'une annexe du navire ; 4° Les voies de fait, à bord ou à terre ; 5° Tout comportement de nature à nuire à la sécurité du bâtiment, des installations portuaires et des personnes ; 6° Les comportements de harcèlement moral ou sexuel ; 7° Les trafics et vols commis à bord et la dégradation volontaire de matériel ; 8° Le non-respect des conditions d'une consigne infligée en application de l'article L. 5531-5 ; 9° Les violences aux personnes ; 10° Tout autre comportement portant atteinte à l'ordre public, aux bonnes mœurs ou à la réputation de l'entreprise d'armement maritime ou de la station de pilotage (C. transp., art. R. 5531-5).

Infractions pénales. - Le code des transports prévoit les infractions d'insubordination, de complot, de violences, d'abus d'autorité, d'outrage, de manquements aux obligations professionnelles, de présence irrégulière à bord, de détournement d'objets nécessaires à la navigation et à la sécurité du navire (C. transp., art. L. 5531-5).

Tribunal maritime. – La sécurité de la navigation nécessite le maintien d'infractions pénales spécifiques, par exemple en matière d'abordage. La sécurité de la navigation justifie l'existence d'une juridiction pénale particulière : il s'agissait des tribunaux maritimes commerciaux (TMC), qui portaient bien mal leur nom, n'ayant rien de commerciaux, mais bien répressifs. Il en existait quatorze en France.
La loi du 24 août 1993 avait confié la présidence du TMC à un magistrat du TGI, et non plus à un administrateur des affaires maritimes, le TMC n'était pas compétent pour statuer sur l'action civile en indemnisation, de sorte que les victimes d'infractions privilégiaient les juridictions répressives de droit commun, tribunal de police ou tribunal correctionnel[348]. Le CDPMM n'avait pas suivi la révision de 1992 du code pénal, qui a supprimé les minima des peines, ainsi que les circonstances atténuantes. La procédure d'audience n'avait nullement

[348] J.-Ph. BLOCH, « Le tribunal maritime commercial, un tribunal qu'il faut maintenir en le modernisant », *DMF* 2004, p. 690.

suivi les évolutions de la procédure pénale. Seul le pourvoi en cassation était ouvert contre le jugement du TMC. À la suite de poursuites, le TMC de Boulogne-sur-Mer fut saisi d'une question prioritaire de constitutionnalité (QPC), transmise à la Cour de cassation, puis au Conseil constitutionnel, dans les conditions prévues à l'article 61-1 de la Constitution. Dans sa décision du 2 juillet 2010, le Conseil constitutionnel a jugé que la présence, au sein d'une juridiction répressive compétente pour prononcer des peines privatives de liberté, d'un militaire ou d'un fonctionnaire soumis à l'autorité hiérarchique du Gouvernement, est contraire au principe d'indépendance des juridictions qui découle de l'article 16 de la Déclaration des Droits de l'Homme et du Citoyen de 1789[349]. Cette abrogation a pris effet immédiatement conformément à l'article 62 de la Constitution. Dès lors, les affaires en cours devaient être jugées par les TMC dans la composition prévue, selon la nature de l'infraction, pour les juridictions pénales de droit commun, tribunal de police ou tribunal correctionnel[350].

L'article 199 de la loi n° 211-525 du 17 mai 2011 a habilité le Gouvernement à prendre, par voie d'ordonnances, dans un délai de dix-huit mois, les dispositions nécessaires pour moderniser les TMC. Une partie des dispositions du code pénal et disciplinaire de la marine marchande a été intégrée en 2010 au sein du code des transports (infractions relatives à la circulation maritime, conduite en mer et cargaisons dangereuses ou polluantes (C. transp., art. L. 5242-1 à L. 5242-6), conditions d'accès et d'exercice de la profession, police intérieure et discipline du bord (C. transp., art. L. 5521-1 à L 5532-1). L'ordonnance n° 2012-1218 du 2 novembre 2012 porte réforme pénale en matière maritime ; elle modifie la loi du 17 décembre 1926 portant code disciplinaire et pénal de la marine marchande. Elle conduit à la création de tribunaux de grande instance (TGI) spécialisés, à la mise en place d'assesseurs maritimes, à une définition de l'infraction pénale

---

[349] Cons. const. 2 juillet 2010, n° 2010-10 QPC, *D.* 2010, p. 1712 ; *RSC* 2011, p. 193, chron. C. LAZERGES ; *RTD Civ.* 2010, p. 517, obs. P. PUIG – J.-B. PERRIER, « Indépendance de la justice et soumission à l'autorité hiérarchique », *RFDC* 2010, n° 84, p. 841 et s. – D. FALLON, « Précisions sur le droit constitutionnel au procès équitable. À propos de la décision du Conseil constitutionnel 2010-10 QPC du 2 juillet 2010 Consorts C. et autres », *RFDC* 2011, n° 86, p. 265 et s.

[350] Cass. crim. 13 octobre 2010, n° 09-85.444, *DMF* 2010, n° 717, p. 690 et s., obs. L. BRIAND, « Quel avenir pour les tribunaux maritimes commerciaux ? » ; *RFDC* 2010, n° 84, p. 841 et s., obs. J.P. PERRIER ; *RFDC* 2011, n° 86, p. 265 et s., obs. D. FALLON.

maritime[351]. Les articles 14 à 16 de l'ordonnance du 2 novembre 2012 sont relatifs à l'outre-mer.
Le tribunal maritime est composé de trois magistrats, dont le président, désignés par le président du tribunal de grande instance ou du tribunal de première instance auprès duquel il est institué et de deux assesseurs maritimes. Le nombre d'assesseurs maritimes pour chaque tribunal maritime est fixé par arrêté du ministre de la Justice[352]. Les assesseurs maritimes sont choisis parmi les personnes âgées de plus de trente ans, de nationalité française, jouissant des droits civils, civiques et de famille. Ils sont inscrits sur une liste pour une durée de cinq ans, non renouvelable. La liste des assesseurs maritimes de chaque tribunal maritime est dressée par une commission présidée par le président du tribunal de grande instance auprès duquel il est institué ou son délégué. Avant d'entrer en fonction, les assesseurs maritimes prêtent serment, devant le tribunal de grande instance auprès duquel est institué le tribunal maritime, de bien et fidèlement remplir leurs fonctions et de garder le secret des délibérations. Les assesseurs maritimes d'un tribunal maritime doivent résider dans le ressort de celui-ci. Un décret en Conseil d'État fixe les modalités de présentation, de sélection des candidatures et les conditions d'exercice des fonctions d'assesseur maritime. L'État organise, dans des conditions déterminées par décret, la formation des assesseurs maritimes et en assure le financement (Ord. 2 novembre 2012, art. 12).
Les assesseurs maritimes peuvent être salariés ; ils bénéficient des attributions accordées aux conseillers prud'hommes. L'employeur accorde au salarié de son entreprise, assesseur maritime, sur sa demande dès sa désignation et pour les besoins de sa formation, des autorisations d'absence, dans la limite d'une semaine pouvant être fractionnée pendant la durée de son inscription sur la liste. Les dispositions de l'article L. 3142-2 du code du travail sont applicables à ces autorisations. L'employeur laisse au salarié de son entreprise, assesseur maritime, le temps nécessaire pour se rendre et participer aux activités du tribunal maritime déterminées par décret en Conseil d'État. Le temps passé hors de l'entreprise pendant les heures de travail par le salarié

---

[351] P. CHAUMETTE, « Modernisation du droit pénal professionnel maritime », *Dr. soc.* 2013, n° 1, p. 33 et s. – L. BRIAND, « L'ordonnance n° 2012-1218 du 2 novembre 2012 portant réforme pénale en matière maritime. Vers une justice efficace ? », *DMF* 2013, n° 751, p. 779 et s.

[352] Arrêté du 2 mars 2015 fixant le nombre d'assesseurs maritimes pour chaque tribunal maritime.

assesseur maritime pour l'exercice de ses fonctions est assimilé à un temps de travail effectif pour la détermination de la durée des congés payés et des droits que le salarié tient du fait de son ancienneté dans l'entreprise, des stipulations contractuelles, conventionnelles et des dispositions légales (Ord. 2 novembre 2012, art. 13). Pendant le temps nécessaire à l'exercice de ses fonctions, l'assesseur maritime reste couvert par le régime de sécurité sociale dont il relève (Ord. 2 nov. 2012, art. 14). L'assesseur maritime siège aux audiences pour lesquelles il est désigné par le président du tribunal maritime (Ord. 2 novembre 2012, art. 15).

Le décret n° 2014-1581 du 23 décembre 2014 a fixé la liste, le siège et le ressort des tribunaux maritimes ; l'arrêté du 11 mars 2015 a fixé le contenu du dossier de candidature aux fonctions d'assesseur maritime ; le décret n° 2015-261 du 5 mars 2015 est relatif au fonctionnement et à l'organisation des tribunaux maritimes ; le décret n° 2015-961 du 31 juillet 2015 est relatif à la formation et à l'indemnisation des assesseurs maritimes. Il est institué un tribunal maritime auprès de tribunaux de grande instance ou de tribunaux de première instance, seul compétent pour le jugement : des délits maritimes définis à l'article 2 de l'ordonnance du 2 novembre 2012, sous réserve des dispositions du code de justice militaire et de l'ordonnance n° 45-174 du 2 février 1945 relative à l'enfance délinquante, des contraventions connexes aux délits maritimes au sens de l'article 203 du code de procédure pénale. Le tribunal maritime peut également connaître des délits prévus par les articles 221-6, 221-7, 222-19, 222-20, 223-1, 223-6, 223-7, 322-1, 322-2, 322-3 et 434-10 du code pénal, lorsqu'ils sont connexes à un délit maritime au sens de l'article 203 du code de procédure pénale (L. 17 décembre 1926, art. 3-I).

Le tribunal maritime territorialement compétent est celui dont la compétence résulte de l'application des articles 43, 52, 382 et 706-42 du code de procédure pénale ou qui comprend dans son ressort selon le cas : 1° Le port d'immatriculation du navire ; 2° Le port ou abri où le navire a été conduit ou peut être trouvé ; 3° Le lieu d'attachement en douane du navire ; 4° Le port ou abri de débarquement de la personne mise en cause ; 5° Le lieu d'implantation du centre régional opérationnel de sauvetage et de surveillance désigné comme point de contact auprès des organisations internationales en application du Code international pour la sûreté des navires et des installations portuaires ; 6° La résidence administrative de l'agent qui a constaté l'infraction (L. 17 décembre 1926, art. 3-II).

Ce tribunal maritime est compétent quant aux délits maritimes, quant aux contraventions connexes aux délits maritimes. Les délits maritimes relevant de la compétence des tribunaux maritimes sont : les délits définis dans la cinquième partie du code des transports, à l'exception de ceux mentionnés aux articles L. 5111-2, L. 5111-3, L. 5142-8, L. 5241-15, L. 5273-1, L. 5273-2, L. 5273-3, L. 5336-10, L. 5336-11, L. 5523-6, L. 5531-6, L. 5131-7, L. 5131-8, L. 5131-9, L. 5531-14, L. 5531-14-1, L. 5542-50, L. 5542-51, L. 5542-52, L. 5542-53, L. 5542-54 et L. 5542-55, L. 5542-56, L. 5543-5, L. 5546-1-9, L. 5566-1, L. 5566-2, L. 5642-1 et L. 5642-2 ; les délits prévus aux articles 42, 43 et 44 de l'ordonnance n° 2016-1687 du 8 décembre 2016 relative aux espaces maritimes relevant de la souveraineté ou de la juridiction de la République française ; les infractions délictuelles aux lois du pays et aux délibérations de la Nouvelle-Calédonie ou de la Polynésie française ainsi qu'aux actes du conseil territorial de Saint-Barthélemy ou de Saint-Martin, intervenus dans les matières correspondant aux délits prévus ci-dessus.

Procédure pénale. - La poursuite des délits maritimes est exercée par le procureur de la République du tribunal de grande instance ou du tribunal de première instance auprès duquel est institué un tribunal maritime (Ord. 2 nov. 2012, art. 6). Les infractions maritimes mentionnées aux articles 2 et 17 de l'ordonnance du 2 novembre 2012 sont poursuivies, instruites et jugées conformément aux règles du code de procédure pénale et de la cinquième partie du code des transports, sous réserve des dispositions particulières fixées par code disciplinaire et pénal de la marine marchande (Ord. 2 nov. 2012, art. 16). Les procès-verbaux d'infraction maritime font foi jusqu'à preuve du contraire. Ils sont établis en deux exemplaires dont l'un est transmis au procureur de la République et l'autre au directeur interrégional de la mer responsable du service dans le ressort duquel l'infraction a été commise (Ord. 2 nov. 2012, art. 18). La poursuite des contraventions maritimes des quatre premières classes est exercée par le directeur interrégional de la mer ou le fonctionnaire qu'il désigne, sous l'autorité du procureur de la République, dans les conditions prévues à l'article 44 du code de procédure pénale. Le procureur de la République peut occuper les fonctions du ministère public à la place du directeur interrégional de la mer chaque fois qu'il l'estime opportun (Ord. 2 nov. 2012, art. 19).
Lorsque le capitaine d'un navire battant pavillon français a connaissance d'un crime, d'un délit ou de leur tentative et de toute

contravention commis à bord du navire, il effectue, afin d'en conserver les preuves et d'en rechercher les auteurs, tous les actes utiles en exerçant au besoin les pouvoirs mentionnés aux articles 54, 60, 61 et 62 et au 1er alinéa de l'article 75 du code de procédure pénale. Les articles 55, 56, 59, 66 et les trois premiers alinéas de l'article 76 du même code sont applicables. Les pouvoirs d'enquête de flagrance visés au présent article s'appliquent aux crimes flagrants et aux délits flagrants lorsque la loi prévoit une peine d'emprisonnement. Le capitaine en informe sans délai l'autorité administrative en indiquant la position du navire ainsi que le lieu, la date et l'heure prévus de la prochaine escale. L'autorité administrative en informe sans délai le procureur de la République, qui peut ordonner le déroutement du navire. Les constatations et les diligences du capitaine sont inscrites au livre de discipline (Ord. 2 nov. 2012, art. 20). Si la première escale du navire a lieu dans un port français, le capitaine transmet au procureur de la République sans délai et par tout moyen permettant d'en garantir l'authenticité les pièces de l'enquête effectuée en application de l'article 20 de l'ordonnance du 2 novembre 2012. Il en adresse une copie à l'autorité administrative dans le ressort de laquelle se situe ce port ou le port d'immatriculation du navire (Ord. 2 nov. 2012, art. 21). Si la première escale du navire a lieu dans un port étranger, les pièces de l'enquête sont remises sans délai à l'autorité consulaire. Celle-ci se rend à bord afin de constater les mesures prises par le capitaine. Elle peut procéder à une enquête complémentaire dans les conditions prévues à l'article 20 de l'ordonnance du 2 novembre 2012. L'autorité consulaire transmet au procureur de la République sans délai et par tout moyen permettant d'en garantir l'authenticité le dossier de la procédure (Ord. 2 nov. 2012, art. 22).

Lorsqu'un crime, un délit, ou leur tentative, a été commis, hors du territoire de la République, par le capitaine d'un navire battant pavillon français ou avec sa complicité, l'autorité consulaire ou, à défaut, le commandant d'un bâtiment de l'État présent sur les lieux effectue, dès qu'elle a connaissance de l'infraction, une enquête dans les conditions prévues à l'article 20. Si l'autorité consulaire l'estime nécessaire, elle prend, si possible avec l'accord de l'exploitant du navire, les mesures utiles afin de pourvoir au remplacement du capitaine. Elle en informe le directeur interrégional de la mer du port d'immatriculation du navire (Ord. 2 nov. 2012, art. 23).

L'autorité consulaire ou, à défaut, le commandant d'un bâtiment de l'État peut, à la demande ou avec l'accord du procureur de la

République, si les aménagements du navire le permettent, requérir le capitaine de tout navire battant pavillon français à destination d'un port français de recevoir ou de garder à son bord, avec le dossier de la procédure sous pli fermé et scellé, toute personne mise en cause pour crime ou délit, et de lui procurer le passage et la nourriture pendant le voyage. Le mineur est séparé de toute autre personne mise en cause pour crime ou délit. Dès l'arrivée du navire dans un port français, le capitaine met la personne mise en cause ainsi que le dossier de la procédure à la disposition de l'autorité maritime compétente qui en informe sans délai le procureur de la République (Ord. 2 nov. 2012, art. 24). Les frais nécessités par le transport de la personne mise en cause, si elle est rapatriée par tout autre moyen que le navire auquel elle appartient, sont remboursés par l'État, conformément aux tarifs établis par les règlements en vigueur et sauf recours contre le condamné (Ord. 2 nov. 2012, art. 25).

Sanctions pénales. - Le fait pour le capitaine requis par l'autorité compétente dans les conditions prévues à l'article 24, sans motif légitime, de refuser de se charger du dossier de l'enquête ou des pièces à conviction ou d'assurer le transport d'une personne mise en cause ou de ne pas livrer la personne ou le dossier confié à ses soins à l'autorité maritime compétente désignée pour les recevoir est puni de 3 750 euros d'amende, sans préjudice s'il y a lieu, en cas d'évasion ou de complicité d'évasion, de l'application aux personnes embarquées des dispositions des articles 434-32 et 434-33 du code pénal (Ord. 2 nov. 2012, art. 27). Pour les délits maritimes mentionnés aux a et b de l'article 2 de l'ordonnance du 2 novembre 2012, le tribunal saisi peut prononcer, à titre complémentaire ou principal, une ou plusieurs des peines suivantes : a) À l'encontre d'un marin breveté, diplômé ou certifié, le retrait total ou partiel, pour une durée de trois ans au plus, des droits ou prérogatives afférents aux brevets, diplômes ou certificats ou le visa de reconnaissance, dont celui-ci est titulaire. Le retrait peut être prononcé à titre définitif en cas de perte totale du navire ; b) La suspension pour une durée de trois ans au plus ou le retrait définitif du permis de conduire en eaux maritimes des navires de plaisance à moteur, et l'interdiction, pour une durée de trois ans au plus, de solliciter la délivrance d'un nouveau permis ; c) À l'encontre de toute personne embarquée sur un navire étranger, l'interdiction temporaire pour une durée au plus de trois ans ou définitive de pratiquer la navigation dans les eaux territoriales ou les eaux intérieures maritimes françaises ; d)

L'affichage de la décision prononcée ou la diffusion de celle-ci soit par la presse écrite, soit par tout moyen de communication au public par voie électronique (Ord. 2 nov. 2012, art. 28).

Infractions relatives à l'équipage. – Est puni de six mois d'emprisonnement et de 3 750 euros d'amende le fait d'exercer le commandement du navire ou toute autre fonction du bord, sans satisfaire aux conditions exigées par le présent titre (C. transp., art. L. 5523-2). Est passible des peines prévues à l'article L. 5523-2 du code des transports, le propriétaire du navire, l'exploitant du navire ou leur représentant légal ou dirigeant de fait s'il s'agit d'une personne morale, ou toute autre personne exerçant, en droit ou en fait, un pouvoir de contrôle ou de direction dans la gestion ou la marche du navire lorsque ce propriétaire, cet exploitant ou cette personne a été à l'origine de l'infraction prévue par cet article (C. transp., art. L. 5523-3). Lorsqu'il prononce des amendes en application de l'article L. 5523-2 à l'encontre du capitaine, du chef de quart ou de toute personne exerçant la conduite du navire, le tribunal peut, compte tenu des circonstances de fait et notamment des conditions d'exercice de ses fonctions, mettre, en totalité ou en partie, à la charge du propriétaire ou de l'exploitant du navire le paiement des amendes ainsi prononcées. Il ne peut user de cette faculté que si le propriétaire ou l'exploitant du navire a été cité à l'audience (C. transp., art. L. 5523-4).
Sont punis de six mois d'emprisonnement et de 4 500 euros d'amende, l'armateur ou le capitaine qui font naviguer un navire avec un équipage sans être muni de la fiche d'effectif minimal mentionnée à l'article L. 5522-2 du code des transports, ou dont l'effectif est inférieur au minimum prescrit en application de ce même article. Ces peines sont portées à un an d'emprisonnement et à 6 000 euros d'amende s'il s'agit d'un navire à passagers (C. transp., art. L. 5523-5). Est puni de six mois d'emprisonnement et de 3 750 euros d'amende : 1° Le fait, pour l'armateur ou le capitaine, d'admettre à bord un membre de l'équipage ne disposant pas d'un certificat d'aptitude médicale valide délivré dans les conditions de l'article L. 5521-1 ; 2° Le fait, pour l'armateur ou le capitaine, d'admettre à bord tous gens de mer autres que des membres de l'équipage ne disposant pas d'un certificat d'aptitude médicale valide délivré dans les conditions du II de l'article L. 5549-1 du code des transports ; 3° Le fait, pour l'armateur ou le capitaine, d'admettre à bord un membre de l'équipage ne disposant pas de titres de formation correspondant aux fonctions qu'il est amené à exercer à bord du navire,

conformes aux exigences de l'article L. 5521-2 ; 4° Le fait, pour l'armateur ou le capitaine, d'admettre à bord tous gens de mer autres que des membres de l'équipage ne justifiant pas des exigences de formation minimale mentionnées au III de l'article L. 5549-1 du code des transports (C. transp., art. L. 5523-6).

Discipline de l'entreprise. Les gens de mer et marins de la pêche, du commerce ou de la plaisance professionnelle, quand ils ne sont pas indépendants tels les patrons pêcheurs, ont été recrutés par un employeur dans le cadre d'un contrat d'engagement maritime. L'armateur, gestionnaire du navire, est responsable des pratiques et comportements de la société de manning avec laquelle il a contracté. L'autorité du capitaine de navire s'applique sans distinction du recrutement direct ou de la mise à disposition des gens de mer. La discipline d'entreprise passe par le respect de règles générales et permanentes internes, comprises dans le règlement intérieur de l'entreprise ou applicables à bord du navire, et peut donner lieu à d'éventuelles sanctions disciplinaires ayant des effets sur le sort du contrat d'engagement maritime, de la mise à pied au licenciement pour faute, faute sérieuse, faute grave, voire faute lourde[353]. « Pour l'application aux gens de mer des dispositions de l'article L. 4122-1 du code du travail, les mots : « dans les conditions prévues au règlement intérieur pour les entreprises tenues d'en élaborer un » sont remplacés par les mots : « selon les règles applicables à bord du navire » (art. L. 5545-2 C. Transports). Les mesures concernant les contrôles de consommation d'alcool à bord sont définies par l'armateur, soit dans le système de gestion de la sécurité mis en place par la compagnie pour le navire, en application du code ISM, soit dans le règlement intérieur ou, à défaut, par note de service, les mesures permettant de protéger la santé et la sécurité de tous » (C. transp. art. L. 5531-3-3). Pour les salariés terrestres, ce sont les dispositions issues de la loi du 4 août 1982, insérées au Code du travail, qui fondent et encadrent les pouvoirs réglementaires et disciplinaires des employeurs. Ces dispositions sont applicables aux marins embarqués sous pavillon français. La procédure disciplinaire, définie par le Code du travail, est explicitement applicable aux marins, en matière de licenciement (C. transp. art. L. 5542-42). L'article L. 5542-42 du Code des Transports renvoie à l'application du

---

[353] P. CHAUMETTE, « Le droit disciplinaire des marins à l'aune des droits fondamentaux », in N. GUILLET (dir.), *Mer et droits fondamentaux de la personne humaine*, Institut Francophone pour la Justice et la Démocratie, 2022, pp. 17-39.

titre III du livre II de la partie I du Code du travail relatif au licenciement pour motif personnel, dans des conditions déterminées par décret en Conseil d'État, compte tenu des adaptations nécessaires (Décret n° 78-389, 17 mars 1978, portant application du Code du travail maritime, art. 21 à 25-2, non abrogés).
La procédure disciplinaire s'impose. Avant de prendre une sanction, autre qu'un avertissement, l'employeur doit convoquer le salarié à un entretien préalable en précisant l'objet, la date, l'heure et le lieu de l'entretien. La convocation rappelle au salarié qu'il peut se faire assister par une personne de son choix appartenant au personnel de l'entreprise. Lors de l'entretien, l'employeur indique les motifs de la sanction envisagée et recueille les explications du salarié. La convocation à l'entretien et la notification de la sanction doivent être faites par lettre recommandée ou remise en main propre contre décharge[354]. La sanction ne peut intervenir moins de deux jours ouvrables, ni plus d'un mois après le jour fixé pour l'entretien. Le salarié est informé par écrit de la nature et des motifs de la sanction prononcée à son égard (C. trav., art. L. 1132-1 à L. 1132-3).
Un employeur ne peut sanctionner deux fois un marin pour les mêmes faits fautifs : la situation dans sa globalité, le fait fautif, l'agression du capitaine et ses conséquences, était connue de l'employeur le 8 juillet 2009 et a entraîné une sanction disciplinaire ; aucun fait fautif ne peut donner lieu à une double sanction ; il ne pouvait être licencié pour la même faute, même grave, à la suite d'une pétition de l'équipage, en novembre 2009[355]. « L'employeur qui, bien qu'informé d'un ensemble de faits qu'il reproche au salarié, choisit de lui notifier un avertissement seulement pour un ou certains d'entre eux, épuise son pouvoir disciplinaire relativement aux faits dont il avait connaissance, et ne peut prononcer un licenciement pour des faits antérieurs à la sanction

---

[354] Cass. soc. 10 janvier 2017, n° 15-13.007, salarié ostréicole : l'employeur avait donné l'ordre au salarié de quitter l'entreprise, ce dont il résultait qu'il avait prononcé un licenciement verbal qui ne pouvait être régularisé a posteriori par l'envoi d'une lettre de convocation à un entretien préalable à un éventuel licenciement (Cass. soc. 23 juin 1998, n° 96-41688 – Cass. soc. 6 mars 2002, n° 00-40309). Il incombe au salarié de rapporter la preuve de l'existence d'un licenciement verbal (Cass. soc. 28 sept 2016, n° 15-10979).
[355] CA Papeete, ch. soc. 30 août 2012, *DMF* 2013, n° 745, pp. 241-249, obs. « Non bis in idem ».

prononcée et faisant partie de ceux dont il avait connaissance »[356]. Un officier marine marchande a été licencié, motif pris de son comportement inadéquat durant l'arrêt technique de reclassification du navire Gold express, du 16 novembre au 4 décembre 2015 ; il lui était reproché de s'être alors présenté en short et en sandales, sans donc les équipements de sécurité obligatoires. « Il est établi par divers courriels, que X…, en sa qualité d'officier marine marchande, a participé à l'arrêt technique de juin 2015 en encadrant les travaux divers de la zone machine, selon ses fonctions d'encadrement. Loin de révéler un manque d'implication, ces courriels montrent au contraire qu'il suivait de près les travaux entrepris. Il importe peu, dans ces conditions, qu'il se soit présenté sur le chantier en short et en sandales. C'est donc à bon droit que le tribunal d'instance de Pointe-à-Pitre a considéré que le licenciement de M X… devait être considéré comme dépourvu de cause réelle et sérieuse »[357].

Dispositions conventionnelles. - Les conventions collectives nationales de la marine marchande contiennent des dispositions spécifiques, inspirées du droit de la fonction publique, notamment l'intervention d'une commission d'enquête en matière disciplinaire (CCN du 30 septembre 1948 des officiers marine marchande)[358] ; un capitaine de navire, chef de bord, ne peut être révoqué que sur avis de la commission de discipline (CCN du 19 novembre 2012 des officiers marine marchande, art. 3.5.2)[359]. La convention collective nationale du 19 juillet 1947 relative à la stabilité de l'emploi dans la marine marchande, en ses articles 13 à 15[360], et la convention collective nationale du 31 janvier 1950 des officiers du remorquage[361], en ses articles 34 à 36, contiennent des dispositions semblables : la commission de discipline comprend deux délégués du personnel. Il en est de même de la convention collective nationale du 1er janvier 1972

---

[356] CA Rennes, 9ème ch., 21 mai 2014, n° 13/07003, navires Le Marginal et Kalon Maouez, *DMF* 2014, n° 762, pp. 825-831, obs. « Du pouvoir disciplinaire de l'employeur ».

[357] CA Basse-Terre, 1ère ch., 24 septembre 2018, n° 16/01750, *DMF* 2019, n° 811, pp. 214-219, obs. « Un officier marine marchande en short et sandales ? ».

[358] CA Basse-Terre 22 mai 2006, n° 03/01385, Paradoxes Croisières.

[359] CA Basse-Terre, 1ère ch., 24 sept. 2018, n° 16/01750, *DMF* 2019, n° 811, pp. 214-219, obs. « Un officier marine marchande en short et sandales ? ».

[360] Conv. coll. nat., 19 juill. 1947 étendue par arr. 22 août 1979.

[361] Conv. coll. nat., 31 janv. 1950 étendue par arr. 12 janv. 1977.

des personnels d'exécution du remorquage en ses articles 41 à 43[362] ; ces conventions collectives prévoient le cumul de sanctions disciplinaires et des peines prévues par le Code disciplinaire et pénal de la marine marchande. Une jurisprudence constante de la Cour de cassation décidait que le non-respect par l'employeur de ces mesures constituait une irrégularité de fond privant le licenciement de cause réelle et sérieuse[363]. Les dispositions de l'ordonnance n° 2017-1387 du 22 septembre 2017 relative à la prévisibilité et la sécurisation des relations de travail reviennent sur cette jurisprudence en précisant expressément que le non-respect de la procédure conventionnelle de licenciement constitue une simple irrégularité de procédure et ne prive pas, à lui seul, le licenciement de cause réelle et sérieuse (C. trav., art. L. 1235-2, dernier al.). Si le licenciement a une cause réelle et sérieuse, le juge accorde au salarié, à la charge de l'employeur, une indemnité qui ne peut être supérieure à un mois de salaire.

Section 3 – Rémunération

Historiquement, l'armement d'un navire, l'engagement de gens de mer constituaient des actes de commerce par nature, d'où une réglementation des loyers dus aux marins, contenue dans le code de commerce. C'est encore dans celui-ci qu'était défini le délai de prescription des créances de salaire des marins (C. com., art. 433-1, abrogé en 2000). Cette rémunération est devenue salariale, régie par le code du travail. La loi n° 2013-504 du 14 juin 2013 a réduit à trois ans le délai de prescription des actions en paiement ou en répétition du salaire, en son article 21 (C. trav., art. L. 3245-1). Le code du travail maritime, depuis 1926, définissait longuement, dans ses articles 31 à 71, le régime des salaires des marins. Cette législation maritime est complétée par divers renvois aux dispositions du code du travail, en matière de négociation collective, d'assurance garantie des salaires ou de salaire minimum interprofessionnel de croissance. Le décret du 22 février 2006 réglemente le bulletin de paie des marins (Décret n° 2006-214 du 22 février 2006, relatif au bulletin de paie des marins).

---

362 Conv. coll. nat., 1er janv. 1972 étendue par arr. 12 janv. 1977.

363 Cass. soc. 8 juin 2005 n° 03-46.754 – Cass. soc. 17 mars 2010, n° 09-40.038 - Trib. trav. Papeete, 15 avril 2013, nos 13/00058 et 13/00061, *Maru Mairau et Tere*, *DMF* n° 758, pp. 419-422, obs. « Contentieux du travail maritime en Polynésie française » - CA Basse-Terre, 24 septembre 2018, n° 16/01750, *DMF* 2019, n° 811, pp. 214-219.

Salaires réels et salaires forfaitaires. - Le secteur maritime connaît les salaires réels versés par les employeurs, mais aussi les salaires forfaitaires fixés et révisés par l'administration, correspondant à vingt catégories de navigation des marins, qui constituent l'assiette des cotisations sociales destinées à régime de sécurité sociale des gens de mer, géré par l'Établissement National des Invalides de la Marine (ENIM). Ces salaires forfaitaires interviennent parfois au sein des relations de travail qui lient l'armateur et le marin ; parfois, il convient de se référer aux salaires réels. À la pêche artisanale rémunérée à la part de pêche, il est fréquent que le contrat d'engagement prévoie que l'indemnité de congés payés, ou l'indemnité compensatrice de ces congés, soit calculée sur les salaires forfaitaires (au minimum 7ème catégorie), et non sur les salaires réellement perçus (C. transp., art. L. 5544-24)[364]. L'article 22 de la convention collective nationale de la pêche professionnelle maritime, du 17 décembre 2015, prévoit qu'à l'occasion d'évènements familiaux, il est accordé des congés indemnisés : l'indemnisation est à la charge de l'armement sur la base du salaire forfaitaire du salarié concerné, sans pouvoir être inférieur à la 7ème catégorie (C. trav., art. L. 3142-1 à L. 3142-5). Quant à l'indemnité de licenciement, proportionnelle à l'ancienneté, dotée d'une nature indemnitaire et non salariale, elle est calculée sur la base du salaire réel, quand le licenciement intervient à la suite d'un accident du travail ou d'une maladie professionnelle (C. transp., art. L. 5542-37, 3°. – C. trav., art. L. 1226-10 à L. 1226-17)[365]. Il en est de même en cas de licenciement pour motif économique, car les dispositions maritimes renvoient là encore aux dispositions générales du code du travail (C. transp., art. L. 5542-42. – C. trav., art. L. 1234-9, L. 1233-1 s. et R. 1234-1). La loi n° 2008-596 du 25 juin 2008 a aligné les modalités de calcul de l'indemnité de licenciement pour motif personnel sur celles du licenciement pour motif économique. Le salaire de référence est toujours le salaire réel ; l'ordonnance n° 2017-1387 du 22 septembre 2017 relative à la prévisibilité et à la sécurisation des relations de travail

---

[364] CA Rennes, 5e ch., 6 mars 2007, J. Y. Le Bouil c/ J. M. Marmignon, navire *Trouz ar Por,* n° 06/03886. – P. CHAUMETTE, « De la modernisation de la rémunération à la part de pêche », t. XXXIV, 2016, *ADMO*, université de Nantes, pp. 37-57.

[365] Note Min. Équipement et Transports GM3, n° 28, 23 mars 2007, sur les modalités de calcul de l'indemnité de licenciement des pêcheurs. – Cass. soc. 19 mai 2010, Sté Armement Dhellemmes SA c/ Peron, n° 09-42.115, *Bull. civ.* V, 109 ; D. 2010, p. 1422 ; *JCP-S* 2010, n° 29, p. 25, note P. CHAUMETTE.

réduit le délai d'ancienneté, pour ouvrir droit aux indemnités de licenciement pour les licenciements prononcés à compter du 24 septembre 2017, et augmente le montant de l'indemnité de licenciement pour les licenciements prononcés à compter du 27 septembre 2017 (C. trav., art. L. 1234-9, R. 1234-4 et 1234-9 ; L. n° 2008-596, 25 juin 2008, portant modernisation du marché du travail. – Ord. n° 2017-1387, 22 sept. 2017, relative à la prévisibilité et la sécurisation des relations de travail). Une note de l'administration maritime, mise à jour le 14 décembre 2017, synthétise ces aspects[366].

Détermination du salaire. – La rémunération du travail est fixée par le contrat d'engagement, dans le cadre des conventions et accords collectifs applicables. « Le marin est rémunéré, soit à salaires fixes, soit à profits éventuels, soit par une combinaison de ces deux modes de rémunération. Pour les contrats au voyage, le salaire peut être déterminé de manière forfaitaire » (C. transp., art. L. 5544-34). « Les parts de pêche et les primes et allocations de toute nature, stipulées dans le contrat, sont, pour l'application de la présente section, considérées comme salaires » (C. transp., art. L. 5544-35). La loi du 13 novembre 1982 a créé une obligation annuelle de négocier les salaires effectifs et leur répartition au niveau de l'entreprise, dans les entreprises employant habituellement plus de cinquante salariés, où il existe des sections syndicales (C. trav., art. L. 2242-1 à L. 2242-14) ; depuis 2021, cette obligation intervient au moins une fois tous les quatre ans[367]. L'employeur a l'obligation d'ouvrir des négociations[368]. Tant que la

---

[366] Direction des affaires maritimes, Bureau du travail maritime, de la santé et de la sécurité au travail maritime (GM3), « Calcul de l'indemnité de licenciement à la pêche », 14 décembre 2017,
https://www.ecologie.gouv.fr/sites/default/files/ficheindemniteslicenciement.pdf

[367] Dans les entreprises où sont constituées une ou plusieurs sections syndicales d'organisations représentatives, l'employeur engage au moins une fois tous les quatre ans : 1° Une négociation sur la rémunération, notamment les salaires effectifs, le temps de travail et le partage de la valeur ajoutée dans l'entreprise ; 2° Une négociation sur l'égalité professionnelle entre les femmes et les hommes, portant notamment sur les mesures visant à supprimer les écarts de rémunération, et la qualité de vie et des conditions de travail (art L 2242-1, modifié par la loi n° 2021-1018 du 2 août 2021, art. 4).

[368] Cass. crim. 4 octobre 1989, *Dr. soc.* 1990, p. 213 ; *D.* 1990, p. 158, obs. A. LYON-CAEN ; *D.* 1990. 166, obs. A. LYON-CAEN ; *Dr. soc.* 1990, p. 154, note J. SAVATIER ; *Dr. soc.* 1999. 205, note J. SAVATIER ; *RSC* 1990. 361, obs. A. LYON-CAEN ; *RSC* 1990, p. 363, obs. A. LYON-CAEN – Cass. soc. 8 décembre 2004, C. Menese c/ Sté Comapêche, n° 03-40.025, *DMF* 2005, p. 333 et s.

négociation est en cours au niveau de l'entreprise, l'employeur ne peut, dans les matières traitées, arrêter de décisions unilatérales, sauf urgence (C. trav., art. L. 2242-3).
Le montant du salaire dépend des fonctions exercées par le salarié, de l'emploi occupé. Le marin n'est pas tenu, à moins d'une convention contraire, d'accomplir un travail incombant à une catégorie de personnel autre que celle dans laquelle il a été embauché, sauf cas de force majeure ou salut du navire, circonstances dont le capitaine est seul juge (C. transp., art. L. 5542-34)[369]. Si le marin est appelé à exercer une fonction autre que celle pour laquelle il est engagé, comportant un salaire plus élevé, il a droit à une augmentation de salaire correspondant à la fonction temporairement remplie (C. transp., art. L. 5544-37). Le capitaine ayant effectué un travail supplémentaire, en raison d'un lieutenant manquant, a droit à la solde de celui-ci[370].
Le code du travail maritime distinguait deux modes de rémunération salariale : celle **à** salaires fixes, au mois ou au voyage, celle aux profits éventuels, c'est-à-dire la part de bénéfices, ou une combinaison des deux systèmes (C. transp., art. L. 5544-34). La rémunération aux profits éventuels a disparu des activités maritimes marchandes. Elle n'existe plus qu'à la pêche artisanale. La pêche industrielle connaît la rémunération au mois, complétée par un important intéressement, par des primes salariales. Le salaire au mois est calculé en fonction de la durée réelle des services, que l'engagement ait été fait au mois ou au voyage. Il convient d'y ajouter la rémunération des heures supplémentaires, s'il en existe. Pour le patron, marin embarqué à titre indépendant, sa rémunération participe de la rémunération à la part, liée au chiffre d'affaires du navire, une fois enlevés les frais communs. La convention collective nationale de la pêche professionnelle maritime du 21 décembre 2015 permet d'inclure la charge des congés payés dans les frais communs (art. 27).

---

[369] Cass. soc. 23 octobre 1991, Sté Comapêche c/ Lucas, *Bull. civ.* V, n° 425. – Soc. 8 décembre 2004, n° 03-40.025, navire *La Grande Hermine*, *DMF* 2005, p. 333

[370] CA Caen, ch. réunies, 17 mars 2006, navire *Pointe du* Cormoran, *DMF* 2006, p. 151 et s. – CA Rennes, 2e ch. com., 20 février 2002, *DMF* 2002, p. 433 et s. – Cass soc. 17 décembre 2008, navire *Capo Rosso*, n° 06-21.533, *DMF* 2009, n° 704, p. 513 et s., « Une nouvelle fois, un officier manquant » - art. 26 de la convention collective nationale de 1948 des officiers de la marine marchande ; art. 26 CCN des personnels navigants officiers des entreprises de transports maritimes du 29 novembre 1976.

Contrat au voyage. – Le contrat d'engagement au voyage est devenu rare. Il peut donner lieu à la fixation d'un salaire au mois ou d'une rémunération forfaitaire fixée au voyage, ce qui est fréquent dans le convoyage des navires de plaisance (C. transp., art. L. 5544-34). La convention de forfait doit être démontrée ; elle ne résulte pas de la simple référence à une durée mensuelle de travail, dans le contrat écrit, ni de la fixation d'une durée quotidienne de travail, ni des seuls bulletins de salaire[371].
Le marin a droit à une augmentation proportionnelle de sa rémunération quel qu'en soit le mode, en cas de prolongation de voyage résultant d'une modification de la destination prévue. Il a droit à un complément indemnitaire, en cas de retardement résultant, à destination inchangée, d'événements affectant la durée prévue du voyage. Il ne subit aucune réduction de salaire en cas d'abréviation du voyage, quelle qu'en soit la cause (C. transp., art. L. 5542-42). Lorsque la rupture du contrat au voyage, du fait de l'employeur, a lieu une fois le voyage commencé : 1° Le marin payé au mois reçoit le salaire stipulé pour le temps qu'il a servi et une indemnité, dont le montant est égal à la moitié des salaires évalués d'après la durée présumée du voyage ; 2° Le marin payé au voyage reçoit l'intégralité des salaires stipulés au contrat (C. transp., art. L. 5542-44). En cas de décès du marin pendant la durée du contrat, le montant des salaires dus est fixé dans les conditions ci-après : 1° Lorsque le marin est payé au mois, les salaires sont dus jusqu'au jour du décès ; 2° Lorsque le marin est engagé pour un voyage d'aller seulement et payé au forfait, la totalité des salaires est due si le décès intervient alors que le voyage a commencé ; 3° Lorsque le marin est engagé pour un voyage aller-retour et payé au forfait, la moitié des salaires est due si le décès intervient au cours du voyage d'aller ou au port d'arrivée, la totalité s'il intervient au cours du voyage de retour ; 4° Lorsque le marin est embarqué à la grande pêche, la moitié des salaires est due si le décès intervient pendant la première moitié de la campagne, la totalité si le décès intervient pendant la seconde moitié de la campagne (C. transp., art. L. 5542-47). Les salaires du marin décédé en travaillant à la défense ou au sauvetage du navire sont dus en totalité, si le navire arrive à bon port, et jusqu'au jour de la cessation des services de l'équipage, en cas de prise du navire, de naufrage ou d'innavigabilité

---

[371] CA Aix-en-Provence, Ch. 4-6, 5 avril 2024, n° 19/10944, navire Tahuata, *DMF* 2024, n° 871, pp. 704-710, n. A. CHARBONNEAU, « Décompte des heures supplémentaires : conditions de recours au forfait en heures et régime probatoire » (pour une activité de charter).

(C. transp., art. L. 5542-48). En cas de disparition du marin, il est versé à ses ayants droit, outre les salaires échus : 1° Un mois de salaire si le marin était payé au mois ; 2° La moitié des salaires afférents à la traversée d'aller ou de retour au cours de laquelle la disparition a eu lieu si le marin était payé au voyage (C. transp., art. L. 5542-49). Selon l'origine de l'accident, l'ENIM verse également une allocation décès, avec un montant maximal aux ayants cause du marin. Son montant maximum est égal à 25% du salaire forfaitaire annuel de la catégorie d'embarquement du marin décédé, sans pouvoir dépasser 25% du plafond annuel de la sécurité sociale.

SMIC. - Depuis 1950, la réglementation relative au salaire minimum interprofessionnel est applicable au secteur du travail maritime, en prenant en compte des adaptations spécifiques au secteur maritime, liées à l'obligation de nourriture pesant sur l'armateur. (C. trav., anc. art. L. 742-2 ; Décr. n° 50-1414 du 15 nov. 1950). Il convenait donc de renvoyer aux dispositions issues de la loi n° 70-7 du 2 janvier 1970 portant réforme du salaire minimum garanti et création d'un salaire minimum de croissance (C. trav., art. L. 3231-1 s., R. 3231-2, R. 3231-4, R. 3231-17, D. 3211-1, D. 3231-3 à D. 3231-6 ; issus de L. n° 70-7 du 2 janvier 1970). Il en résultait un Smic maritime, distinct du smic « terrestre », jusqu'en 2010, ce que la Cour de cassation a découvert en 2012. Il a fallu attendre 1992, pour qu'à la pêche artisanale rémunérée à la part de pêche, la Cour de cassation impose le respect du Smic, qui fut ensuite adapté à cette forme de rémunération, déconnectée du temps de travail. La Directive 2022/2041 du 19 octobre 2022 est relative à des salaires minimaux adéquats dans l'Union européenne ; elle promeut les négociations collectives salariales, ainsi que l'actualisation des salaires minimaux légaux ; les États membres adoptent les dispositions nécessaires pour se conformer à la présente directive au plus tard le 15 novembre 2024[372]. Cette transposition devrait conduire à une actualisation du salaire minimum international maritime français (SMIMF), le salaire minimum applicable aux marins non-européens, embarqués à bord des navires immatriculés au registre international français (RIF)[373].

---

[372] Directive 2022/2041 du Parlement européen et du Conseil du 19 octobre 2022.

[373] P. CHAUMETTE, « Un salaire minimum européen, mais sans les marins ? », Observatoire des Droits des Marins, 14 avril 2021, https://www.obs-droits-marins.fr/actualites.html?idArticle=598, *Le marin*, 3 juin 2021 – A. CHARBONNEAU, « Les normes internationales du travail et le salaire

Obligation de nourriture. – Le code des transports de 2010 a anticipé sur la ratification de la Convention du travail maritime de 2006 de l'OIT. « Tout marin a droit gratuitement à la nourriture ou à une indemnité pendant toute la durée du contrat d'engagement maritime » (C. transp., art. L. 5542-18, al. 1, mod. par L. n° 2019-1428, 24 décembre 2019, art. 135-V). Pour être précis, en 2010, c'était pendant la durée de son inscription au rôle d'équipage, puis la durée de son inscription à l'état des services, dans la loi du 20 juin 2016, enfin la formulation actuelle depuis la loi du 24 décembre 2019. « Par dérogation au premier alinéa, à la pêche maritime, un accord collectif de branche peut prévoir une période ouvrant droit à indemnité inférieure à la durée du contrat d'engagement maritime. Cette période ne peut être inférieure à la durée de l'embarquement effectif » (C. transp., art. L. 5542-18, al. 3). Ainsi, à la pêche, par accord collectif, l'obligation de nourriture peut-elle être supprimée pendant les congés payés, les périodes de suspension du travail.
« Le montant de cette indemnité et les modalités de son versement sont déterminés par voie d'accord collectif de branche. À défaut d'accord collectif applicable à un type de navires, un décret précise le montant de l'indemnité. À la pêche maritime, un accord collectif de branche peut prévoir l'imputation sur les frais communs du navire de la charge qui résulte de la fourniture de nourriture ou du versement de l'indemnité de nourriture, lorsqu'il est fait usage du mode de rémunération mentionné au III de l'article L. 5542-3. Par exception aux dispositions de l'article L. 5541-1, les dispositions du présent article ne sont pas applicables aux entreprises de cultures marines, sauf lorsque cette application est prévue par les stipulations d'un accord collectif » (C. transp., art. L. 5542-18, al. 2, 4, 5 et 6).

Obligation de nourriture et Smic. – La Cour de cassation, dès 2012, a fait une lecture rigoureuse des textes, qui n'avaient pas été abrogés tout à fait par erreur : « Les dispositions des articles D. 742-1 et D. 742-2 du code du travail, n'ont été ni reprises ni transférées lors de la recodification du code du travail ; elles ont été abrogées par l'article 9

---

minimum », in *Un salaire minimum pour l'Europe*, J. PORTA (dir.), COMPTRASEC / Université de Bordeaux, Novembre 2018, hal-03372236 – P. CHAUMETTE, « Révision du salaire mensuel minimum international pour les marins », Observatoire des Droits des Marins, 19 mai 2022, https://www.obs-droits-marins.fr/actualites.html?idArticle=610

du décret nº 2008-244 du 7 mars 2008, faute d'être au nombre de celles maintenues en vigueur par l'article 10 du même décret ; la cour d'appel en a exactement déduit que le Smic terrestre était applicable à compter du 1er mai 2008 »[374]. Le Smic est applicable aux marins embarqués à bord d'un navire immatriculé au registre international français (RIF), à condition que ce marin réside en France, sur le territoire d'un État membre de l'Union européenne ou dans un État membre de l'Espace économique européen.

Salaire minimum international maritime français. – Le législateur a créé un salaire minimum international maritime français (SMIMF), dans le cadre du registre international français (RIF) des navires, qui concerne les marins résidant dans les États tiers, ou employés par une entreprise de travail maritime mettant des marins ressortissants tiers à la disposition de l'armateur (C. transp., art. L. 5623-9 – Arr. min., 21 déc. 2005). La rémunération de base du matelot, résidant hors de France, ne peut être inférieure à 620,05 USD, pour un temps de travail de deux cent huit heures par mois ; à ce montant, s'ajoute la rémunération des trois jours de congés payés par mois de travail effectif. L'arrêté ministériel du 21 décembre 2005 contient en annexe une grille des salaires minima concernant les diverses fonctions du bord, jusqu'au second capitaine ou second mécanicien. Aucune révision n'est intervenue depuis cette date, alors même que le salaire minimum recommandé par la commission paritaire maritime de l'OIT est de 666 dollars US depuis le 1er janvier 2024. Il sera porté à 673 dollars US à partir du 1er janvier 2025[375]. Par ailleurs, le Forum international de négociation (IBF), qui négocie la plus importante convention collective au monde, a défini les modalités de l'accord-cadre IBF pour la période 2024-2027, le 25 septembre à Berlin. Cet accord prévoit une augmentation de 4 % des salaires en 2024, et une seconde augmentation de 2 % en 2025. Il concerne 10 000 navires et 250 000 marins, est négocié et conclu par ITF, la fédération internationale des ouvriers des

---

[374] Cass. soc. 14 novembre 2012, nos 11-20.776 et 11-20.984, *Bull. civ.* V, nº 289 ; D. 2012, p. 2746 ; *Dr. soc.* 2013, n° 2, p. 189 et s., obs. P. CHAUMETTE ; *DMF* 2013, n° 744, p. 130 et s., « À droit constant, le Smic maritime est rectifié et augmenté ».

[375] Commission paritaire maritime, 16-17 mai 2022, https://www.ilo.org/sector/activities/sectoral-meetings/WCMS_824073/lang--fr/index.htm

transports et les employeurs maritimes internationaux qui composent le Groupe de négociation mixte (JNG - *Joint Negotiating Group*).

Rémunération à la part de pêche. – C'est dans le secteur de la pêche artisanale que le respect du Smic a engendré des problèmes en raison du mode de rémunération à la part de pêche, qui prend en compte les résultats de la pêche et de la vente, et est déconnecté du temps de travail. Le respect du Smic s'impose depuis le 1er avril 1992[376]. Cela nécessite, d'une part, une rémunération minimale prélevée sur la trésorerie de l'entreprise quand la pêche est mauvaise, et d'autre part, le décompte des heures de travail. Il en résulterait une transformation du mode de rémunération à la part de pêche. Le mode de rémunération à la part exige que le contrat écrit d'engagement maritime détermine les dépenses et charges à déduire du produit brut, c'est-à-dire les frais communs, ou les autres éléments pris en compte pour former le produit net. Aucune déduction autre que celles stipulées ne peut être admise au détriment du marin. Certaines dépenses et charges ne sont pas déductibles du produit brut : il s'agit des contributions, cotisations et taxes dues, en application des dispositions législatives et réglementaires ou de stipulations conventionnelles, à raison des traitements et salaires versés aux marins, des primes versées au titre d'assurances souscrites en vue de couvrir les salaires, frais et charges résultant des articles L. 5542-21 à L. 5542-28 du code des transports, accident ou blessure du marin au service du navire (Décr. nº 99-522 du 21 juin 1999). Les frais de nourriture, les taxes à caractère parafiscal perçues au profit du Conseil national des pêches maritimes et des élevages marins (CNPMEM) et l'Établissement national des produits de l'agriculture et de la mer (FranceAgriMer) ne peuvent être inclus dans les frais communs, sauf lorsqu'un accord collectif en dispose autrement.
La répartition du produit net, c'est-à-dire les parts de chacun, doit être précisée dans le contrat d'engagement maritime écrit. Aucune déduction autre que celles stipulées ne peut être admise au détriment du marin. En cas de litige, l'armateur est tenu de communiquer au juge saisi le détail du calcul de la rémunération, avec les pièces justificatives. Les pièces justificatives du calcul de la rémunération sont tenues à la disposition de l'inspecteur du travail, sur sa demande, ainsi qu'en cas de litige, à la disposition de l'autorité judiciaire » (C. transp., art. L. 5544-

[376] Cass. soc. 1er avril 1992, nº 89-20.475, *Bull. civ.* V, nº 230 ; *Dr. soc.* 1992, p. 665, note C. EOCHE-DUVAL ; *DMF* 1993, p. 31, note P. CHAUMETTE.

40). L'armateur doit donc tenir une comptabilité, qui pourra faire preuve contre lui ; il doit la tenir à la disposition de l'autorité maritime[377]. Le contrat d'engagement maritime doit comporter les modalités selon lesquelles le marin est informé, au moins une fois par semestre, des éléments comptables justifiant la rémunération perçue (C. transp., art. L. 5542-3-III-2°). Le patron pêcheur embarqué ne peut continuer à toucher une part équipage quand il reste à terre pour gérer l'entreprise ; seule la qualité d'armateur embarqué, donc le travail à bord, justifie des parts équipage, quelle que soit l'activité de l'armateur à terre[378].

Smic et rémunération à la part. – Le Smic est applicable à tous les marins, même à ceux de la pêche artisanale, rémunérés à la part[379]. La loi d'orientation pêche du 18 novembre 1997 a prévu la possibilité d'assouplir les contraintes du Smic horaire : « Un accord national professionnel ou des accords de branche étendus fixent les modalités de calcul de la rémunération du marin rémunéré à la part et déterminent les périodes de travail retenues pour le calcul du salaire minimum de croissance. Ces périodes ne peuvent être supérieures à douze mois consécutifs, calculées sur une année civile » (C. transp., art. L. 5544-39). La profession de la pêche artisanale a pris l'initiative d'une négociation collective nationale et a conclu un accord le 6 juillet 2000, complété le 28 mai 2001. La loi n° 2002-73 du 17 janvier 2002 de modernisation sociale a levé les derniers obstacles à la validité de cette convention collective nationale, apportant quelques spécificités à ce grand chantier, qui ne permettait des adaptations que par voie de négociation collective (C. transp., art. L. 5544-6). « Un accord national professionnel ou des accords de branche étendus fixent les modalités de lissage, sur tout ou partie de l'année, de la rémunération à la part. À défaut, ces modalités sont fixées par décret en Conseil d'État » (C. transp., art. L. 5544-41). L'accord national du 6 juillet 2000 a été

---

377 CA Aix-en-Provence, 10 février1995, *DMF* 1995, p. 744. – Cass. soc. 23 septembre 2015, navire *Louis Françoise II*, n° 14-16.518, *DMF* 2016, n° 781, pp. 563-570, obs. P. CHAUMETTE, « CDD saisonniers successifs et rémunération à la part de pêche » – Cass. soc. 16 décembre 2015, navire *Anne Antoine II*, n° 14-24.455 – P. CHAUMETTE, « De la modernisation de la rémunération à la part de pêche, » t. XXXIV, 2016, ADMO, université de Nantes, pp. 37-57.

378 CA Douai, 1re ch., 16 décembre 2002, navire *Le Digor III*, RG n° 01/04217 – CA Douai, 14e ch., 30 novembre 2005, chalutier *Challenger*, RG n° 03/07323.

379 Cass. soc. 1er avril 1992, *Dr. soc.* 1992, p. 665, note Ch. ÉOCHE-DUVAL ; *DMF* 1993, p. 31, note P. CHAUMETTE – CA Rennes, 16 juin 1998, *DMF* 1999, p. 1201 et s. – CA Rennes, 25 février 1999, *DMF* 2000, p. 44 et s.

étendu par un arrêté ministériel, puis fut révisé le 28 mars 2001 et étendu par un arrêté du 3 juillet 2003.
L'avenant n° 2 du 27 juin 2007 portait sur la prise des congés payés (Arr. 16 juin 2008, d'extension d'un avenant à l'accord national pêche artisanale du 28 mars 2001, rémunération minimale garantie, RTT, frais communs) ; le nouvel avenant du 5 février 2011, créant un revenu garanti semestriel, a lui aussi été étendu (Arr. 27 juin 2011). Cet avenant n° 4 remplace l'avenant n° 3 du 21 février 2008 et a pris effet à compter du 1er juillet 2011. Il ne concernait que les jours de mer, et ne réglait ni la question du repos hebdomadaire, ni du travail à terre des matelots, qu'il s'agisse du ramendage des filets, de l'entretien des engins de pêche, et parfois même du navire. « Un marin salarié, rémunéré à la part d'une entreprise de pêche artisanale doit percevoir un versement minimal par jour travaillé de 88 euros bruts en moyenne semestrielle ». Le montant des versements annuels doit, sur la base de deux cent vingt-cinq jours de mer, être au moins égal à 88 x 225 = 19 800 euros bruts. Pour le calcul du versement minimal, il sera considéré qu'un jour travaillé en mer est égal à un jour travaillé à terre, soit un montant de 88 euros bruts. Avant la fin du mois suivant le semestre concerné au plus tard, la vérification semestrielle consiste pour l'employeur à vérifier que la rémunération à la part brute, versée à chaque marin, est supérieure à la rémunération semestrielle brute minimale garantie. Si tel n'est pas le cas, l'employeur est tenu de verser un complément de rémunération, à la charge de l'armement, correspondant à la rémunération semestrielle brute minimale garantie, diminuée de la rémunération à la part brute effectivement versée au cours du semestre. En cas de départ ou d'arrivée du marin en cours de période, ou en cas de suspension du contrat de travail maritime, le calcul se fera au prorata du nombre de jours travaillés par rapport à deux cent vingt-cinq jours. Les périodes de prise effectives de congés sont incluses dans cette rémunération minimale garantie. En cas de dépassement de ce seuil de deux cent vingt-cinq jours de travail, avec un maximum de 250 jours avec l'autorisation de l'inspecteur du travail[380], le salaire minimum sera calculé au prorata du nombre de jours travaillé. L'avenant n° 4 fournissait un exemple : un marin a perçu au total 6 000 euros bruts au cours du premier semestre en ayant effectué quatre-vingt jours de travail ; pour le premier semestre, le salaire minimum que doit

[380] C. transp., art. L. 5544-7 - Décret n°2003-928, 23 septembre 2003 pris pour l'application de l'article 25-1 du code du travail maritime.

percevoir le marin est de 80 x 88 = 7 040 euros bruts. Le solde à verser au marin est donc de 7 040 – 6 000 = 1 040 euros bruts à la charge de l'armement.
L'article 2 de l'avenant n° 4 concerne le 1er mai. Le 1er mai, fête du Travail, est un jour férié et chômé, selon l'article L. 3133-4 du code du travail. Selon l'article L. 3133-5, le chômage du 1er mai ne peut être une cause de réduction de salaire. Les salariés rémunérés à l'heure, à la journée ou au rendement ont droit à une indemnité égale au salaire perdu du fait de ce chômage. Cette indemnité est à la charge de l'employeur. Ainsi donc, le 1er mai est férié, chômé et payé. C'est pourquoi l'article 2 de l'avenant n° 4 prévoit que soit le 1er mai n'est pas travaillé, et le marin touchera de son armement pour cette journée son salaire augmenté de 88 euros bruts. Soit le 1er mai est travaillé, ce que permet l'article L. 3133-6 du code du travail, dans les établissements et services qui, en raison de la nature de leur activité, ne peuvent interrompre le travail, le marin touchera alors son salaire augmenté de 88 euros bruts. En effet, l'article L. 3133-6 prévoit alors que les salariés occupés le 1er mai ont droit, en plus du salaire correspondant au travail accompli, à une indemnité égale au montant de ce salaire. Cette indemnité est à la charge de l'employeur.
La convention collective nationale de la pêche professionnelle maritime du 21 décembre 2015, étendue par arrêté ministériel du 4 septembre 2017, a repris ces dispositions dans ses articles 24 à 29. La rémunération minimale garantie est, depuis avril 2021, de 93,76 euros bruts par jour de mer. Le versement est semestriel, si le montant des parts de pêche est inférieur à cette rémunération minimale. L'employeur doit verser avant le 31 juillet et le 31 janvier, l'intégralité de la rémunération résultant du calcul individuel de la part de pêche, correspondant au semestre écoulé. Le montant des versements annuels doit, sur la base de 225 jours de mer, être au moins égal à 93,76 x 225 = 21 096,35 euros brut. L'avenant prend en compte le travail à terre des matelots. En cas de rupture du contrat d'engagement maritime, l'employeur est tenu de verser l'intégralité de la rémunération résultant du calcul individuel de la part de pêche, diminuée des versements déjà effectués.
Le bulletin de salaire, établi à l'occasion de chaque partage ou mensuellement, doit indiquer le nombre total de jours de mer effectués depuis le début de l'année civile ; il est rédigé conformément aux dispositions du code du travail (C. transp., art. L. 5544-55 ; Décr. n° 2006-214 du 22 février 2006). Il s'agit de tenir compte de la pluriactivité ou de la succession des embarquements. Il conviendra sans doute de

différencier le nombre de jours de mer effectués au total dans l'année et le nombre de jours de mer effectués pour le compte de l'armateur dans l'année ou depuis le premier embarquement. Les conditions dans lesquelles sont payées les parts de pêche sont fixées par voie d'accord collectif ou conformément aux usages. Pour les contrats de travail à la grande pêche, les délais de liquidation des comptes et du paiement des salaires, ainsi que les indemnités dues aux marins quand le paiement des salaires n'est pas effectué dans les délais, sont fixés par voie d'accord collectif ou conformément aux usages. Le chapitre II du titre IV du livre II de la partie III du code du travail relatif à la mensualisation n'est pas applicable aux contrats donnant lieu à une rémunération à la part, c'est-à-dire lié au produit des ventes (C. transp., art. L. 5544-56).

Égalité professionnelle. – Le Traité de Rome de 1957 (art. 119 CEE), puis le Traité sur le Fonctionnement de l'Union européenne de 2007, dit Traité de Lisbonne (art. 157 TFUE9 CEE), imposent l'égalité de rémunération des femmes et des hommes, pour un travail de même valeur. L'interdiction d'une telle discrimination a été prévue par la loi n° 72-1143 du 22 décembre 1972, au sein du code du travail (art. L. 1141-1 et L. 1142-1). Toute disposition contraire, qu'elle soit contractuelle, conventionnelle ou unilatérale, est nulle de plein droit (C. trav., art. L. 1142-3, mod. par L. n° 2012-1404, 17 déc. 2012, art. 94). L'employeur prend en compte un objectif de suppression des écarts de rémunération entre les femmes et les hommes (C. trav., art. L. 1142-7, créé par L. n° 2018-771, 5 sept. 2018, art. 104-V). Les inspecteurs du travail et autres fonctionnaires habilités doivent veiller au respect de ce principe d'égalité de traitement.

Paiement et garanties du salaire.
La législation maritime traditionnelle confiait un rôle important à l'autorité maritime qui devait liquider les comptes individuels des marins rémunérés à la part, autoriser les avances, qui pouvait retenir la partie saisissable des salaires sur la demande du créancier ou du cessionnaire. Ce rôle de l'administration, du chef de quartier des affaires maritimes a disparu. Le code des transports contient de nombreuses règles anciennes concernant la suspension, la rétention, les lieux et époques de la liquidation et du paiement du salaire, les avances, acomptes et délégation de solde (C. transp., art. L. 5544-50 à L. 5544-55). Les dispositions du code du travail relatives à la cessibilité et à la

saisissabilité des salaires ont été étendues aux marins par l'ordonnance du 27 décembre 1958 (Ord. nº 58-1358 du 27 décembre 1958, modifiant certaines dispositions du code du travail maritime et du code du travail). Sont insaisissables, pour quelque cause que ce soit, les sommes dues aux marins : 1° Pour frais médicaux et pharmaceutiques, en application des dispositions de l'article L. 5542-24 ; 2° Pour rapatriement ou conduite, en application des dispositions des articles L. 5542-20 à L. 5542-29 du code des transports (C. transp., art. L. 5544-58). Les créances des marins nées de l'embarquement sont privilégiées sur le navire et sur le fret dans les cas et suivant les formes, prévus aux articles L. 5114-7 et suivants du code des transports (C. transp., art. L. 5544-59).
Les **avances sur salaires** faites au marin sont fixées par voie réglementaire. Toutefois, si le montant effectivement versé excède la somme ainsi fixée, il reste acquis au marin à titre de prime d'engagement ou avance perdue (C. transp., art. L. 5544-50). Les avances ne sont pas sujettes à restitution en cas de rupture du contrat imputable à l'employeur. Il en est de même en cas de rupture du contrat par force majeure, à moins de convention contraire (C. transp., art. L. 5544-51). En cas de rupture du contrat par le fait du marin, les avances sont toujours sujettes à restitution, y compris la partie considérée comme prime d'engagement ou avance perdue au sens de l'article L. 5544-50 du code des transports (C. transp., art. L. 5544-52). Les acomptes ne peuvent pas dépasser le tiers des salaires gagnés par le marin au moment où l'acompte est demandé, sous déduction des avances. Le capitaine est juge de l'opportunité de la demande d'acompte (C. transp., art. L. 5544-53). Sous réserve des dispositions des articles L. 5544-50 et L. 5544-51, il y a lieu à restitution des avances et acomptes perçus qui excèdent, au moment du décompte, le montant des salaires ou parts dus au marin (C. transp., art. L. 5544-54). L'employeur s'assure que les gens de mer peuvent faire parvenir aux personnes qu'ils désignent une partie ou l'intégralité de leur rémunération (C. transp., art. L. 5544-57-1). Il est interdit à l'employeur : 1° D'exploiter à terre un économat où il vende, directement ou indirectement, aux marins qu'il emploie ou à leurs familles, des denrées et marchandises de quelque nature que ce soit ; 2° D'imposer à ces marins l'obligation de dépenser leur salaire, en totalité ou en partie, dans les magasins indiqués par lui (C. transp., art. L. 5544-61).

Transaction. – Toute transaction sur le montant des salaires devait être homologuée par l'autorité maritime, à peine de nullité (C. trav. mar., anc. art. 57). L'homologation par l'autorité maritime pouvait faciliter l'accès à l'information juridique et permettre le contrôle de la liberté des consentements, telle la tentative de conciliation en cas de litige. Cette homologation a été abrogée par l'ordonnance n° 2010-1307 du 28 octobre 2010 portant partie législative du code des transports. Cette disposition complétait les dispositions du code civil en matière de transaction (C. civ., art. 2044 s.), ainsi que l'application aux marins de la réglementation du reçu pour solde de tout compte (C. trav., art. L. 1234-20). En pratique, la transaction bilatérale qui règle les conséquences de la rupture du contrat de travail et doit être conclue postérieurement à la rupture du contrat et doit comporter des obligations réciproques[381] ; elle porte à la fois sur des éléments salariaux, telle l'indemnité compensatrice de préavis, et sur des éléments non salariaux, de nature indemnitaire. Elle peut suivre une rupture conventionnelle, réglée à l'amiable, homologuée ou non, ou une rupture unilatérale du contrat de travail.

Garanties du paiement des salaires. – Les créances des marins nées de l'embarquement sont privilégiées sur le navire et sur le fret dans les cas et suivant les formes, prévus aux articles L. 5114-7 et suivants du code des transports (C. transp., art. L. 5544-59). « Pour l'application aux marins des dispositions des articles L. 3253-2 et L. 3253-3 du code du travail, les rémunérations de toute nature, mentionnées au premier alinéa de l'article L. 3253-2 sont celles dues au titre des quatre-vingt-dix derniers jours de travail, ou pour les marins payés autrement qu'au mois, de la période de paiement équivalente si celle-ci est d'une durée plus longue » (C. transp., art. L. 5544-60).

---

[381] Cass. soc. 27 mars 1996, Sté Interlac, n° 92-40.448, Bull. civ. V, n° 124 ; *Grands Arrêts du Droit du Travail* (GADT), 4e éd., 2008, Dalloz, n° 119 ; *D.* 1996, p. 108 et s. ; *JCP* 1996, p. 402 note F. TAQUET ; *RJS* 5/ 1996, n° 541 ; Cass. soc., 29 mai 1996, n° 92-45115, *Bull. civ.*, V, n° 215 ; *GADT*, 4ème éd., 2008 ; Dalloz, n° 120 ; *D.* 1996, p. 108 ; *Dr. Soc.* 1996, p. 689, note J. SAVATIER ; *D.* 1997, p. 49, note J.P. CHAZAL ; *RJS* 7/1996, p. 789 - Cass. soc. 1er juillet 2009, n° 08-43.179, *Bull. civ.* V, n° 171 ; *D.* 2009, p. 2040, obs. L. PERRIN – Cass. soc. 5 décembre 2012, n° 11-15.471, *Bull. civ.* V, n° 329 ; *D.* 2012, p. 2970 ; « une transaction ne peut avoir pour objet de mettre fin au contrat de travail » ; elle intervient pour régler les conséquences de la rupture d'un contrat de travail déjà intervenue.

Protection des travailleurs salariés en cas d'insolvabilité de l'employeur. - La directive européenne 80/987 du 20 octobre 1980, modifiée par la directive 2002/74 du 23 septembre 2002, puis modifiée et abrogée par la directive 2008/94, a organisé le rapprochement des législations des États membres relatives à la protection des travailleurs salariés en cas d'insolvabilité de l'employeur. Un employeur est considéré en insolvabilité lorsqu'il a demandé l'ouverture d'une procédure de désintéressement collectif et que cette procédure a été ouverte. Les États membres peuvent, à titre exceptionnel, exclure du champ d'application de cette directive les créances de certaines catégories de travailleurs salariés, en raison de la nature particulière de leur contrat de travail ou de l'existence d'autres formes de garantie assurant une protection équivalente. Ne peuvent être exclus que les salariés expressément mentionnés dans l'annexe de la directive[382]. Les équipages de navires de mer bénéficiaient d'autres formes équivalentes de garantie en Italie, au Royaume-Uni et en Grèce. La Cour de Justice a constaté l'insuffisance de la législation grecque concernant les marins en matière de garantie de leurs créances salariales[383]. À l'inverse, en France, comme en Allemagne, aux Pays-Bas, en Espagne, au Portugal et en Espagne, les marins du commerce et de la pêche étaient soumis aux dispositions nationales, comme l'ensemble des travailleurs terrestres, en application des dispositions européennes. La directive 2015/194 étend les dispositions de la directive 2008/94 aux gens de mer (Dir. n° 2015/1794 du Parlement européen et du Conseil du 6 octobre 2015, modifiant notamment la directive n° 2008/94/CE, en ce qui concerne les gens de mer).

---

[382] CJCE 2 février 1989, aff. n° 22/87, Commission c/ Italie – CJCE 16 décembre 1993, aff. n° 334/92, Wagner Miret c/ Fondo de garantia salarial – CJCE 18 octobre 2001, aff. 441/99, Gharehveran, D. 2001, p. 3395 – CJCE 15 mai 2003, aff. C-160/01, Mau, *D.* 2003, p. 1601.

[383] CJUE 25 févr. 2016, aff. C-292/14, Elliniko Domosio c/ Stroumpoulis et a., *DMF* 2016, n° 780, pp. 387-404, obs. P. CHAUMETTE, « Institution de garantie des créances salariales : champ d'application de la directive et insuffisance de la loi grecque concernant les marins » – A. CHARBONNEAU, « Travail maritime et droit communautaire de la protection des travailleurs en cas d'insolvabilité de l'employeur », *Dr. ouvrier* 2016, pp. 532 à 536 – O. FOTINOPOULOU-BASURKO, "Protecting Seafarers in cases of outstanding wage claims resulting from abandonment of vessels and crews", in J. M. MARTIN OSANTE & O. FOTINOPOULOU-BASURKO (dir.), *New Trends in Maritime - Maritime liens, arrest of ships, mortgages and forced sale*, Aranzadi, Cizur Menor, Navarra, 2017, pp. 243-278.

En France, une assurance obligatoire de garantie des salaires a été créée par la loi n° 73-1194 du 27 décembre 1973, gérée par l'association assurance-garantie des salaires (AGS) (C. trav., art. L. 3253-6 à L. 3253-16)[384]. Lorsque l'employeur faisant travailler des salariés sur le territoire français est établi dans un autre État de l'Union européenne (C. trav., art. L. 3253-18-1 à L. 3253-18-9), un dispositif est prévu par la loi du 30 janvier 2008[385] ; il permet une articulation avec les dispositions de l'article 13 du règlement 2015/848 du 20 mai 2015, relatif à la reconnaissance mutuelle des procédures d'insolvabilité (Règl. n° 2015/848 du 20 mai 2015, relatif aux procédures d'insolvabilité)[386]. Pourtant, l'absence d'affiliation à l'assurance-chômage des marins-pêcheurs, rémunérés à la part de pêche, embarqués sur des navires de moins de 25 m ou de moins de 50 tonneaux de la pêche artisanale[387], rend difficile le versement de la cotisation à l'AGS, l'intervention de celle-ci en cas de redressement judiciaire, alors même que l'AGS a conclu une convention de gestion avec l'Unedic et Pôle

---

[384] Le régime de la garantie des salaires (AGS : Association pour la gestion du régime de Garantie des créances des Salariés) permet de garantir le paiement des sommes dues aux salariés (salaires, préavis, indemnités de rupture, etc.) en cas de procédure de sauvegarde, de redressement judiciaire ou de liquidation judiciaire. Cette garantie est financée par une cotisation patronale obligatoire pour tous les employeurs. - S. HENNION, M. LE BARBIER-LE BRIS, M. DEL SOL et J.-Ph. LHERNOULD, *Droit social européen et international*, 3e éd., 2017, Thémis, PUF, nos 454 s.

[385] L. n° 2008-89 du 30 janvier 2008, relative à la mise en œuvre des dispositions communautaires concernant le statut de la société coopérative européenne et la protection des travailleurs salariés en cas d'insolvabilité de l'employeur. – CJUE 21 janv. 2010, MG Probud Gdynia, aff. C-444/70, *Bull. Joly* mai 2010. 493, n° 5, obs. F. JAULT-SESEKE, « Procédure communautaire d'insolvabilité : application concrète du principe d'universalité » – CJUE 10 mars 2011, Ch Defossey, aff. C-435/10, *RJS* 2011. 442, obs. M. SCHMITT ; *JCP S* 22 mars 2011, n° 12. – Sur la juridiction compétente, Cass. soc. 27 nov. 2013, M. X c/ Sté Nova Électro International, n° 12-20.426.

[386] P. RODIÈRE, *Traité de droit social de l'Union européenne*, 3ème éd., LGDJ, Paris, 2022, n° 505 à 513 - O. FOTINOPOULOU-BASURKO, *La gente de mar en el derecho de la Union europea*, Aranzadi, Cizur Menor, Navarra, 2023, pp. 215-224.

[387] Décret n° 2019-797 du 26 juillet 2019 relatif au régime d'assurance chômage, modifié par le décret n° 2023-33 du 26 janvier 2023, annexe 2, Gens de mer et marins-pêcheurs salariés, application aux marins pêcheurs, rémunérés au salaire minimum garanti, ou rémunérés à la part et qui ont navigué sur un navire de plus de 25 m ou de 50 tonneaux et plus, annexe 2, chapitre 2 au règlement d'assurance chômage ; Pôle Emploi, je suis marin pêcheur salarié, https://www.pole-emploi.fr/candidat/mes-droits-aux-aides-et-allocati/a-chaque-situation-son-allocatio/quel-est-mon-metier-mon-secteur/je-suis-marin-pecheur.html

Emploi (devenu France Travail). Un rapport relatif à cette éventualité d'extension de l'assurance-chômage avait été prévu par la loi nº 98-1051 du 18 novembre 1997 ; le projet reste depuis en attente, mais la direction des Pêches maritimes et de l'Aquaculture (DPMA) du ministère de l'Agriculture a conclu une convention avec l'AGS, afin de faciliter l'intervention de cette institution de garantie.

Prescription salariale. – L'action en paiement du salaire se prescrivait par un délai de cinq ans, depuis une loi nº 71-586 du 16 juillet 1971 (C. com., art. 110-4-III, abrogé par L. nº 2013-619, 16 juillet 2013, art. 32. – C. trav., art. L. 3245-1, mod. par L. nº 2013- 504, 14 juin 2013, art. 21). Le délai de prescription des actions en paiement ou en répétition du salaire est réduit à trois ans par la loi nº 2013-504 du 14 juin 2013, à la suite de l'Accord national interprofessionnel du 11 janvier 2013. « L'action en paiement ou en répétition du salaire se prescrit par trois ans à compter du jour où celui qui l'exerce a connu ou aurait dû connaître les faits lui permettant de l'exercer. La demande peut porter sur les sommes dues au titre des trois dernières années à compter de ce jour ou, lorsque le contrat de travail est rompu, sur les sommes dues au titre des trois années précédant la rupture du contrat » (C. trav., art. L. 3245-1)[388]. Doivent être exclus de la notion de salaire, d'une part, les remboursements de frais professionnels, d'autre part, les indemnités réparatrices d'un préjudice, c'est-à-dire les dommages-intérêts, l'indemnité de licenciement, enfin les primes d'intéressement ou de participation. Les indemnités pour rupture abusive ne sont pas de nature salariale[389], à la différence de l'indemnité de préavis.

---

[388] B. GAURIAU, « La diminution des délais de prescriptions », *Dr. soc.* 2013, n° 10, pp. 833-836 – A. BUGADA, « Conciliation(s), prescription(s) et plus encore », *JCP S* 2013, n° 28, pp. 31-34 – H. GUYOT, « Prescription et conciliation », *JCP-S* 2013, n° 28, pp. 35-38.

[389] CA Rouen, 2 juillet 1981, *DMF* 1982, p. 284.

Partie III – Rupture du contrat d'engagement

Si le contrat au voyage ne comporte que des périodes de navigation (à l'exception des congés payés), le marin n'est plus recruté en général pour une seule expédition maritime. Le contrat d'engagement maritime alors survit à l'interruption de la navigation, comprenant des périodes de suspension de l'exécution du travail à bord, dans l'attente d'un nouvel embarquement du marin, ou de la rupture du contrat. Il est devenu ainsi un contrat de travail particulier couvrant l'ensemble de la relation contractuelle entre l'entreprise d'armement maritime et le marin. Daniel DANJON, en 1926, n'envisageait la durée indéterminée du contrat d'engagement que dans l'hypothèse où l'armateur conserve le marin à son service, au-delà de l'expédition maritime, pour un travail à terre au sein de l'armement. L'Ordonnance n° 82-267 du 25 mars 1982 a introduit dans le code du travail maritime le contrat à durée déterminée, adaptant au secteur maritime les mécanismes terrestres. Les contrats à durée indéterminée sont devenus le principe, ceux à durée déterminée l'exception. L'Accord national interprofessionnel (ANI) du 11 janvier 2008 relatif à la modernisation du marché du travail a été repris par la loi n° 2008-596 du 25 juin 2008, au sein du code du travail, puis par l'ordonnance maritime d'adaptation n° 2009-717 du 18 juin 2009. L'ordonnance applique au contrat d'engagement maritime le droit général des licenciements et simplifie considérablement les dispositions anciennes ; elle introduit la rupture conventionnelle homologuée dans le secteur maritime (C. trav., art. L. 1237-11 à L. 1237-16[390]).

Section 1 – Rupture du contrat d'engagement à durée déterminée (CDD).

---

[390] P. CHAUMETTE, « De la modernisation du marché du travail à la simplification du licenciement maritime. Ordonnance n° 2009-717 du 18 juin 2009 relative à l'adaptation aux personnes exerçant la profession de marin de la loi n° 2008-596 du 25 juin 2008 », AFCAN Informations, Partie I, n° 85, févr. 2010, p. 9 ; Partie II, n° 86, mai 2010, p. 8 – *Droits Maritimes*, Dalloz Action, Paris, 4ème éd., 2021 n° 421.41 à 421.49.

Le contrat d'engagement peut être conclu au voyage ; il doit désigner le port terme du voyage et préciser à quel moment des opérations commerciales et maritimes effectuées dans ce port, le voyage est réputé achevé ; dans le cas où la désignation de ce port ne permet pas d'apprécier la durée approximative du voyage, le contrat fixe une durée maximale après laquelle le marin peut demander son débarquement au premier port de déchargement en Europe, même si le voyage n'est pas achevé (C. transp., art. L. 5542-1, al. 3 et L. 5542-9). L'ordonnance n° 82-287 du 25 mars 1982 a introduit dans le Code du travail maritime le contrat à durée déterminée, adaptant au secteur maritime les mécanismes terrestres. Le contrat d'engagement à durée déterminée cesse de plein droit à l'échéance du terme (C. transp., art. L. 5542-45, al. 1). Lorsque le terme du contrat vient à échoir au cours d'un voyage, le contrat du marin prend fin à l'arrivée au premier port où le navire effectue une opération commerciale. Toutefois, si le retour du navire en France est prévu dans un délai d'un mois à compter de l'expiration du contrat de travail, celui-ci est prolongé jusqu'à l'arrivée du navire dans un port français (C. transp., art. L. 5542-45, al. 2). Un contrat d'engagement maritime ne peut être à durée déterminée que s'il remplit certaines conditions, certaines formalités. En l'absence d'écrit, le contrat d'engagement maritime conclu est à durée indéterminée[391].

Les cas de recours au CDD. - Les dispositions des articles L. 1242-1 et L. 1242-du code du travail, limitant les cas de recours au contrat à durée déterminée, ne sont pas applicables aux engagements maritimes (C. transp., art. L. 5542-7)[392]. Cependant, les conventions collectives nationales étendue du remorquage, officiers ou personnels d'exécution, du 26 juillet 2005, reprennent les dispositions des articles L. 1242-1 et

[391] Cass. soc. 16 décembre 2015, navire *Anne-Antoine II*, n° 14-24.455 – CA Montpellier, 20 mai 2015, SNCM, n° 13-07388, *DMF* 2016, n° 782, pp. 598-607, La requalification des contrats à durée déterminée abusifs ». – Caen, 14 juin 2018, n° 17/01257, *DMF* 2018, n° 807, pp. 897-901, « Un contrat d'engagement maritime intermittent à la pêche ? » - CA Aix-en-Provence, 10 mai 2019, SA Réseau Mistral, n° 16-02573, *DMF* 2019, n° 817, pp. 797-804, « Absence de signature d'un contrat d'engagement maritime à durée déterminée avant l'embarquement = CDI » - CA Rouen, 24 octobre 2019, n° 18-02965.

[392] Cass. soc. 4 avril 2012, n° 10-20.007.

L. 1242-du code du travail (art. 14)[393]. En application de l'accord-cadre européen du 18 mars 1999 sur le travail à durée déterminée, mis en œuvre par la directive 1999/70/CE du 28 juin 1999, les juges doivent vérifier que l'utilisation de contrats successifs est justifiée par des raisons objectives qui s'étendent à l'existence d'éléments concrets établissant le caractère par nature temporaire de l'emploi[394]. En cas d'abus, la sanction est la requalification des contrats en contrats à durée indéterminée.
Il ne peut être conclu de contrat au voyage, pour remplacer un marin dont le contrat est suspendu par suite d'un conflit collectif de travail (C. transp., art. L. 5542-10). Cette prohibition concerne également les contrats à durée déterminée, par référence au code du travail (C. trav., art. L. 1242-6, 1°).

CDD à objet défini. - Le législateur a créé en 2008 un CDD à objet défini, dit aussi CDD de mission, contrat de travail qui a pour particularité de s'achever lorsque la mission pour laquelle il a été conclu prend fin, sans que cette durée soit précisée lors de la conclusion du contrat. Ce CDD est réservé au recrutement d'ingénieurs et de cadres. Le recours à ce CDD à objet défini doit être prévu par un accord collectif de branche étendu ou un accord d'entreprise C. trav., art. L 1242-1 à L. 1242-13-1 et L. 1243-1 à L. 1243-12). « Il peut être recouru au contrat de travail à durée déterminée dont l'échéance est la réalisation d'un objet défini pour le recrutement d'officiers au sens des conventions et accords collectifs applicables dans les activités maritimes ou, à défaut de convention ou d'accord applicable, au sens du 3e alinéa de l'article 2 de la loi du 17 décembre 1926 portant code disciplinaire et pénal de la marine marchande. Ce contrat est régi par les dispositions de l'article 6 de la loi du 25 juin 2008 et par celles de la loi du 13 décembre 1926,

---

[393] CA Douai, ch. soc., 27 septembre 2019, n° 17/02478, SARL Cie calaisienne de remorquage et de sauvetage, *DMF* 2020, n° 825, pp. 510-520, obs. P. CHAUMETTE, « Du cumul emploi-retraite d'un capitaine de remorqueur ».

[394] A propos du droit italien des CDD des gens de mer, CJUE, 3e ch., 3 juillet 2014, Fiamingo et a., aff. C-362/13, C-363/13 et C-407/13, « Accord collectif européen et CDD des gens de mer », *DMF* 2014, n° 761, pp. 706-713. - Concernant des contractuels universitaires, CJUE, 6ème ch., 8 mars 2012, aff. C-251/11, M. H. c/ UBO - Concernant des contractuels territoriaux grecs, CJUE, 7ème ch., 11 février 2021, aff. C-760/18 - F. KÉFER et V. FÉVRIER, « Le travail à durée déterminée dans la jurisprudence de la Cour de justice », *Journal de droit européen* 2020, pp. 50-57).

dès lors qu'elles ne sont pas contraires à cet article »[395]. Cette innovation n'a pas été codifiée au sein du code des transports ; ce CDD à objet défini est d'une durée minimale de dix-huit mois et maximale de trente-six mois.

Clause de report du terme du contrat à durée déterminée. – Le contrat d'engagement doit préciser sa durée, l'échéance du terme ou le port constituant la fin du voyage (C. transp., art. L. 5542-45, al. 1)[396]. Le contrat à durée déterminée peut comporter une clause prévoyant le report du terme qu'il fixe. Dans ce cas, il ne peut être reporté qu'une fois. Sous réserve des dispositions de l'article L. 5542-45 du code des transports, la durée totale du contrat, compte tenu le cas échéant du report du terme, ne peut excéder douze mois d'embarquement effectif (C. transp., art. L. 5542-8).

Renouvellement du contrat à durée déterminée. – Si, au terme d'un contrat à durée déterminée ou d'un contrat au voyage, un nouveau contrat est conclu avant l'expiration des congés et repos acquis par le marin au titre du contrat précédent, ce nouveau contrat est à durée indéterminée. Le marin conserve l'ancienneté qu'il avait acquise au terme du premier contrat, mais ne perçoit pas l'indemnité de fin de contrat prévue par l'article L. 1243-8 du code du travail. Les dispositions du présent article ne sont pas applicables aux contrats conclus dans les cas mentionnés à l'article L. 5542-14 du code des transports (C. transp., art. L. 5542-12).
Toutefois, certains contrats à durée déterminée échappent à la durée maximale totale de douze mois d'embarquement effectif, ainsi qu'à l'intervalle de temps entre deux contrats, ou à la requalification en CDI, ceux mentionnés à l'article L. 5542-14 du code des transports : les contrats conclus au titre des dispositions légales destinées à favoriser l'embarquement de certaines catégories de demandeurs d'emploi, ceux conclus pour assurer un complément de formation professionnelle, pour une durée et dans des conditions fixées par voie réglementaire, pour permettre au marin d'accomplir le temps de navigation nécessaire pour poursuivre ses études, passer ses examens ou obtenir son diplôme, pour remplacer un marin provisoirement absent ou dont le contrat est

---

395 Ordonnance n° 2009-717 du 18 juin 2009, relative à l'adaptation aux personnes exerçant la profession de marin de la loi n° 2008-596 du 25 juin 2008 portant modernisation du marché du travail, art. 1er.

396 CA Rouen, 20 octobre 1988, *DMF* 1989, p. 717 et s.

suspendu[397], pour pourvoir des emplois saisonniers, pour l'exécution de certains marchés internationaux intéressant des activités temporaires. Ces situations exceptionnelles doivent être entendues strictement. Ainsi, un marin, qui a obtenu un brevet au cours d'un contrat à durée déterminée, ne correspond pas à la dernière hypothèse citée, dans la mesure où ce contrat n'avait pas été conclu en vue de l'obtention du brevet, en supplément d'effectif[398]. Cette hypothèse ne concerne que les élèves des écoles maritimes. Il ne s'agissait pas plus d'un engagement armatorial en vue d'assurer un complément de formation professionnelle au marin, ce qui pourrait concerner tout marin, embauché à durée déterminée jusqu'à l'obtention d'un nouveau brevet. Sous les mêmes réserves et exclusions de l'article L. 5542-14 du code des transports, le marin a droit à l'échéance du terme du contrat au voyage ou à durée déterminée à une indemnité de fin de contrat, égale à 5 % de sa rémunération globale brute[399]. Une faute grave prive le marin du bénéfice de l'indemnité de fin de contrat. Ne constitue pas une faute grave le refus d'accomplir un travail incombant à une autre catégorie de personnel[400].

Refus d'un CDI. - Le contrat de travail à durée déterminée cesse de plein droit à l'échéance du terme ou à la suite de la réalisation de son objet (C. trav. art. L. 1243-5 et L. 1242-2). Lorsque l'employeur propose que la relation contractuelle de travail se poursuive après l'échéance du terme du CDD sous la forme d'un CDI pour occuper le même emploi ou un emploi similaire, assorti d'une rémunération au moins équivalente pour une durée de travail équivalente, relevant de la même classification et sans changement du lieu de travail, il notifie cette proposition par écrit au salarié. En cas de refus du salarié, l'employeur en informe l'opérateur France Travail en justifiant du caractère similaire de l'emploi proposé (C. trav. art. L. 1243-11-1, modifié par L. n° 2023-

---

[397] Cass. soc. 4 avril 2012, n° 10-20.007, « l'autorisation de recourir à un contrat à durée déterminée de remplacement en cas d'absence temporaire d'un salarié s'entend de son absence aussi bien de l'entreprise que de son poste habituel de travail ».

[398] CA Rouen, 20 octobre 1988, *DMF* 1989, p. 717 et s.

[399] Décret n° 83-796 du 6 septembre 1983 relatif au contrat d'engagement maritime à durée déterminée, art. 3 non abrogé. Pourtant, l'art. L. 5542-12 C. transp., en cas de prolongation d'un CDD ou d'un contrat au voyage, fait référence à l'indemnité de fin de contrat de l'article L. 1243-8 C. trav, d'un montant de 10 %. de la rémunération brute versée au salarié.

[400] Cass. soc. 8 décembre 2004, navire *La Grande Hermine*, n° 03-40.025, *DMF* 2005, p. 333 et s.

1196, 28 décembre 2023, art. 6-V). Il en est de même, quant à l'issue d'un contrat de mission, le salarié refuse la proposition de CDI de l'entreprise utilisatrice ; c'est alors l'entreprise de travail temporaire qui effectue cette notification. Le Décret n° 2023-1307 du 28 décembre 2023 fixe les modalités de la notification par l'employeur au salarié, ainsi que les modalités de notification par l'employeur à l'opérateur France Travail. L'employeur accorde au salarié un délai raisonnable pour se prononcer sur la proposition de contrat à durée indéterminée en lui indiquant qu'à l'issue de ce délai de réflexion, une absence de réponse de sa part vaut rejet de cette proposition. En cas de refus exprès ou tacite du salarié dans ce délai, l'employeur dispose d'un délai d'un mois pour informer l'opérateur France Travail de ce refus (C. trav. art. R. 1243-2-II et R. 1251-3-1-II).

Requalification du contrat d'engagement. – Le législateur impose une requalification du contrat à durée déterminée ou du contrat au voyage, une « stabilisation légale », limitant la précarité en cas de recours régulier aux services d'un marin dans le cadre de contrats à durée déterminée. « Lorsque deux ou plusieurs contrats de travail successifs et discontinus ont lié un marin à un employeur pour au moins dix-huit mois de services, dont neuf mois d'embarquement effectif, au cours d'une période de vingt-sept mois, comptée depuis le premier embarquement, le nouveau contrat conclu entre le marin et l'employeur avant l'expiration de cette période est à durée indéterminée. L'ancienneté cumulée des services ou périodes d'embarquement est alors considérée comme équivalente à une ancienneté continue de même durée, sauf pour le calcul de l'indemnité de licenciement. Les dispositions du présent article ne sont pas applicables en cas de rupture anticipée due au fait du marin ou de non-prorogation, par le marin, d'un contrat à durée déterminée comportant une clause de report du terme » (C. transp., art. L. 5542-13).

Toutefois, cette requalification du contrat, ainsi que le cumul de l'ancienneté, lorsque le lien de travail devient presque permanent, ne jouent pas dans le cas des contrats énumérés par l'article L. 5542-14 du code des transports, les contrats conclus au titre des dispositions légales destinées à favoriser l'embarquement de certaines catégories de demandeurs d'emploi, ceux ayant pour objet d'assurer un complément de formation professionnelle au marin, ceux conclus pour permettre au marin d'accomplir le temps de navigation nécessaire pour poursuivre ses études, passer ses examens ou obtenir son diplôme, le contrat de

remplacement d'un marin temporairement absent ou dont le contrat de travail est suspendu, ceux destinés à pourvoir des emplois à caractère saisonnier, ceux conclus pour l'exécution de marchés internationaux intéressant des activités temporaires déterminées par voie réglementaire. La cour d'appel devait rechercher si, étant engagé par divers contrats à durée déterminée successifs et discontinus sur une période de plus de trente mois, pour le compte du même armateur, le marin, ayant occupé les mêmes fonctions d'officier radio à chaque embarquement, qu'il s'agisse des remplacements ou des emplois saisonniers, n'avait pas en réalité occupé un emploi permanent au sein de la compagnie[401].
Concernant les mentions obligatoires manquantes, la jurisprudence distingue selon le type de mentions manquantes (art. L. 1242-4 C. trav.). L'omission de la mention de la convention collective applicable ne peut entraîner la requalification du contrat à durée déterminée en contrat à durée indéterminée[402]. La solution est identique en cas d'omission de l'indication de la caisse de retraite et de prévoyance dont dépend le salarié[403] ou encore en l'absence de mention du montant de la rémunération et de ses différentes composantes. Si la date de conclusion du contrat est absente, la date du début de l'engagement est mentionnée, de sorte que la requalification du CDD est refusée[404].
La requalification des contrats à durée déterminée en CDI donne droit à une indemnité de requalification qui ne peut être inférieure à un mois de salaire (C. trav., art. L 1245-2). Quand les contrats d'engagement à durée déterminée n'ont pas été signés, les parties étaient liées dès l'origine de la relation de travail par un contrat à durée indéterminée ; la requalification des CDD, qui n'ont jamais existé, ne peut alors être admise et ne peut donner lieu à l'indemnité de requalification[405].

---

[401] Cass. soc. 13 novembre 2008, Colobert c/ SNCM, n° 06-40.060, *DMF* 2009, n° 704, p. 508 et s., « Emplois permanents ou contrats saisonniers » – v. aussi CA Montpellier, 20 mai 2015, SNCM, n° 13-07388, *DMF* 2016, n° 782, pp. 598-607, « La requalification des contrats à durée déterminée abusifs.

[402] Cass. soc. 26 octobre 1999, n° 97-42.255, *Bull. civ.* V, n° 399

[403] Cass. soc. 28 février 2001, n° 98-45.096.

[404] CA Aix-en-Provence, 15 mars 2024, n° 22/13352, SMTDR, *DMF* 2024, n° 871, pp. 689-698, n. P. CHAUMETTE, « Contrat d'engagement maritime : saisine du tribunal judiciaire et prescriptions.

[405] CA Aix-en-Provence, ch. 4-6, 10 mai 2019, n° 16-02573, *DMF* 2019, n° 817, pp. 797-804 « Absence de signature d'un contrat d'engagement maritime à durée déterminée avant l'embarquement = CDI » - CA Rouen, ch. soc., 24 octobre 2019, n°

Section 2 - Rupture du contrat d'engagement à durée indéterminée (CDI)

La notion de licenciement maritime était spécifique avant l'ordonnance n° 2009-717 du 18 juin 2009 qui a adapté aux marins la loi n° 2008-596 du 25 juin 2008[406]. L'ordonnance applique au contrat d'engagement maritime le droit général des licenciements et simplifie considérablement les dispositions anciennes. L'impact de la Convention 158 de l'OIT de 1982 sur le licenciement, ratifié par la France en 1989, a mis en cause la période de consolidation du contrat de travail, dit nouvelle embauche, créé en 2005[407], ainsi que les textes anciens qui n'appliquaient la notion de licenciement aux marins qu'à la suite d'une année d'ancienneté. L'extension aux activités maritimes du droit du licenciement économique[408], ainsi que du licenciement d'un salarié victime d'un accident du travail ou d'une maladie professionnelle, concernait, par contre, les marins sans aucune exigence d'ancienneté. Il en résultait un tableau complexe, maintenant simplifié. « Les conditions d'application au marin des dispositions du titre III du livre II de la première partie du code du travail, relatives au licenciement pour motif personnel et au licenciement pour motif économique, sont fixées, compte tenu des adaptations nécessaires, par décret en Conseil d'État » (C. transp., art. L. 5542-42). L'article L. 5542-37-3° du code des transports étend aux entreprises d'armement maritime les dispositions relatives aux salariés victimes d'un accident du travail ou d'une maladie professionnelle (C. trav., art. L. 1226-6 à

18-02965 et CA Aix-en-Provence, 3 octobre 2019, n° 17-15348, *DMF* 2020, n° 821, pp. 135-144, « Contrats d'engagement maritime verbaux ou non signés ».

[406] P. CHAUMETTE, « De la modernisation du marché du travail à la simplification du licenciement maritime. Ordonnance n° 2009-717 du 18 juin 2009 relative à l'adaptation aux personnes exerçant la profession de marin de la loi n° 2008-596 du 25 juin 2008 », *AFCAN Informations*, Partie I, n° 85, février 2010, p. 9 et s. ; Partie II, n° 86, mai 2010, p. 8 et s. ; *Droits Maritimes*, Dalloz Action, 4ème éd., 2021, n° 421.45 et s.

[407] CA Paris, 20 octobre 2006, *Dr. soc.* 2006, p. 1088 et s., note P. LYON-CAEN ; *D.* 2006. 2265, note F. ROLLIN ; *RJS* 1/07. 6, note X. PRÉTOT – Trib. Conflits. 19 mars 2007, *Dr. soc.* 2007, p. 750, concl. I. DE SILVA – Cass. soc. 1er juillet 2008, Samzun c/ Linda de Wee a., n° 07-44.124, *Bull. civ.* V, n° 146 ; *D.* 2008, p. 1986, obs. S. MAILLARD ; *RDT* 2008, n° 9, pp. 504-514, avis de l'av. gén. J. DUPLAT.

[408] CA Douai, 27 septembre 2002, Gonin J.-P. c/ SA Aqua Plus, RG n° 02-1210 – CA Rennes, 25 février 1999, navire La Sardane, *DMF* 2000, p. 44 et s.

L. 1226-22). Aucune ancienneté n'est requise. La Cour de cassation a admis l'application de ces dispositions pendant la période d'essai, qui en général échappe aux exigences du droit du licenciement, sauf motif discriminatoire.

À la suite d'un entretien préalable, la lettre notifiant le licenciement devait être suffisamment motivée[409] ; le licenciement doit être fondé sur une cause réelle et sérieuse, qui peut être disciplinaire, personnelle, mais non liée à une faute commise par le salarié, ou économique. L'ordonnance n° 2017-1387 du 22 septembre 2017 relative à la prévisibilité et la sécurisation des relations de travail a modifié la procédure de licenciement et a considérablement réduit la protection des salariés, en vue d'une réduction du contentieux judiciaire des licenciements. « Lorsque l'employeur décide de licencier un salarié, il lui notifie sa décision par lettre recommandée avec avis de réception. Cette lettre comporte l'énoncé du ou des motifs invoqués par l'employeur. Elle ne peut être expédiée moins de deux jours ouvrables après la date prévue de l'entretien préalable au licenciement auquel le salarié a été convoqué » (C. trav., art. L. 1232-6)[410]. Le décret n° 2017-1702 du 17 décembre 2017 précise le nouveau dispositif pour les licenciements notifiés à partir du 18 décembre 2017 : dans les quinze jours suivant la notification du licenciement, le salarié peut, par lettre recommandée avec avis de réception ou remise contre récépissé, demander à l'employeur des précisions sur les motifs énoncés dans la lettre de licenciement. L'employeur dispose d'un délai de quinze jours après la réception de la demande du salarié pour apporter des précisions s'il le souhaite. Il communique ces précisions au salarié par lettre recommandée avec avis de réception ou remise contre récépissé. Dans un délai de quinze jours suivant la notification du licenciement et selon les mêmes formes, l'employeur peut, à son initiative, préciser les motifs du licenciement (C. trav., art. R. 1232-13 et R. 1233-2-2). La lettre de licenciement, précisée le cas échéant par l'employeur, fixe les limites

---

[409] Cass. soc. 26 octobre 1976, Janousek, n° 75-40.659 – Cass. soc. 29 novembre 1990, Rogié, n° 88-44.308 – Cass. soc. 23 mai 2000, n° 98-40.635 – Cass. soc. 6 janvier 2010, n° 08-43.256 – Cass. soc. 27 juin 2018, n° 16-20.898 : imputer à la salariée, sans autre précision, un comportement irresponsable, « une façon de mener ses fonctions », ne constituait pas un motif de licenciement matériellement vérifiable.

[410] Ordonnance n° 2017-1387 du 22 septembre 2017, mod. par L. n° 2018-217 du 29 mars 2017 de ratification des diverses ordonnances prises sur le fondement de la loi n° 2017-1340 du 15 sept. 2017 d'habilitation.

du litige en ce qui concerne les motifs de licenciement (C. trav., art. L. 1235-2).
Si le salarié dans le délai de quinze jours demande des précisions sur les justifications de son licenciement, il est probable que la jurisprudence ancienne se prolongera, quant à un licenciement suffisamment motivé. Il appartient au juge de vérifier si les motifs invoqués par écrit ne sont pas un simple prétexte. Le juge doit prendre en compte les griefs avancés par le salarié dans l'appréciation de la cause réelle et sérieuse de licenciement[411].
Le droit du licenciement a été étendu au capitaine de navire par la loi n° 97-1051 du 18 novembre 1997. La tradition maritime en faisait un agent commercial de l'armateur, révocable sauf abus. Les officiers de la marine marchande bénéficiaient des avantages conventionnels, à l'inverse des capitaines de pêche ou de la plaisance. « Le capitaine engagé pour un voyage est tenu de l'achever, à peine de dommages-intérêts envers les propriétaires et affréteurs » (C. transp., art. L. 5542-47). Il convient de distinguer le régime juridique du licenciement et la responsabilité éventuellement encourue par le capitaine en tant que mandataire de l'armateur.

Préavis. - Dans le cas de licenciement pour un motif autre qu'une faute grave, le marin a droit à un préavis d'un mois, s'il justifie chez le même employeur de six mois au moins d'embarquement effectif et continu et d'une ancienneté de services continus comprise entre un an et moins de deux ans, à un préavis de deux mois, s'il justifie chez le même employeur d'une ancienneté de services continus de deux ans au moins. Ces dispositions sont d'ordre public (C. transp., art. L. 5542-43). Le point de départ du préavis est fixé de telle manière que le marin dispose à terre, dans le port le plus proche de sa résidence, d'une période rémunérée au moins égale au quart de la durée du préavis. Pour le calcul de cette période, ne peuvent être prises en compte les périodes rémunérées en raison des congés acquis par le marin à quelque titre que ce soit (C. transp., art. L. 5542-44). Il convient de distinguer d'abord les mois d'embarquement, puis les mois de services continus.

---

[411] Cass. soc. 7 mars 2012, n° 10-17.090, *D.* 2012, p. 821 ; *DMF* 2013, n° 752, p. 889 et s., « Licenciement injustifié suite à des plaintes pour non-paiement des salaires » - CA Fort-de France, 6 mars 2018, n° 16/00670, *DMF* 2019, n° 810, pp. 119-127 ; « L'analyse des griefs d'un licenciement disciplinaire ».

Indemnité de licenciement. - L'ordonnance n° 2017-1387 du 22 septembre 2017 relative à la prévisibilité et la sécurisation des relations de travail réduit le délai d'ancienneté pour ouvrir droit aux indemnités de licenciement pour les licenciements prononcés à compter du 24 septembre 2017, et augmente le montant de l'indemnité de licenciement pour les licenciements prononcés à compter du 27 septembre 2017. La loi n° 2008-596 du 25 juin 2008 a aligné les modalités de calcul de l'indemnité de licenciement pour motif personnel sur celles du licenciement pour motif économique (C. trav., art. L. 1234-9). L'ancienneté requise n'est plus que de 8 mois pour les licenciements pour motif personnel ou économique ; aucune ancienneté n'est requise si le licenciement est consécutif à un accident du travail ou une maladie professionnelle (C. trav., art. L. 1226-14). L'indemnité de licenciement ne peut être inférieure à un quart de mois de salaire par année d'ancienneté pour les années jusqu'à dix ans et à un tiers de mois de salaire par année d'ancienneté pour les années à partir de dix ans d'ancienneté (C. trav., art. R. 1234-2, modifié par Décr. n° 2017-1398, 25 sept. 2017, portant revalorisation de l'indemnité légale de licenciement) ; ce montant est doublé si le licenciement est consécutif à un accident du travail ou une maladie professionnelle (C. trav., art. L. 1226-14)[412].
L'article 23 du décret n° 78-389 du 17 mars 1978 limitait le minimum légal de l'indemnité de licenciement du marin à 1/10e de mois de salaire de référence par année effectuée au service du même armateur, en fonction d'un salaire de référence calculé sur la moyenne des trois derniers mois par référence aux cotisations de l'assurance-chômage, et pour les marins non affiliés à l'assurance-chômage par référence aux salaires forfaitaires de l'ENIM. Le salaire à prendre en compte est le salaire réel (C. trav., art. R. 1234-4). Cette disposition ne semble pas abrogée ; pourtant elle paraît incompatible avec les évolutions législatives du code du travail.

Rupture unilatérale du contrat à l'initiative du marin. - Le code des transports envisage la rupture unilatérale du contrat à l'initiative du marin, sans distinguer qu'il s'agisse d'un contrat à durée déterminée ou au voyage, ou d'un contrat à durée indéterminée. La rupture du contrat à l'initiative du marin ne peut prendre effet au terme du délai de préavis,

---

[412] Cass. soc. 19 mai 2010, Sté Armement Dhellemes SA c/ Peron, n° 09-42.115, *D.* 2010, p. 1422 ; *JCP S* 2010, n° 29, pp. 25-26, obs. P. CHAUMETTE.

lorsque ce terme intervient après le commencement du service par quarts décidé par le capitaine en vue de l'appareillage ; toutefois, sauf circonstances imprévues dûment justifiées, la faculté de quitter le service ne peut être refusée au marin vingt-quatre heures avant le moment fixé pour l'appareillage, lorsque ce terme intervient avant la cessation du service par quarts décidée par le capitaine à l'arrivée au port ; toutefois, sauf circonstances imprévues dûment justifiées, la faculté de quitter le service ne peut être refusée au marin vingt-quatre heures après l'arrivée du navire à son poste d'amarrage (C. transp., art. L. 5542-38). Cette rupture correspond à la démission du salarié, strictement encadrée par le code du travail dans le cadre d'un contrat à durée déterminée (C. trav., art. L. 1243-1 à L. 1243-4).
Le marin qui demande la résiliation judiciaire du contrat pour inexécution des obligations de l'employeur peut être autorisé à débarquer immédiatement par l'inspecteur du travail, lorsque sa présence prolongée à bord serait susceptible d'entraîner des conséquences graves pour le salarié (C. transp., art. L. 5542-39). Si la demande de résiliation judiciaire du contrat de travail engagée par le salarié, le 12 décembre 2007, postérieurement à l'envoi de la lettre de licenciement, le 7 juillet 2007, date de la rupture du contrat de travail, est nécessairement sans objet, le juge doit toutefois, pour apprécier le bien-fondé du licenciement, prendre en considération les griefs qui étaient invoqués par le salarié, considérant qu'il n'était plus payé, dès lors qu'ils sont de nature à avoir une influence sur cette appréciation[413].

Prise d'acte de la rupture par le marin. - Devant les difficultés de la résiliation judiciaire, qui nécessite en principe la poursuite du travail tant que le tribunal n'a pas prononcé la rupture du contrat de travail, la jurisprudence a construit le système de la prise d'acte de la rupture par le salarié, aux torts de l'employeur. La jurisprudence a admis et encadré « la prise d'acte par le salarié de la rupture du contrat de travail », c'est-à-dire qu'il démissionne, ou ne revient plus travailler, en invoquant une faute de son employeur, saisit le tribunal compétent en demandant la reconnaissance d'un licenciement sans cause réelle et sérieuse[414]. Il appartient au juge de définir l'imputabilité de la rupture, puis d'attribuer

---

[413] Cass. soc. 7 mars 2012, nº 10-17.090, *D.* 2012. p. 821 ; *DMF* 2013, n° 752, p. 889 et s.

[414] B. TEYSSIÉ, « La rupture du contrat de travail à durée indéterminée hors licenciement », *Dr. soc.* 2005, pp. 45-58 – J. MOULY, « Démission ou licenciement : une alternative très convenable », *Dr. soc.* 2004, p. 90 et s.

la responsabilité de cette rupture contractuelle : si les griefs invoqués par le salarié sont inexistants ou insuffisants, celui-ci a démissionné sans respect du préavis ; si les griefs sont fondés et suffisants, l'employeur est responsable d'un licenciement, irrégulier en la forme, mais surtout sans cause réelle et sérieuse[415]. Constitue une résiliation du contrat aux torts de l'employeur, la mise à l'écart d'un capitaine de remorqueur, souhaitant naviguer au-delà de cinquante-cinq ans, mis à l'écart sous la pression des représentants du personnel, victime de harcèlement et de discrimination que l'employeur a toléré[416]. L'obligation de loyauté impose à l'employeur de fournir au salarié le matériel de pêche lui permettant de maintenir le niveau de rémunération qu'il pouvait escompter en s'engageant ; dès lors, la rupture du contrat intervient aux torts de l'employeur[417]. En l'absence de faute suffisante de l'employeur, la prise d'acte de la rupture du contrat de travail a les effets d'une démission, le plus souvent sans que le préavis de démission ne soit respecté[418] ; en présence d'un préjudice démontré, l'employeur pourrait obtenir des dommages et intérêts[419].

Licenciement d'un marin représentant du personnel. - La rupture unilatérale par l'employeur du contrat d'un marin, représentant du personnel, nécessite, quelle que soit son ancienneté, le respect du statut protecteur des représentants du personnel. « Les conditions d'application aux entreprises d'armement maritime des dispositions du livre IV de la partie II du code du travail sont fixées, compte tenu des

---

[415] Cass. soc. 25 juin 2003, n°s 01-42.679, 01-42.335 et 01-43.578, *Bull. civ.* V, n° 209 ; *D.* 2003, p. 2396, note J. PÉLISSIER ; *Dr. soc.* 2003. 817, note G. COUTURIER et J.-E. RAY. – Cass. soc. 19 octobre 2004, n° 02-45.742, *Bull. civ.* V, n° 263 ; *D.* 2004, p. 2891 ; *Dr. soc.* 2005, p. 106, obs. F. FAVENNEC-HÉRY – Cass. soc. 20 janvier 2010 n° 08-43.471, *Bull. civ.* V, n° 17 ; *D.* 2010, p. 328, obs. S. MAILLARD ; *Dr. soc.* 2010, p. 412, note G. COUTURIER ; *RDT* 2010. 228, obs. M. BARTHES – G. COUTURIER, « Prise d'acte et préavis », *Dr. soc.* 2010, p. 412 et s.

[416] Cass. soc. 15 mars 2006, n° 04-10.208, *DMF* 2007, p. 153, note P. CHAUMETTE.

[417] CA Rennes, 28 février 2018, navire *Discovery*, RG n° 15/07435, *DMF* 2018, n° 804, pp. 625-640, obs. P. CHAUMETTE « Prise d'acte de la rupture du contrat d'engagement à la pêche artisanale ».

[418] CA Montpellier, 4e ch. soc., 8 juin 2011, n° 10/05644, *DMF* 2012, n° 736, pp. 441-453, « Les dangers de la prise d'acte de la rupture du contrat d'engagement par le marin » - CA Aix-en-Provence, 23 avril 2021, navire Jopoly IV, n° 18/00786 et 18/00788, *DMF* 2021, n° 838, pp. 729-739, obs. P. CHAUMETTE, « La vente d'un navire de plaisance et le sort du capitaine ».

[419] Cass. soc. 4 février 2009, n° 07-44.142, *RJS* 4/09, n° 325.

adaptations nécessaires, par décret en Conseil d'État. À bord des navires, la représentation des gens de mer est assurée par les délégués de bord » (C. transp., art. L. 5543-3)[420]. Un marin peut être élu au comité social et économique (CSE) de l'armement. L'élection de délégués du personnel représentant l'ensemble du personnel dans l'entreprise d'armement maritime avait lieu sans préjudice de l'élection de délégués de bord (art. 1er, Décr. nº 2015-1674, 15 décembre 2015, relatif au délégué de bord sur les navires). Ces délégués de bord sont dorénavant distingués des délégués du personnel, qui eux ont disparu au profit de la délégation du personnel au CSE. Les conditions d'application aux entreprises d'armement maritime des dispositions du livre IV de la deuxième partie du code du travail, relatives aux salariés protégés, sont fixées, compte tenu des adaptations nécessaires, par décret en Conseil d'État (C. transp., art. L. 5543-3).

L'article 33 du décret nº 2015-1674 du 15 décembre 2015, relatif au délégué de bord sur les navires, abroge les articles 2 à 20 du décret nº 78-389 du 17 mars 1978 qui précisaient les conditions de licenciement d'un marin élu, délégué de bord. L'autorisation de l'autorité maritime ne semble plus concerner que le licenciement économique (art. 21 et 26) où l'autorité maritime remplace le directeur départemental du travail et de l'emploi. L'autorité maritime est définie par le décret nº 78-389 du 17 mars 1978 comme étant l'administrateur des affaires maritimes, chef du quartier ou le chef du bureau du travail maritime à l'administration centrale, si le siège de l'armement ne se trouve pas situé dans le ressort d'un quartier des affaires maritimes (art. 26). La notion de quartier des affaires maritimes a vécu.

La demande d'autorisation de licenciement d'un délégué syndical, d'un salarié mandaté ou d'un conseiller du salarié ou d'un membre de la délégation du personnel au comité social et économique est adressée à l'inspecteur du travail. En cas de faute grave, l'employeur peut prononcer la mise à pied immédiate de l'intéressé dans l'attente de la décision définitive. Cette décision est, à peine de nullité, motivée et notifiée à l'inspecteur du travail dans le délai de quarante-huit heures à compter de sa prise d'effet. Si le licenciement est refusé, la mise à pied est annulée et ses effets supprimés de plein droit (C. trav. art. L.2421-1).

---

[420] Sur les missions des délégués de bord, v. C. transp., art. L. 5543-2-1, mod. par L. nº 2016-816 du 20 juin 2016, art. 39 et ci-dessous.

Selon l'article L. 2421-3 du code du travail, « le licenciement envisagé par l'employeur d'un membre élu à la délégation du personnel au comité social et économique titulaire ou suppléant ou d'un représentant syndical au comité social et économique ou d'un représentant de proximité est soumis au comité social et économique, qui donne un avis sur le projet de licenciement dans les conditions prévues à la section 3 du chapitre II du titre Ier du livre III. L'avis est réputé acquis nonobstant l'acquisition d'un nouveau mandat postérieurement à cette consultation. Lorsqu'il n'existe pas de comité social et économique dans l'établissement, l'inspecteur du travail est saisi directement. La demande de licenciement que l'employeur d'un salarié protégé adresse à l'autorité administrative doit être motivée par l'énoncé de griefs précis, objectifs et matériellement vérifiables, ceci excluant les affirmations vagues et peu circonstanciées[421]. Elle est adressée à l'inspecteur du travail dont dépend l'établissement dans lequel le salarié est employé. Si la demande d'autorisation de licenciement repose sur un motif personnel, l'établissement s'entend comme le lieu de travail principal du salarié. Si la demande d'autorisation de licenciement repose sur un motif économique, l'établissement s'entend comme celui doté d'un comité social et économique disposant des attributions prévues à la section 3 du chapitre II du titre Ier du livre III.

Cet article L. 2421-3 du code du travail est applicable au délégué de bord. « Le décret en Conseil d'État mentionné à l'article L. 5543-2-1 du présent code détermine les modalités d'application du présent article, notamment la procédure applicable en cas de fin de mise à disposition de gens de mer élus délégués de bord » (C. transp., art. L. 5543-3-1, créé par L. n° 2013-619, 16 juill. 2013, art. 25-V). Selon l'article 20 du décret n° 2015-1674 du 15 décembre 2015 relatif au délégué de bord sur les navires, « Les dispositions des articles R. 2421-8 à R. 2421-17 du code du travail s'appliquent au délégué de bord pendant toute la durée de son mandat et durant les six premiers mois suivant l'expiration de ce mandat ou la disparition de l'institution » (Décr. n° 2015-1674 du 15 décembre 2015, relatif au délégué de bord sur les navires, art. 20). Cette procédure s'applique aussi aux assesseurs maritimes du Tribunal

---

[421] CAA Nantes, 15 novembre 2022, navire Breiz Nevez 1, *DMF* 2023, n° 855, pp. 234-241, obs. P. CHAUMETTE, « De l'annulation de l'autorisation administrative de licenciement d'un capitaine, délégué du personnel ».

Maritime, mentionnés à l'article 7 de la loi du 17 décembre 1926 relatif à la répression en matière maritime[422].

C'est ainsi l'inspecteur du travail, qui conformément aux dispositions du code du travail, doit autoriser ou non la rupture unilatérale du contrat d'engagement maritime d'un marin, exerçant une fonction de représentant du personnel dans l'armement. Il en résulte un contentieux devant les juridictions administratives. En faisant état, dans le courrier adressé au président du CHSCT, en sa qualité de membre élu du comité, des réactions éprouvées par les membres de l'équipage, face au danger rencontré du fait des déplacements d'éléments de mobiliers et en critiquant, dans des termes virulents, la décision d'effectuer la première liaison du navire dans ces conditions, le marin qui n'a tenu aucun propos injurieux, diffamatoire ou outrageant, n'a pas excédé les limites admissibles de la polémique inhérente à l'exercice de son mandat représentatif de membre du CHSCT ; dès lors, le jugement du tribunal administratif de Rennes et la décision du directeur départemental des affaires maritimes du Finistère autorisant le licenciement ainsi que la décision du ministre de l'Écologie, rejetant son recours hiérarchique, sont annulés[423]. Concernant un capitaine de vedette à passagers, délégué du personnel, le seul manquement matériellement établi avec certitude et fautif est celui tenant à la présence d'un passager sur la passerelle en condition de nuit et par temps de brume. Cette faute, qui n'a pas eu de rôle contributif dans l'accident, n'est pas d'une gravité suffisante pour justifier du licenciement du requérant[424].

La mise d'office à la retraite d'un marin, délégué syndical, sans autorisation de l'inspecteur du travail est nulle[425]. En cas de nullité du licenciement, la loi n° 2019-1428 du 24 décembre 2019 d'orientation sur les mobilités étend explicitement au délégué de bord, qui n'est plus

---

422 Ordonnance n° 2012-1218 du 2 novembre 2012 portant réforme pénale en matière maritime, art. 3 ; art. L. 2411-1-18° et L. 2411-23 C. Trav. ; P. CHAUMETTE, *Droits Maritimes*, Dalloz Action, 4ème éd., 2021, n° 422.36.

423 CAA Nantes, 1re ch., 29 décembre 2011, M. Leblond, navire *Le Cotentin*, req. n° 11NT01040, *DMF* 2013, p. 786 et s., « Annulation d'une autorisation administrative de licenciement d'un marin, représentant du personnel ».

424 CAA Nantes, 15 novembre 2022, navire Breiz Nevez 1, *DMF* 2023, n° 855, pp. 234-241, obs. P. CHAUMETTE, « De l'annulation de l'autorisation administrative de licenciement d'un capitaine, délégué du personnel » - Le pourvoi en cassation n'a pas été admis : CE, 4ème ch., 4 juillet 2023, n° 470445, Sté Compagnie Océane.

425 CA Paris, pôle 6, ch. 5, 15 décembre 2011, SA SeaFrance, RG n° S 09/08283, *DMF* 2013, p. 786 et s., « La nullité de la mise d'office à la retraite d'un délégué syndical ».

assimilé à un délégué du personnel, les dispositions de l'article L. 1235-1 du code du travail (C. transp., art. L. 5542-41-1) ; ce licenciement échappe au barème légal des indemnités de l'article L. 1235-3 du code du travail. Le salarié, représentant du personnel dont l'autorisation administrative de licenciement a été annulée et qui sollicite sa réintégration, est tenu de restituer l'indemnité de licenciement perçue[426]. Le salarié, qui a été licencié en vertu d'une autorisation administrative ultérieurement annulée et qui ne demande pas sa réintégration, a droit, d'une part, à l'indemnisation de son préjudice depuis le licenciement et jusqu'à l'expiration du délai de deux mois qui suit la notification de la décision annulant l'autorisation de licenciement, d'autre part, au paiement des indemnités de rupture, s'il n'en a pas bénéficié au moment du licenciement et s'il remplit les conditions pour y prétendre, et enfin au paiement de l'indemnité prévue par l'article L. 1235-3 du code du travail, s'il est établi que son licenciement était, au moment où il a été prononcé, dépourvu de cause réelle et sérieuse, mais ne peut prétendre de ce seul fait à l'annulation du licenciement[427].

Transfert auprès d'une filiale étrangère. - « Lorsqu'un marin, dont le contrat d'engagement maritime à durée indéterminée a été transféré par son employeur à une filiale étrangère, est licencié par cette filiale, l'employeur assure son rapatriement et l'affecte à un nouvel emploi compatible avec l'importance des fonctions qu'il occupait précédemment. Si l'employeur n'est pas en mesure d'assurer ce reclassement, le licenciement intervient dans les conditions précisées à la présente sous-section. Le temps passé par le marin au service de la filiale est pris en compte pour le calcul des conditions d'ancienneté de services et de navigation ainsi que pour le calcul du préavis et de l'indemnité de licenciement » (C. transp., art. L. 5542-41).

Transfert d'entreprise. - S'il survient une modification dans la situation juridique de l'armateur, notamment par succession, vente, fusion, transformation du fonds, mise en société, tous les contrats d'engagement ainsi que tous les contrats liant à l'armateur les marins titularisés ou stabilisés dans leur emploi en application d'une convention collective, en cours au jour de la modification, subsistent

---

[426] Cass. soc., 1er février 2017, n° 15-20739, Sté Teinturerie de la Turdine.

[427] *Cass. soc., 6 juillet 2022, n° 21-13225.*

entre le nouvel armateur et les marins de l'entreprise (C. trav. mar., art. 102-8). Il s'agit de la transposition maritime de l'article L. 1224-1 du code du travail (anc. L. 122-12, al. 2), introduite par la loi n° 77-507 du 18 mai 1977 qui a étendu aux marins le droit du licenciement. La directive 77/187 du 14 février 1977, comme la directive 2001/23 du 12 mars 2001, n'était pas applicable aux navires de mer ; le législateur français avait ignoré cette exclusion communautaire. La directive 2015/1794 du Parlement européen et du Conseil du 6 octobre 2015 étend ce dispositif aux gens de mer, ce qui ne modifie nullement la législation française[428].

Le transfert d'une entité économique, poursuivant son activité économique sous une nouvelle direction, doit donner lieu au maintien des contrats de travail en cours[429]. Il en va ainsi quand l'activité économique transmise comprend une cession d'éléments d'actifs corporels ou incorporels significatifs, ou la reprise par le nouvel entrepreneur d'une partie essentielle des effectifs en termes de nombre et de compétence, affectés par le successeur à l'exécution du contrat[430]. Il en est ainsi en cas de vente, de cession d'un navire, de pêche comme de commerce, qui poursuit son activité[431]. Si le passage d'une régie départementale autonome des bacs, service public industriel et commercial, en régie directe du département, service public administratif, interdisait le maintien des contrats en cours[432], la directive 98/50 du 29 juin 1998 a mis fin à cette séparation entre le privé et le public, et inversement[433]. La continuité de l'activité économique est l'essentiel, non la modification de sa forme juridique.

---

[428] Dir. (UE) n° 2015/1794, Parlement européen et Conseil, 6 oct. 2015, modifiant les directives n°s 2008/94/CE, 2009/38/CE et 2002/14/CE du Parlement européen et du Conseil, et les directives n°s 98/59/CE et 2001/23/CE du Conseil, en ce qui concerne les gens de mer.

[429] CJCE 18 mars 1986, aff. n° 24/85 – CJCE 10 février 1988, aff. n° 324/86, *Dr. soc.* 1988, p. 455 et s. – CJCE 14 avril 1994, Schmidt, aff. n° 392/92, *D.* 1994, p. 534, note B. CHAUVET – CJCE, 3 esp., 10 décembre 1998, Hernandez Vidal, aff. n^{os} C-127/96, C-229/96 et C-74/97, *D.* 1999, p. 24 et s.

[430] CJCE 24 janvier 2002, Temco services, aff. n° C-51/00, *RJS* 5/2002, n° 511 ; *D.* 2002, p. 862 ; *Dr. soc.* 2003, p. 859, chron. S. VAN RAEPENBUSCH.

[431] Cass. soc. 7 novembre 1989, Le Berre, n° 86-19.196, *Rev. jur. Ouest*, Rennes, 1990, n° 1, pp. 82-84.

[432] CA Bordeaux, ch. soc., 5 juillet 1996, Rocher, *DMF* 1998, p. 580 et s., obs. P. CHAUMETTE.

[433] CJCE 26 septembre 2000, Mayeur c/ Assoc. de promotion de l'information messine, aff. n° C-175/99, *D.* 2000, p. 260 ; *Dr. soc.* 2003, p. 859, chron. S. VAN RAEPENBUSCH ; *RDSS* 2001, p. 120, obs. E. ALFANDARI ; *RJS* 1/2001, n° 138.

Le licenciement d'un marin prononcé à l'occasion de la cession d'un navire de pêche, dont l'activité est poursuivie, est privé d'effet ; le marin peut, à son choix, demander au repreneur la poursuite du contrat de travail illégalement rompu ou demander à l'auteur du licenciement illégal, le vendeur, la réparation du préjudice en résultant[434]. Le contrat de cession du navire qui impose au cédant de licencier l'équipage est nul, car contraire à l'ordre public ; il constitue une collusion entre vendeur et acheteur, qui n'ont pas cherché à reclasser les marins, même si ceux-ci ne souhaitaient pas suivre le navire du Guilvinec à Hendaye ; les licenciements sont sans cause réelle et sérieuse[435]. Lors d'un changement de navire de pêche, par un patron qui poursuit son activité, c'est-à-dire un changement de l'outil de travail, la cour d'appel de Rennes a estimé que le contrat d'engagement du matelot n'avait pas été transféré à l'armateur du navire cédé, non mis en cause dans la procédure, mais s'était poursuivi avec l'armateur d'origine qui poursuivait son activité ; en l'absence de démission du marin et de procédure de licenciement, il s'agit d'un licenciement irrégulier, sans cause réelle et sérieuse[436]. L'article L. 1224-1 du code du travail n'est pas applicable à la vente d'un bateau de plaisance appartenant à un particulier, dans la mesure où une telle vente n'emporte pas transfert d'un ensemble organisé de personnes et d'éléments corporels et incorporels permettant une activité économique poursuivant un objectif propre ; la directive 2001/23/CE excluait les navires de mer des règles relatives aux transferts d'entreprise, cette norme supranationale s'imposant au Luxembourg[437].

– Cass. soc. 25 juin 2002, AGS de Paris c/ Hamon, n° 01-43.467, *Bull. civ.* V, n° 209 ; *AJDA* 2002. 695, note S. PUGEAULT ; *D.* 2002. 3117, obs. B. LARDY-PÉLISSIER ; *Dr. soc.* 2002, p. 1013, obs. A. MAZEAUD ; *RFDA* 2002. 1134, note O. CASTRIC – Cass. soc. 17 décembre 2003, n° 02-44.358, *Bull. civ.* V, n° 318 ; D. 2004, p. 396 ; *Dr. soc.* 2004, p. 321, obs. P. WAQUET – CE, sect., 22 oct. 2004, Lamblin, req. n° 245154, *D.* 2004, p. 3036 ; *Dr. soc.* 2005, p. 37, concl. E. GLASER ; *RFDA* 2005. 187, concl. E. GLASER ; *RFDA* 2005. 1205, étude G. CLAMOUR ; *RTD com.* 2005, p. 269, obs. G. ORSONI.

[434] Cass. soc. 26 janvier 2005, Fradet c/ Sté Armement Le Roux, n° 02-42.987, *DMF* 2005, pp. 426-432, note P. CHAUMETTE.

[435] TI Quimper, 29 juillet 2005, navires *La Talion* et *L'Albatros*, *DMF* 2007, p. 156, note P. CHAUMETTE.

[436] CA Rennes, 5e ch., 6 mars 2007, J. Y. Le Bouil c/ J.-M. Marmignon, navire *Trouz ar Por*, n° 06/03886.

[437] CA Aix-en-Provence, 23 avril 2021, navire Jopoly IV, n° 18/00786 et 18/00788, *DMF* 2021, n° 838, pp. 729-739, obs. P. CHAUMETTE, « La vente d'un navire de plaisance et le sort du capitaine ».

Relevé de services. - Un relevé de services est délivré aux gens de mer par l'employeur à tout moment, sur demande, et à la rupture du contrat d'engagement maritime. Il tient lieu de certificat de travail prévu à l'article L. 1234-19 du code du travail, dans des conditions précisées par le décret n° 2015-440 du 17 avril 2015 (C. transp., art. L. 5542-39-1). Le relevé de services comporte exclusivement les mentions suivantes : 1° Date d'entrée dans l'entreprise ; 2° Nom, prénom, numéro d'identification, le cas échéant, numéro de pièce d'identité des gens de mer, ou à défaut, numéro du document professionnel des gens de mer ; 3° Identité de l'employeur ; 4° Nom, numéro d'immatriculation et genre de navigation du ou des navires ; 5° Fonction(s) occupée(s) ; 6° Pour chaque fonction embarquée, les dates et la durée cumulée d'embarquement. Le relevé de services ne comporte aucune appréciation de la qualité de travail de la personne concernée ni aucune indication de son salaire. Un exemplaire traduit en anglais peut être délivré à l'intéressé sur sa demande. Lorsque le relevé est délivré à la rupture du contrat d'engagement maritime, il contient également la date de sortie de l'entreprise et, le cas échéant, les fonctions occupées et périodes effectuées à terre. Est puni de l'amende prévue pour les contraventions de la 4ème classe le fait pour l'employeur, en violation de l'article L. 5542-39-1 du code des transports : 1° De ne pas délivrer le relevé de services aux gens de mer qui en font la demande, ou à l'occasion de la rupture du contrat d'engagement maritime ; 2° De délivrer un relevé de services ne répondant pas aux caractéristiques prévues par le présent décret. L'amende est prononcée autant de fois qu'il y a de gens de mer concernés.

Partie IV – Relations collectives de travail

C'est à travers des relations collectives de travail que le code du travail est devenu applicable dans les entreprises d'armement maritime, à partir de 1945-1946. Les entreprises d'armement maritimes sont considérées comme des entreprises comme les autres. Il en est résulté leur soumission aux dispositions du code du travail, sous réserve de quelques particularités d'application, et donc l'imbrication du code du travail et du code du travail maritime, puis du code des transports, dans la mesure où il n'a pas semblé utile de recopier les dispositions du code du travail dans les autres codes. Le code des transports prévoit donc l'application des dispositions du code du travail, compte tenu des adaptations nécessaires, en matière de conventions et accords collectifs de travail, d'institutions représentatives du personnel, de représentants des salariés et de conflits collectifs de travail. « Les conditions d'application aux marins des dispositions du livre II de la partie II du code du travail relatif aux conventions et accords collectifs de travail sont fixées par décret en Conseil d'État » (C. transp., art. L. 5543-1). Une Commission nationale de la négociation collective maritime est instituée auprès du ministre chargé des gens de mer, dotée d'un rôle consultatif ; sa compétence a été étendue à l'emploi, à l'orientation et à la formation professionnelle dans le domaine maritime (C. transp., art. L. 5543-1-1)[438].
Concernant les institutions représentatives du personnel, « Les conditions d'application aux entreprises d'armement maritime des dispositions du livre III de la partie II du code du travail sont fixées, compte tenu des adaptations nécessaires, par décret en Conseil d'État. À bord des navires, la représentation des gens de mer est assurée par les délégués de bord » (C. transp., art. L. 5543-2 et L. 5543-2-1)[439]. Les

[438] C. transp., art. L. 5543-1-1, modifié par L. n° 2016-816 du 20 juin 2016, art. 39 – Décret n° 2015-918 du 27 juillet 2015, relatif aux conventions et accords collectifs des gens de mer et à la composition et au fonctionnement de la Commission nationale de la négociation collective maritime, modifié par Décret n° 2020-1410 du 17 novembre 2020.

[439] C. transp., art. L. 5543-2 et L. 5543-2-1, mod. par L. n° 2016-816 du 20 juin 2016, art. 39 – Décret n° 2015-1674 du 15 déc. 2015, relatif au délégué de bord sur les

conditions d'application aux entreprises d'armement maritime des dispositions du livre IV de la partie II du code du travail, relatives aux salariés protégés, sont fixées, compte tenu des adaptations nécessaires, par décret en Conseil d'État (C. transp., art. L. 5543-3). Les conditions d'application aux marins du livre V de la partie II du code du travail, relatives aux conflits collectifs, sont fixées, compte tenu des adaptations nécessaires, par décret en Conseil d'État (C. transp., art. L. 5543-4).
La loi n° 2017-1340 du 15 septembre 2017 a habilité le gouvernement à prendre par ordonnance des mesures pour renforcer le dialogue social : l'Ordonnance n° 2017-1385 du 22 septembre 2017 est relative au renforcement de la négociation collective et prévoit une nouvelle articulation de la négociation d'entreprise et de la négociation de branche ; l'Ordonnance n° 2017-1386 du 22 septembre 2017 est relative à la nouvelle organisation du dialogue social et économique dans l'entreprise et tend à favoriser l'exercice et la valorisation des responsabilités syndicales ; l'Ordonnance n° 2017-1388 du 22 septembre 2017 comporte diverses mesures relatives au cadre de la négociation collective. Le principe dit de faveur reçoit de plus en plus d'exceptions (C. trav., art. L 2251-1). Dans 13 thèmes, l'accord de branche prime sur l'accord d'entreprise, notamment les salaires *minima* hiérarchiques, les classifications, les garanties collectives complémentaires, l'égalité professionnelle entre les femmes et les hommes, la mutualisation des fonds de la formation professionnelle (C. trav., art. L. 2253-1). Dans 4 matières, l'accord de branche peut interdire qu'un accord d'entreprise lui déroge dans un sens moins favorable aux salariés : il s'agit de la prévention des risques professionnels, de l'insertion professionnelle et du maintien dans l'emploi des travailleurs handicapés, du seuil d'effectif permettant la désignation des délégués syndicaux (C. trav., art. L. 2253-2). Dans les autres matières, l'accord d'entreprise prime sur l'accord de branche, même s'il apporte des garanties moindres ; en l'absence d'accord d'entreprise, la convention de branche ou l'accord couvrant un champ

navires - Concernant la rupture du contrat d'engagement maritime des salariés protégés du fait de leurs fonctions représentatives, v. CA Paris, 5e ch., 15 décembre 2011, SeaFrance. – CAA Nantes, 1re ch., 29 décembre 2011, navire *Le Cotentin, DMF* 2013, n° 751, pp. 786-794, « Annulation d'une autorisation administrative de licenciement d'un marin, représentant du personnel » - CAA Nantes, 15 novembre 2022, navire Breiz Nevez 1, *DMF* 2023, n° 855, pp. 234-241, obs. P. CHAUMETTE, « De l'annulation de l'autorisation administrative de licenciement d'un capitaine, délégué du personnel ».

territorial ou professionnel plus large s'applique (C. trav., art. L. 2253-3). Lorsqu'un employeur est lié par les clauses d'une convention ou d'un accord, ces clauses s'appliquent aux contrats de travail conclus avec lui, sauf stipulations plus favorables (C. trav., art. L. 2254-1).
Les institutions représentatives du personnel dans l'entreprise ont été réorganisées : le comité social et économique remplace le comité d'entreprise, les délégués du personnel et le comité d'hygiène, de sécurité et des conditions de travail (CHSCT) dans les entreprises de plus de 50 salariés ; il remplace les délégués du personnel dans les entreprises de 11 à 50 salariés. Dans les entreprises de plus de 300 salariés, ou quand l'inspection du travail l'estime nécessaire en raison de risques particuliers dans les entreprises de moins de 300 salariés, une commission santé, sécurité et conditions de travail (CSSCT) est obligatoire (C. trav. art. L. 2315-37).

Section 1 – Conventions collectives de travail

Les conventions collectives de travail terrestres et maritimes sont soumises, depuis la loi n° 50-205 du 11 février 1950, au même régime juridique. Le droit de la négociation collective a considérablement été modifié par la loi n° 82-957 du 13 novembre 1982, puis par la loi n° 2004-391 du 4 mai 2004, qui a introduit le principe majoritaire, selon lequel une convention collective doit être signée par la majorité des organisations représentatives des salariés concernés. Une double condition de validité des conventions et accords collectifs est posée par la loi n° 2008-789 du 20 août 2008. Elles doivent être signées par des organisations syndicales représentatives des salariés, dont la représentativité est fondée sur les voix exprimées aux élections professionnelles dans les entreprises. Elles doivent être signées par des organisations représentant au moins 30 % des voix exprimées dans l'ampleur géographique et professionnelle de la convention ou de l'accord. Un droit d'opposition existe pour les organisations représentatives non signataires qui représenteraient au moins 50 % des voix exprimées. La loi du 20 août 2008 s'est appliquée immédiatement au niveau de l'entreprise et de l'établissement ; pour les négociations qui dépassent le niveau de l'entreprise, locales, régionales, nationales, elle est entrée en vigueur le 22 août 2013, cinq années plus tard. Elle

privilégie la négociation d'entreprise sur la négociation de branche, accentuant la déconcentration en œuvre depuis 1982[440].
Les particularités maritimes sont précisées par le décret n° 2015-918 du 27 juillet 2015, relatif aux conventions et accords collectifs des gens de mer et à la composition et au fonctionnement de la Commission nationale de la négociation collective maritime.
La loi n° 2016-1088 du 8 août 2016, l'ordonnance n° 2017-1386 du 22 septembre 2017 et la loi n° 2018-217 du 29 mars 2018 ont ouvert la voie à la consultation directe des salariés dans l'entreprise (C. trav., art. L. 2232-12 s.), à l'autonomie relative des accords d'entreprise vis-à-vis des accords de branche[441].

Conventions et accord collectifs de travail maritime. - Les conventions et accords collectifs de travail traitant des rapports entre, d'une part, les gens de mer, ou les marins ou les gens de mer autres que marins et, d'autre part, leurs employeurs sont conclus entre, selon le cas, les organisations syndicales de gens de mer, ou de marins ou de gens de mer autres que marins représentatives et les organisations professionnelles d'employeurs de gens de mer, ou de marins ou de gens de mer autres que marins représentatives (art. 1, Décret n° 2015-918 du 27 juillet 2015, relatif aux conventions et accords collectifs des gens de mer et à la composition et au fonctionnement de la Commission nationale de la négociation collective maritime). Lorsque l'activité exercée par les salariés de la Régie mixte des transports, affectés uniquement à l'exploitation des dessertes maritimes, présente un particularisme certain, dans le cadre d'un centre d'activité circonscrit, dotée d'une infrastructure et d'une organisation séparée, il convient de leur appliquer une convention collective maritime, celle du Groupement des armateurs de services publics maritimes de passage d'eau, GASPE[442].

---

[440] A. BARÈGE, « Le pouvoir normatif des conventions et accords collectifs », *JCP-S* 2014, p. 1432 – F. FAVENNEC-HÉRY, « Vers l'émergence d'un ordre juridique conventionnel », *JCP-S* 2015, p. 1237 – L. DAUXERRE, *La négociation collective professionnelle et interprofessionnelle*, Lexis Nexis, Paris, 2ème éd., 2022.
[441] G. AUZERO, « Conventions d'entreprise et conventions de branche », *Dr. soc.* 2017, n° 12, pp. 1018-1023 – P. LOKIEC, « Accord collectif et contrat de travail », *Dr. soc.* 2017, n° 12, pp. 1024-1026 – P.-H. ANTONMATTEI, « L'irrésistible ascension de l'accord d'entreprise », *Dr. soc.* 2017, n° 12, pp. 1027-1032.
[442] CA Aix-en-Provence, 2e ch., 2 mars 2011, Syndicat maritime de Bretagne CFDT c/ Régie Mixte des Transports Toulonnais, *DMF* 2011, n° 725, pp. 408-411, « De la convention collective applicable dans l'entreprise ».

Un avis mentionnant la ou les conventions et accords collectifs de travail applicables aux gens de mer est affiché à bord du navire dans un lieu accessible aux gens de mer. Cet avis comporte l'intitulé des conventions et accords collectifs applicables aux gens de mer et précise les modalités de leur mise à disposition ou de consultation, au besoin par voie électronique, par les gens de mer. À bord des navires effectuant des voyages internationaux, les modalités de la mise à disposition des éléments des conventions et accords collectifs détenus à bord sont précisées dans cet avis. À défaut de possibilité d'afficher à bord l'avis, celui-ci est affiché dans un lieu accessible aux gens de mer des locaux professionnels de l'entreprise (art. 2, Décret n° 2015-918 du 27 juillet 2015).

Les conventions et accords collectifs de travail maritime, ainsi que leurs avenants et annexes, sont déposés par la partie la plus diligente, c'est-à-dire la plus rapide, dans les conditions prévues par le code du travail (C. trav., art. L. 2231-5-1). Le décret n° 2018-362 du 15 mai 2018 organise un dépôt en ligne sur la plate-forme « TéléAccords », qui transmet à la Direction régionale des entreprises, de la concurrence, de la consommation, du travail et de l'emploi (DIRECCTE)[443] (Décret n° 2018-362 du 15 mai 2018, relatif à la procédure de dépôt des accords collectifs). Le directeur de la DIRECCTE (devenue DREETS et DEETS en outre-mer), concerné en adresse copie au directeur départemental des territoires et de la mer (DDTM ou Direction de la Mer en outre-mer) compétent en raison du lieu de conclusion de l'accord. Lorsque la convention ou l'accord collectif a un champ d'application national, un exemplaire est déposé simultanément auprès des services centraux du ministre chargé des gens de mer et du ministre chargé du travail (art. 3, Décret n° 2015-918 du 27 juillet 2015).

Les conventions et accords collectifs de travail maritime, nationaux, régionaux ou locaux peuvent faire l'objet d'une procédure d'extension ou d'élargissement. Les attributions exercées par le ministre chargé du travail sont dévolues au ministre chargé des gens de mer ; l'autorité administrative désigne les services du ministre chargé des gens de mer. La Commission nationale de la négociation collective maritime est consultée. Les références aux organisations syndicales d'employeurs et de salariés représentatives sont remplacées par les références aux

[443] La DIRECCTE est devenue DREETS, Direction régionale de l'économie, de l'emploi, du travail et des solidarités et DEETS en outre-mer, Direction de l'économie, de l'emploi, du travail et des solidarités.

organisations syndicales représentatives de gens de mer ou de l'une des organisations professionnelles d'employeurs de gens de mer représentatives. L'arrêté d'extension ou d'élargissement d'une convention ou d'un accord collectifs mentionnés à l'article 1er est signé par le ministre chargé des gens de mer. Lorsque l'extension d'une convention ou d'un accord concerne les marins salariés d'entreprises de cultures marines, l'arrêté d'extension est signé en outre par le ministre chargé de l'agriculture. L'arrêté d'élargissement des conventions ou accords collectifs étendus traitant des rapports entre les gens de mer et leurs employeurs est signé par le ministre chargé du travail et le ministre chargé des gens de mer, et, le cas échéant, par le ministre chargé de l'agriculture (art. 4 et 5, Décret n° 2015-918 du 27 juillet 2015).

La Commission nationale de la négociation collective maritime comprend des représentants de l'État, du Conseil d'État, ainsi que des représentants des organisations d'employeurs représentatives au niveau national et des organisations syndicales de gens de mer représentatives au niveau national. Un décret en Conseil d'État détermine les modalités d'organisation et de fonctionnement de la Commission nationale de la négociation collective maritime. Les conventions ou accords collectifs de travail concernant les gens de mer tiennent compte des conventions ou accords collectifs de travail conclus pour les personnels susceptibles de se voir appliquer plusieurs régimes conventionnels selon leur situation, à terre ou embarquée (C. transp., art. L. 5543-1-1 – art. 7 à 17, Décret n° 2015-918 du 27 juillet 2015).

Les principales conventions collectives en vigueur sont les suivantes, accessibles en ligne[444] : la convention collective nationale du 30 novembre 1950 des personnels navigants d'exécution[445], la convention collective des personnels navigants officiers des entreprises de transport et services maritimes du 19 novembre 2012[446], qui se

---

[444] Conventions collectives maritimes :
https://www.mer.gouv.fr/relations-collectives-du-travail-maritime

[445] Conv. coll. nationale du 30 novembre 1950, n° 5521, des personnels navigants d'exécution de la marine marchande
http://www.marine-marchande.net/Reglementation/convention_PE.pdf

[446] Arrêté ministériel, 3 novembre 2014, portant extension de la convention collective des personnels navigants officiers des entreprises de transport et services maritimes – Avenant n° 1, 10 juillet 2013, étendu par Arrêté ministériel, 3 novembre 2015 – Avenant n° 2, 22 avril 2014, étendu par Arrêté ministériel, 14 mars 2016 – Avenant n° 3, 17 février 2016, étendu par Arrêté ministériel, 14 sept. 2016 – Avenant relatif aux salaires minima des officiers, 30 nov. 2022, étendu par Arrêté ministériel, 16 mai 2023.

substitue à la convention du 30 septembre 1948, la convention collective nationale des personnels navigants officiers des entreprises de remorquage (APERMA) du 26 juillet 2005[447], la convention collective nationale des personnels navigants d'exécution des entreprises de remorquage (APERMA) du 26 juillet 2005[448], celle du groupement des armateurs de service de passages d'eau (GASPE) personnel officier du 30 juillet 2015[449], celle GASPE personnel navigant d'appui du 30 juillet 2015 également[450], celle des officiers des services publics maritimes de passage d'eau du 5 septembre 2005[451], celle du personnel navigant d'exécution des services publics maritimes de passage d'eau du 5 septembre 2005 également[452].

Concernant le secteur de la pêche, la convention collective nationale de la pêche professionnelle maritime du 17 décembre 2015, amendée le 21 juillet 2016[453], qui reprend les dispositions contenues dans l'accord du 28 mars 2001, amendé le 28 juin 2007 et le 15 février 2011,

---

[447] Arrêté ministériel, 27 déc. 2006, portant extension de la convention collective nationale des personnels navigants officiers des entreprises de remorquage maritime et d'accords la complétant (APERMA) – Accord cadre relatif à l'aménagement et à la réduction du temps de travail des personnels navigants officiers des entreprises de remorquage (APERMA), 2 déc. 2005, étendu par Arrêté ministériel, 6 janv. 2006 - Protocole d'accord APERMA, négociations annuelles obligatoires 2022, officiers, étendu par Arrêté ministériel, 27 oct. 2022.

[448] Arrêté ministériel, 27 décembre 2006, portant extension de la convention collective nationale des personnels navigants d'exécution des entreprises de remorquage maritime et d'accords la complétant (APERMA) – Accord cadre relatif à l'aménagement et à la réduction du temps de travail des personnels navigants d'exécution des entreprises de remorquage (APERMA), 2 déc. 2005, étendu par Arrêté ministériel, 6 janv. 2006 - Protocole d'accord APERMA, négociations annuelles obligatoires 2022, personnels d'exécution, étendu par Arrêté ministériel, 27 oct. 2022.

[449] Arrêté ministériel d'extension, 22 juillet 2016, portant extension de la convention collective nationale groupement des armateurs de service de passages d'eau personnel officier.

[450] Arrêté ministériel d'extension, 22 juillet 2016 portant extension de la convention collective nationale groupement des armateurs de service de passages d'eau personnel navigant d'appui.

[451] Arrêté ministériel d'extension, 6 février 2007, portant extension de la convention collective des officiers des services publics maritimes de passage d'eau.

[452] Arrêté ministériel d'extension, 6 février 2007 portant extension de la convention collective du personnel navigant d'exécution des services publics maritimes de passage d'eau.

[453] Arrêté ministériel d'extension, 4 septembre 2017, portant extension de la convention collective nationale de la pêche professionnelle maritime et de son avenant n° 1.

concernant la pêche artisanale[454], l'accord conclu dans le secteur de la pêche maritime hauturière du 28 février 2003 pour l'application de la réduction du temps de travail et du Smic, conclu dans le secteur de la pêche maritime hauturière[455], la convention collective du 19 octobre 2000 de la conchyliculture[456].

Section 2 – Institutions représentatives du personnel

Le livre IV du code du travail, relatif aux groupements professionnels, à la représentation, la participation et l'intéressement des salariés, est applicable aux entreprises d'armement maritime, compte tenu des adaptations nécessaires prises par décret en Conseil d'État. Ce décret prévoit en particulier l'institution de délégués de bord (C. transp., art. L. 5543-2. – Décret n° 2015-1674 du 15 décembre 2015 du relatif au délégué de bord sur les navires). Dans le cadre de l'ordonnance n° 2017-1386 du 22 septembre 2017, le comité social et économique (CSE) remplace les instances représentatives du personnel dans l'entreprise. Il fusionne l'ensemble des instances représentatives du personnel (IRP), délégués du personnel (DP), comité d'entreprise (CE) et comité d'hygiène, de sécurité et des conditions de travail (CHSCT). Le CSE devra être mis en place dans toutes les entreprises concernées, le 1er janvier 2020 au plus tard (C. trav., art. L. 2311-1 s., mod. par Ord. n° 2017-1386 du 22 septembre 2017, art. 1er). Dans les entreprises de 11 à 49 salariés, le CSE remplace le délégué du personnel et, à partir de cinquante salariés, le délégué du personnel, le comité d'entreprise et le

---

[454] Accord collectif national de la pêche artisanale du 28 mars 2001, amendé le 28 juin 2007 et le 15 février 2011, Arrêté ministériel, 3 juillet 2003, portant extension de l'accord pêche artisanale du 28 mars 2001 « rémunération minimale garantie, RTT, frais communs » – Arrêté ministériel, 16 juin 2008 portant extension d'un avenant à l'accord national pêche artisanale du 28 mars 2001 (rémunération minimale garantie, RTT, frais communs) – Arrêté ministériel, 27 juin 2011, portant extension d'un avenant à l'accord national pêche artisanale du 28 mars 2001 « rémunération minimale garantie, RTT, frais communs ».

[455] Arrêté ministériel d'extension, 30 octobre 2003, portant extension d'un accord conclu le 28 février 2003 dans le secteur de la pêche maritime hauturière, pour l'application de la réduction du temps de travail et du Smic.

[456] Arrêté ministériel, 5 juillet 2001, portant extension de la convention collective nationale de travail concernant la conchyliculture, modifiée par son avenant n° 2 du 20 mars 2001. Cette convention collective dispose de nombreux avenants : l'avenant n° 45 a été étendu par arrêté ministériel du 26 octobre 2023, https://www.mer.gouv.fr/relations-collectives-du-travail-maritime#summary-target-1

comité d'hygiène, de sécurité et des conditions de travail. Ses membres sont élus pour un mandat de quatre ans, ou moins, dans la limite de deux ans[457].

La présence des institutions représentatives du personnel s'est réduite dans les entreprises en 2020 après l'entrée en vigueur des réformes établies par les ordonnances du 22 septembre 2017. En 2021, 38,9 % des entreprises de 10 salariés ou plus du secteur privé non agricole, représentant 79,5 % des salariés du champ, sont couvertes par au moins une instance représentative du personnel, soit 2,5 % de moins par rapport à 2020. La couverture par un comité social et économique (CSE), un conseil d'entreprise (CE) ou un délégué syndical (DS) augmente avec la taille de l'entreprise : 70,0 % des entreprises de 10 à 49 salariés ne disposent d'aucune instance élue, contre 16,4 % de celles de 50 à 299 salariés ; les structures de plus de 300 salariés sont quasiment toutes couvertes par au moins une instance. Cette réduction concerne en particulier les institutions dédiées à la santé, à la sécurité et aux conditions de travail, anciens CHSCT[458]. L'implantation des commissions santé, sécurité et conditions de travail (CSSCT), obligatoires dans les entreprises d'au moins 300 salariés, progresse. Elles sont également présentes dans 26,9 % des entreprises de 50 à 299 salariés, plus souvent dans celles de l'industrie (42,7 %) et de la construction (36,3 %).

La législation relative aux comités d'hygiène, de sécurité et des conditions de travail (CHSCT) avait été adaptée aux entreprises d'armement maritime (C. trav., art. L. 4611-1 à L. 4614-16. – C. transp., art. L. 5545-12) par le décret nº 85-1255 du 4 novembre 1985. Les dispositions relatives au comité d'hygiène, de sécurité et des conditions de travail (CHSCT) cessent de produire effet à compter de la date du 1er tour des élections des membres de la délégation du personnel du CSE (Ord. nº 2017-1386 du 22 septembre 2017, art. 1er).

La loi nº 2008-789 du 20 août 2008, portant rénovation de la démocratie sociale et réforme du temps de travail, a centré sur les élections professionnelles dans l'entreprise, les conditions de conclusion d'une convention ou d'un accord collectif de travail, comme la représentativité même des organisations syndicales représentant les salariés, la désignation des délégués syndicaux par les syndicats

---

457 C. Trav. art. L 2314-34, dérogeant à l'art. L. 2314-33.

458 M.T. PIGNONI, « Les instances de représentation des salariés dans les entreprises en 2021 - Moins d'instances élues, mais plus d'implantations syndicales », *DARES Résultats*, juin 2023, n° 32.

représentatifs ou la désignation d'un représentant de la section syndicale (RSS) par un syndicat non représentatif, puisque n'ayant pas atteint le seuil des 10 % de voix exprimées aux élections professionnelles dans l'entreprise ou l'établissement[459]. Elle a également modifié l'approche de la notion d'établissement distinct, qui constitue dorénavant la circonscription unique d'organisation des élections professionnelles et de la représentation du personnel dans l'entreprise[460]. Il en est de même dans une unité économique et sociale (UES) : l'UES est composée de diverses sociétés ayant entre elles des liens, d'une part des liens économiques en raison de managers communs, d'activités emboîtées, de participations croisées, d'autre part de liens sociaux à travers un règlement intérieur commun, une même convention collective, des locaux communs, des flux de salariés. L'UES ne dispose pas de la personnalité juridique, mais le juge et le législateur considèrent qu'elle constitue une entreprise unique et établit les relations de travail conformément à la réalité, en la construction juridiquement, par-delà les constructions sociétaires[461].

La représentativité syndicale. - La loi du 20 août 2008 a conféré une portée nouvelle aux élections professionnelles, faisant des résultats obtenus à celles-ci – avec l'établissement de seuils – un critère certes non exclusif mais désormais décisif pour l'attribution de la qualité représentative. Elle a mis fin au principe de la présomption irréfragable de représentativité qui concernait cinq confédérations syndicales (CGT, CGT-FO, CFDT, CFE-CGC, CFTC). La loi du 20 août 2008 concrétise et légalise le concept de syndicalisme d'électeurs, qui, selon les politistes, caractérise le système français de représentation professionnelle. Le 12 novembre 2009, le directeur des affaires maritimes, à partir des résultats des élections professionnelles intervenues en 2007 dans 55 armements, a défini la représentativité syndicale à la navigation de commerce. Ces données ont permis de répartir les sièges au Conseil supérieur de la marine marchande, ainsi

---

459 G. LOISEAU, P. LOKIEC, L. PÉCAUT-RIVOLIER, P.Y. VERDINDT, *Droit de la représentation du personnel*, Dalloz Action, 2023.

460 G. DUCHANGE, Fr. FAVENNEC et P.-Y. VERKINDT, *Droit du Travail*, 8e éd., 2022, LGDJ, nº 351. – M.-L. MORIN, L. PÉCAUT-RIVOLIER et Y. STRUILLOU, *Le guide des élections professionnelles et des désignations des représentants syndicaux dans l'entreprise*, 3e éd., 2016-2017, Guides Dalloz.

461 G. DUCHANGE, Fr. FAVENNEC et P.-Y. VERKINDT, *Droit du travail*, 8e éd., 2022, LGDJ, nº 267.

qu'à la commission nationale de la négociation collective de la marine marchande. La représentativité des organisations syndicales catégorielles, telles celles des marins, soulève des questions particulières, notamment dans les armements où les personnels sédentaires sont importants. Quand les élections professionnelles comportent plusieurs collèges, comment envisager la représentativité syndicale ? Des collèges électoraux spécifiques paraissent souhaitables aux organisations syndicales de marins. « Dans l'entreprise ou l'établissement, sont représentatives les organisations syndicales qui satisfont aux critères de l'article L 2121-1 et qui ont recueilli au moins 10 % des suffrages exprimés au premier tour des dernières élections des titulaires au comité social et économique, quel que soit le nombre de votants » » (C. trav. art. L. 2122-1)[462]. Les articles L. 2122-2 et L. 2122-7 du code du travail ne concernent que les organisations syndicales catégorielles, affiliées à une confédération nationale catégorielle, telle la CFE-CGC à l'égard de la représentativité dans l'entreprise, l'établissement ou la branche professionnelle[463]. Seuls les journalistes (C. trav., art. L. 7111-7) et le personnel navigant aérien technique (C. transp., art. L. 6524-2 et L. 6524-3) bénéficient de dispositions législatives équivalentes, la représentativité étant appréciée à partir des résultats électoraux d'un seul collège[464].

En vue de la désignation d'un délégué syndical central au sein d'une unité économique et sociale (UES), le syndicat doit avoir recueilli au moins 10 % des suffrages exprimés, en prenant en compte l'ensemble des collèges ; ce seuil se calcule en additionnant la totalité des suffrages

---

[462] L'article L. 2121-1 du code du travail précise les 7 critères cumulatifs que doit remplir un syndicat pour être reconnu représentatif : le respect des valeurs républicaines ; l'indépendance ; la transparence financière ; une ancienneté minimale de deux ans dans le champ professionnel et géographique couvrant le niveau de négociation ; l'audience établie selon les niveaux de négociation ; l'influence, prioritairement caractérisée par l'activité et l'expérience ; les effectifs d'adhérents et les cotisations.

[463] Le Conseil constitutionnel a admis que le législateur pouvait traiter différemment des syndicats statutairement différents, validant les dispositions de l'article L. 2122-1 du code du travail (Cons. Consti. 7 octobre 2010, n° 2010-42 QPC).

[464] Au sein de la compagnie aérienne Air France, les navigants techniques représentent à peine 8 % du personnel. S. BÉROUD et C. GUILLAUME, « La spécificité de la représentation des journalistes en question - Les implications de la loi du 20 août 2008 dans le secteur de la presse », *Travail et emploi*, 2012, n° 131, pp. 89-101, https://doi.org/10.4000/travailemploi.5775 - C. DUPUY, « Ordre ou syndicat ? Le Syndicat national des journalistes entre régulation corporatiste et défense du salariat », *Terrains et travaux*, 2014/2, n° 25, pp. 113-129.

obtenus lors des différentes élections ; il en résulte que le calcul de l'audience tient compte de tous les suffrages obtenus par les syndicats catégoriels affiliés à la même confédération syndicale, alors même que ces organisations syndicales n'ont manifesté aucune volonté en ce sens, en s'associant notamment par le biais de listes communes[465]. Alors que le personnel sédentaire de l'armement est beaucoup plus important que les officiers marine marchande, ingénieurs, cadres et techniciens, il convient que ces deux organisations se mettent d'accord sur la désignation du délégué syndical central, ne pouvant dépasser le nombre de délégué syndical central fixé par la loi. Ce délégué syndical central « sédentaire » représentera les marins d'exécution et les officiers. Si un syndicat catégoriel représentatif peut évidemment négocier ce qui concerne sa catégorie professionnelle (art. L. 2232-13 C. Tr.), peut-il conclure un accord collectif d'entreprise inter catégoriel ? Il semble qu'un délégué syndical unique dispose d'une telle capacité juridique.

La représentativité et l'audience des syndicats dans la marine marchande. - Des arrêtés du ministre du travail du 18 mars 2022 précisent la représentativité et l'audience des organisations considérées comme représentatives pour la négociation d'accords, pour les cinq branches de la marine marchande faisant l'objet d'une convention collective, compte tenu de la présentation des résultats enregistrés à l'issue du cycle électoral au Haut Conseil du dialogue social, le 26 mai 2021 et le 16 mars 2022 et de l'avis de ce Haut conseil du dialogue social[466].

- Pour la convention collective nationale du personnel navigant d'exécution de la marine marchande (n° 5521), la Confédération générale du travail (CGT), 63,04 %, la Confédération française démocratique du travail (CFDT), 36,96 %. Pour la convention collective des personnels navigants officiers des entreprises de transport et services maritimes, rattachée à Armateurs de

[465] TI Marseille, 5 novembre 2009, S^té^ CMA-CGM c/ Syndicat CGT national du personnel sédentaire, M. X. et a., n° 11-09-002504, *DMF* 2010, n ° 715, p. 497 et s, « De la représentativité des syndicats de marins » ; cassation par Cass soc. 22 septembre 2010, Syndicat CGT national du personnel sédentaire c/ S^té^ CMA-CGM, n° 09-60.435, *Bull. civ.* V, n° 188 ; *D.* 2010, p. 2298 et s. ; *DMF* 2011, n° 723, p. 250, « De la représentativité des syndicats affiliés à une même confédération nationale ». – R. CHISS et Cl. SOUCHON, « Le nouveau visage de l'unicité syndicale », *JCP-S 2010*, p.1479 et s.

[466] Les arrêtés ministériels du 22 décembre 2017 sont abrogés.

France, trois syndicats sont représentatifs : la CFE-CGC arrive en tête (44,22 %), devant la CFDT (38,71 %) et la CGT (17,07 %).

- Dans le champ d'application de la convention collective du personnel sédentaire des entreprises de navigation, la troisième convention collective dont l'organisation patronale est Armateurs de France, quatre syndicats sont représentatifs : la CFDT (30,01 %), la CFE-CGC (29,63 %), la CGT-FO (28,97 %), puis la CGT (11,39 %).
- Dans le secteur du remorquage, convention collective nationale dite APERMA, Association Professionnelle des Entreprises de remorquage maritime, la CGT obtient 82,4 % des voix chez les officiers, la CFE-CGC, 17,6 % ; 88,17 % des voix chez le personnel d'exécution, la CFDT, 11,83 %.
- Dans le champ de la convention collective nationale du groupement des armateurs de services de passages d'eau (GASPE), la CGT a obtenu 43,17 % des voix au sein du personnel navigant, devant la CFDT 29,89 % et la CGT-FO, 26,94 %.

L'arrêté ministériel du 6 octobre 2021 fixe la liste des organisations syndicales reconnues représentatives dans la convention collective nationale de la pêche professionnelle maritime (n° 5619), vu l'avis du Haut Conseil du dialogue social en date du 29 septembre 2021[467] : la Confédération française démocratique du travail (CFDT) : 49,74 % ; la Confédération générale du travail (CGT) : 22,75 % ; l'Union nationale des syndicats autonomes (UNSA) : 10,58 % ; la Confédération française des travailleurs chrétiens (CFTC) : 9,52 % ; la Confédération française de l'encadrement-Confédération générale des cadres (CFE-CGC) : 7,41 %.

[467] L'arrêté du 8 juin 2018 fixant la liste des organisations syndicales reconnues représentatives dans la convention collective nationale de la pêche professionnelle maritime (n° 5619) est abrogé.

Comité social et économique (ancien comité d'entreprise). - Un comité social et économique est mis en place dans les entreprises d'au moins onze salariés. Sa mise en place n'est obligatoire que si l'effectif d'au moins onze salariés est atteint pendant douze mois consécutifs (C. trav., art. L. 2311-2, créé par Ord. n° 2017-1386 du 22 septembre 2017, art. 1er). Les attributions du comité social et économique des entreprises de moins de cinquante salariés sont définies par la section 2 du présent chapitre. Les attributions du comité social et économique, des entreprises d'au moins cinquante salariés, sont définies par la section 3 du présent chapitre. Les attributions du comité social et économique sont définies en fonction de l'effectif de l'entreprise (C. trav., art. L. 2312-1).

Dans les entreprises d'au moins onze salariés et de moins de cinquante salariés, la délégation du personnel au comité social et économique a pour mission de présenter à l'employeur les réclamations individuelles ou collectives relatives aux salaires, à l'application du code du travail et des autres dispositions légales concernant notamment la protection sociale, ainsi que des conventions et accords applicables dans l'entreprise. Elle contribue à promouvoir la santé, la sécurité et l'amélioration des conditions de travail dans l'entreprise et réalise des enquêtes en matière d'accident du travail ou de maladie professionnelle ou à caractère professionnel. Elle exerce le droit d'alerte dans les conditions prévues aux articles L. 2312-59 à L. 2312-60. Dans une entreprise en société anonyme, lorsque les membres de la délégation du personnel du comité social et économique présentent des réclamations auxquelles il ne pourrait être donné suite qu'après délibération du conseil d'administration, ils sont reçus par celui-ci, sur leur demande, en présence du directeur ou de son représentant ayant connaissance des réclamations présentées. Les membres de la délégation du personnel du comité peuvent saisir l'inspection du travail de toutes les plaintes et observations relatives à l'application des dispositions légales dont elle est chargée d'assurer le contrôle (C. trav., art. L. 2312-5, mod. par L. 2018-217, 29 mars 2018, art. 6-V).

Dans les entreprises d'au moins cinquante salariés, le comité social et économique a pour mission d'assurer une expression collective des salariés permettant la prise en compte permanente de leurs intérêts dans les décisions relatives à la gestion et à l'évolution économique et financière de l'entreprise, à l'organisation du travail, à la formation professionnelle et aux techniques de production, tel l'ancien comité d'entreprise (C. trav., art. L. 2312-8). Lors des visites de l'agent de

contrôle de l'inspection du travail, les membres de la délégation du personnel au comité social et économique sont informés de sa présence par l'employeur et peuvent présenter leurs observations. L'agent de contrôle se fait accompagner par un membre de la délégation du personnel du comité, si ce dernier le souhaite (C. trav., art. L. 2312-10). Dans les entreprises de 11 à 50 salariés, la délégation du personnel au CSE a pour mission de présenter à l'employeur les réclamations individuelles ou collectives relatives aux salaires, à l'application du code du travail et aux autres dispositions légales concernant notamment la protection sociale, ainsi que des conventions et accords applicables dans l'entreprise. Elle contribue à promouvoir la santé, la sécurité et l'amélioration des conditions de travail dans l'entreprise et réalise des enquêtes en matière d'accident du travail ou de maladie professionnelle ou à caractère professionnel. Ces enquêtes sont réalisées par une délégation comprenant au moins : l'employeur ou un représentant désigné par lui ; un représentant du personnel siégeant à ce comité[468]. Dans ces petites entreprises, la CSE n'a pas la capacité juridique et ne peut agir en justice. Les membres de la délégation du personnel du comité peuvent saisir l'inspection du travail de toutes les plaintes et observations relatives à l'application des dispositions légales dont elle est chargée d'assurer le contrôle[469].
L'employeur laisse le temps nécessaire à l'exercice de leurs fonctions à chacun des membres titulaires constituant la délégation du personnel du comité social et économique, aux représentants syndicaux au comité social et économique dans les entreprises d'au moins cinq cent un salariés, aux représentants syndicaux au comité social et économique central d'entreprise dans les entreprises d'au moins cinq cent un salariés dont aucun des établissements distincts n'atteint ce seuil. Le nombre d'heures de délégation des représentants mentionnés aux 1° à 3°, fixé par décret en Conseil d'Etat en fonction à la fois des effectifs de l'entreprise ou de l'établissement et du nombre de membres de la délégation, ne peut être inférieur à dix heures par mois dans les entreprises de moins de cinquante salariés et à seize heures dans les autres entreprises (C. trav. art. L. 2315-7). Le décret n° 2017-1819 du 29 décembre 2017 a précisé ces dispositions au sein des articles R. 2315-4 à R. 2315-7 du code du travail.

[468] Attributions du comité social et économique dans les entreprises d'au moins onze salariés et de moins de cinquante salariés (C. trav. art. L. 2312-5 à L. 2312-7).
[469] C. trav. art. L. 2312-5, al. 5.

Le CSE est informé et consulté sur les orientations stratégiques de l'entreprise, sa situation économique et financière et sa politique sociale, les conditions de travail et l'emploi, ainsi que sur les conséquences environnementales des mesures intéressant l'organisation, la gestion et la marche générale de l'entreprise (C. trav. art. L. 2312-8). La consultation annuelle sur la politique sociale et les conditions de travail et d'emploi porte sur l'évolution de l'emploi et des qualifications, les actions de formation, les conditions de travail, les congés, la durée et l'aménagement du temps de travail et l'égalité professionnelle femmes-hommes (C. trav. art. L 2312-26). Dans le cadre de la consultation sur la politique sociale, l'employeur présente également au comité social et économique un rapport annuel écrit faisant le bilan de la situation générale de la santé, de la sécurité et des conditions de travail dans l'entreprise et des actions menées au cours de l'année écoulée dans ces domaines, le programme annuel de prévention des risques professionnels et d'amélioration des conditions de travail (C. trav. art. L. 2312-27). Dans les entreprises d'au moins 300 salariés, la consultation porte aussi sur le bilan social (C. trav. art. L 2312-28) [470].

Une commission santé, sécurité et conditions de travail (CSSCT) doit obligatoirement être créée au sein du CSE dans :

– les entreprises d'au moins 300 salariés. L'effectif est apprécié selon les modalités prévues par le code du travail ;
– les établissements distincts d'au moins 300 salariés ;
– les établissements mentionnés à l'article L. 4521-1 du code du travail (par exemple : établissement comportant au moins une installation nucléaire de base, classés Seveso, etc.), sans condition d'effectif (C. trav., art. L. 2315-36).

Dans les entreprises et établissements distincts de moins de 300 salariés, l'agent de contrôle de l'inspection du travail peut imposer la création d'une CSSCT lorsque cette mesure est nécessaire, notamment en raison de la nature des activités, de l'agencement ou de l'équipement des locaux.

Cette décision peut être contestée devant le directeur régional de l'économie, de l'emploi, du travail et des solidarités (DREETS) (C. trav. art. L. 2315-37).

---

[470] P. BAILLY, G. PIGNARRE, M. BLATMAN et M. VERICEL, *Conditions de travail*, Dalloz Action, Paris, 2020, n° 221.133.

La commission santé, sécurité et conditions de travail (CSSCT) se voit confier, par délégation du CSE, tout ou partie des attributions du comité social et économique, relatives à la santé, à la sécurité et aux conditions de travail, à l'exception du recours à un expert et des attributions consultatives du comité ; la CSSCT ne peut ainsi émettre un avis en lieu et place du CSE (C. trav. art. L. 2315-38)[471].

Délégués de bord. - Les délégués de bord étaient une catégorie particulière de délégués du personnel, dotés des mêmes attributions, de sorte que le Conseil d'État a annulé ce décret en tant qu'il ne comportait aucune disposition correspondant à la nécessaire adaptation aux marins des dispositions du code du travail sur ces points, adaptation imposée au pouvoir réglementaire par le législateur de 1977[472]. Tel n'est plus le cas, d'autant que les délégués du personnel ont disparu, compte tenu de la mise en place des comités sociaux et économiques (C. trav., art. L. 2311-2 et L. 2312-1, créé par Ord. n° 2017-1386 du 22 septembre 2017, art. 1er).
« À bord des navires, la représentation des marins est assurée par les délégués de bord » (C. transp., art. L. 5543-2, al. 2). Les délégués de bord ont pour mission de présenter au capitaine les réclamations individuelles ou collectives des gens de mer relatives à l'application du présent livre et aux conditions de vie à bord, d'assister les gens de mer dans leurs plaintes ou réclamations individuelles, de saisir l'inspection du travail ou l'autorité maritime de toutes plaintes et observations relatives à l'application des dispositions légales et conventionnelles dont ces autorités sont chargées d'assurer le contrôle (C. transp., art. L. 5543-2-1, al. 1er, mod. par L. n° 2016-816 du 20 juin 2016, art. 39). Les délégués de bord sont élus par les gens de mer travaillant à bord du navire. L'officier suppléant le capitaine est éligible, dans la mesure où il ne détient pas habituellement à bord les pouvoirs de représentation du propriétaire du navire ou de son exploitant ; il ne se trouve dans une situation différente des gens de mer que s'il est amené à exercer les fonctions du capitaine[473]. Le décret n° 2015-1674 du

---

471 « CSE : commissions santé, sécurité et conditions de travail (CSSCT) », Ministère du travail, de la santé et des Solidarités, 11 janvier 2019, https://travail-emploi.gouv.fr/dialogue-social/le-comite-social-et-economique/article/cse-commissions-sante-securite-et-conditions-de-travail-cssct

472 CE, ass., 20 novembre 1981, req. n° 12644, *Lebon* p. 432.

473 CE, ch. réunies, 31 mars 2017, req. n° 396248, *DMF* 2017, n° 794, pp. 705-710, obs. P. CHAUMETTE « Délégué de bord, l'officier suppléant est éligible ».

15 décembre 2015 précise l'effectif à partir duquel est organisée l'élection, le nombre de délégués à élire en fonction de l'effectif du navire et la durée de leur mandat, l'organisation des candidatures, des élections et des modalités de contestation. Ces dispositions ne font pas obstacle aux clauses plus favorables, résultant de conventions ou d'accords, relatives à la désignation et aux attributions des délégués de bord (C. transp., art. L. 5543-2-1, al. 2 à 4, mod. par L. n° 2016-816 du 20 juin 2016, art. 39 – Décret n° 2015-1674 du 15 décembre 2015, relatif au délégué de bord sur les navires).
Pour les navires dont la liste d'équipage comporte au moins onze gens de mer inscrits, les salariés ayant la qualité de gens de mer élisent un ou plusieurs délégués de bord. L'élection de délégués du personnel, représentant l'ensemble du personnel dans l'entreprise d'armement maritime, en application de l'article L. 5543-2 du même code et du livre III de la deuxième partie du code du travail, a lieu sans préjudice de l'élection de délégués de bord (art. 1, Décret n° 2015-1674 du 15 décembre 2015)[474]. Le décompte de l'effectif continue de se faire par navire ; même si un armement a plusieurs navires dotés d'équipages toujours inférieurs à onze personnes, l'élection de délégués de bord ne s'impose pas[475]. Le nombre de délégués de bord, les règles de l'élection, organisation électorat, éligibilité, de recours, d'exercice du mandat sont précisées par le décret n° 2015-1674 du 15 décembre 2015 (art. 9 à 22). Les délégués de bord bénéficient du statut protecteur des représentants du personnel (C. transp., art. L. 5543-3-1, créé par L. n° 2016-619 du 16 juillet 2013, art. 25-V – C. trav., art. L. 2421-3. – Décret n° 2015-1674 du 15 décembre 2015, relatif au délégué de bord sur les navires). L'article L. 2421-3 du code du travail est applicable au délégué de bord. Les conditions d'application aux entreprises d'armement maritime des dispositions du livre IV de la deuxième partie du code du travail sont fixées, compte tenu des adaptations nécessaires (C. transp., art. L. 5543-3). Les dispositions des articles R. 2421-8 à R. 2421-17 du code du travail s'appliquent au délégué de bord pendant toute la durée de son mandat et durant les six premiers mois suivant l'expiration de ce mandat ou la disparition de l'institution (art. 20, Décr. n° 2015-1674 du 15 décembre 2015, relatif au délégué de bord sur les navires). En application des principes généraux du droit, la cour d'appel de Rennes

---

474 La disparition des délégués du personnel, remplacés par le comité social et économique, enlève toute portée à l'alinéa 2 de cet art. 1er, v. Ord. n° 2017-1386 du 22 septembre 2017, art. 1er.
475 CA Paris, 11e ch., 19 sept. 1997, *DMF* 1998, p. 906 et s.

avait prononcé la nullité d'un licenciement prononcé sans autorisation de l'autorité maritime, d'un tel représentant du personnel[476]. Cette nullité a permis au marin de réclamer sa réintégration dans l'entreprise, à moins qu'il ne préfère une indemnisation du préjudice subi. Il convient alors de distinguer l'indemnisation de la violation du statut protecteur, rémunération que le marin aurait perçue entre son éviction et l'expiration de sa période de protection, et l'indemnisation de la rupture du contrat de travail, qui suppose la recherche d'une éventuelle faute grave invoquée par l'employeur[477]. La loi n° 2019-1428 du 24 décembre 2019 précise que les dispositions de l'article L. 1235-3-1 du code du travail sont applicables en cas de nullité du licenciement du délégué de bord (C. transp., art. L. 5542-41-1). Ce licenciement nul échappe au barème légal des indemnités fixé par l'article L. 1235-3 du code du travail.

Le délégué de bord peut consulter la liste d'équipage du navire (art. 3, Décret n° 2015-1674 du 15 décembre 2015). Si un délégué de bord constate, saisi notamment par tout gens de mer, qu'il existe une atteinte aux droits des personnes, à leur santé physique et mentale ou aux libertés individuelles, il en saisit immédiatement le capitaine. Le capitaine procède sans délai à une enquête avec le délégué de bord et prend les dispositions nécessaires pour remédier s'il y a lieu à cette situation. En cas de carence du capitaine ou de divergence soit sur la réalité de cette atteinte, soit sur les mesures appropriées pour y remédier, et à défaut de solution trouvée avec l'armateur, le gens de mer ou le délégué de bord, si le gens de mer intéressé ne s'y oppose pas, peut saisir le tribunal de grande instance, devenu Tribunal judiciaire en 2020, du premier port touché du territoire de la République suivant l'arrivée du navire. Le tribunal statue en référé (art. 4, Décret n° 2015-1674 du 15 décembre 2015). Lorsqu'il existe un comité social et économique, le délégué de bord a qualité pour lui communiquer toutes suggestions ou observations des gens de mer entrant dans les champs de compétence de ce comité (art. 5, Décret n° 2015-1674 du 15 décembre 2015). Le texte vise le comité d'entreprise et le comité d'hygiène, de sécurité et des conditions de travail (CHSCT), remplacés par le CSE, depuis l'Ordonnance n° 2017-1386 du 22 septembre 2017.

---

[476] CA Rennes, 10 novembre 1988, *Rev. jur. Ouest* 1991, p. 79, note P. CHAUMETTE.

[477] Cass. soc. 21 novembre 1990, n° 89-10.124, *Bull. civ.* V, n° 583. – CA Amiens, ch. réun., 1er février 1993, *Juris-Data* n° 04065

Dans les entreprises d'armement maritime de moins de cinquante salariés, dépourvues de section des gens de mer au CHSCT, le délégué de bord était investi sur le navire des missions dévolues aux membres du comité d'hygiène, de sécurité et des conditions de travail. Il disposait des mêmes moyens que les membres du CHSCT et est soumis aux mêmes obligations (art. 6, al 1, Décret n° 2015-1674 du 15 décembre 2015). L'alinéa 2 de ce même article 6 envisageait le cas de regroupement de plusieurs entreprises de moins de 50 salariés, mais les dispositions de l'article R. 742-8-11, al. 2 et 3 du code du travail ont été abrogées par le décret n° 2020-1410 du 17 novembre 2020, qui tire les conséquences de la disparition des CHSCT. À défaut de section des gens de mer au CHSCT dans les entreprises d'armement maritime d'au moins cinquante salariés, le délégué de bord exerçait sur le navire les missions du CHSCT. Il disposait des mêmes moyens que les membres du comité d'hygiène, de sécurité et des conditions de travail et était soumis aux mêmes obligations (art. 7, Décret n° 2015-1674 du 15 décembre 2015). L'Ordonnance n° 2017-1386 du 22 septembre 2017 a fusionné le comité d'entreprise, les délégués du personnel et le CHSCT en une instance unique le comité social et économique (CSE), sans aucun renforcement des prérogatives des représentants du personnel en matière d'hygiène, de sécurité et de conditions de travail, au contraire[478]. Il faut donc lire les attributions du délégué de bord, à travers cette nouvelle organisation, en l'absence de section des gens de mer au CSE, quant à la présentation des réclamations des salariés (C. trav. art. L 2321-5), la contribution à la promotion de la santé, les enquêtes en matière d'accident du travail ou de maladie professionnelle (C. trav. art. R. 2312-2), le droit d'alerte en cas d'atteinte aux droits des personnes ou face à un danger grave et imminent pour la santé ou la sécurité (C. trav. art. L. 2312-59 et L. 2312-60). Lors de ses visites à bord, l'inspecteur du travail se fait accompagner par le délégué de bord, si ce dernier le souhaite (art. 8, Décret n° 2015-1674, 15 décembre 2015).

Sous réserve des nécessités du service ou de circonstances mettant en jeu la sécurité du navire, des personnes ou des biens transportés, le capitaine est tenu de réserver au délégué de bord le temps nécessaire à l'exercice de ses fonctions dans la limite de quinze heures par mois. Ce temps est considéré comme temps de travail effectif. Les heures de

---

[478] P. BAILLY, G. PIGNARRE, M. BLATMAN et M. VERICEL, *Conditions de travail*, Dalloz Action, Paris, 2020, n° 221.62.

délégation prises légalement en dehors du temps de travail, pour un salarié à temps plein, sont rémunérées comme heures supplémentaires[479]. L'armateur qui entend contester l'utilisation faite des heures de délégation saisit préalablement le tribunal judiciaire du port d'immatriculation du navire (art. 23, Décret nº 2015-1674 du 15 décembre 2015, modifié par Décret n° 2019-966, 18 septembre 2019, art. 8). Le délégué de bord peut, tant durant les heures de délégation qu'en dehors de ses heures habituelles de travail, circuler librement à bord du navire et y prendre tous contacts nécessaires à l'accomplissement de sa mission, notamment lorsque les gens de mer sont à leur poste de travail, sous réserve de ne pas occasionner de gêne à l'accomplissement du travail et au respect des conditions de sécurité et de sûreté du navire (art. 24, Décret nº 2015-1674 du 15 décembre 2015).

Le capitaine met à disposition du délégué de bord de façon temporaire un lieu pour lui permettre d'accomplir sa mission et d'organiser une réunion. À défaut, ce lieu est à bord l'espace collectif de vie où peut se tenir une réunion (art. 25, Décret nº 2015-1674 du 15 décembre 2015). Le délégué de bord affiche dans la langue de travail à bord, définie à l'article L. 5513-1 du code des transports, sur les emplacements prévus à bord à cet effet, les informations qu'il a pour rôle de porter à la connaissance de l'équipage (art. 26, Décret nº 2015-1674 du 15 décembre 2015). Le capitaine reçoit une fois par mois le délégué de bord. Lorsqu'il y en a plusieurs, ils sont reçus ensemble. Les délégués de bord sont également reçus par le capitaine, sur leur demande. Les délégués de bord suppléants peuvent assister aux réunions (art. 27, Décret nº 2015-1674 du 15 décembre 2015). Sauf circonstances exceptionnelles, le délégué de bord remet au capitaine par écrit l'objet des demandes présentées, deux jours avant la date à laquelle il doit être reçu. L'armateur ou le capitaine répond par écrit à ces demandes, au plus tard dans les sept jours suivant la réunion (art. 28, Décret nº 2015-1674 du 15 décembre 2015). Le capitaine tient à bord de tout navire un registre des plaintes et réclamations. Les demandes du délégué de bord et les réponses motivées de l'armateur ou du capitaine à ces demandes

---

[479] Cass. soc. 12 février 1991, n° 88-42.353 ; Cass. soc. 21 novembre 2000, n° 98-40.730 ; Cass. soc. 22 novembre 2023, n° 22-19658, RATP : Il appartient au salarié de justifier des nécessités du mandat exigeant le positionnement des heures de délégation en dehors du temps de travail. Un placement systématique des heures de délégation en dehors de l'horaire de travail habituel n'ouvre pas nécessairement droit à un paiement en heure supplémentaire et peut même s'avérer abusif.

sont portées ou reproduites à ce registre. Le registre des plaintes et réclamations est tenu à bord à la disposition des gens de mer, de l'inspecteur du travail et de l'inspecteur de la sécurité des navires et de la prévention des risques professionnels maritimes (C. transp., art. L. 5534-1 - art. 29 ; Décret n° 2015-1674 du 15 décembre 2015). Le temps passé en réunion est considéré pour les délégués de bord, titulaires ou suppléants, comme temps de travail effectif. Ce temps n'est pas déduit du crédit d'heures (art. 30, Décret n° 2015-1674 du 15 décembre 2015).

Section 3 – Conflits collectifs de travail.

La licéité du droit de grève a longtemps été discutée dans le secteur maritime, en raison de son antinomie avec la sécurité de la navigation et la discipline imposée par le code disciplinaire et pénal de la marine marchande. La Cour de cassation avait admis l'illicéité de la grève des marins[480]. En 1926, le délit de désertion fut abrogé. Le droit de grève est un droit constitutionnel, depuis le Préambule de la Constitution de 1946. Il n'est plus possible de le confondre avec une désobéissance individuelle ni avec une désobéissance collective.

Les conditions d'application aux marins du livre V de la partie II du code du travail sont fixées, compte tenu des adaptations nécessaires, par décret en Conseil d'État (C. transp., art. L. 5543-4). Toutefois, l'exercice normal du droit de grève ne peut mettre en danger la sécurité du navire, des passagers ou de la cargaison. Il convient d'assurer les services de sécurité, la veille à la passerelle, l'entretien des machines, ce qui rend fort difficile une grève licite en mer. Le mouillage d'un navire à l'entrée du port de Dunkerque, par une partie de l'équipage en grève contre son désarmement, après occupation de la passerelle et exclusion du commandant de bord, fut qualifié d'occupation illicite des lieux de travail, puis fut couvert par l'amnistie des infractions commises lors d'actions syndicales[481].

Dans le service public, la grève nécessite un préavis de cinq jours francs, déposé par un syndicat représentatif, en fonction de l'ampleur du conflit collectif éventuel, pendant lequel les parties intéressées sont tenues de négocier (C. trav., art. L. 2512-2). Le législateur est intervenu

[480] Cass. crim. 3 août 1912, *DP* 1913-1- 498 ; *S.* 1914-1-495.

[481] T. corr. Dunkerque, 5 mai 1989, ferry *Saint-Germain.*

afin de concilier le droit constitutionnel de grève des travailleurs et le droit constitutionnel de continuité du service public en faveur des usagers, les citoyens[482]. Ces dispositions ne s'appliquent, dans une entreprise privée gérant un service public, qu'au seul personnel affecté à cette activité de service public, non aux liaisons entre Toulon et la Corse, extérieure à la convention de délégation de service public[483]. Cette obligation de préavis syndical a ouvert la voie à un contrôle judiciaire ou administratif des préavis syndicaux, contrôle *a priori* par la voie des référés le plus souvent, qui s'achève *a posteriori* parfois, une fois la période de conflit achevée, qu'il y ait eu un arrêt de travail collectif ou non. Le contrôle judiciaire ne porte pas sur le bien-fondé des revendications professionnelles, mais sur la proportionnalité entre les conséquences subies par les usagers du service public et les pertes financières des agents et salariés grévistes[484]. L'envoi de préavis de grève successifs pour le même motif ne caractérise aucun trouble manifestement illicite en l'absence de disposition légale l'interdisant et à défaut de manquement à l'obligation de négocier[485]. L'occupation du

---

[482] Cons. const. 25 juillet 1979, n° 79-705 DC, *Dr. soc.* 1980, p. 7, note LEYMARIE – Transports terrestres. – Cons. const. 16 août 2007, n° 2007-556 DC, *D.* 2008, p. 2025, obs. V. BERNAUD et L. GAY ; *Dr. soc.* 2007, p. 1221, étude V. ERNAUD ; *RFDA* 2007. 1283, chron. A. ROBLOT-TROIZIER ; *Cah. Cons. const.* 2007, n° 23, p. 18 – V. BERNAUD, « La nature particulière du droit de grève n'implique pas une protection constitutionnelle amoindrie », *Dr. soc.* 2007, p. 1221 – Transports aériens. – Cons. const. 15 mars 2012, n° 2012-650 DC, *AJDA* 2012, p. 574 ; *Dr. soc.* 2012, p. 708, étude V. BERNAUD ; *Constitutions* 2012. 333, obs. C. RADÉ – L. GAY, « Droit de grève et liberté syndicale dans la jurisprudence constitutionnelle : des libertés « particulières » ? », *Cah. Cons. Const.* 2014, n° 45.

[483] Cass. soc. 8 octobre 2014, SNCM, navire *Le Corse*, n° 13-13792 et 13-18873, *DMF* 2015, n° 766, pp. 131-139.

[484] Cass. soc. 2 juin 1992, Zaluski c/ S^té^ Ipem Hom, n° 90-41.368, Bull. civ. V, n° 356 ; *Grands Arrêts du Droit du Travail, GADT*, 4e éd., 2008, Dalloz, n° 193 ; *Dr. soc.* 1992. 696, 1re esp., rapp. Ph WAQUET, note J.-E. RAY ; *RTD civ.* 1993, p. 385 et s., obs. P.-Y. GAUTIER – Cass. soc. 23 octobre 2007, syndicats CGT, UGICT-CGT, SNTU-CFDT, FO, SUD, CFTC, UNSA et SL c/ Régie des Transports Marseillais, n° 06-17.802, *Bull. civ.* V, n° 169 ; *D.* 2008, p. 662, obs. B. INES, note A. BUGADA – CA Lyon, 15 janvier 2010 et Cass. soc. 20 octobre 2011, n° 10-14.347.

[485] Cass. soc. 25 janvier 2012, Synd. CGT des Marins de Marseille c/ SNCM, n° 10-26.237, *Bull. civ.* V, n° 18 ; *Dr. soc.* 2012, n° 4, p. 433 et s. ; *DMF* 2013, n° 746, p. 326 et s., « Des préavis successifs de grève ». – Dans le même sens, Cass. soc. 7 juin 2006, S^té^ Lyonnaise des Transports en Commun, n° 04-17.116, *Bull. civ.* V, n° 204 ; *AJDA* 2006, p. 1687 et s. ; D. 2007, p. 283, note F. DEBORD ; JCP S 2006, p. 1734, note R. VATINET – Cass. soc. 12 mars 2008, RATP, n° 08-18.494, *JCP S* 2008, p. 1242 – Cass. soc. 30 janvier 2008, RATP, n° 06-21.781.

navire par les grévistes, empêchant le navire de prendre le large, constitue une entrave à la liberté du travail des salariés non-grévistes[486]. La loi n° 2019-828 du 6 août 2019 de transformation de la fonction publique a ouvert la voie vers des négociations collectives destinées à assurer la continuité de certains services publics territoriaux (art. 56, modifiant l'art. 7-2, loi n° 84-53 du 26 janvier 1984).

La grève ne rompt pas le contrat de travail, sauf faute lourde imputable au salarié. Tout licenciement prononcé, en l'absence de faute lourde, en raison de l'exercice licite du droit de grève est nul de plein droit (C. trav., art. L. 2511-1). Le concept de faute lourde est inconnu du code pénal et disciplinaire de la marine marchande, qui ne distingue que les fautes disciplinaires légères ou graves, les infractions pénales maritimes ou de droit commun. Les entreprises d'armement maritime sont soumises aux dispositions du code du travail régissant les procédures de règlement des conflits collectifs du travail : conciliation, médiation et arbitrage (C. trav., art. L. 2521-1 à L. 2525-2).

Quand un navire est bloqué dans un port par des marins en grève, du 1er au 9 juillet 2014, que le président du tribunal de commerce a ordonné l'expulsion immédiate de toute personne, engin ou matériel empêchant l'accès au navire, que la société a requis, sans l'obtenir, le concours de la force publique, le dommage résultant de l'abstention des autorités administratives de recourir à la force publique pour permettre l'utilisation normale du domaine public portuaire ne saurait être regardé, s'il excède une certaine durée, au-delà de premières vingt-quatre heures, comme une charge incombant normalement aux usagers du port. Ces derniers sont fondés à demander réparation à l'Etat d'un tel préjudice, s'il présente un caractère grave et spécial, alors même que l'abstention des autorités administratives ne présenterait pas de caractère fautif[487].

Les marins d'origine africaine des thoniers-congélateurs français et espagnols, pêchant dans l'Océan indien, ont obtenu des augmentations de salaires, à la suite d'un conflit de travail et d'un accord conclu entre les représentants des armateurs, leur avocat, le DG de la marine marchande de Côte d'Ivoire et les syndicats, le syndicat des marins

---

486 Cass. soc. 8 octobre 2014, Syndicat CGT des marins de Marseille, navire Le Corse, n° 13-18.873, *DMF* 2015, n° 766, pp. 131-139, obs. P. CHAUMETTE « De la grève, du service public et du contrôle judiciaire des conflits collectifs de travail ».

487 CE, 5ème et 6ème ch. réunies, 30 septembre 2019, SNCM, navire Kalliste, n° 416615 - CE, Section, 27 mai 1977, SA Victor Delforge, n° 98122 - CE, 22 juin 1984, Secrétaire d'Etat c/ Sté Sealink UK Ltd, n° 53630.

pêcheurs de Côte d'Ivoire (Symapeci), l'Union des marins pêcheurs de Côte d'Ivoire (UMPCI) et la plateforme des organisations syndicales des marins du Sénégal. Un protocole d'accord transitoire a été convenu, portant provisoirement le salaire de base du matelot à 300 000 francs CFA *(458 euros)* pour une période de six mois. Au-delà interviendra le barème de l'Organisation internationale du travail (OIT)[488]. Le 8 juin 2023, quatre thoniers espagnols avaient imposé aux marins grévistes un débarquement à Victoria aux Seychelles, sans aucun respect de leur droit de grève. Était en jeu le respect de l'accord de pêche conclu entre la Côte d'Ivoire et l'Union européenne pour la période 2018-2024.
Concernant des navires battant pavillon étranger, en escale dans un port français, la grève d'une partie de l'équipage est reconnue comme licite, compte tenu de la valeur constitutionnelle du droit de grève en France, même si le navire bat pavillon panaméen ; le mandat syndical a été exercé sans aucune faute par l'inspectrice ITF, rattachée à la CGT des marins, alors que 6 marins lui avaient donné mandat en vue de la conclusion d'un accord salarial TCC[489] ; le navire a été bloqué 55 jours, notamment dans le cadre d'une saisie conservatoire ; l'accord collectif salarial conclu est valable[490].

[488] « Thoniers à l'arrêt : les marins en grève obtiennent un premier compromis », *Le Marin*, 9 juin 2023.

[489] Les accords collectifs salariaux, soutenus par ITF, la Fédération Internationale des Transports, sont l'accord standard *Total Crew Cost (TCC) Agreement (TCC)*, pour les navires sous pavillon de « complaisance » ou *l'International Bargaining Forum Agreement* (IBF), négocié avec les armateurs du *Joint Negotiating Group* (JNG), depuis 2003. A. CHARBONNEAU, « Bilan et devenir d'une négociation collective internationale », in *Seafarers: an international labour market in perspective - Gens de mer : un marché international du travail*, P. CHAUMETTE (coord.), Gomylex Editorial, Bilbao, 2016, pp. 259-284, halshs-01469625

[490] TGI Brest, 30 mai 2018, Sté Seaway Survey and Recovery Ltd, obs. P. CHAUMETTE, « L'exercice du droit de grève en France par des marins étrangers sous pavillon étranger et le droit syndical », *Observatoire des Droits des Marins*, 19 juillet 2018, https://www.obs-droits-marins.fr/actualites.html?idArticle=565 - O. FOTINOPOULOU-BASURKO, "La negociación colectiva y las acciones colectivas internacionales en el transporte marítimo. Une visión desde la UE", in *Problemas Actuales y cambios futuros del derecho del trabajo marítimo*, O. FOTINOPOULOU-BASURKO, coord., Gomylex Ed., Bilbao, 2017, pp. 61-94, sp. p. 77-82.

Section IV - Relations collectives de travail à bord des navires immatriculés au RIF

Registre international français. - Le registre international français (RIF) a été créé par la loi n° 2005-412 du 3 mai 2005. Les livres Ier, II, IV et les titres Ier et VII du livre V de la cinquième partie du code des transports sont applicables aux navires immatriculés au registre international français (C. transp., art. L. 5611-4). Les modalités de détermination du port d'immatriculation ainsi que de francisation et d'immatriculation de ces navires sont fixées par décret (C. transp., art. L. 5611-4). Il s'agit des dispositions relatives au statut des navires (C. transp., livre I, art. L. 5111-1 s.), à la navigation maritime (C. transp., livre II, art. L. 5211-1 s.), au transport maritime (C. transp., livre IV, art. L. 5411-1 s.), aux gens de mer concernant les définitions d'armateur, d'entreprise d'armement maritime, de marin, de gens de mer (C. transp., livre V, titre I, art. L. 5511-1 s.), de la prévention des abandons des gens de mer (C. transp., livre V, titre VII, art. L. 5571-1 s.). Le régime juridique du travail à bord distingue les gens de mer, marins ou non, qui résident en France (C. transp., art. L. 5612-1, I, 1°, mod. par L. n° 2016-816 du 20 juin 2016, art. 42), à qui il convient d'assimiler ceux qui résident dans un État membre de l'Union européenne ou dans un État membre de l'Espace économique européen, pour des motifs d'égalité de traitement ; ils sont soumis au livre V du code des transports, comme les gens de mer, marins, embarqués sur des navires battant pavillon français et immatriculés au premier registre[491]. Les gens de mer, embarqués sur les navires immatriculés au RIF, s'ils résident hors de France, sont soumis aux dispositions des titres Ier et II, à l'exception de l'article L. 5521-2-1, et du chapitre V du titre IV du livre V de la cinquième partie du code des transports. Ils sont également soumis aux articles L. 5533-2 à L. 5534-2, L. 5542-6, L. 5542-6-1, L. 5542-18-1, L. 5542-19, L. 5542-21-1, L. 5542-23, L. 5542-32-1, L. 5542-33-1 à L. 5542-33-3, L. 5542-35, L. 5542-47, L. 5542-50, L. 5543-2 à L. 5543-5, L. 5544-13, L. 5544-14 et L. 5544-63 (C. transp., art. L. 5612-1, I, 2°). Les travailleurs, indépendants ou salariés autres que gens de mer présents à bord de navires mentionnés au I bénéficient des dispositions relatives au rapatriement et au bien-

[491] P. CHAUMETTE, « Le registre international français des navires (RIF). Le particularisme régénéré ? », *DMF* 2005, p. 46 et s. - *Droits Maritimes*, Dalloz Action, 4ème éd., 2021, n° 212.31 et s. et 422.59.

être en mer et dans les ports, prévues au livre VI de la cinquième partie du code des transports (C. transp., art. L. 5612-1, II).
À bord des navires battant pavillon français, immatriculés au registre international français (RIF), créé par la loi du 3 mai 2005, « Les gens de mer résidant hors de France peuvent adhérer librement au syndicat professionnel de leur choix » (C. transp., art. L. 5622-1). À bord des navires battant pavillon français, immatriculés au registre international français (RIF), les conventions ou accords collectifs applicables aux gens de mer résidant hors de France sont régis selon la loi et la langue choisies par les parties. Ils ne peuvent contenir de clauses moins favorables que les dispositions résultant de l'application du présent titre aux gens de mer non-résidents (C. transp., art. L. 5622-2). Cette disposition ouvre la voie à des conventions ou accords collectifs signés soit par des organisations syndicales françaises de marins, soit par des organisations syndicales étrangères représentant les marins, organisations dont la représentativité est susceptible d'être interrogée. Compte tenu du principe d'égalité de traitement des ressortissants européens, il faut lire le texte comme « résidant hors d'Europe ». Dans le respect de l'ordre public, c'est-à-dire des conventions internationales ratifiées par la France, des règlements et directives européennes, du droit français impératif en matière de santé et sécurité au travail, de discipline à bord et de police intérieure du navire (C. transp., art. L. 5612-2). Ces conventions et accords collectifs de travail peuvent comporter des dispositions plus favorables aux marins. Il est permis de songer à la rémunération et à la protection sociale.
L'*International Bargaining Forum* (IBF), conclu le 13 novembre 2003 entre la Fédération internationale des ouvriers du transport (ITF) et le Joint Negotiating Group (JNB), réunissant, pour l'occasion, 75 armateurs de 24 pays associés dans l'International Maritime Employers' Committee (IMEC) et les armateurs japonais, représentés par l'International Mariners Management Committee of Japan (IMMAJ), tend à devenir une référence, obligatoire pour les armements adhérents aux organisations signataires, facultative pour les autres[492].

[492] A. CHARBONNEAU, « L'action d'ITF dans le secteur du transport maritime. Bilan et avenir d'une négociation collective internationale », *Annuaire de Droit Maritime et Océanique, ADMO*, t. XXIX, 2011, université de Nantes, p. 361 et s. ; « Bilan et devenir d'une négociation collective internationale – L'action d'ITF dans le transport maritime », in *Seafarers : an international labour market in perspective –* Gens de mer : un marché international du travail, P. CHAUMETTE (dir.), 2016, Gomylex Bilbao, pp. 259-284.

Les accords TCC d'ITF concernent les navires sous « pavillon de complaisance », « Flags of convenience » (FOCs)[493]. Lors de son congrès de Mexico en 2010, ITF avançait les chiffres de 11 500 accords collectifs salariaux, Total Crew Cost, TCC, conclus pour 175 636 marins couverts, soit environ 33,5 % de la flotte navigant sous libre immatriculation[494]. Le Forum international de négociation (IBF) a défini les modalités de l'accord-cadre IBF pour la période 2024-2027, le 25 septembre à Berlin. Cet accord prévoit une augmentation de 4 % des salaires en 2024, et une seconde augmentation de 2 % en 2025. ITF a conclu un accord de quatre ans, les salaires de la période 2026 - 2027 étant négociés en 2025. L'accord contient une référence à la Convention 190 de l'OIT de 2019 sur la violence et le harcèlement au travail afin de renforcer l'engagement commun à assurer des lieux de travail sûrs et exempts de violence, de discrimination et de harcèlement pour l'ensemble des gens de mer[495]. Cet accord concerne 10 000 navires et 250 000 marins ; la flotte mondiale est évaluée à 74 000 navires par le rapport *ICS Seafarer Workforce 2021.*

À bord des navires battant pavillon français, immatriculés au registre international français (RIF), « Les gens de mer résidant hors de France participent à l'élection des délégués de bord mentionnés à l'article L. 5543-2-1 » (C. transp., art. L. 5622-3). À bord des navires battant pavillon français, immatriculés au registre international français (RIF), « La grève ne rompt pas le contrat d'engagement, sauf faute lourde imputable à l'intéressé. Nul ne peut être sanctionné, licencié ou faire l'objet d'une mesure discriminatoire en raison de l'exercice normal du droit de grève. Toute disposition ou tout acte contraire est nul de plein droit. Il est interdit de recourir à des emplois temporaires en remplacement de gens de mer grévistes résidant hors de France » (C. transp., art. L. 5622-4).

---

[493] International Transport Fédération, https://www.itfseafarers.org/what_are_focs.cfm

[494] ITF Uniform Total Crew Cost (TCC) Collective Bargaining Agreement (CBA) for crews on Flag of Convenience Ships, 1 January 2019-2020, ITF, https://www.itfseafarers.org/en/your-rights/itf-agreements

[495] « Accord IBF : augmentation de 4 % des salaires des marins en 2024 », Observatoire des Droits des marins, 29 septembre 2023, https://www.obs-droits-marins.fr/actualites.html?idArticle=632

Partie V – Contentieux du travail maritime.

Dispersion du contentieux et évolutions. - Le contentieux du travail maritime, sous pavillon français, relevait de spécificités historiques : compétence du tribunal de commerce pour les litiges opposant le capitaine de navire à l'armateur, fondée sur la commercialité ancienne du capitaine, compétence du tribunal d'instance pour les marins, faute d'une insertion des marins dans les réformes des conseils des prud'hommes de 1979 et 1982. Tout différend qui peut s'élever à l'occasion de la formation, de l'exécution ou de la rupture d'un contrat de travail entre l'employeur et le marin est porté devant le juge judiciaire (C. transp., art. L. 5542-48). Le décret n° 2015-219 du 27 février 2015, relatif à la résolution des litiges individuels entre les marins et leurs employeurs, a supprimé l'ancienne compétence commerciale pour le capitaine, au bénéfice du tribunal d'instance, donc maintenant du tribunal judiciaire. Celui-ci ne peut être saisi par requête qu'à la suite d'une tentative de conciliation devant la direction départementale des territoires et de la mer (DDML), sinon l'action judiciaire est irrecevable[496]. Ces spécificités concernent les litiges individuels de travail, quand les litiges collectifs relèvent essentiellement du tribunal de grande instance. Ces particularités concernent les marins de l'administration, qui sont des contractuels de droit maritime et non des fonctionnaires ou des contractuels de droit public. Les relations de travail des marins du service des phares et balises avec le service public qui les emploie sont soumises aux règles du code du travail maritime (devenu code des transports) ; la demande de nullité de la grille des salaires, et notamment le montant de la rémunération des heures supplémentaires, relève du juge judiciaire[497]. Il en est de même des marins des collectivités territoriales. Le décret n° 2019-912 du 30 août 2019 organise la fusion du tribunal d'instance et du tribunal de grande instance : « Le tribunal judiciaire connaît des contestations relatives à la formation, à l'exécution ou à la rupture du contrat de travail entre l'employeur et le marin, dans les conditions prévues par le livre V de la

---

[496] Cass. soc. 2 octobre 2024, n° 22-100649, M. c/ Sté Jean Negri et Fils.

[497] Trib. conflits 22 mai 2006, M. X… c/ Agent judiciaire du Trésor, req. n° C3486, *Bull. T. confl.*, n° 1.

cinquième partie du code des transports » (C. Org. Judiciaire, art. R. 211-3-5[498]).

Les litiges des gens de mer non marins contre leur employeur ne nécessitent pas une tentative de conciliation auprès de la direction départementale des territoires et de la mer (DDTM) ; ils ne relèvent pas de la compétence du tribunal judiciaire, mais du conseil des prud'hommes, à l'instar des travailleurs « terrestres ». La distinction des gens de mer marins et non marins n'étant pas simple, est-ce seulement la juridiction saisie qui détermine cette qualification juridique et sa compétence ou l'administration maritime peut-elle accepter ou refuser la tentative de conciliation, selon la qualification estimée par elle ? Le directeur départemental des territoires et de la mer est-il juge de cette distinction entre gens de mer marins et gens de mer non marins, qui détermine la compétence juridictionnelle ?[499]

Concernant les marins embarqués sous pavillon étranger, en cas de litige dans un port français, ce sont les conseils de prud'hommes qui sont compétents concernant leurs litiges de travail[500]. Le code des transports de 2010 se référait au différend pouvant s'élever à l'occasion des périodes d'embarquement, entre l'employeur et le marin, maintenant des ambiguïtés ; de même, la disparition de la compétence commerciale, vis-à-vis des litiges entre le capitaine et son employeur, interrogeait sur le maintien de la compétence du tribunal d'instance. « Tout différend qui peut s'élever à l'occasion de la formation, de l'exécution ou de la rupture d'un contrat de travail entre l'employeur et le marin est porté devant le juge judiciaire », selon l'article L. 5544-48 du code des transports, tel que modifié par la loi du 16 juillet 2013. La chambre sociale de la Cour de cassation a clarifié la situation : « Il résulte de la combinaison des articles L. 5541-1 et L. 5542-48 du code des transports et de l'article R. 221-13 du code de l'organisation

[498] Décret n° 2019-912 du 30 août 2019, modifiant le code de l'organisation judiciaire et pris en application des art. 95 et 103 de la loi n° 2019-222 du 23 mars 2019 de programmation 2018-2022 et de réforme pour la justice.

[499] Cass. soc. 7 février 2024, n° 22-18245, Mme K c/ Sté Atalante, Sté Cie Raphaëloise de charter, *DMF* 2024, n° 871, pp. 711-720, obs. A. BUGADA, « Pas de conciliation administrative obligatoire pour les gens de mer autres que marins » - P. CHAUMETTE, « Gens de mer marins et gens de mer non marins ? Illustration », *Observatoire des Droits des Marins*, 1er mars 2024, https://www.obs-droits-marins.fr/actualites.html?idArticle=638

[500] Cass. soc. 28 mars 2018, Sté Debaira Yachting Ltd, navire *Queen Aïda*, n° 16-20.746, *DMF* 2018, n° 803, pp. 514-517, obs. P. CHAUMETTE « Travail maritime international, compétence du conseil de Prud'hommes confirmée ».

judiciaire, que le tribunal d'instance est seul compétent pour connaître, après tentative de conciliation devant l'administrateur des affaires maritimes, des litiges entre armateur et marin portant sur la conclusion, l'exécution ou la rupture du contrat d'engagement régi par le code du travail maritime »[501]. C'est ainsi la qualité du travailleur, un gens de mer marin, qui détermine la nature maritime du différend. Le décret n° 2015-219 du 27 février 2015 est relatif à la résolution des litiges individuels entre les marins et leurs employeurs et précise la ou les juridictions judiciaires compétentes, tant sur le plan matériel que géographique, ainsi que la procédure de conciliation préalable devant l'administration maritime.

Saisie conservatoire du navire.
Le navire constitue le gage des créanciers maritimes, mais il est mobile, il est censé naviguer, pouvant ainsi échapper à ses créanciers. La procédure de saisie conservatoire du navire permet à un créancier maritime de retenir au port le navire, le temps d'obtenir une caution, une garantie bancaire ; dès lors, le juge ayant prononcé la saisie conservatoire du navire, ordonnera sa main levée, permettant au navire de quitter le port d'escale, de reprendre sa navigation[502]. Le litige relatif à la créance maritime invoquée se poursuivra au fond ; en droit français, le créancier doit, dans un délai d'un mois, introduire une action au fond afin d'obtenir un titre exécutoire ; à défaut la saisie conservatoire deviendrait caduque[503]. Les créances des gens de mer, vis-à-vis de leur employeur ou de l'exploitant du navire, sont de nature salariales (rémunérations ; indemnités de rupture du contrat, rapatriement), mais

---

[501] Cass. soc. 12 février 2014, Goulven et a., n° 13-10.643, *DMF* 2014, n° 756, pp. 210-213, obs. P. CHAUMETTE « Contentieux du travail maritime : Tribunal d'instance ou prud'hommes ? » ; *Dr. soc.* 2014, n° 4, pp. 389-391.

[502] C. DEVAUX, « Saisie conservatoire et saisie-exécution des navires », chap. 323, in *Droits Maritimes*, précité, 4ème éd., 2021 – Ph. DELEBECQUE, *Droit maritime*, Dalloz, 14ème éd., 2020, n° 249 et s. – P. BONASSIES, C. SCAPEL et C. BLOCH, *Traité de droit maritime*, LGDJ, 4ème éd., 2022, n° 648 et s. – G. PIETTE, *Droit maritime*, Ed. A Pédone, 2023, n° 431 et s.

[503] Compétence du juge du fond, même à la suite de la main levée de la saisie conservatoire du navire. : Cass. soc., 26 octobre 2022, n° 20-12066, navire SS Delphine, obs. P. CHAUMETTE, « Mainlevée de la saie conservatoire et compétences prud'homale au fond », *DMF* 2022, n° 852, pp. 978-982 (contrat d'engagement maritime sous registre de Madeira, Portugal).

aussi de nature maritime ; elles peuvent justifier une saisie conservatoire du navire[504].

La saisie conservatoire des navires est en droit français, soumise à un double régime : un régime international exprimé par la Convention internationale de Bruxelles du 10 mai 1952 pour l'unification de certaines règles sur la saisie conservatoire des navires de mer, et un régime propre au droit français, issu des articles L. 5114-22 et R. 5114-15 et suivants du code des transports. Quelle juridiction française est compétente en matière de saisie conservatoire de navire ?

La codification de la partie législative du droit des transports, issue de l'ordonnance n° 2010-1307 du 28 octobre 2010, avait largement laissé de côté la question de la saisie des navires, cette partie ne contenant que quelques textes sur ce sujet. La codification de la partie réglementaire du code, consacrée à cette matière, est intervenue par le décret n° 2016-1893 du 28 décembre 2016. La saisie-exécution, qui permet la vente aux enchères du navire, fait l'objet de 28 articles (R. 5114-20 à R. 5114-47), alors qu'elle est fort rare par rapport à la saisie conservatoire, nettement plus fréquente, qui a eu droit à cinq articles (C. transp., art. R. 5114-15 à R. 5114-19). Le renvoi général au code des procédures civiles d'exécution est du plus grand intérêt (art. R. 5114-15 C. transp.). Certaines dispositions générales du code des procédures civiles d'exécution étant inadaptées à la saisie conservatoire des navires, les articles R. 5114-16 et suivants contiennent des dispositions particulières. Les deux plus importantes concernent la détermination de la compétence juridictionnelle et l'exigence d'une autorisation judiciaire préalable à la saisie.

S'agissant de la compétence d'attribution pour autoriser la saisie conservatoire, la concurrence entre le juge de l'exécution (JEX) et le président du tribunal de commerce ne semblait pas remise en cause, bien que les nouveaux textes paraissent parfois oublier que le président du tribunal de commerce dispose, lui aussi, de cette compétence, sur le fondement des articles L. 721-7, 2° du code de commerce et L. 511-3 du code des procédures civiles d'exécution, lorsque la saisie est demandée avant tout procès et tend à la conservation d'une créance relevant de la compétence de la juridiction commerciale, ce qui est courant en matière maritime. Le droit commercial étant né du droit maritime, toute l'activité maritime avait historiquement tendance à être considérée comme commerciale, même la pêche maritime : ainsi les

---

504 Art. 1er, Convention de Bruxelles du 10 mai 1952.

saisies conservatoires de navire relevaient de la compétence du président du tribunal de commerce.
Le JEX est longtemps apparu comme un juge « terrestre », ce qu'il n'est plus. La cour d'appel d'Aix-en Provence a considéré que le président du tribunal de commerce n'est compétent que pour la conservation d'une créance commerciale, non maritime : « Il résulte de la lecture combinée de l'article L. 511-3 du code des procédures civiles d'exécution et de l'article L. 721-7-2° du code de commerce, que le juge compétent est par principe le juge de l'exécution, dit JEX, du tribunal judiciaire »[505].
S'agissant de la compétence territoriale, qui est souvent, en la matière, une compétence internationale vis-à-vis d'un navire battant pavillon étranger, les articles R. 5114-16 et R. 5114-17 du code des transports ont clarifié la situation. Selon les articles R. 511-2 et R. 511-3 du code des procédures civiles d'exécution, c'est le juge du lieu où demeure le débiteur qui est compétent pour autoriser une mesure conservatoire, toute clause contraire étant réputée non écrite et le juge saisi à tort devant relever d'office son incompétence. Une application stricte de ces textes à la saisie conservatoire des navires aurait conduit les juridictions françaises à se déclarer incompétentes pour autoriser la saisie conservatoire dans un port français de tout navire, dès lors que le débiteur, comme c'est le cas le plus fréquent, demeurait à l'étranger. La Cour de cassation n'a jamais admis un tel excès d'interprétation, qui serait intervenue au mépris de la Convention de Bruxelles de 1952 notamment[506]. Mettant fin à l'éventuelle difficulté, l'article R. 5114-16 du code des transports attribue compétence au juge du lieu d'exécution de la mesure, tandis que l'article R. 5114-17 du même code écarte l'application de l'article R. 511-2 précité, déclaré expressément inapplicable aux saisies conservatoires de navires.
Concernant les créances salariale maritimes des gens de mer, le juge au fond compétent à la suite d'une saisie conservatoire et éventuellement d'une mainlevée intervenue dans un port français est soit le tribunal

---

505 CA Aix-en-Provence, ch. 3-1, 9 mars 2023, n° 22/08919, navire M/Y Cristales - CA Aix-en-Provence, ch. 3-1, 28 septembre 2023, n° 23/04449, navire M/Y Meridiana, « De la compétence du juge français en matière de saisie conservatoire de navire », *Observatoire des Droits des Marins*, 15 novembre 2023, https://www.obs-droits-marins.fr/actualites.html?idArticle=635
506 Cass. com., 5 janv. 1999, n° 93-19.688 : navire Gure Maiden.

judiciaire, soit le conseil des prud'hommes, compte tenu de la dispersion du contentieux du travail maritime[507].

Registre international français. - À bord des navires battant pavillon français, immatriculés au registre international français (RIF), créé par la loi nº 2005-412 du 3 mai 2005, en cas de litige né du contrat d'engagement, l'action de l'employeur ne peut être portée que devant les tribunaux de l'État sur le territoire duquel le salarié a son domicile (C. transp., art. L. 5621-18, al. 1er). L'employeur peut être attrait : a) devant les tribunaux français ; b) devant ceux de l'État où le salarié a son domicile ; c) devant le tribunal du lieu où se trouve ou se trouvait l'établissement qui a embauché le salarié. En France, ces litiges sont portés devant le juge judiciaire, après tentative de conciliation dans des conditions précisées par décret en Conseil d'État. Il ne peut être dérogé au présent article que par des conventions attributives de juridiction postérieures à la naissance du différend ou qui permettent au salarié de saisir d'autres tribunaux que ceux indiqués (C. transp., art. L. 5621-18, al. 2 et 3).
Les compétences juridictionnelles territoriales sont asymétriques. L'employeur ne peut agir qu'auprès du tribunal du domicile du marin, critère fort de proximité ; mais ce contentieux mis en œuvre par un employeur est rarissime. Le marin dispose de plusieurs options, son domicile, l'établissement d'embauche, les juridictions françaises, sans qu'elles soient géographiquement ou précisément définies. Il est permis de penser que le décret nº 2015-219 du 27 février 2015, relatif à la résolution des litiges individuels entre les marins et leurs employeurs, renvoie vers le tribunal d'instance, devenu tribunal judiciaire, et ses compétences territoriales, le domicile du marin le port d'embarquement ou de débarquement du marin, le port où l'employeur a son principal établissement ou une agence ou, à défaut, pour le port d'immatriculation du navire (art. 3, Décret nº 2015-219 du 27 février 2015, relatif à la résolution des litiges individuels entre les marins et leurs employeurs). Mais ce décret ne fait aucune référence au registre international des navires (RIF), ni à l'article L. 5621-18 du code des transports.
La loi du 3 mai 2005, créant le registre international français, prend en compte des dispositions du règlement nº 44/2001 du Conseil du

[507] Pour un second capitaine, embarqué sous pavillon maltais, mais travaillant essentiellement à partir d'un port français, CA Aix-en-Provence, ch. 4-6, 18 octobre 2024, n° 23/15912, W c/ Sté Bombay Shipping et Sté Crew 21 Ltd, compétence au fond du conseil de prud'hommes de Grasse.

22 décembre 2000 qui a été abrogé par le Règlement 1215/2012 du Parlement européen et du Conseil du 12 décembre 2012, concernant la compétence judiciaire, la reconnaissance et l'exécution des décisions en matière civile et commerciale, et qui est entré en vigueur le 10 janvier 2015 : « L'employeur peut être attrait, par le salarié, devant les tribunaux de l'État membre où l'employeur a son domicile (Règl. n° 1215/2012 du 12 décembre 2012, art. 21-1-a), devant le tribunal du lieu où le travailleur accomplit habituellement son travail ou devant le tribunal du dernier lieu où il a accompli habituellement son travail (Règl. n° 1215/2012 du 12 décembre 2012, art. 21-1-b-i), ou lorsque le travailleur n'accomplit pas ou n'a pas accompli habituellement son travail dans un même pays, devant le tribunal du lieu où se trouve ou se trouvait l'établissement qui a embauché le travailleur (Règl. 1215/2012, art. 21-1-b-ii) »[508]. Un employeur qui n'est pas domicilié sur le territoire d'un État membre peut être attrait devant les juridictions d'un État membre du lieu habituel de travail ou du lieu de conclusion d'embauchage, en l'absence de lieu habituel de travail (Règl. n° 1215/2012, art. 21-2). Le règlement n° 1512/2012, comme précédemment le règlement n° 44/2001, ne fait référence au domicile du travailleur que lorsque l'employeur agit en justice (Règl. n° 1215/2012, art. 22). Quand le travailleur agit contre son employeur, le Règlement fait référence notamment au tribunal du lieu habituel de travail, que la Cour de justice de l'Union européenne a privilégié, même pour les travailleurs mobiles, agents commerciaux, transporteurs routiers internationaux[509], et pour les marins, à travers le port d'exploitation réel du navire ; celui-ci est le port où le marin embarque

---

[508] P. CHAUMETTE, « Le marin entre le navire, le port et sa résidence. Les rattachements du travail maritime international », *Mélanges en l'honneur de Christian SCAPEL*, C. BLOCH (dir.), Aix-en-Provence, 2013, PUAM, p. 119 – CA Aix-en-Provence, 29 septembre 2023, n° 2023/244, navire Ngoni, *DMF* 2023, n° 862, pp. 908-920, obs. P. CHAUMETTE, « Travaux dans un chantier naval français et contrat d'engagement international » - Cass. soc. 12 juin 2024, n° 23-12913, navire Kir Royal, *DMF* 2024, n° 871, pp. 739-742, n. Fl. THOMAS, « Un Kir Royal entre Cannes et les Seychelles ».

[509] CJUE, gr. ch., 15 mars 2011, Heiko Koelzsch c/ Luxembourg, aff. n° C-29/10, *D.* 2011, p. 957 ; *D.* 2011, p. 2434, obs. L. D'AVOUT et S. BOLLÉE ; *D.* 2012, p. 1228, obs. H. GAUDEMET-TALLON et F. JAULT-SESEKE ; *Dr. soc.* 2011, p. 849, note E. GRASS ; *Rev. crit. DIP* 2011, p. 438, obs. F. JAULT-SESEKE ; *RTD civ.* 2011, p. 314, obs. P. REMY-CORLAY ; *RTD eur.* 2011. 476, obs. S. GUINCHARD.

et débarque, reçoit ses ordres et consignes[510]. Il ne peut être dérogé aux dispositions de sa section afférente à la compétence en matière de contrats individuels de travail que par des conventions postérieures à la naissance du différend ou qui permettent au travailleur de saisir d'autres juridictions que celles indiquées à cette section (Règl. n° 1215/2012, art. 23)[511].

Du tribunal d'instance au tribunal judiciaire. – Depuis le 1er janvier 2020, l'entrée en vigueur de la loi n° 2019-222 du 23 mars 2019 de programmation 2018-2022 et de réforme pour la justice a entrainé la fusion du tribunal de grande instance (TGI) et du tribunal d'instance (TI), au sein du tribunal judiciaire (TJ). Les tribunaux d'instance et de grande instance situés dans une même ville sont regroupés au sein du tribunal judiciaire. Le tribunal d'instance, situé dans une commune différente d'un TGI, devient une chambre détachée du tribunal judiciaire, dit « tribunal de proximité ». Pris en application du code des transports, le décret n° 2015-219 du 27 février 2015, relatif à la résolution des litiges individuels entre les marins et leurs employeurs, modifie les articles R. 221-13 et R. 221-49 du code de l'organisation judiciaire (Décret n° 2015-219 du 27 février 2015, art. 12 et 13). Le tribunal judiciaire connaît des contestations relatives à la formation, à l'exécution ou à la rupture du contrat de travail entre l'employeur et le marin, dans les conditions aux articles L. 5542-48 et L. 5621-18 du code des transports (COJ, art. R. 211-3-5, mod. par Décret n° 2021-456 du 15 avril 2021, art. 12). Le tribunal judiciaire compétent est alors celui dans le ressort duquel se situe : soit le domicile du marin, soit le port d'embarquement ou de débarquement du marin. Le marin peut également saisir le tribunal judiciaire dans le ressort duquel est situé le port où l'employeur a son principal établissement ou une agence ou, à défaut, le port d'immatriculation du navire (COJ, art. R. 211-16, créé par Décret n° 2019-912 du 30 août 2019, art. 2).

---

[510] CJUE, 4e ch., 15 décembre 2011, Jan Voogsgeerd c/ Navimer, aff. n° C-384/10, *D.* 2012, p. 155 ; *D.* 2012, p. 1228, obs. H. GAUDEMENT-TALLON et F. JAULT-SESEKE ; D. 2012, p. 1439, obs. H. KENFACK ; *Dr. soc.* 2012, p. 315, obs. P. CHAUMETTE ; *RDT* 2012, p. 115, obs. F. JAULT—SESEKE- ; *Rev. crit. DIP* 2012. 648, note E. PATAUT ; *DMF* 2012, n° 734, p. 219.

[511] CA Aix-en-Provence, 10 décembre 2021, n° 20/11511, navire Revenge, *DMF* 2022, n° 845, pp. 318-332, obs. P. CHAUMETTE, « Yachting méditerranéen : un cas d'école ? ».

Procédure de conciliation. - Le décret précise la procédure de conciliation devant le directeur départemental des territoires et de la mer (DDTM), dont seul le capitaine était dispensé (art. 1 à 11, Décret n° 2015-219 du 27 février 2015). La loi n° 2019-1428 du 24 décembre 2019 d'orientation des mobilités étend au capitaine l'obligation de conciliation, avant la saisine du tribunal judiciaire (C. transp., art. L 5542-48)[512]. Le défaut de mise en œuvre de la procédure de conciliation préalable constitue une fin de non-recevoir qui peut être régularisée, avant que le juge ne statue, mais nullement en cours d'instance[513]. En cas de procès-verbal d'échec de la tentative de conciliation ou en cas de procès-verbal de défaut de conciliation, le demandeur peut saisir le tribunal de tout ou partie de ses contestations par requête remise ou adressée au tribunal judiciaire compétent (Décret n° 2015-219 du 27 février 2015, art. 11, modif. par Décret n° 2021-456 du 15 avril 2021, art. 1 -V). Le fait que le marin ait été convoqué devant le pôle compétent du tribunal judiciaire, après qu'ait été exigé la communication du formulaire de requête à peine d'irrecevabilité, suffit à établir que la requête a été faite et que la situation a été régularisée avant le jugement au fond, alors que le capitaine avait assigné son employeur devant le tribunal judiciaire[514]. La saisine du conseil de prud'hommes se fait par requête (art. R. 1452-1 C. Trav.), de sorte que l'assignation par le capitaine devant le tribunal judiciaire constitue une irrégularité, laquelle constitue une fin de non-recevoir au sens de l'article 122 du code de procédure civile[515].
Outre les mentions prescrites par l'article 58 du code de procédure civile, la déclaration doit contenir, à peine de nullité, un exposé sommaire des motifs de ses contestations. Une copie du procès-verbal de non-conciliation y est jointe. Les pièces que le demandeur souhaite

---

[512] La liste des 23 délégations à la mer et au littoral (DML) et des contacts nécessaires à cette conciliation est disponible sur le site https://lannuaire.service-public.fr/navigation/dml

[513] Cass. soc., 2 octobre 2024, n° 22-10649 : le patron mécanicien avait saisi le tribunal d'instance ; c'est l'employeur qui avait demandé une procédure de conciliation à la DDTM, qui s'était achevé sur un procès-verbal de non conciliation. La cour d'appel a considéré irrecevable la demande du marin, qui avait tenté, en cours d'instance, de régulariser la procédure en saisissant la DDTM. Le pourvoi en cassation est rejeté.

[514] CA Aix-en-Provence, ch. 4-6, 15 mars 2024, n° 22/13352., *DMF* 2024, n° 871, pp. 689-698, n. P. CHAUMETTE, « Contrat d'engagement maritime : saisine du tribunal judiciaire et prescriptions ».

[515] CA Aix-en-Provence, ch. 4-6, 15 mars 2024, n° 20/096, SAS Bourbon Offshore Surf c/ D. B.

invoquer à l'appui de ses contestations sont jointes à sa déclaration en autant de copies que de personnes dont la convocation est demandée. Le greffier convoque les parties dans les conditions du premier alinéa de l'article 844 du code de procédure civile. Une copie de la déclaration et des pièces jointes est jointe à la convocation (art. 11, Décret n° 2015-219 du 27 février 2015). Le directeur départemental des territoires et de la mer (DDTM) peut refuser une demande conciliation quand la salariée n'est plus marin, mais gens de mer non marin ; il appartenait à cette salarié de former tout recours utile ou de saisir un conseil de prud'hommes[516].
Le décret du 27 février 2015 n'emploie plus la formule « permis de citer » : est-ce à dire que la tentative de conciliation auprès de l'administration maritime n'est plus tout à fait obligatoire et pourrait être conçue comme facultative[517] ? Nous ne voyons pas de raison pour envisager la fin d'une jurisprudence constante[518]. L'effet interruptif de la prescription, résultant d'une action en justice, se prolonge jusqu'à ce que le litige trouve sa solution, en application de l'article 2244 du code civil ; il intervient à partir de la demande de conciliation auprès de l'autorité maritime[519]. L'accusé de réception de la demande aux fins de tentative de conciliation interrompt la prescription ainsi que les délais pour agir (C. transp., art. L. 5542-48, al. 2, modifié par L. n° 2016-816 du 20 juin 2016, art. 38).

Non-conciliation. - En cas d'échec de la tentative de conciliation, un procès-verbal est dressé. Une copie du procès-verbal est remise aux parties. Les mentions obligatoires du procès-verbal, les modalités de délivrance de copies sont fixées par un arrêté du ministre chargé de la

---

[516] Cass. soc. 7 février 2024, n° 22-18245, *DMF* 2024, n° 871, pp. 711-720, n. A. BUGADA, « Pas de conciliation administrative obligatoire pour les gens de mer autres que marins » - obs. P. CHAUMETTE, « Gens de mer marins et gens de mer non marins ? Illustration », Observatoire des Droits des Marins, 1er mars 2024, https://www.obs-droits-marins.fr/actualites.html?idArticle=638

[517] v. C. DUFRAISSE-CHARMILLON, La réécriture du droit social maritime au sein du code des transports, 2018, PUAM, pp. 160-162 – A. BUGADA, « Un mort-vivant : le permis de citer de l'administrateur des affaires maritimes », *DMF* 2019, n° 809, pp. 17-20.

[518] Cass. soc. 26 septembre 2018, n° 17-18.453, *DMF* 2019, n° 809, pp. 16-20.

[519] Cass. soc. 24 mars 2004, Cie Méridionale de Navigation c/ M. Paris, n° 02-40.574, *DMF* 2005, p. 146. – Cass. soc. 10 décembre 2015, Giuliani c/ SNCM, n° 14-24.794. – Cass. soc. 10 janvier 2017, Ayants droit Guicheteau, n° 15-13.007, *DMF* 2017, n° 790, pp. 308-310.

mer (art. 8, Décret n° 2015-219 du 27 février 2015). Lorsqu'au jour fixé pour la tentative de conciliation, le demandeur ne comparaît pas ou n'est pas représenté, il est dressé un procès-verbal constatant la caducité de la demande de conciliation (art. 9, Décret n° 2015-219 du 27 février 2015). Lorsqu'au jour fixé pour la tentative de conciliation, le défendeur ne comparaît pas ou n'est pas représenté, le directeur départemental des territoires et de la mer ou l'agent désigné pour la conciliation établit un procès-verbal constatant le défaut de conciliation pour non-comparution et absence de représentation du défendeur. Une copie en est remise au demandeur (art. 10, Décret n° 2015-219 du 27 février 2015). En cas de procès-verbal d'échec de la tentative de conciliation mentionné à l'article 8 ou en cas de procès-verbal de défaut de conciliation mentionné à l'article 10, le demandeur peut saisir le tribunal d'instance, devenu tribunal judiciaire de tout ou partie de ses contestations par requête remise ou adressée au tribunal judiciaire compétent. Il s'agit d du domicile du marin, du port d'embarquement ou de débarquement, du port où l'employeur a son principal établissement, ou une agence, ou, à défaut le port d'immatriculation du navire (COJ, art. R. 211-16). Outre les mentions prescrites par l'article 58 du code de procédure civile, la déclaration doit contenir, à peine de nullité, un exposé sommaire des motifs de ses contestations. Une copie du procès-verbal de non-conciliation y est jointe. Les pièces que le demandeur souhaite invoquer à l'appui de ses contestations sont jointes à sa déclaration en autant de copies que de personnes dont la convocation est demandée. Le greffier convoque les parties dans les conditions du premier alinéa de l'article 844 du code de procédure civile. Une copie de la déclaration et des pièces jointes est jointe à la convocation (art. 11, Décret n° 2015-219 du 27 février 2015). Les articles 1er à 11 du décret ne sont pas applicables à Mayotte (art. 15, al. 1er, Décret n° 2015-219 du 27 février 2015).

À défaut d'accord, le juge, à qui il appartient d'apprécier la régularité de la procédure suivie et le caractère réel et sérieux des motifs invoqués par l'employeur, forme sa conviction au vu des éléments fournis par les parties après avoir ordonné, au besoin, toutes les mesures d'instruction qu'il estime utiles. Il justifie dans le jugement qu'il prononce le montant des indemnités qu'il octroie. Si un doute subsiste, il profite au salarié (C. trav., art. L. 1235-1, mod. par Ordonnance n° 2017-1387, 22 septembre 2017, art. 2). La disposition du code du travail est insérée dans un chapitre V portant sur les contestations et sanctions des irrégularités du licenciement ; l'adaptation maritime vise les litiges liés à la rupture du contrat d'engagement maritime, ce qui est plus vaste.

Barème minimal et accord de conciliation. - À la suite de l'Accord national interprofessionnel du 11 janvier 2013, la loi n° 2013-504 du 14 juin 2013 s'efforce de faciliter la conciliation prud'homale en créant un barème minimal d'indemnité forfaitaire, en cas d'irrégularités du licenciement (C. trav., art. L. 1235-1)[520]. Cela concerne aussi les ruptures du contrat d'engagement maritime. « Lors de la conciliation, lorsque le litige porte sur la rupture du contrat, l'employeur et le marin peuvent convenir, ou l'autorité compétente de l'État proposer, d'y mettre un terme par accord. Cet accord prévoit le versement par l'employeur au marin d'une indemnité forfaitaire, dans les conditions et selon le barème prévu aux deux premiers alinéas de l'article L. 1235-1 du code du travail. Les conditions d'application du présent article sont fixées par décret en Conseil d'État » (C. transp., art. L. 5542-48, al. 2 et 3).
L'accord de conciliation intervient, pour un marin, devant le Directeur département de la Mer et du Littoral (DDML) ou son représentant, et non dans le bureau de conciliation et d'orientation prud'homal. Le procès-verbal constatant l'accord vaut renonciation des parties à toutes réclamations et indemnités relatives à la rupture du contrat de travail.

Capitaine. – Les litiges survenus entre les armateurs et les capitaines ne sont plus soumis à la juridiction commerciale, depuis l'ordonnance n° 2010-1307 du 28 octobre 2010 portant partie législative du code des transports. Le capitaine était dispensé de la phase de tentative de conciliation devant l'autorité maritime, ce qui n'est plus le cas depuis le 27 décembre 2019 ; il ne peut donc plus saisir directement le tribunal judiciaire (C. transp., art. L 5542-48, Loi n° 2019-1428 du 24 décembre 2019).
Le capitaine peut recevoir tous actes judiciaires ou extrajudiciaires adressés à l'armateur (C. transp., art. R. 5412-5). Ce principe ancien est lié à la mobilité du navire et aux fonctions du capitaine de représentation de l'armateur, alors que le navire constitue le gage des créanciers maritimes de l'armateur. À l'origine, le capitaine représentait le navire[521] ; le capitaine ne peut agir pour son armateur que s'il a été

---

[520] D. BOULMIER, « Faciliter la conciliation prud'homale … mais pour qui ? », *Dr. soc.* 2013, n° 10, p. 837 et s.
[521] R. RODIÈRE, *L'armement, Traité général de droit maritime*, 1976, Dalloz, n° 390, p. 513.

mandaté à cet effet ; il reçoit passivement les actes judiciaires ou extrajudiciaires destinés à l'armateur ; il en est de même du consignataire[522], de sorte que la fonction de représentation du capitaine pourrait être limitée aux lieux où l'armateur n'est ni présent ni représenté[523]. Le procès-verbal de saisie conservatoire désigne le capitaine comme gardien du bâtiment et de tous les objets saisis. Selon la cour d'appel d'Aix-en-Provence, ce principe de représentation ne peut être appliqué lorsque l'armateur est assigné par le capitaine lui-même, quand bien même l'équipage impayé, comme le capitaine, agit contre l'armateur[524]. Cet arrêt semble instituer le capitaine en représentant des marins.

Pôle social du Tribunal Judiciaire. Contentieux de la sécurité sociale. - Le contentieux de la sécurité sociale a été réformé par la loi n ° 2016-1547 du 18 novembre 2016 portant réforme de la justice du XXIe siècle. Cette réforme a transféré le contentieux autrefois géré par des juridictions spécialisées (Tribunal des affaires de Sécurité Sociale, TASS, Tribunal du Contentieux de l'Incapacité, TCI) aux juridictions de droit commun, dont le pôle social du Tribunal judiciaire, dit spécialement désigné (COJ, art. L. 211-16). Ce contentieux de la sécurité sociale est défini par l'article L 142-1 CSS. Le Tribunal judiciaire a aussi remplacé le tribunal d'instance, qui selon l'expression statuait en matière prud'homale maritime. Le tribunal judiciaire connaît des contestations relatives à la formation, à l'exécution ou à la rupture du contrat de travail entre l'employeur et le marin, dans les conditions prévues par le livre V de la cinquième partie du code des transports (COJ, art. R. 211-3-5). Le Tribunal judiciaire, dans sa formation prud'homale maritime, est habilité à statuer sur les demandes portant sur les circonstances de la rupture du contrat d'engagement et ses conséquences indemnitaires, par exemple la perte d'identité sociale, composante de l'indemnisation professionnelle, à la suite d'un

[522] Cass. com. 16 février 1993, n° 90-21.942, Bull. civ. IV, n° 61 ; *DMF* 1993, p. 336 – Cass. com. 12 octobre 1993, n° 90-20.930, *DMF* 1994, p. 111 – CA Paris, 6 novembre 2003, *DMF* 2004, n° sp., p. 36, n° 34, obs. P. BONASSIES.

[523] CA Rennes, 3 février 1975, *DMF* 1975, p. 342.

[524] CA Aix-en-Provence, 2e ch. civ., 22 février 2005, Sté Keel Haul Ltd c/ Stephen Partridge et a., navire *Diana*, RG n° 04/10550 – P. CHAUMETTE, « Le capitaine de navire et son pouvoir de représentation en justice – Un nouveau représentant du bord ? », *Rev. électronique Neptunus*, université de Nantes, vol. 11, 2005/3, https://cdmo.univ-nantes.fr/fr/publications/neptunus-e-revue

licenciement sans cause réelle et sérieuse. C'est, par contre, le tribunal judiciaire pôle social, dit spécialement désigné, qui est compétent pour statuer sur l'indemnisation complémentaire due en raison d'une faute inexcusable de l'employeur, dans le cadre d'un accident du travail ou d'une maladie professionnelle[525].

Conseil de prud'hommes : contentieux terrestre, international ou wallisien. – Le personnel travaillant à bord d'un navire, mais non marins, ou travaillant sur un navire à quai, relève de la compétence prud'homale[526]. Lorsque le salarié, capitaine d'armement, a été recruté pour des fonctions claires ne comportant aucun service à accomplir à bord d'un navire, même s'il reste affilié à l'ENIM, il n'a travaillé qu'à terre pendant tout le contrat de travail ; dès lors, le conseil de prud'hommes s'est déclaré compétent à bon droit pour statuer sur le litige né à l'occasion de ce contrat de travail[527]. À l'inverse, excède les attributions du conseil de prud'hommes le litige qui concerne un assistant mécanicien, faisant partie du personnel de navigation de l'armement, même si le litige s'est produit à terre à propos d'un licenciement ; le contentieux est lié au travail maritime[528].
En matière de contentieux du travail international, la chambre sociale de la Cour de cassation avait retenu la compétence prud'homale, comme si le décret du 20 novembre 1959 n'était pas transposable dans l'ordre international, seul l'article R. 1412-1 du code du travail l'étant[529]. À la suite de la codification du code des transports, puis de la publication du

---

[525] CA Bordeaux, ch. soc. B, 12 janvier 2023, n° 21/02714, *DMF* 2014, n° 864, pp. 44-56, obs. P. CHAUMETTE, « L'indemnisation complémentaire due en raison de la faute inexcusable de l'employeur ».
[526] Pour une hôtesse d'accueil travaillant à bord d'un navire amarré à un ponton, sans qu'il ne navigue, Cass. soc. 26 septembre 2007, n° 06-43.998, *D.* 2008, p. 1240, obs. H. KENFACK ; *DMF* 2008, n° 688, pp. 15-21, obs. P. CHAUMETTE.
[527] CA Aix-en-Provence, 18e ch., 7 juin 2011, SA Paul Ricard c/ H. Lucas, RG n° 11-00.344, *DMF* 2012, n° 737, p. 522 et s., « Des compétences juridictionnelles dans le travail des marins ».
[528] CA Aix-en-Provence, 9e ch., 5 septembre 2011, P. Giuliani et Syndicat maritime FO des Régions Corse et PACA c/ SNCM et Direction Régionale des Affaires Maritimes de Marseille, RG n° 10/02504, *DMF* 2012, p. 522.
[529] Cass. soc. 28 juin 2005, navire *Nan Shan*, n° 03-45.042, Bull. civ. V, n° 216 ; D. 2005, p. 2035 ; D. 2005, p. 3050, obs. T. CLAY ; *Rev. crit. DIP* 2006, p. 159, note F. JAULT-SESEKE ; *JCP S* 2005, p. 1245, note J.-F. CESARO ; *DMF* 2006, p. 35 – CA Aix-en-Provence, 18e ch., 13 avril 2004, Sté Wedge Line Ltd c/ Mme Cedo – Cons. prud'h. Cannes, 13 mai 2004, Tingson et Verginesa c/ Sté Wedge Ltd CIBC, navire *Wedge One*, *DMF* 2004, p. 1012, note P. CHAUMETTE.

décret nº 2015-219 du 22 septembre 2015, la question de la compétence juridictionnelle est revenue en discussion. « Il résulte de l'application combinée des dispositions des articles L. 5000-3 et L. 5542-48 du code des transports, et R. 221-13 du code de l'organisation judiciaire, dans leur rédaction applicable au litige, que le conseil de prud'hommes est seul compétent pour connaître des litiges entre armateur et marin portant sur la conclusion, l'exécution ou la rupture du contrat d'engagement maritime sur un navire étranger. Ayant constaté que la salariée était affectée sur un navire battant pavillon maltais, la cour d'appel en a exactement déduit que la relation de travail n'était pas soumise au code des transports, que l'application de l'article R. 221-13 du code de l'organisation judiciaire devait être exclue et que la juridiction prud'homale était compétente pour connaître du litige l'opposant à son employeur »[530]. Sans envisager explicitement la non-transposition du décret dans l'ordre international, le raisonnement *a contrario* de la Cour de cassation conduit à la même conclusion : pour un travail maritime sous pavillon étranger, la compétence prud'homale s'impose. Si la compétence prud'homale est admise dans le contentieux du travail maritime internationale, elle ne s'étend pas jusqu'à la question de l'affiliation à un régime de sécurité sociale[531]. « Le conseil de prud'hommes est seul compétent pour connaître des litiges entre armateur et marin portant sur la conclusion, l'exécution ou la rupture du contrat d'engagement maritime sur un navire étranger »[532].

Outre le tribunal du travail de Wallis et Futuna (98600 Uvea), le conseil de prud'hommes est seul compétent pour connaître des litiges entre armateur et marin portant sur la conclusion, l'exécution ou la rupture du contrat d'engagement maritime sur un navire immatriculé à Wallis-et-

---

[530] Cass. soc. 28 mars 2018, Sté Debaira Yachting Ltd, navire *Queen Aïda*, nº 16-20.746, *DMF* 2018, n° 803, pp. 514-517, nº 803, obs. P. CHAUMETTE « Travail maritime international, compétence du Conseil de Prud'hommes confirmée ».

[531] Cass. soc. 20 février 2019, SAS GP Vendôme Promotion, n° 17-20532, *DMF* 2019, n° 812, pp. 314-325, obs. Fl. THOMAS « Clair-obscur sur les conflits de lois et l'affiliation à la sécurité sociale dans les relations de travail maritime internationales ».

[532] CA Aix-en-Provence, 10 décembre 2021, n° 20/11511, navire Revenge, *DMF* 2022, n° 845, pp. 318-332, obs. P. CHAUMETTE, « Yachting méditerranéen : un cas d'école ? » - CA Aix-en-Provence, 17 novembre 2023, n° 20/06079, navire S/Y Free Spirit.

Futuna ; l'article L. 5542-48 du code des transports n'est pas applicable à Wallis-et-Futuna[533].

Compétence prud'homale territoriale. – L'employeur et le salarié portent les différends et litiges devant le conseil de prud'hommes territorialement compétent. Ce conseil est : 1° Soit celui dans le ressort duquel est situé l'établissement où est accompli le travail ; 2° Soit, lorsque le travail est accompli à domicile ou en dehors de toute entreprise ou établissement, celui dans le ressort duquel est situé le domicile du salarié. Le salarié peut également saisir les conseils de prud'hommes du lieu où l'engagement a été contracté ou celui du lieu où l'employeur est établi (C. trav., art. R. 1412-1).
Concernant un embarquement sur un navire immatriculé à Wallis et Futuna, le salarié était domicilié en Belgique, la société employeur aux Bahamas, tandis que la société Club med avait son siège social en région parisienne ; par extension à l'ordre international des règles internes de compétence, l'article 42 du code de procédure civile donne compétence au conseil de prud'hommes de Paris, juridiction du siège social du co-défendeur, éventuel co-employeur, nonobstant les dispositions de l'article 181 du code du travail de Wallis-et-Futuna[534].

Tribunal du lieu habituel de travail. - Le Règlement 1215/2012 du Parlement européen et du Conseil du 12 décembre 2012 concerne la compétence judiciaire, la reconnaissance et l'exécution des décisions en matière civile et commerciale ; il est entré en vigueur le 10 janvier 2015 et remplace le Règlement 44/2001 du Conseil du 22 décembre 2000. Il permet au travailleur de saisir le tribunal de son lieu habituel de travail, notion que la Cour de Justice a privilégiée même pour les travailleurs mobiles, aux dépens du lieu de conclusion du contrat de travail[535]. Le marin peut saisir le conseil de prud'hommes de son lieu habituel de

---

[533] Soc. 11 décembre 2024, n° 22-21881, Sté Shipping Cruise Services Ltd c/ M. G. et Sté Club med, *navire Club med 2*, *DMF* 2025, n° 876, obs. P. CHAUMETTE, « Compétence prud'homale pour un marin, embarqué à bord d'un navire immatriculé à Wallis et Futuna ».

[534] Soc. 11 décembre 2024, n° 22-21881, Sté Shipping Cruise Services Ltd c/ M. G. et Sté Club med, *navire Club med 2*, préc..

[535] CJUE, 4e ch., 15 décembre 2011, Jan Voogsgeerd c/ Navimer, aff. n° C-384/10, *D.* 2012, p. 155 ; *D.* 2012, p. 1228, obs. H. GAUDEMET-TALLON et F. JAULT-SESEKE ; D. 2012, p. 1439, obs. H. KENFACK ; *Dr. soc.* 2012, p. 315, obs. P. CHAUMETTE ; *RDT* 2012. 115, obs. F. JAULT-SESEKE ; *Rev. crit. DIP* 2012. 648, note E. PATAUT ; *DMF* 2012, n° 734, p. 219.

travail, le port français où est exploité le navire, considéré comme son lieu habituel de travail, ou le conseil de prud'hommes du domicile du marin en France, si le marin est considéré comme travaillant hors de tout établissement[536].

Des réparations dans un chantier naval en France, pendant une année, peuvent-elles constituer un rattachement juridique pertinent, quand la société employeur du capitaine, n'est pas domiciliée en France, n'y possède ni succursale, ni agence ou tout autre établissement ? La cour d'appel avait renvoyé le litige au tribunal du travail de Mahé aux Seychelles, lieu d'immatriculation du navire, quand le capitaine n'a pris en charge le navire qu'à Gênes, afin de le convoyer au chantier naval[537] ; la Cour de cassation reproche à la cour d'appel de ne pas avoir recherché « le dernier lieu où le salarié s'est acquitté de fait de l'essentiel de ses obligations à l'égard de son employeur »[538]. A l'inverse, la même cour d'appel d'Aix a considéré que les 217 jours de travaux au chantier naval déterminaient le lieu habituel de travail du capitaine, quand les 169 jours de navigation internationale n'étaient pas susceptibles de créer de liens plus étroits avec d'autres systèmes

---

[536] Cass. soc. 29 avril 2003, navire *Wedge One*, n° 01-41.599, *Dr. soc.* 2003, p. 893 ; *DMF* 2003, p. 960, note P. CHAUMETTE – Cass. soc. 28 juin 2005, navire *Nan Shan*, n° 03-45.042, *Rev. crit. DIP* 2006,p. 159, note F. JAULT-SESKE ; *DMF* 2006, p. 35, note P. CHAUMETTE – CA Aix-en-Provence, 17e ch., 8 février 2008, navire *MY/All Seven*, *DMF* 2009, p. 228, note Me C. BABAULT-BALLUFIN – CA Aix-en-Provence, 13 septembre 2012, navire *Bristol II of Beaulieu*, RG n° 2012/501, *DMF* 2013, n° 750, pp. 716-724 – CA Aix-en-Provence, 17e ch., 26 juin 2014, M. Pondart c/ Sté That's It & Keke Rosberg, navire *Grayzone*, RG n° 13/22838, *DMF* 2014, n° 763, pp. 869-877, note P. CHAUMETTE, « Le yachting international et ses rattachements » – CA Aix-en-Provence, 17e ch., 21 mai 2015, navire *Grayzone*, RG n° 13/22838 – CA Aix-en-Provence, 23 juin 2015, navire *King K*, RG n° 12/22619, *DMF* 2015, n° 774, pp. 880-893, « Le cœur Grenadine du port de Fréjus » - CA Montpellier, 4ème ch., 4 juillet 2018, Sté Fugro Subsea Services Ltd, n° 17-00119, *DMF* 2019, n° 818, pp. 904-910, obs. P. CHAUMETTE, « Du dernier lieu habituel de travail dans un contrat international de travail » - Cass. soc. 20 février 2019, SAS GDP Vendôme Promotion, n° 17-20532, *DMF* 2019, n° 812, pp. 314-325, obs. Fl. THOMAS, « Clair-obscur sur les conflits de lois et l'affiliation à la sécurité sociale dans les relations de travail maritime internationales ».

[537] CA Aix-en-Provence, ch. 4-4, 26 janvier 2023, n° 19/16018, navire Motor yacht Le Kir Royal, *DMF* 2023, n° 861, pp. 790-798, obs. P. CHAUMETTE, « L'impact de travaux dans un chantier naval français sur le contrat d'engagement ».

[538] Cass. soc. 12 juin 2024, n° 23-12913, navire Le Kir Royal, *DMF* 2024, n° 871, pp. 739-742, n. Fl. THOMAS, « Un Kir Royal entre Cannes et Les Seychelles.

nationaux, pouvant donc ouvrir vers de nouvelles compétences juridictionnelles[539].

Tribunal judiciaire. - Le décret n° 2019-912 du 30 août 2019 organise la fusion du tribunal d'instance et du tribunal de grande instance : « Le tribunal judiciaire connaît des contestations relatives à la formation, à l'exécution ou à la rupture du contrat de travail entre l'employeur et le marin, dans les conditions prévues par le livre V de la cinquième partie du code des transports » (C. Org. Judiciaire, art. R. 211-3-5)[540]. Cette création de tribunaux judiciaires, nés des TI et TGI, n'a aucun impact sur les juridictions prud'homales, leur compétence ou leur procédure. En l'absence de dérogation expresse le concernant, la saisine du tribunal d'instance par le capitaine par voie d'assignation est possible[541]. A l'époque, le capitaine était dispensé de la tentative préalable de conciliation devant l'autorité maritime, ce qui n'est plus le cas depuis la loi n° 2019-1428 du 24 décembre 2019. Le décret n° 2015-219 du 27 février 2015, relatif à la résolution des litiges individuels entre les marins et leurs employeurs, prévoit en son article 11 qu'en cas de procès-verbal d'échec de la tentative de conciliation ou en cas de procès-verbal de défaut de conciliation, le demandeur peut saisir le tribunal d'instance de tout ou partie de ses contestations par déclaration au greffe du tribunal d'instance compétent. Le décret n° 2019-1333 du 11 décembre 2019 précise que la demande en justice est formée par assignation auprès du tribunal judiciaire ou par requête quand la demande n'excède pas 5 000 euros (C. Pr. Civ., art. 750). Le décret impose une tentative de conciliation (C. Pr. Civ., art. 750), mais le code des transports fait de même (C. transp., art. L. 5542-48). Il est permis de penser qu'en cas de procès-verbal d'échec de la tentative de conciliation ou en cas de procès-verbal de défaut de conciliation, le demandeur peut saisir le tribunal judiciaire de tout ou partie de ses contestations par déclaration au greffe du tribunal judiciaire compétent (art. 11, décret 2015-219 du 27 février 2015).

---

[539] CA Aix-en-Provence, ch. 4-6, 29 septembre 2023 n° 2023/244, navire Ngoni, *DMF* 2013, n° 862, pp. 908-920, obs. P. CHAUMETTE, « Travaux dans un chantier naval français et contrat d'engagement international ».

[540] Décret n° 2019-912, 30 août 2019, modifiant le code de l'organisation judiciaire et pris en application des art. 95 et 103 de la loi n° 2019-222 du 23 mars 2019 de programmation 2018-2022 et de réforme pour la justice.

[541] CA Douai, ch. soc., SARL Cie calaisienne de remorquage, 27 septembre 2019, n° 17-02478.

Procédure de référé. - Il existe une procédure de référé devant toutes les juridictions (C. Pr. Civ., art. 808 et s. et 972)[542], notamment devant le tribunal d'instance (C. Pr. Civ., art. 808 s.). Le décret n° 59-1337 du 20 novembre 1959, relatif aux litiges entre armateurs et marins, était silencieux sur ce point ; il en va de même du décret n° 2015-219 du 27 février 2015, relatif à la résolution des litiges individuels entre les marins et leurs employeurs. L'existence d'un préliminaire obligatoire de conciliation devant l'autorité maritime n'exclut pas que le demandeur puisse, en cas d'urgence, saisir le juge des référés d'une demande tendant au prononcé d'une mesure relevant de ses attributions, notamment concernant l'exécution ou la rupture de son contrat d'engagement maritime. Même en présence d'une contestation sérieuse, le juge d'instance peut prescrire en référé les mesures conservatoires ou de remises en état qui s'imposent soit pour prévenir un dommage imminent, soit pour faire cesser un trouble manifestement illicite. L'attestation délivrée par l'employeur évoque le débarquement volontaire du marin, quand les courriers échangés montrent que c'est l'employeur qui a mis fin au contrat du matelot ; le marin a droit à une provision à titre de complément de salaire, les sommes versées n'atteignant pas le salaire minimum garanti prévu par l'accord collectif national étendu[543]. Le décret n° 2019-1333 du 11 décembre 2019 précise la procédure de référé devant le tribunal judiciaire (C. Proc. Civ., art. 834 à 838) ; plus précisément, le président du tribunal judiciaire dispose des mêmes pouvoirs dans les contestations nées à l'occasion du contrat de travail lorsqu'elles relèvent de sa compétence (C. Proc. Civ., art. 838).

Prescriptions. – Il était dans la tradition commerciale du droit maritime d'opposer des prescriptions courtes d'un an, concernant les actions contractuelles, et la prescription quinquennale des salaires depuis la loi n° 71-740 du 16 juillet 1971. La très brève prescription contractuelle d'un an a été fortement contestée et fut réduite à l'obligation de nourriture, entrant dans le champ des obligations trouvant leur cause dans la prestation de travail, visée par l'article L. 110-4-II du code de

---

[542] S. GUINCHARD (dir.), *Droit et pratique de la procédure civile*, Dalloz Action, 10e éd., 2021, nos 125.00 s. – M. FOULON et Y. STRICKLER, Les référés en la forme, Dalloz, 2013, n° 12.91

[543] TI Saint-Nazaire, 9 janvier 2007, M. Beurrier c/ M. Trocmé, n° 12-06-000139.

commerce[544]. À la suite d'une saisine par la chambre sociale de la Cour de cassation, le Conseil d'État a retenu l'illégalité de l'article 11 du décret du 20 novembre 1959, car relève de la compétence exclusive du législateur la détermination de la prescription des actions contractuelles, de sorte que cet article réglementaire n'a pu abroger l'article 130 du code du travail maritime[545]. L'ordonnance n° 2010-1307 du 28 octobre 2010, portant partie législative du code des transports, a repris le délai de prescription contractuel d'un an, lui redonnant vie sur un fondement législatif (C. transp., art. L. 5542-49). Ce texte a été abrogé par la loi n° 2013-619 du 16 juillet 2013, renvoyant les actions contractuelles liées au contrat d'engagement maritime vers le droit commun défini par le code du travail.

Prescription contractuelle. - À la suite de l'Accord national interprofessionnel du 11 janvier 2013 sur la compétitivité et la sécurisation de l'emploi, la loi n° 2013-504 du 14 juin 2013 a fixé à deux ans le délai de prescription des actions en paiement ou en répétition du salaire, en son article 21. « Toute action portant sur l'exécution ou la rupture du contrat de travail se prescrit par deux ans à compter du jour où celui qui l'exerce a connu ou aurait dû connaître les faits lui permettant d'exercer son droit. Le premier alinéa n'est toutefois pas applicable aux actions en réparation d'un dommage corporel causé à l'occasion de l'exécution du contrat de travail, aux actions en paiement ou en répétition du salaire et aux actions exercées en application des articles L. 1132-1, L. 1152-1 et L. 1153-1. Elles ne font obstacle ni aux délais de prescription plus courts prévus par le présent code et notamment ceux prévus aux articles L. 1233-67, L. 1234-20, L. 1235-7 et L. 1237-14, ni à l'application du dernier alinéa de l'article L. 1134-5 » (C. trav., art. L. 1471-1)[546]. Les actions en responsabilité, nées d'un événement ayant entraîné un dommage corporel se prescrivent par dix ans à compter de la date de consolidation du dommage initial ou

---

[544] Cass. soc. 27 février 2002, S^té^ Jégo-Quéré c/ Le Coz, chalutier *Boulinet*, n° 98-46.290, *DMF* 2002, p. 608, note P. CHAUMETTE – Cass. soc. 26 juin 2002, Perez et Gomez c/ Carbonne, n°s 00-44.984 et 00-44.985.

[545] CE 27 novembre 2006, M. A… c/ S^té^ Delmas, req. n° 296018, Lebon ; *AJDA* 2006, p. 2309 ; *Dr. soc.* 2007, p. 655, obs. P. CHAUMETTE ; *DMF* 2007, 682, pp. 512-517.

[546] B. GAURIAU, « La diminution des délais de prescriptions », *Dr. soc.* 2013, n° 10, pp. 833-836 – A. BUGADA, « Conciliation(s), prescription(s) et plus encore », *JCP S* 2013, n° 28, pp. 31-34 – H. GUYOT, « Prescription et conciliation », *JCP S* 2013, n° 28, pp. 35-38.

aggravé (C. civ., art. 2226). Les créances non salariales restent soumises à la prescription de cinq ans de l'article 2227 du code civil, depuis la réforme de la loi du 17 juin 2008. Les articles L. 1132-1, L. 1152-1 et L. 1153-1 concernent les actions pour discrimination, pour harcèlement sexuel ou moral, qui se prescrivent par cinq années. Un délai de prescription annale, en matière de licenciement pour motif économique, a été prévu par la loi n° 2005-32 du 18 janvier 2005 de programmation sur la cohésion sociale : « Toute contestation portant sur la régularité ou la validité du licenciement se prescrit par douze mois à compter de la dernière réunion du comité social et économique ou, dans le cadre de l'exercice par le salarié de son droit individuel à contester la régularité ou la validité du licenciement, à compter de la notification de celui-ci » (C. trav., art. L. 1235-7, mod. par Ord. n° 2017-1718 du 20 décembre 2017, art. 1er).

La prescription de l'action en requalification du contrat, d'une durée de deux années, est fonction du jour où le salarié « a connu » ou « aurait dû connaître » les faits lui permettant d'exercer son droit. L'action en requalification du CDD en CDI, fondée sur le non-respect du délai de carence entre deux contrats successifs, a un point de départ du délai de prescription, qui se situe au jour du premier jour d'exécution du second de ces contrats, soit le 1er janvier 2019. Le salarié était prescrit lorsqu'il a saisi, le 6 janvier 2021, la DDTM d'une demande en requalification sur le fondement du délai de carence. Le point de départ du délai de prescription se situe au jour de la conclusion du CDD, lorsque l'action en requalification est fondée sur l'absence d'une mention au contrat susceptible d'entraîner sa requalification. L'avenant de prolongement ou second contrat commençant le 1er novembre 2019 n'est pas daté, mention obligatoire, dont l'absence constitue un moyen de requalification des CDD en CDI. Le délai de prescription débute à la date de conclusion du contrat et n'est pas prescrit. Concernant les contrats d'engagement maritime, il convient d'opérer une hiérarchie selon le type de mentions manquantes en distinguant celles indissociables de la nature même du contrat à durée déterminée, dont l'omission entraîne la requalification automatique du contrat, des mentions informatives dont l'oubli est sans incidence sur la nature du contrat, en application de la jurisprudence concernant les contrats terrestres[547]. L'absence de date de conclusion du contrat ne saurait entraîner la requalification du contrat en contrat à durée indéterminée, dès lors qu'est présente la date d'engagement. Le motif du recours au contrat d'engagement maritime n'est pas un motif de requalification en contrat à durée indéterminée, car l'article L.5542-7 du code des transports édicte que les dispositions des articles L. 1242-1 et L. 1242-2 du code du travail, limitant les cas de recours au contrat à durée déterminée ne sont pas applicables aux engagements maritimes[548]. La jurisprudence européenne, mettant en œuvre la directive 1999/70 du 28 juin 1999 exige que les juges vérifient que l'utilisation de contrats successifs est justifiée par des raisons objectives, qui s'étendent à l'existence d'éléments concrets établissant le caractère par nature temporaire de l'emploi[549].

Prescription salariale. - L'action en paiement du salaire se prescrivait par un délai de cinq ans, depuis une loi n° 71-586 du 16 juillet 1971. Le délai de prescription des actions en paiement ou en répétition du salaire est réduit à trois ans par la loi n° 2013-504 du 14 juin 2013, à la suite de l'Accord national interprofessionnel du 11 janvier 2013 sur la compétitivité et la sécurisation de l'emploi. « L'action en paiement ou en répétition du salaire se prescrit par trois ans à compter du jour où celui qui l'exerce a connu ou aurait dû connaître les faits lui permettant de l'exercer. La demande peut porter sur les sommes dues au titre des trois dernières années à compter de ce jour ou, lorsque le contrat de travail est rompu, sur les sommes dues au titre des trois années précédant la rupture du contrat » (C. trav., art. L. 3245-1)[550]. Doivent être exclus de la notion de salaire, d'une part, les remboursements de frais professionnels, d'autre part, les indemnités réparatrices d'un préjudice, c'est-à-dire les dommages-intérêts, l'indemnité de

---

[547] C. trav., art. L. 1242-4 ; Cass. soc. 26 octobre 1999, n° 97-42.255, Bull. civ. V, n° 399 – Cass. soc. 28 février 2001, n° 98-45.096.

[548] CA Aix-en-Provence, ch. 4-6, 15 mars 2024, n° 22/13352, SMTDR, *DMF* 2024, n° 871, pp. 689-698, n. P. CHAUMETTE, « Contrat d'engagement maritime : saisine du tribunal judiciaire et prescriptions.

[549] CJUE, 3e ch., 3 juill. 2014, Fiamingo et a., aff. C-362/13, C-363/13 et C-407/13, *DMF* 2014. 706-713, n° 761, obs. P. CHAUMETTE, « Accord collectif européen et CDD des gens de mer ».

[550] B. GAURIAU, « La diminution des délais de prescriptions », *Dr. soc.* 2013, n° 10, pp. 833-836 – A. BUGADA, « Conciliation(s), prescription(s) et plus encore », *JCP-S* 2013, n° 28, pp. 31-34 – H. GUYOT, « Prescription et conciliation », *JCP-S* 2013, n° 28, pp. 35-38.

licenciement, enfin les primes d'intéressement ou de participation. Les indemnités pour rupture abusive ne sont pas de nature salariale[551], à la différence de l'indemnité de préavis.

Interruption de la prescription. – L'effet interruptif de la prescription, résultant d'une action en justice, se prolonge jusqu'à ce que le litige trouve sa solution, en application de l'article 2244 du code civil. Le lieutenant avait saisi l'administrateur des affaires maritimes de la tentative de conciliation préalable obligatoire à l'action devant le tribunal d'instance statuant en matière maritime, dans le délai d'un an prévu fixé par l'article 11 du décret du 20 novembre 1959, même si le tribunal d'instance n'a ensuite été saisi que plusieurs années plus tard[552]. La tentative de conciliation devant l'administrateur des affaires maritimes, exigée par l'article L. 5542-48 du code des transports, préalablement à la soumission au tribunal d'instance de tout litige concernant les contrats d'engagement maritime, à l'exception des capitaines, constitue un acte interruptif de prescription[553]. L'article 38 de la loi n° 2016-816 du 20 juin 2016 relative à l'économie bleue a complété l'article L. 5542-48 du code des transports par un nouvel alinéa : « L'accusé de réception de la demande aux fins de tentative de conciliation interrompt la prescription ainsi que les délais pour agir ».

Contrat de travail international : délai de prescription.
Concernant le délai de prescription, il convient de noter que la cour d'appel d'Aix-en-Provence a récemment appliqué au contrat d'engagement maritime international la jurisprudence générale relative aux contrats internationaux de travail : le délai de prescription relève de la loi du contrat, même pour un travail effectué en France, même afin de saisir un conseil de Prud'hommes compétent, même si ce délai est bref (20 jours en droit espagnol, huit semaines dans l'Employment Jersey Act). Elle ne semble pas exiger que ce délai de prescription soit explicitement mentionné dans le contrat écrit[554].

---

[551] CA Rouen, 2 juillet 1981, *DMF* 1982, p. 284.
[552] Cass. soc. 24 mars 2004, Cie Méridionale de navigation c/ M. Paris, n° 02-40.574, *DMF* 2005, pp. 146-148 – Cass. soc. 10 décembre 2015, Guiliani c/ SNCM, n° 14-24794.
[553] Cass. soc. 10 janvier 2017, Ayants droit Guicheteau, n° 15-13.0007, *DMF* 2017, n° 790, pp. 308-310, obs. « Interruption de la prescription des créances salariales ».
[554] CA Aix-en-Provence, ch. 4-6, 15 mars 2024, n° 22/12855, M.F. c/ Sté Ngoni Ltd, *DMF* 2024, n° 871, pp. 730-738, n. P. SIMON, « Prescription de l'action en

Le Règlement n° 593/2008 du Parlement européen et du Conseil du 17 juin 2008 sur la loi applicable aux obligations contractuelles, dit Rome 1, prévoit que le contrat de travail est régi par la loi choisie par les parties, mais ce choix ne peut avoir pour résultat de priver le travailleur de la protection que lui assurent les dispositions auxquelles il ne peut être dérogé par accord en vertu de la loi qui, à défaut de choix, aurait été applicable (art. 8-1). Il s'agit de la loi du lieu habituel de travail ou du dernier lieu habituel de travail du salarié (art. 8-2). Si un lieu habituel de travail ne peut être déterminé, le contrat est régi par la loi du pays dans lequel est situé l'établissement qui a embauché le travailleur (art. 8-3). S'il résulte de l'ensemble des circonstances que le contrat présente des liens plus étroits avec un autre pays que celui visé au paragraphe 2 ou 3, la loi de cet autre pays s'applique (art. 8-4).

Le lieu habituel de travail est celui où l'obligation caractérisant le contrat a été ou doit être exécutée est celui où ou à partir duquel le travailleur s'acquitte principalement de ses obligations à l'égard de son employeur[555]. Cette jurisprudence a concerné des travaux sur le plateau continental de plusieurs Etats membres[556], mais aussi des gens de mer, rattachés au port d'exploitation du navire, quel que soit son pavillon[557]. Ainsi la jurisprudence impose un système combinatoire, nécessitant la comparaison, objet par objet de la loi d'autonomie choisie par le contractant le plus puissant et d'une autre loi ayant des liens plus réels avec la prestation de travail, celle du lieu habituel de travail[558] ; les dispositions les plus protectrices du travailleur doivent être chaque fois

contestation de licenciement en vertu du droit du pavillon » ; P. CHAUMETTE, « Contrat de travail international : quels délais de prescription ? », *Observatoire des Droits des Marins* », 17 septembre 2024, https://www.obs-droits-marins.fr/actualites.html?idArticle=641

[555] CJCE 13 juillet 1993, C-125/92, Mulox IBC Ltd, point 20 ; CJCE 9 janvier 1997, C-385/95, Rutten, point 23 ; CJUE 15 mars 2011, C 29/10, Koelzsch, points 48 et 49, 14 septembre 2017, C-168/16 et C-169/16, Nogeira, point 64 et 77.

[556] CJUE 27 février 2002, C-37/00, Weber, point 52, *DMF* 2002 pp. 632-648, obs. P. CHAUMETTE, « Conflit de juridictions pour un travail effectué dans les eaux territoriales et sur le plateau continental de deux États membres de l'Union européenne ».

[557] CJUE 15 décembre 2011, C-384/10, Jan Voogsgeerd c/ Navimer SA, points 37 à 39, *DMF* 2012, n° 734, pp. 219- 233, obs. P. CHAUMETTE, « De l'établissement d'exploitation du navire et du lieu habituel de travail d'un marin ».

[558] Pour des chauffeurs routiers roumains travaillant en Italie et en Allemagne, demandant le respect des salaires minima de ces pays de travail, CJUE 1ère ch., 15 juillet 2021, C-152/20, C-218/20, DG et EH contre SC Gruber Logistics SRL et Sindicatul Lucrătorilor din Transporturi contre SC Samidani Trans SRL.

appliquées[559]. Dans l'ensemble de la jurisprudence européenne et française, le critère de l'établissement d'embauche du salarié est clairement subsidiaire. L'arrêt Schlecker de la Cour de justice a retenu le critère des liens les plus étroits du contrat (art. 8-4) à propos du refus d'une mutation en Allemagne d'une salariée travaillant aux Pays-Bas, mais résidant en Allemagne, dont le contrat de travail était soumis à la loi allemande, ce qui conduit à appliquer la loi d'autonomie contractuelle même si elle est moins favorable à la salariée[560]. Dans cette lignée, la cour d'appel d'Aix-en-Provence tend à négliger le travail en France de marins, embarqués sous pavillon luxembourgeois, payant leurs impôts au Luxembourg et affiliés à la sécurité sociale luxembourgeoise[561]. Dès lors que la loi d'autonomie contractuelle a suffisamment de liens avec le contrat, la loi du lieu habituel de travail s'efface, sans même qu'une

---

[559] Cass. soc., 1er février 2017, n° 15-23723, Songey Ltd, navire yacht King K, *DMF* 2017, n° 789, pp. 211-217, obs. Fl. THOMAS, « Contrat d'engagement maritime international : comparaison obligatoire des lois d'autonomie et du lieu habituel de travail » - S. DRAPIER, « Bataille de lois applicables au contrat d'engagement maritime international », Neptunus e-revue, université de Nantes, vol. 23, 2017/ 3, www.cdmo.univ-nantes.fr – L. PAILLER, « L'articulation des dispositions impératives objectivement applicables au contrat de travail international et de la loi élue par les parties (à propos de l'article 6 § 1 de la convention de Rome) », note sous Cass. soc., 9 juill. 2015, *Dr. social*, 2015, p. 741 – CA Aix-en-Provence, ch. 4-6, 15 mars 2024, n° 21/07186, navire M/Y Keros Island, *DMF* 2024, n° 871, pp. 721-729, obs. F. JAULT-SESEKE, « Comparaison d'office des lois applicables à la rupture du contrat d'un capitaine / les dispositions applicables à la période d'essai sont impératives ».

[560] CJUE 12 septembre 2013, C-64/12, Anton Schlecker c/ Melitta Josefa Boedeker – L. IDOT, « Loi applicable au contrat de travail et clause d'exception. La clause d'exception peut jouer et écarter la loi du lieu d'accomplissement du travail dès lors qu'il existe un lien plus étroit entre le contrat de travail et la loi d'un autre pays », *Europe*, Novembre 2013, Comm. n° 11 pp. 53-54 - F. JAULT-SESEKE, « Loi applicable au contrat de travail, la pertinence du critère du lieu d'exécution habituelle du travail relativisée », *Revue de Droit du Travail*, Dalloz, 2013 pp. 785-788 – E. PATAUT, *RCDIP* 2014, n° 1, pp. 159-174.

[561] CA Aix-en-Provence, Ch. 4-6, 22 septembre 2023, n° 19/02518, navire Sud, DMF 2023, n° 862, pp 897-907, obs. M. BERNIÉ, « Conflits de lois dans le yachting : le droit présentant des liens les plus étroits avec le contrat prime sur le droit d'exécution habituel du travail, même s'il est moins favorable » ; obs. P. CHAUMETTE, « Contrat d'engagement maritime international : l'arrêt Schlecker trouble la cohérence », *Observatoire des Droits des Marins*, 3 octobre 2023, https://www.obs-droits-marins.fr/actualites.html?idArticle=633 ; un pourvoi en cassation a été formé - CA Aix-en-Provence, ch. 4-6, 7 mars 2004, n° 20/10129, navire Overside II, *DMF* 2024, n° 873, pp. 899-907, obs. P. CHAUIMETTE, « Contrat de travail international : quelle place au rattachement des liens les plus étroits ».

comparaison s'impose. Un pourvoi en cassation est en œuvre, car la méthode d'analyse retenue interroge[562]. La Cour de cassation a plusieurs fois contrôlé strictement la rigueur méthodologique des cours d'appel, quand le contrat de travail était exécuté à l'étranger, mais pouvait avoir des liens avec la loi française[563]. Vraisemblablement, il en ira de même pour un travail sous pavillon étranger, réalisé habituellement dans un port français.

Quoi qu'il en soit la prescription contractuelle est soumise à la loi d'autonomie du contrat, quel que soit le lieu habituel de travail, même si le marin n'en avait pas clairement connaissance.

---

[562] Pour un travail effectué soit en Grèce, soit en Turquie, la cour d'appel avait retenu des liens les plus étroits avec la loi française ; son arrêt est cassé faute de base légale suffisante (Cass. soc. 9 mai 2019, n° 17-27565, SAS Club Med, Sté Hôtelière du Chablais - P. CORLAY, « Le contrôle de l'application de la clause d'exception par la Cour de cassation », *RCDIP* 2020, pp. 159-164).

[563] Cass. soc. 13 octobre 2016, n° 15-16.872, 15-16.873 et 15-16.874, *D.* 2017. 1011, obs. H. GAUDEMET-TALLON et F. JAULT-SESEKE ; *RDT* 2017. 66, obs. F. JAULT--SESEKE ; *JDI* 2017. 12, comm. A. SINAY-CYTERMANN.

Annexe 1

Collectivités d'outre-mer.

L'article 72-3 de la Constitution de la Vème République de 1958, issu de la révision constitutionnelle du 28 mars 2003, précise : « La République reconnaît, au sein du peuple français, les populations d'outre-mer, dans un idéal commun de liberté, d'égalité et de fraternité ». Les collectivités d'outre-mer françaises sont régies par un droit particulier : Saint-Barthélemy, Saint-Martin, Saint-Pierre-et-Miquelon, les îles Wallis-et-Futuna et la Polynésie française (celle-ci est qualifiée de « pays d'outre-mer » et dispose d'une plus grande autonomie administrative, depuis février 2004). Depuis l'accord de Nouméa de 1998, la Nouvelle Calédonie bénéficie d'un début d'autonomie politique (Titre XIII de la Constitution) ; la loi organique n° 99-209 du 19 mars 1999 reconnaît la spécificité de ce territoire d'outre-mer et met en place des mécanismes spécifiques pour les populations insulaires ; il s'agit d'une collectivité d'outre-mer à statut particulier. Les Terres Australes et Antarctiques Française (TAAF) ne constituent pas une collectivité territoriale, faute d'habitants permanents.
Guadeloupe, Guyane, Martinique, La Réunion sont des départements français : les lois et règlements nationaux y sont applicables de plein droit. Mayotte est devenu un département depuis le 31 mars 2011, mais est doté d'un statut particulier.

Les collectivités d'outre-mer de Nouvelle-Calédonie, de Polynésie française, et Saint Pierre et Miquelon (navires de commerce), de Saint Barthélémy et de Saint Martin ont une compétence d'immatriculation des navires ; l'Etat reste compétent pour leur francisation, même si dans les départements, depuis le 1er janvier 2022, les Douanes se sont retirées de la francisation de sorte que les procédures de francisation et d'immatriculation relèvent dorénavant de la compétence des affaires maritimes, pour le premier registre.
Dans les collectivités d'outre-mer, les conditions d'accès à la profession de marin sont déterminées par le décret n° 61-369 du 11 avril 1961, modifié par le décret n° 2015-598 du 2 juin 2015 : posséder la nationalité française ; justifier, s'il s'agit d'un mineur, du consentement donné par la personne ou l'autorité investie du droit de garde à son

égard ; satisfaire aux conditions d'aptitude physique et d'âge fixées par arrêté conjoint du ministre chargé des territoires d'outre-mer et du ministre chargé de la marine marchande ; justifier d'une promesse d'embarquement sur un navire dont la jauge brute minimum est fixée par arrêté du délégué du Gouvernement de la République.

La Collectivité Territoriale de Saint Pierre et Miquelon gère la compagnie maritime SPM Ferries. Sa flotte se compose des navires Jeune France, du Nordet et du Suroit. En 2016, la Régie Transports Maritimes est passée au statut de service public administratif (SPA) et a intégré la Direction Transport du Pôle Développement Attractif de la Collectivité Territoriale de Saint-Pierre-et-Miquelon nouvellement créée. Pour les marchandises, la liaison de fret régulière est assurée dans le cadre d'une délégation de service public (DSP) subventionnée par l'État, qui organise les dessertes maritimes internationales (50 rotations par an sur la liaison Saint-Pierre/Halifax) et inter-îles (70 rotations par an sur la liaison Saint-Pierre/Miquelon). La ligne Saint-Pierre/Fortune (Terre-Neuve) est desservie par l'Aldona, un porte-container de 54 mètres exploité par la société TMSI détentrice de la délégation de service public (DSP) sur la desserte maritime. En avril 2023, l'Aldona n'avait plus de certificat de navigabilité. Les ferries de la Collectivité Territoriale peuvent également transporter du fret sur les lignes Saint-Pierre/Miquelon/Fortune mais cette capacité est pour le moment restreinte à cause d'infrastructures portuaires non adaptées.

La Nouvelle-Calédonie est aujourd'hui compétente en matière de droit du travail et d'immatriculation des navires assurant la desserte d'intérêt territorial, mais non la navigation internationale (L. org. n° 99-209 du 19 mars 1999, art. 21-6° et 22-2°). La loi du pays n° 2016-5 du 11 février 2016 porte statut des gens de mer : l'article Lp. 613-1 distingue le marin, le gens de mer, marin ou non et les autres embarqués occasionnellement :

- marin, toute personne, identifiée par l'autorité maritime comme marin professionnel, qui contracte un engagement maritime en vue d'occuper à bord d'un navire un emploi relatif à son exploitation,
- gens de mer, tout marin ou toute autre personne exerçant une activité professionnelle salariée à bord d'un navire pour le compte de l'armateur ou de tout autre employeur.
- Les personnes qui interviennent de manière occasionnelle et pour une courte durée à bord d'un navire ne sont pas considérées comme gens de mer.

La visite d'aptitude relève de la médecine générale : la surveillance médicale des salariés exerçant la profession de marin est assurée par le service de santé au travail de leur entreprise, ou à défaut par le médecin désigné par l'autorité administrative (art. Lp. 613-3).
Le contrat d'engagement maritime constitue la norme contractuelle, soit CDI, soit CDD ou contrat au voyage (art. Lp. 613-5). Le contrat d'engagement écrit doit comporter douze mentions obligatoires (art. Lp. 613-7). La loi de pays prévoit une période d'essai plus courte que le code des transports[564], ainsi qu'une période d'embarquement limitée : « Pour un engagement à durée indéterminée, la durée de la période d'essai est fixée à trois mois au plus, éventuellement renouvelable une seule fois, pour les officiers et à un mois, éventuellement renouvelable une seule fois, pour les autres membres de l'équipage. » (art. Lp. 613-8). La durée de l'embarquement, que ce soit pour les marins ou gens de mer, est limitée à trois mois. Cette durée peut être augmentée par convention ou accord collectif sans toutefois dépasser neuf mois. (art. Lp. 613-9). « Le contrat au voyage ne peut pas être conclu pour remplacer un marin dont l'absence résulte d'un conflit collectif du travail. » (art. Lp. 613-11) ; cette disposition devrait être applicable pour tout contrat d'engagement maritime. La stabilisation légale en CDI intervient plus rapidement qu'au sein du code des transports : « Lorsqu'un ou plusieurs contrats d'engagement à durée déterminée, ou au voyage, sont conclus avec le même salarié pendant douze mois consécutifs, tout nouveau contrat d'engagement à durée déterminée, ou au voyage, conclu dans la continuité du précédent, est réputé conclu pour une durée indéterminée » (art. Lp. 613-12)[565].

---

[564] Le contrat de travail à durée indéterminée peut comporter une période d'essai dont la durée maximale est : 1° Pour les officiers (art. L. 5511-4, al. 3 C. transp.) de quatre mois et, en cas de renouvellement, de huit ; 2° Pour les autres personnels de deux mois et, en cas de renouvellement, de quatre mois. Il s'agit de maxima ; des périodes d'essai plus courtes peuvent être prévues par les conventions collectives ou les contrats de travail (art. L. 5542-15, C. transp.). Ne sont décomptées, dans la période d'essai, que les périodes, d'embarquement effectif, de travail à bord du navire. La période d'essai est décomptée en mois. La période d'essai peut être renouvelée une fois si un accord de branche étendu le prévoit. Cet accord fixe les conditions et les durées de renouvellement. La possibilité de la renouveler ne se présume pas. Elle est expressément stipulée dans la lettre d'engagement ou le contrat de travail (art. L. 1221-23 C. trav.).

[565] Lorsque deux ou plusieurs contrats de travail successifs et discontinus ont lié le marin à un employeur pour au moins 18 mois de services, dont 9 mois d'embarquement effectif, au cours d'une période de 27 mois, comptée depuis le

A bord des navires de pêche, la durée du travail est potentiellement plus longue, calculée en jours de mer par an, sur une base annuelle de deux cent cinquante jours comprenant les périodes de service à la mer et les périodes de travail effectuées à terre. Le plafond des jours de mer est fixé à deux cent soixante-quinze jours par an « art. Lp. 613-35)[566]. Sur le plan salarial, les marins pêcheurs rétribués soit à salaire fixe, soit sur une part du produit des ventes, ou en fonction du volume de captures réalisé, perçoivent une rémunération au moins égale au salaire minimum agricole garanti (SMAG) prévu par le présent code[567]. Les frais communs déduits de la masse nette partageable, en cas de rémunération à la part du produit des ventes, ne peuvent comprendre que des charges de produits consommables nécessaires à la réalisation de la campagne de pêche » (art. Lp 613-39).

En Polynésie française, l'Assemblée territoriale est compétente en matière de droit du travail, depuis la loi organique du 27 février 2004[568]. Les autorités de la Polynésie française sont compétentes dans toutes les matières qui ne sont pas dévolues à l'Etat par l'article 14 et celles qui ne sont pas dévolues aux communes en vertu des lois et règlements applicables en Polynésie française. La Polynésie française et les communes de Polynésie française ont vocation, pour la répartition de leurs compétences respectives et sous réserve des dispositions de la

---

premier embarquement, le nouveau contrat conclu entre le marin et l'employeur avant l'expiration de cette période est à durée indéterminée. L'ancienneté cumulée des services ou périodes d'embarquement est considérée comme équivalente à une ancienneté continue de même durée, sauf pour le calcul de l'indemnité de licenciement. Ces dispositions ne sont pas applicables en cas de rupture anticipée par le marin, ou de non-prorogation par le marin d'un CDD comportant une clause de report (art. L. 5542-13 C. transp.).

566 La durée du travail est calculée sur une base annuelle, dans la limite de 225 jours par an, y compris les heures de travail effectuées à terre. Il peut être dérogé à cette limite de 225 jours, dans le respect d'un plafond de 250 jours, dans des conditions fixées par voie réglementaire, lorsque les conditions d'exploitation des navires n'ont pas permis que tous les jours de mer donnent lieu à rémunération. Lorsque la nature de l'activité ne permet pas de calculer la durée du travail sur une année civile, la durée du travail peut être calculée sur la moyenne de deux années consécutives. Ces activités sont définies par voie réglementaire (art. L. 5544-7 C. transp.).

567 Le Salaire Minimum Agricole Garanti (SMAG) a été aligné sur le Salaire Minimum Garanti (SMG) du secteur privé de Nouvelle-Calédonie, par accord collectif du 28 décembre 2023, en quatre étapes de janvier 2024 à janvier 2027.

568 L. org. n° 2004-192, du 27 février 2004, portant statut d'autonomie, art. 13 et 14-9° art. 13, modifié par L. org. n°2007-1719 du 7 décembre 2007 - art. 11.
– Cons. const. 27 juillet 2018, n° 2018-12-LOM.

présente loi organique, à prendre les décisions pour l'ensemble des compétences qui peuvent le mieux être mises en œuvre à leur échelon. Les autorités de la Polynésie française ne peuvent, par les décisions prises dans l'exercice de leurs compétences, exercer une tutelle sur les communes de Polynésie française. La Polynésie française et les communes exercent leurs compétences respectives jusqu'à la limite extérieure des eaux territoriales[569]. Les dispositions relevant de la police de la sécurité de la circulation maritime sont de la compétence de l'État. Les autorités de l'Etat sont compétentes dans les seules matières suivantes : 9° Police et sécurité de la circulation maritime ; surveillance de la pêche maritime ; sécurité de la navigation et coordination des moyens de secours en mer ; francisation des navires ; sécurité des navires d'une longueur de référence égale ou supérieure à 24 mètres, sous réserve des navires relevant de la compétence de la Polynésie française à la date d'entrée en vigueur de la loi organique n° 2019-706 du 5 juillet 2019 portant modification du statut d'autonomie de la Polynésie française et de tous les navires destinés au transport des passagers ; mise en œuvre des ouvrages et installations aéroportuaires d'intérêt national.

La Loi du Pays n° 2013-2 du 14 janvier 2013 porte des dispositions diverses applicables au marin pêcheur en Polynésie. L'arrêté n° 166 CM du 14 février 2013 portant application de l'article LP. 7521-6 du code du travail de Polynésie fixe les éléments spécifiques mentionnés dans le contrat d'engagement maritime du marin pêcheur. Selon l'article L. 5770-1 du code des transports, modifié par l'Ordonnance n° 2021-1330 du 13 octobre 2021 - art. 17 : « Sont applicables en Polynésie française, sous réserve des dispositions d'adaptations prévues au présent titre, les dispositions de la présente partie mentionnées dans la colonne de gauche du tableau ci-après, dans leur rédaction indiquée dans la colonne de droite du même tableau : en particulier le Chapitre V qui porte sur les gens de mer » (art. L. 5775-1 à L. 5775-10 C. transp.).

Le texte de l'art. LP. 7511-2 éclaire sur les définitions notamment du salarié et de l'employeur :

1. Marin pêcheur ou salarié : toute personne engagée par un armateur en vue d'occuper un emploi permanent relatif à la marche, à la conduite et à l'exploitation d'un navire réunissant les conditions prévues à l'article LP. 7511-1 ;

---

[569] Art. 14, modifié par Loi n° 2019-706 du 5 juillet 2019 - art. 5.

2. Armateur ou employeur : la personne physique ou morale qui exploite le navire en son nom, qu'il en soit ou non propriétaire, ou son représentant ;
3. Contrat d'engagement maritime ou contrat de travail : le contrat conclu entre un armateur et un marin pêcheur ayant pour objet un service à accomplir à bord d'un navire de pêche et à terre, nécessaire à l'accomplissement de la campagne de pêche.
Le contrat au voyage n'est pas mentionné, mais l'article LP. 7521-2 envisage le CDI et le CDD ; la définition du CDI reprend celle du code du travail national « L'engagement à durée indéterminée du marin pêcheur est destiné à pourvoir tout emploi permanent et durable de l'armement ». Un écrit est exigé pour le contrat du marin pêcheur (art. LP. 7521-3) ; l'arrêté n° 166 CM du 14 février 2013, portant application de l'article LP 7521-6 du code du travail de Polynésie fixe les mentions spécifiques du contrat d'engagement. Un période d'essai peut être prévue pour 60 jours de mer, sans pouvoir excéder 3 mois calendaires (art. LP. 7521-4).
La loi de Pays concernant le droit du travail du marin pêcheur dispose d'un chapitre II consacré à la suspension du contrat de travail (art. LP. 7522-1 et art. LP. 7522-2). Ces dispositions spécifiques s'ajoutent à celles du code du travail de Polynésie en particulier à l'article LP. 1212-1 du code du travail : « Le contrat de travail peut être suspendu notamment pour : - Fermeture de l'entreprise par suite de la mobilisation de l'employeur ; - Période de réserve des réservistes militaires ; - Absence du salarié en cas de maladie dûment constatée par un médecin ou en cas d'accompagnement dans le cadre d'une évacuation sanitaire d'un enfant à charge, du conjoint, du concubin ou du partenaire lié par un pacte civil de solidarité ; - Période d'indisponibilité résultant d'un accident du travail ou d'une maladie professionnelle ; - Exercice du droit de grève par le salarié ; - Mise à pied du salarié ; - Absence du salarié autorisée par l'employeur ; - Congés de maternité de la femme salariée ; - Autres congés spéciaux ; - Incarcération préventive du salarié ; - Campagnes électorales et exercice de mandats parlementaires. »
Concernant la pêche, d'autres motifs sont prévus : 1. Immobilisation du navire du fait d'avaries ou de panne rendant la navigation impossible ; 2. Absence de renouvellement d'une autorisation par les autorités administratives compétentes, malgré le dépôt d'une demande écrite dans les délais prescrits, dès lors que le navire répond aux prescriptions prévues par la réglementation. Le texte précise que la suspension est

décidée pour une durée maximale de 30 jours, renouvelable une fois, après information des représentants du personnel. A l'issue de ces périodes de suspension, l'immobilisation prolongée du navire, dès lors que celle-ci ne peut être imputée à la négligence de l'employeur, constitue un motif de licenciement pour motif économique.

La durée légale du travail du marin pêcheur est fixée à 240 jours de mer par année civile (avec un maximum de 275 jours) et un travail de moins de 6 heures à terre équivaut à une demi-journée en mer et plus de 6 heures une journée (art. LP. 7523-3 et 7523-4). Les armateurs à la pêche disposent d'une dérogation de droit pour le travail dominical (art. LP. 7524-8). Le décompte des jours de congés est particulier au territoire : « Par année civile, le marin pêcheur a droit à un jour calendaire de congé par tranche de sept jours de mer, arrondi à l'entier supérieur » (art. LP. 7526-1).

En matière de rémunération, il existe un mécanisme de lissage à la pêche. « Le complément de rémunération pour atteindre le salaire plancher pêche peut être déduit du salaire du mois civil suivant, dès lors que le montant brut versé au salarié reste supérieur ou égal au salaire plancher pêche. Si le complément de salaire n'a pas été entièrement compensé le mois suivant, il ne peut à nouveau être compensé sur un autre mois » (art. LP. 7525-6).

La loi du pays comporte un chapitre VII Droit disciplinaire, un chapitre VIII Rupture du CDI, un Titre IV Santé et sécurité, un Titre III Représentation du personnel. La procédure de licenciement est équivalente au mécanisme prévu dans la réglementation, sous réserve de quelques adaptations (art. LP. 7528-3 à art. LP. 7528-10).

Quant à la sécurité sociale, les article LP. 2 à LP. 15 de la partie 2 de la loi du Pays n° 2023-2 du 14 janvier 2013 fixent des conditions du régime applicable : « Sont obligatoirement affiliés au régime des salariés de la Polynésie française tous les marins pêcheurs visés à l'article LP. 7511-1 du code du travail (art. LP. 2).

Le code des transports semble d'application limitée : selon son article L. 5775-1-I, modifié par l'Ordonnance n° 2019-861 du 21 août 2019, art. 6, « Sont applicables en Polynésie française, compte tenu, le cas échéant, de l'association de la Polynésie française à l'exercice des compétences de l'Etat en matière de police de la circulation maritime dans les eaux intérieures prévue à l'article 34 de la loi organique n° 2004-192 du 27 février 2004 portant statut d'autonomie de la Polynésie française et sous réserve des dispositions d'adaptations prévues au présent chapitre, les dispositions des titres Ier à VII du livre V de la présente partie mentionnées dans la colonne de gauche du tableau ci-après, dans leur rédaction indiquée dans la colonne de droite du même tableau ». Il s'agit notamment de la pièce d'identité des gens de mer (art. L. 5512-1 à 4), du certificat de travail maritime (art. L. 5514-1 et 2), des conditions d'aptitude médicale à la navigation (art. L. 5521-1), des titres de formation professionnelle (art. L 5521-2), des conditions de moralité concernant le capitaine, d'officier chargé de sa suppléance, de chef mécanicien ou d'agent chargé de la sûreté du navire (art. L. 5521-4), un effectif suffisant, la fiche d'effectif minimal (art. L. 5522-2), la liste d'équipage (art. L. 5522-3), la discipline professionnelle (art. L. 5524-à L. 5524-4), la police intérieure et la discipline à bord (art. L. 5531-1à L. 5531-3, L. 5531-20 à L. 5531-29, L. 5531-31 et L. 5531-32, L. 5531-34, L. 5531-36 à L. 5531-42, L. 5531-44 à L. 5531-49), les pouvoirs du capitaine d'exiger l'identité et les documents professionnels de toute personne travaillant à bord (art. L. 5533-4), l'obligation d'enregistrement et de déclaration par le capitaine, de tout accident du travail, lésion ou maladie professionnelle survenu à bord fait l'objet d'un enregistrement et d'une déclaration du capitaine (art. L. 5542-21-1).

Il n'existe aucune disposition relative au contrat d'engagement maritime du code des transports applicable en Polynésie Française. Quant à la sécurité sociale, à la demande de l'assemblée de la Polynésie française, une convention entre l'Etablissement National des Invalides de la Marine (ENIM) et l'organisme chargé de la gestion de la sécurité sociale en Polynésie française, fixe, en tant que de besoin, le régime de protection sociale des gens de mer exerçant leur profession en Polynésie française (art. L. 5775-4).

Le tribunal de première instance de Papeete a décidé, dans un jugement du 5 octobre 1999, que les personnes travaillant dans un navire de pêche, sous les ordres du patron ou d'un capitaine, avait la qualité de salarié. Ils ne sont pas à leur compte, ce qui fait qu'ils sont soumis au Régime Général des Salariés (RGS), autrement appelé régime commun du droit du travail. Les propriétaires de navires, embarquant en tant que capitaines, dépendent du Régime des Non-Salariés (RNS). Comme le régime commun du droit du travail n'est pas adapté aux spécificités de la pêche, A compter du 1er janvier 2012, le « statut » du marin pêcheur s'applique donc à tout marin embarqué sur un navire de pêche (thonier, bonitier ou poti marara). Le marin-pêcheur devient un salarié, avec un contrat de travail. Il peut donc prétendre à des emprunts bancaires, bénéficie d'une protection sociale et cotise pour une retraite à la Caisse de Prévoyance Sociale (CPS) en étant affilié au RGS (Loi de Pays n° 2011-21 LP/APF du 8 août 2011). La 1ère réforme adoptée en 2013 par l'Assemblée de Polynésie, basée sur le salaire plancher de la pêche à 95 000 cfp (environ 790 euros), ne permettait pas aux professionnels de la pêche hauturière et côtière d'avoir une couverture sociale, en cas d'accident de travail, ou une retraite. Un nouveau statut entre en vigueur en janvier 2025, moyennant un salaire de base déclaré à la Caisse de Prévoyance Sociale : de 200 000 cfp pour un marin pêcheur, de 300 000 cfp pour un mécanicien et 400 000 cfp pour un capitaine. Le Pays viendra en soutien à ces cotisations sociales sur une période de 10 ans ; elles seront calculées, non sur les salaires réels, mais sur des assiettes spécifiques. Un nouveau statut pour la pêche côtière est aussi en préparation.

Wallis et Futuna est devenue une collectivité d'outre-mer française (COM) depuis la réforme constitutionnelle de 2003. Son chef-lieu est le village de Mata-Utu qui regroupe à peine un millier d'habitants. C'est le port d'attache administratif des navires de la Compagnie Ponant, ainsi que du *Club Med 2*. Du fait de l'inexistence d'un service des affaires maritimes à Mata-Utu, les navires immatriculés dans ce port doivent être armés administrativement à Nouméa par le service des affaires maritimes de Nouméa qui contrôle les mesures de sécurité et l'établissement du rôle d'équipage. La totalité du dispositif législatif et réglementaire du pavillon français relatif à la sécurité des navires est applicable aux navires immatriculés à Mata-Utu. Les visites de sécurité, la délivrance et le renouvellement des titres de sécurité s'effectuent dans les mêmes conditions que pour les autres navires français. Ces dossiers sont tenus par le service des affaires maritimes de Nouméa, qui peut également traiter du renouvellement des titres de sécurité et de prévention de la pollution pour un navire français se trouvant à l'étranger, conformément aux dispositions de l'article 38 du décret n°84-810 du 30 août 1984 relatif à l'application des conventions internationales sur la sauvegarde de la vie humaine en mer (SOLAS).

C'est sur le plan social – par les modalités de l'engagement des équipages – que se situe la particularité de l'immatriculation à Mata-Utu. Le décret du 21 décembre 1911 relatif à la marine marchande dans les colonies françaises et les pays de protectorat autres que l'Algérie et la Tunisie, non abrogé par le décret n°60-600 du 22 juin 1960, constituait le texte de base. La loi n° 66-508 du 12 juillet 1966 a étendu aux Territoires d'Outre-Mer de Polynésie Française, de Nouvelle-Calédonie et des îles Wallis et Futuna les dispositions d'ordre législatif

de la loi du 13 décembre 1926 modifiée portant code du travail maritime, mais le Territoire des îles Wallis et Futuna n'a jamais pris les mesures pour rendre applicable ce texte[570]. Pour les navires immatriculés à Mata-Utu, la réglementation sociale était donc régie par les dispositions du code du travail dans les territoires d'Outre-Mer, institué par la loi n° 52-1322 du 15 décembre 1952[571]. Depuis l'Ordonnance n° 2021-1330 du 13 octobre 2021, les articles L. 5780-1 à L. 5785-7 du code des transports s'appliquent à Wallis et Futuna, en particulier le Chapitre V qui porte sur les gens de mer (art. L. 5785-1 à L. 5785-7). L'article L. 5785-2-2 adapte les mentions obligatoires du contrat d'engagement maritime nécessairement écrit en prenant en compte les dispositions de la loi du 15 décembre 1952, modifiée par l'ordonnance n° 2005-57 du 26 janvier 2005, dite code du travail d'outre-mer (art. L. 5542-3). Wallis et Futuna ne faisant pas partie du territoire de l'Union européenne, le privilège de nationalité du capitaine demeure (art. L. 5785-3). Tout marin a droit gratuitement à la nourriture ou à une indemnité pendant toute la durée de son embarquement (art. L. 5785-3-1°). A la pêche maritime, un accord collectif de branche peut prévoir l'imputation sur les frais communs du navire de la charge qui résulte de la fourniture de nourriture ou du versement de l'indemnité de nourriture, lorsqu'il est fait usage du mode de rémunération à la part (art. L. 5785-3-2°). Les gens de mer doivent disposer d'un délai suffisant leur permettant d'examiner le contrat d'engagement maritime et de demander conseil avant de le signer (art. L. 5785-5-8).
A bord des navires autres que de pêche, aucun gens de mer de moins de seize ans révolus ne peut être embarqué à titre professionnel (art. L. 5785-4)). Les missions du service de prévention et de santé au travail définies par le chapitre II du titre VI de la loi n° 52-1322 du 15 décembre 1952 instituant un code du travail dans les territoires et territoires associés relevant du ministère de la France d'outre-mer applicables localement, sont assurées par le service de santé des gens de mer dans des conditions et selon des modalités définies par décret en

[570] Conseil d'Etat, référé., 9 février 2001 requête n°230136, Fauvet, navire *Paul Gauguin, Droit Maritime Français, DMF* 2001, pp. 399 et suiv. ; Cass, soc. 14 juin 2006, n°05-13888, Sté Services et Transports c/ Fauvet, *Recueil Dalloz* 2006, p. 2813 obs. P. MORVAN, « Problèmes de sources dans un paradis social maritime », *DMF* 2007, p. 136 note P. CHAUMETTE.

[571] L'Ordonnance n°2005-57 du 26 janvier 2005 a abrogé la loi du 12 juillet 1966 et s'est efforcé de clarifier **les** dispositions concernant le droit du travail, l'emploi et la formation professionnelle outre-mer.

Conseil d'Etat (art. L. 5785-5). L'article L. 5785-5-1 concerne les entreprises de placement et de recrutement des gens de mer[572]. Les gens de mer doivent disposer d'un délai suffisant leur permettant d'examiner le contrat d'engagement maritime et de demander conseil avant de le signer ; un exemplaire écrit du contrat d'engagement maritime est remis à chacun des gens de mer qui le conserve à bord pendant la durée de l'embarquement ; une copie de ce document est remise au capitaine (art. L. 5785-5-8). Le délai de préavis réciproque en cas de rupture du contrat d'engagement est d'au moins 7 jours. Il n'est pas applicable en cas de perte totale de navigabilité, de désarmement du navire, de faute grave ou lourde du salarié ou lorsque le navire fait route vers une zone de guerre (art. L. 5785-5-9). Le nombre de jours fériés auquel ont droit les gens de mer est fixé à onze jours (art. L. 5785-5-15).

En cas de litige, il existe un tribunal du travail compétent à Ouvea (CTOM, art. 180) ; le plus souvent, ni le navire, ni le marin ne vont à Wallis et Futuna ou à Nouméa. Après la rupture du contrat de travail, le salarié dont le domicile est situé dans un lieu du territoire de la République autre que celui où a été effectué le travail peut saisir la juridiction du lieu de son domicile (CTOM, art. 181). Alors que le tribunal de grande instance (TGI) des Sables d'Olonne avait retenu la compétence du tribunal d'instance[573], devenu tribunal judiciaire, la Cour de cassation a affirmé la compétence prud'homale. Le conseil de prud'hommes est seul compétent pour connaître des litiges entre armateur et marin portant sur la conclusion, l'exécution ou la rupture du contrat d'engagement maritime sur un navire immatriculé à Wallis-et-Futuna ; l'article L. 5542-48 du code des transports n'est pas applicable à Wallis-et-Futuna[574]. Le marin était domicilié en Belgique, la société employeur aux Bahamas, tandis que la société Club med avait son siège social en région parisienne ; par extension à l'ordre international des

---

[572] P. CHAUMETTE, « Un contrat d'engagement de Uvea Marine Service pour la Compagnie du Ponant sur ses paquebots immatriculés à Wallis et Futuna », in C. BORDE et E. ROULET (dir.), L'engagement maritime en France XVIe-XXIe siècle, Col. « Les sources de l'histoire maritime », n° 4, 2022, 238 p., Shaker Verlag GmbH, Düren, pp. 197-218.

[573] TGI Les Sables d'Olonne, ord., 25 octobre 2013, n°12/01058, *DMF* 2014, n° 754, pp. 21-25, obs. P. CHAUMETTE, « Compétence du tribunal d'instance pour un embarquement sur un navire immatriculé à Wallis-et-Futuna ».

[574] Soc. 11 décembre. 2024, n° 22-21881, Sté Shipping Cruise Services Ltd c/ M. G. et Sté Club med, *navire Club med 2*, *DMF* 2025, n° 876, obs. P. CHAUMETTE, « Compétence prud'homale pour un marin, embarqué à bord d'un navire immatriculé à Wallis et Futuna ».

règles internes de compétence, l'article 42 du code de procédure civile donne compétence au conseil de prud'hommes de Paris, juridiction du siège social du co-défendeur, éventuel co-employeur, nonobstant les dispositions de l'article 181 du code du travail de Wallis-et-Futuna[575]. En ce qui concerne la sécurité sociale, le régime de l'Établissement national des invalides de la marine (ENIM) n'est pas applicable de plein droit dans les Territoires d'outre-mer de la Nouvelle-Calédonie, et des îles Wallis et Futuna. Il n'existe pas de régime public d'assurances sociales pour les salariés dans le Territoire des îles Wallis et Futuna où la médecine est gratuite[576]. A compter du 1er janvier 2023, les marins résidant en France embarqués sur des navires battant pavillon français immatriculés au registre des îles Wallis et Futuna doivent être affiliés à l'ENIM. Sans préjudice de l'article L. 5785-5-2, une convention entre Wallis-et-Futuna et l'Etablissement National des Invalides de la Marine (ENIM) fixe, en tant que de besoin, le régime de protection sociale des gens de mer exerçant leur profession sur un navire immatriculé dans le territoire (art. L. 5785-6).

Saint-Barthélemy et Saint-Martin sont détachées du département de la Guadeloupe, par la loi organique du 21 février 2007[577] (L. org. nº 2007-223 du 21 févr. 2007 – Cons. const. 15 févr. 2007, nº 2007-547 DC), pour en faire des collectivités d'outre-mer[578]. La partie française de Saint-Martin est restée une région ultrapériphérique (RUP), mentionnée à l'article 349 du traité sur le fonctionnement de l'Union européenne (TFUE), afin de pouvoir bénéficier des crédits européens. En revanche, la partie néerlandaise de Saint-Martin, qui s'est détachée de la fédération des Antilles néerlandaises pour devenir un État autonome au sein du Royaume des Pays-Bas depuis le 10 octobre 2010, a opté pour le statut européen de pays et territoires d'outre-mer (PTOM) et ne fait donc pas partie du territoire de l'Union. De même, Saint-

---

575 Soc. 11 décembre 2024, n° 22-21881, Sté Shipping Cruise Services Ltd c/ M. G. et Sté Club med, *navire Club med 2*, préc.

576 P. CHAUMETTE, *Droits Maritimes*, Dalloz Action, 4ème éd., 2021, n° 423.19 ; « Un contrat d'engagement de Uvea Marine Service pour la Compagnie du Ponant sur ses paquebots immatriculés à Wallis et Futuna », in C. BORDE et E. ROULET (dir.), L'engagement maritime en France XVIe-XXIe siècle, Col. « Les sources de l'histoire maritime », n° 4, 2022, 238 p., Shaker Verlag GmbH, Düren, pp. 197-218.

577 L. org. nº 2007-223 du 21 févr. 2007 – Cons. const. 15 févr. 2007, nº 2007-547 DC – S. BRONDEL, « Les réserves du Conseil constitutionnel à l'égard de la loi organique sur l'outre-mer », *AJDA* 2007, p. 398.

578 S. BRONDEL, Les réserves du Conseil constitutionnel à l'égard de la loi organique sur l'outre-mer, *AJDA* 2007, p. 398.

Barthélemy (ou Saint-Barts) ne fait pas partie du territoire de l'UE, depuis le 1er janvier 2012 ; elle est seulement associée comme les autres pays et territoires d'outre-mer (PTOM).

TABLE DES MATIÈRES

Structures éditoriales du groupe L'Harmattan

L'Harmattan Italie
Via degli Artisti, 15
10124 Torino
harmattan.italia@gmail.com

L'Harmattan Hongrie
Kossuth l. u. 14-16.
1053 Budapest
harmattan@harmattan.hu

L'Harmattan Sénégal
10 VDN SICAP AMITIE 3
BP 45034 Dakar-Fann
direction@senharmattan.com

L'Harmattan Cameroun
Tsinga/Derrière polyclinique FECAFOOT
BP 11486 Yaoundé
Jacques.koukam@harmattan.fr

L'Harmattan Burkina Faso
Villa 281, secteur 23 623, rue 14.32
Ouagadougou
zagbie@outlook.fr

L'Harmattan Guinée
Almamya, rue KA 028 OKB Agency
BP 3470 Conakry
harmattanguinee@yahoo.fr

L'Harmattan RDC
185, avenue Nyangwe
Commune de Lingwala – Kinshasa
matangilamusadila@yahoo.fr

L'Harmattan Congo
219, avenue Nelson Mandela
BP 2874 Brazzaville
deunovmikhael@gmail.com

L'Harmattan Mali
Immeuble Mgr Jean Marie Cissé
Aci Hamadallaye
BP 145 Bamako
syllaka@yahoo.fr

L'Harmattan Togo
Djidjole – Maison Amela
face EPP BATOME
02 BP 20680 Lomé
didieramela11@gmail.com

L'Harmattan Côte d'Ivoire
Résidence Karl – Cité des Arts
Abidjan-Cocody
03 BP 1588 Abidjan
harmattan.ivoire@gmail.com

L'Harmattan Bénin
Rue 604, (Immeuble à l'entrée
de la rue UCAO- Cite de Saint-Jean)
Cotonou
stepcorpus@gmail.com

Nos librairies en France

Librairie internationale
16, rue des Écoles
75005 Paris
librairie.internationale@harmattan.fr
01 40 46 79 11
www.librairieharmattan.com

Librairie des savoirs
21, rue des Écoles
75005 Paris
librairie.sh@harmattan.fr
01 46 34 13 71
www.librairieharmattansh.com

www.ingramcontent.com/pod-product-compliance
Lightning Source LLC
LaVergne TN
LVHW011500061026
849535LV00004BA/1149
* 9 7 8 2 3 3 6 5 1 2 4 1 9 *